德衡律师集团
业务团队系列丛书

中国独立保函法律实务精要与判例详解

蒋琪——主编

CHINA'S INDEPENDENT GUARANTEE
LEGAL PRACTICE ESSENTIALS
AND
DETAILED JURISPRUDENCE

法律出版社 LAW PRESS · CHINA

编 委 会

主　编： 蒋　琪

副主编： 阎之大　杨东勤

编　委： 干文淼　田大鹏　苏琳琳　金　李　邵晶晶

王　超　何云凤

序 一

蒋琪博士和他的团队希望我为其出版的第三本国际商法领域的专业书籍《中国独立保函法律实务精要与判例详解》写个序，我感到很高兴。因为这本书以30个活生生的案件为前引，从分析这些案件中总结了实务经验，探索了规律，并上升为理论，这本书发扬光大了对外经济贸易大学国际商法教学研究的特色路子，我感到这本书既有实践，又有理论；既有一定的学术造诣，又有很强的现实指导意义。

我曾经为蒋琪律师和他团队的另外两本专业书籍作序。第一次是2013年，这一年，中国跃居全球货物贸易第一大国，蒋琪律师也考入对外经济贸易大学法学院攻读博士学位，我通读了他与团队的《国际货物贸易法律风险与防范判例精解》书稿，全书60%的案例是他们团队承办的实际案例，基于这些真实案例进行的法律问题分析和提出的法律风险建议具有很强的实践指导意义。第二本书是在2015年出版的，这一年，中国与澳大利亚签署自由贸易协定（FTA），蒋琪律师和他团队的第二本书名为《国际货物贸易欺诈与反欺诈案例精解》，这本书也是他们在一边读书一边工作，同时不辞辛苦地进行写作中完成的，可以这么说，这也是一本国际贸易实务领域不可多得的，具有很大影响力的书籍。

对外经济贸易大学法学院一直强调为国际国内两个市场培养“三会人才”（懂法律、懂经贸、懂英语），十分重视案例教学，该院出版的《国际商法》一书经过几代人的传承和发展，已经成为培育国际经贸人才的必备教材。《国际商法教学案例（英文）选编》一书（国家“十五”“211工程”课题项目）是国内具有很大影响力的综合性国际商法判例教材，包括商事组织法、代理法、信托法、合同法和国际货物买卖法五大领域100多个英文案例，已经成为历届“贸大”学生的必修教材，以及全国外经贸领域工作人员的重要参考书籍，被大家亲切地称为“灰皮书”。蒋琪律师选择判例研究作为法学研究的突破口，内容可圈可点，成果可喜可贺，这也是我三次为之作序的原因。在本书即将付梓之际，我为这个团队感到高兴，这既是一个学习型的团队，也是一个理论与实践相结合的团队；既是一个奋斗不已、不知疲倦的团队，也是一个创新型的团队；可以这么说，这是一个能够准确把握国际商法前沿法律问题的团队。

屈指一算，我1970年3月从北京大学法律系毕业，之后一直在法学教育单位工作，至今恰好半个世纪。在我的身边确实涌现了包括蒋琪博士在内的很多优秀学生，他们的成就，他们在各自岗位上做出的贡献，时刻激励着我，也让我不断感觉到，我们传统的“一日为师，终身为父”以及“名师出高徒”的文化，在新的时代，应该改成“一日为师，终身为友”和“无高徒何以成名师”，并身体力行之。最后，我希望并相信蒋琪博士和他的团队即将出版的《中国独立保函法律实务精要与判例详解》能够在教学界和实务界发挥重要的作用。

沈四宝

序 二

随着中国经济与世界经济的融合，尤其是“一带一路”倡议的提出，中国企业对外投资日趋活跃。无论是工程承包，还是建厂并购，独立保函的担保及融资作用越发突出。

长期以来中国的对外贸易以货物进出口为主，与信用证相比，对于银行与企业而言，独立保函仍是相对较为陌生的业务。同时，保函与信用证相比更易出现纠纷。信用证项下，受益人以自己履约为条件从而得到担保人的偿付，是受益人通过发运货物的客观事实实现债权，而保函则是通过受益人声明对方违约的主观行为获得担保人的付款。可见，信用证是受益人履约能力的体现，而独立保函则是对受益人主观诚信的考验。独立保函所涉基础合同往往更为复杂，期限更长，加之“先付款，后争议”的事后救济机制，因此，独立保函极易激发受益人的索赔冲动，从而导致更多纠纷的发生。保函纠纷很少涉及信用证中常见的单据是否相符，拒付是否成立等技术问题，往往是关于独立性与从属性的判断、索赔是否构成欺诈以及转开导致的平行诉讼等与法律相关的大是大非问题。

保函的业务量早已超过信用证，企业与银行相关人员因此在业务实践中得到了很大的锻炼，对国际商会《见索即付保函统一规则》(URDG)与《国际备用证惯例》(ISP98)等国际规则的熟悉度也越来越高。但是，URDG与ISP98毕竟是行业惯例，很多纠纷的解决最终需要走向法律。然而，我国一直以从属保函为主，形成了独立与从属并行，国内业务与国际业务交叉，独立保函立法滞后的现象。银行与企业对诸多独立保函的重要概念与法律问题缺乏了解，常常因此而形成风险；而基层法院也因无法可依而导致案例审理缺乏统一标准，极易形成相似案件在不同法院裁定或判决结果迥异的尴尬局面。最高人民法院《关于审理独立保函纠纷案件若干问题的规定》实施以来，这种情况有了很大的改观，各级法院审结了一批高质量案件，对独立保函实务及法律研究产生了广泛的正面影响。

本书通过对30余个重点案例的透视，深入讨论了独立保函的性质和生效、独立保函的付款请求权及单据、独立保函欺诈纠纷、独立保函的司法管辖和法律适用、分离式保函的追偿、转开保函中的平行诉讼等十几个重大问题，既有合同与保函实务出现问题并最终形成纠纷带来的经验与教训，又有司法审理中蕴含的大量知识与信息，更有专业律师团队对相关问题的深入分析与点评，可谓直击保函从业人员的痛点，解决了银行与企业实务之需。比如，转开保函情形下，我国法院能否因受益人的欺诈索赔而直接止付域外直接保函的担保人；又如，案例审理中，法官如何把握对基础交易的有限审核尺度，既达到证实受益人是否滥用索赔权的目的，又能维护保函的独立抽象性。

不言而喻，本书是对三年来独立保函典型业务及司法成果的展示与总结，既为银行与企业保函操作人员提供了很好的研究与学习资料，同时也是今后法院审理相关案件不可多得的参考资料。

我与蒋琪博士同为国际商会中国国家委员会(ICC CHINA)保函专家，我从事的是银行国际结算，切实体会到保函操作人员对相关法律知识与保函司法实务缺乏了解，急需通过法院判例及专业人员的分析加以提高。蒋博士与其律师团队编著此书，以飨读者，可谓功莫大焉。

阎之大

招商银行总行资深结算师

ICC CHINA 信用证与保函专家

ICC DOCDEX 专家

前言

庚子鼠年春节前，一客户向笔者咨询一起在阿联酋分包工程过程中，国内担保行向总包方开立的预付款和履约保函面临被索赔应当如何防范的法律业务，5份保函涉及了保函性质、基础合同争议、不当索赔、法律适用和争议解决方式等多方面的专业性法律问题。这些实务中产生的法律问题对企业界人士而言错综复杂，要求法律界人士拥有较强的金融背景知识，要求金融界人士拥有较强的法律背景知识，必须从“三界融合”的视角出具综合解决方案，才能满足客户需求。这引发了笔者及团队共同创作一本法律密切联系企业和金融实务，“道与术”兼备的独立保函领域专业书籍的想法。又逢2020年这个特殊的春节，14亿中国人民齐心协力、志在必得打赢这场抗击新冠肺炎的战“疫”，宅在家中写作就成为最好的公民抗疫行动。

上述5份保函均系独立保函，独立保函与商业信用证是“孪生姐妹”，都是银行间独立于基础合同的单据交易。在法律关系方面完全一样，是申请人、开证（立）行和受益人之间的“三角法律关系”；基本原则也完全一致：“独立性原则”和“单证相符原则”，如果有第三个原则，就是“欺诈例外原则”。不同的是，商业信用证兼具支付和担保功能，偏重支付功能；而独立保函偏重担保兼具支付功能。在商业信用证中，受益人因履行了向开证行交付信用证项下相符单据的义务（履约行为）获得信用证项下款项；而独立保函中，受益人因申请人发生基础合同中的违约事项（违约行为）向开立（担保）行交付保函项下相符单据获得保函项下款项。独立保函和商业信用证在全球范围内广泛使用，数据显示，独立保函的发生额和余额均远远高于商业信用证。

在长达 25 年的律师执业过程中，笔者感觉《担保法》一直是适用最多的法律规范；在向理想的诚信社会前进的过程中，中国社会还是“无担保、不交易”。《担保法》恰好在笔者本科毕业的 1995 年 10 月 1 日起施行，这部法律只规范了传统意义上的保证，即从属性保证，如大家耳熟能详的主合同无效，担保合同无效；主债务人承担第一性付款责任，担保人承担第二性付款责任，这两个关于从属性保证的基本法律规定即源于此。2000 年 12 月 13 日，最高人民法院《关于适用〈中华人民共和国担保法〉若干问题的解释》亦没有关于独立保函的规范。然而独立保函在国内、国际经济交往过程中不可或缺，据中国银行业协会贸易金融委员会交换数据显示，2017 年我国国内保函发生额为 14,841 亿元，涉外保函发生额为 4113 亿美元。立法滞后导致司法的不统一，经济发展需要法律的规范，同时又催化法律的产生。虽然最高人民法院《关于审理独立保函纠纷案件若干问题的规定》于 2016 年 12 月 1 日起施行，第 1 条即确立了银行和非银行金融机构开立的独立保函的合法性。施行三年来，对于规范独立保函行为具有里程碑意义。但是，司法解释不是法律，我国目前的立法对独立保函仍无明确规定。2020 年 5 月 28 日，第十三届全国人民代表大会第三次会议通过的《中华人民共和国民法典》共 7 编，分为总则编、物权编、合同编、人格权编、婚姻家庭编、继承编、侵权责任编以及附则，共 1260 条。令人遗憾的是，独立保函仍没有进入我国最高立法机构的视线。

独立保函领域的国际公约和国际惯例引领着中国立法和司法的方向，填补着中国现行法律环境之下的法对本领域的指引和规范作用。《联合国独立担保与备用信用证公约》(United Nations Convention on Independent Guarantees and Stand-by Letters of Credit) 于 1995 年 12 月 11 日经联合国大会通过，2000 年 1 月 1 日起生效，但是我国没有加入该公约。如果当事人未约定适用上述公约或将公约有关内容作为国际交易规则订入保函，依据意思自治原则，公约不能适用。值得注意的是，独立保函和备用信用证异曲同工，虽然名称不一样，法律性质和交易流程几乎完全一致，只是在不同国家应用而已。国际商会《见索即付保函统一规则》(The Uniform Rules for Demand Guarantees)(URDG758，2010年修订本)、《国际备用证惯例》(International Standby Practices)(ISP98，国际商会第590号出版物公布)是这一领域最为广泛使用的两个交易规则，因为是国际惯例，同样是约定进入保函条款方能适用。各国立法中，法国、德国担保法均规定了独立担保制度，《美国统一商法典》(Uniform Commercial Code)第5章信用证同时规范了商业信用证和备用信用证，但认为这是一种独立承诺 (independent undertakings)，不是担保 (guarantee)。中国法律界在尊重国际规则，融合大陆法系和英美法系成功制度方面始终持开放兼容态度，“中学为体，西学为用”的立法实践解决了我国高速经济发展过程中的很多问题，笔者呼吁，独立保函的国际银行实务和惯例作为国际上一项成熟的、广泛应用的法律制度，应当尽快被我国法律体系所认可。

最高人民法院《关于审理独立保函纠纷案件若干问题的规定》实施三年以来，中国法院作出了近200个判决书与裁定书，共计154起案件，本书精心选择其中的30个经典案例，深入浅出地总结出独立保函十个方面的基本法律问题：法律性质与生效条件，付款请求权与单据交付，欺诈例外，司法管辖，法律适用，分离式保函，转开保函，保证金及追偿，保函解除、转让、终止。本书共10章，每章从概述、要点、法律关系图、案情介绍、法律问题分析、法律风险提示等方面进行全面梳理、分析、论证、总结。为方便读者理解，附录中又整理了法律、法规、司法解释与惯例、公约重点条款梳理，ICC Banking Commission Opinions和ICC DOCDEX Decisions中独立保函重要观点、案例梳理，秉承“法律的真谛是实践”的学术思想，按照实践的升华应回归于学术的指导方针，希望本书的出版是理论与实践密切结合的产物，对企业界、金融界和法律界均能有所裨益。

本书的出版要感谢国际商会中国国家委员会（ICC CHINA）银行专业委员会保函专家组全体成员，她（他）们大部分为国内各个银行贸易金融部门专业人士，在国内外贸金融领域有着丰富的理论与实践，在笔者有幸担任专家组成员一年多的时间中，通过外部论坛、内部交流、承担课题等多种方式从各位专家身上受益良多。更要感谢笔者的给力团队，正是她（他）们深厚的法学素养、丰富的法学实践和废寝忘食的协作精神使本书得以顺利出版，这是一个在中国国内领先的国际贸易融资法律团队。

蒋琪于北京八里庄

目 录

CONTENTS

第三章

保函的性质和生效问题

/ 089

01 第一章

独立保函概览

为了强化和 / 或确保在合同中承担义务的一方当事人能够顺利履行义务，交易过程中经常会用到由银行提供的担保工具。总体来说，银行经常提供两类担保：从属性担保（accessory guarantee）和非从属性担保（non-accessory guarantee）。前者以从属性保函（accessory bank guarantee）为主要方式，该类保函与基础交易合同相关联；后者以见索即付保函（demand guarantee）和备用信用证（stand-by letters of credit）为主要方式，该类保函独立于基础交易合同，[1]在本书中被称为“独立保函”。此外，如无特别说明，从属性保函和独立保函在本书中统称为“银行保函”（bank guarantee）（银行保函类型见图 1–1）。

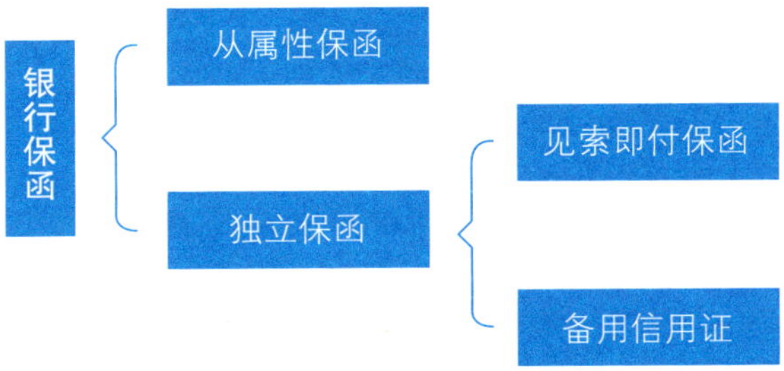

图 1–1　银行保函类型

1 See SEB, “Bank Guarantees”, https://seb.se/pow/content/produkter/betalningar/garanti_broschyr_eng.pdf, February 19, 2020.

作为商事交易担保方式之一，独立保函凭借自身特有的灵活性和独特的运作机制在众多担保方式中脱颖而出，几乎可以被用于国内外货物买卖、建设工程、融资借贷等各种交易的每个环节，在国际商业交易中发挥着至关重要的作用。本章将针对独立保函做概括性的介绍，以传达笔者对国际贸易、国际建设工程及跨境融资交易等诸多商事交易中使用的独立保函的理解，希冀可以使本书的读者就独立保函的性质和特征，实践中独立保函的主要类型，独立保函适用的规则和做法，独立保函数额、币种和递减条款的意义，独立保函在国际商会《见索即付保函统一规则》（The Uniform Rules for Demand Guarantees，以下简称 URDG，现行版本为 2010 年修订版，国际商会第 758 号出版物，以下简称 URDG758）项下的运作流程及在我国司法实践中的法律风险点等方面有一个简单直观的了解。

由于出具独立保函的人在 URDG758 中被称为“担保人”，[1] 而在我国最高人民法院《关于审理独立保函纠纷案件若干问题的规定》（以下简称《独立保函司法解释》）中被称为“开立人”，为了避免给读者造成不必要的混淆，如无特别指出，本书中涉及的“担保人”和“开立人”含义相同，在法律上具有同等的身份和地位。因此，在本书中，除了直接引用《独立保函司法解释》中的某一条款而使用“开立人”外，其他情形下一律使用“担保人”。此外，需要注意的是，在国际上，独立保函理论上可以由银行、其他机构或个人出具，[2] 但在我国，根据《独立保函司法解释》第 1 条第 1 款和我国的司法实践，独立保函的担保人必须是银行或者非银行金融机构。考虑到独立保函通常由银行出具，且本书中涉及的绝大部分案例中的保函 [3] 都是由银行开立的，如果没有特殊说明，本书提及的保函均指由银行开立的保函。

1 关于同见索即付保函具有类似功能的备用信用证，出具备用信用证的人在国际商会《跟单信用证统一惯例》（Uniform Customs and Practice for Documentary Credits，以下简称 UCP，现行版本为 2007 年修订版，国际商会第 600 号出版物，以下简称 UCP600）中被称为“开证行”，在国际商会《国际备用证惯例》（International Standby Practices，1998 年出版，国际商会第 590 号出版物，以下简称 ISP98）中被称为“开证人”，在联合国《独立担保与备用信用证公约》（United Nations Convention on Independent Guarantees and Stand-by Letters of Credit）中被称为“担保人 / 开立人”。

2 联合国《独立担保与备用信用证公约》（United Nations Convention on Independent Guarantees and Stand-by Letters of Credit）第 2 条第 1 款规定，银行或其他机构或个人（亦可称“保证人”）均可开立独立担保或备用信用证。

3 此处的保函包括独立保函和从属性保函。

在商业实践中，独立保函有很多称谓，如“独立担保”（independent guarantee）、“银行保函”、“第一请求担保”（first demand guarantee）、“见索即付保函”、“履约保函”（performance guarantee）、“无条件保证”（unconditional bond）、“履约保证”（performance bond）等。这些都是不同的当事人根据其强调的不同因素而采取的称谓，在法律性质上没有本质区别。比如，“独立担保”强调的是其适用独立性原则的法律性质；“银行保函”强调的是该保函是由银行开立的；而“见索即付保函”强调的是请求即付款的交易特征。[1] 鉴于在商业应用方面，只要是能够使用备用信用证的地方都可以使用见索即付保函，且二者的交易流程完全一样，在法律性质上二者也相同，都是单据交易，都是“先付款，后争议”，都是适用独立性原则和单证相符原则的独立担保，[2] 因此，本书中的“独立保函”涵盖备用信用证。此外，由于实践中的独立保函根据 URDG 出具的比较多，再加上我国《独立保函司法解释》对于 URDG 的青睐，因此，本书中无论是用于描述受 URDG 规则约束的独立保函而使用的术语还是用于对独立保函做出一般性陈述而使用的术语，均与 URDG 中使用的术语具有相同的意思。

本章将从以下两个角度重点介绍独立保函：（1）独立保函的一般信息以及独立保函在交易中的具体用途；（2）基于 URDG758 等独立保函交易示范规则，重点介绍 URDG758 和我国《独立保函司法解释》中定义的独立保函当事人及交易流程，让保函从业人员逐步了解根据 URDG758 出具的独立保函的交易流程及其在我国《独立保函司法解释》下需要注意的法律风险点。此外，结合具体内容，本章还将描述其他与独立保函相关的内容。

本章要点

独立保函核心特征、保函类型、直开保函、转开保函、分离式保函、交易流程

1 参见高祥：《论国内独立保函与备用信用证在我国的法律地位——兼评最高人民法院独立保函司法解释征求意见稿》，载《比较法研究》2014 年第 6 期。

2 参见高祥：《论国内独立保函与备用信用证在我国的法律地位——兼评最高人民法院独立保函司法解释征求意见稿》，载《比较法研究》2014 年第 6 期。

第一节｜独立保函的类型和特征

作为担保方式，银行通常提供两种形式的保函：从属性保函和独立保函。前者附属于基础交易合同，是一种附属关系；后者独立于基础交易合同，非附属关系，可进一步细分为见索即付保函和备用信用证。从受益人的角度来看，同从属性保函相比，独立保函通常是一种更好的担保形式。如果独立保函是严格无条件的（简单的见索即付），不包含任何附加要求，即不要求受益人在索赔时必须提供索赔单据，此种形式的担保对受益人来说最为有利。[1]下面首先介绍在国内国际交易中最常见的保函/独立保函类型及其相应特征。

一、按同基础交易合同的关系划分的保函类型

本组是根据同基础交易合同的关系来划分的一组保函类型，包括独立保函和从属性保函。在开立保函时，担保人、申请人和受益人必须清楚地知道他们正在处理

1 See SEB, “Bank Guarantees”, https://seb.se/pow/content/produkter/betalningar/garanti_broschyr_eng.pdf, February 19, 2020.

的是哪种类型的保函，要明白保函的文本不能同时包含独立保函和从属性保函这两种类型保函的元素，否则不仅不能顺利实现当事人开立保函的初衷，而且还有可能需要承担额外的责任或风险，从而增加当事人不可预测的风险敞口。

（一）独立保函

作为基础交易合同的双方当事人，在计划使用独立保函来担保基础交易顺利进行之初就应当注意且清楚：（1）独立保函独立于基础交易关系和独立保函申请关系；（2）为确认基础交易关系而在独立保函中提及基础交易关系并不会改变独立保函的独立性质。比如，在我国司法实践中，如果当事人以独立保函记载了对应的基础交易为由，主张该保函性质为一般保证或连带保证的，根据《独立保函司法解释》第 3 条，该主张不会得到法院的支持。对此，当事人需要注意的是，担保人处理的是单据，而不是单据可能涉及的货物、服务或履行行为。担保人不但对单据有效与否不承担任何责任，而且在审单过程中不得超出单据本身去核对单据所记载的信息是否正确。

独立保函这种担保形式通常被称为“见索即付保函”或“首次见索即付保函”。这些术语在某些程度上反映了独立保函的性质，即当受益人向担保人提出付款请求且符合独立保函规定的条件时，不管申请人和受益人之间的基础交易关系如何，也不管他们之间是否存在纠纷，担保人都有义务按照独立保函的规定向受益人支付款项。这意味着担保人在独立保函项下的付款义务完全是基于独立保函本身的规定和受益人的付款请求，完全独立于该独立保函开立时所依据和担保的基础交易。基于此，在对“独立保函”进行表述时通常会使用以下几个词：“见索即付”“无条件”“抽象的”“自动”“第一付款义务”等。[1]

鉴于 URDG758 第 2 条将独立保函界定为“无论其如何命名或描述，指根据提交的相符索赔进行付款的任何签署的承诺”，我国《独立保函司法解释》第 1 条第 1 款将其界定为“是指银行或非银行金融机构作为开立人，以书面形

1 See Nordea, “Bank Guarantees in International Trade”, https://www.nordea.no/Images/57-67647/bank-guarantees-in-international-trade.pdf, February 19, 2020.

式向受益人出具的，同意在受益人请求付款并提交符合保函要求的单据时，向其支付特定款项或在保函最高金额内付款的承诺”，因此，本书对独立保函做如下界定：独立保函是指由银行或其他法律上有资格的实体[1]作为担保人应其客户/指示方的要求出具的凭相符交单向受益人支付一笔款项的担保人签署的独立承诺。

上述定义包含了与URDG758项下见索即付保函具有相同性质的此类担保[2]有关的一些核心特征：

1. 独立保函是担保人做出的独立承诺

该承诺意味着在受益人的索赔符合独立保函规定的条款时，担保人有义务按照独立保函规定的金额和币种向受益人支付。此处需要注意的是，根据我国《独立保函司法解释》第3条第1款，如果保函未载明据以付款的单据和最高金额，即使该保函具有独立保函的其他特征，当事人主张该保函性质为独立保函的，法院亦不予支持。

2. 独立保函是不可撤销的

这意味着独立保函一经开立，未经担保人和受益人双方同意，在有效期内不得修改或取消。根据URDG758第4条a款和b款，独立保函一旦脱离担保人的控制即为开立，且独立保函一旦开立就不可撤销，除非该独立保函明确载明可撤销。因此，只要独立保函未载明可撤销，该保函就是不可撤销的；只有独立保函明确载明了可撤销，该保函才可以在不经受益人同意的情况下被担保人撤销。需要注意的是，根据我国《独立保函司法解释》第4条第3款，如果独立保函未载明可撤销，当事人主张独立保函出具后不可撤销的，法院会给予支持。因此，如果当事人在开立保函之初达成了可以根据具体情况撤销独立保函的意思表示，必须在该保函上明确地记载“可撤销”字样，否则在发生纠纷时起诉到法院主张该独立保函为可撤销保函的，法院不会给予支持。

---

1 根据我国《独立保函司法解释》第1条第1款，非银行金融机构也可以出具独立保函。本书中如无特别说明，特指银行开立的独立保函。

2 比如，根据UCP600或ISP98开立的备用信用证和根据联合国《独立担保与备用信用证公约》开立的独立担保和备用信用证。

3. 独立保函是一种“被动工具”

从某种意义上讲，独立保函是一种“被动工具”，当事人开立独立保函的初衷本是不期望该保函项下的款项被提取。因为在正常情况下，申请人 / 指示方和受益人通常会在独立保函之外处理基础交易合同。独立保函只需要作为商业交易项下的保证保留到有效期届满即可。在大多数情况下，只有当申请人 / 指示方违反基础交易合同时受益人才会向担保人提出付款要求。

4. 独立保函在受益人针对独立保函进行索赔时就变成了一种“支付工具”

付款的触发因素是受益人根据独立保函的规定向担保人提交付款请求书和独立保函规定的其他所需单据。当然，在有些情况下，独立保函是主要的支付工具。在此种情形下，除了受益人出具的简单的付款请求外，此类保函还需要受益人提交一份长的商业单据清单。[1]

5. 独立保函不同于真正的保证

独立保函（见索即付保函与备用信用证）不同于真正的保证（保证合同），因为在真正的保证合同项下，担保人承担的付款义务是一项次要义务，是一种或有负债。而对于独立保函，担保人将仅根据独立保函规定的条款审查受益人提交的单据来确定其是否需要承担独立保函项下的担保责任。此处需要注意的是，在审单过程中，担保人不审查申请人和受益人之间基础交易项下的货物或服务，亦不审查他们之间的合同关系。

总之，在许多方面，独立保函都是一种非常简单的担保工具，即在受益人根据保函的规定提交相符单据时，银行（担保人）保证按照独立保函规定的币种向受益人支付一定数额的款项。然而，需要特别注意的是，虽然独立保函独立于当事人之间的基础交易，但独立保函本质上仍然是用来支持当事人之间的基础交易的，不是凭空生出的。因此，独立保函的文本应当清楚准确地表明保函所涵盖的与基础交易有关的内容。此外，还需要注意的是，与跟单信用证不同，独立保函这种工具因具有较大的灵活性，用途相对更为广泛。在独立保函文本的措辞上，如果稍有偏差，不但会使当事人使用保函的初衷落空，可能

1 See Nordea, “Bank Guarantees in International Trade”, https://www.nordea.no/Images/57-67647/bank-guarantees-in-international-trade.pdf, February 17, 2020.

还会导致当事人承担预期之外的巨大经济损失。因此，在实践中，通常需要保函专业人士参与起草具体的独立保函文本，以避免不必要的法律风险。

（二）从属性保函

从属性保函，是指担保人为申请人 / 指示方承担一定金额的债务或违约等责任的保函。在从属性保函中，保函与基础交易合同之间存在关联性，依赖于基础交易合同，担保人有权援引委托人（申请人 / 指示方）可能针对受益人提出的所有抗辩。在发生争议的情况下，受益人必须证明其权利源自基础交易合同。担保人具有同委托人一样针对受益人的索赔提出抗辩的权利。只有在受益人提交了能够证明其索赔具有正当性的法院判决书或仲裁机构的裁决或委托人同意该索赔的书面批准书后，担保人才有义务依据该从属性保函付款。[1] 在涉外银行保函中，如果银行保函中未载明适用法律，则需要根据某些规则确定应适用何种法律。总体来说，通常是适用与银行保函关系最密切的法律。但对于从属性保函来说，通常适用出具保函的担保人所在地的法律。[2] 这就导致会出现一些额外的不确定的法律风险。此外，虽然从属性保函使担保人同申请人 / 指示方一样对基础交易合同的受益人负有义务，但需要注意的是，担保人的义务绝不能超过作为缔约方的申请人 / 指示方的义务。[3]

总之，虽然“从属性”一词在英语中常用的术语是“保证”或“有条件的担保”，但同独立保函一样，决定银行承诺是什么类型担保的是保函的措辞，而不是保函本身的标题。在涉外银行保函中，鉴于从属性保函往往受制于当地法律的规定，而各国国内的担保法又差异很大，因此，在使用银行保函这种担保工具时应特别谨慎。还需要特别注意的是，从属性保函不能根据 URDG758 或其他诸如 UCP600 和 ISP98 等国际商会惯例或规则出具，否则就会与独立保函相混淆，从而导致在发生纠纷时无法实现各方当事人的初衷。

---

1 See SEB, “Bank Guarantees”, https://seb.se/pow/content/produkter/betalningar/garanti_broschyr_eng.pdf, February 19, 2020.

2 See SEB, “Bank Guarantees”, https://seb.se/pow/content/produkter/betalningar/garanti_broschyr_eng.pdf, February 19, 2020.

3 See Nordea, “Bank Guarantees in International Trade”, https://www.nordea.no/Images/57-67647/bank-guarantees-in-international-trade.pdf, February 19, 2020.

二、按出具方式划分的独立保函类型

本组是根据出具方式划分的一组独立保函类型，包括备用信用证、直开保函（direct guarantee）、转开保函（indirect guarantee）和分离式保函。

（一）备用信用证

备用信用证的主要功能是担保基础交易合同项下付款义务和执行合同义务的履行。备用信用证的形式跟随了跟单信用证，[1]但其功能和内容却跟随了见索即付保函。备用信用证起源于美国银行法，是半个多世纪以前在美国发展起来的，彼时美国法律并不允许美国银行出具保函。因此，作为一种变通的方法，美国银行通过出具备用信用证来满足客户对银行担保业务产品的需求。尽管后来美国的立法对此有所修改，但作为担保承诺，备用信用证仍被广泛使用。总体来说，备用信用证起初主要用于美国和与美国有关系的业务交易中，或者其银行系统深受美国银行业惯例影响的国家。但如今，备用信用证在全球范围内越来越受欢迎，主要用在同美国和亚洲东部地区国家进行的国际业务中，[2]近年来才在北欧地区和欧洲其他地区使用。[3]现在，非美国银行出具的备用信用证的数量已经超过了美国银行出具的数量。[4]

备用信用证与见索即付保函的主要区别在于使用地域不同和名称不同。在使用地域上，备用信用证使用于美国；而见索即付保函使用于英国、英联邦国家、欧洲大陆、非洲和南美洲国家。在亚洲、中东和世界其他地区，如果交易伙伴来自美国，则会使用备用信用证；如果交易伙伴来自欧洲，一般使用见索即付保函。在名称上，二者是“西红柿”与“番茄”的关系。总体来看，备

1 参见 UCP600 第 1 条。该条规定，跟单信用证统一惯例，2007 年修订本，国际商会第 600 号出版物，适用于所有在正文中标明按本惯例办理的跟单信用证（包括本惯例适用范围内的备用信用证）。

2 See United Bank of Switzerland, “Which bank guarantee is right for you?”, https://www.ubs.com/ch/en/corporates/international/trade-exportfinance/bank-guarantee.html, February 29, 2020.

3 See Nordea, “Bank Guarantees in International Trade”, https://www.nordea.no/Images/57-67647/bank-guarantees-in-international-trade.pdf, February 29, 2020.

4 See Nordea, “Bank Guarantees in International Trade”, https://www.nordea.no/Images/57-67647/bank-guarantees-in-international-trade.pdf, February 18, 2020.

用信用证的称谓更符合其法律性质，因为二者适用的实质上都是信用证法律原则，而独立保函的称谓更符合其商业功能，因为二者发挥的都是担保功能。[1]

在实践中，如果备用信用证采用了跟单信用证的形式，其也可以被称为“见索即付保函”。[2] 但同见索即付保函相比，在某些情况下，备用信用证需要被保兑。[3] 与跟单信用证一样，备用信用证项下的受益人应根据备用信用证的规定（以及 UCP600 或 ISP98，视情况而定）提交单据以提取备用信用证项下的款项。但同信用证相比，备用信用证项下的受益人无需提交装运单据，而是提交备用信用证中规定的单据，声明申请人 / 指示方未能履行付款义务，未能完成工作或未能履行商业合同中要求的其他承诺等。备用信用证有时也会规定受益人的声明必须附有其他支持付款请求的单据，比如发票副本、运输单据或对账单。在大多数情况下，备用信用证担保人不会检查这些单据是否正确或准确，只是可能要求需要提交这些单据而已。[4] 如同见索即付保函一样，备用信用证是一个非常灵活的工具，可用于所有类型的业务。备用信用证能够涵盖从普通担保承诺到更复杂的金融工具等其他许多方面。但需要注意的是，在存在通知行（advising bank）的情况下，如果备用信用证的条款规定允许保兑，通知行可以对该备用信用证进行保兑。此种情形下，通知行对该备用信用证向受益人负有责任，承担该备用信用证开证行不能赔付的信用风险和国家风险。[5]

以担保付款为例，备用信用证的操作流程如下：（1）国外供货商和国内的买方签订了一份基础交易合同，供货商要求买方提供备用信用证作为付款保函；（2）买方指示或委托其银行以供货商为受益人开立备用信用证；（3）开证行开立备用信用证后可以直接发给受益人，也可以通过通知行发给受益人；（4）在存在通知行的情况下，通知行需要检查备用信用证的表面真实性并将

1 参见高祥：《论国内独立保函与备用信用证在我国的法律地位——兼评最高人民法院独立保函司法解释征求意见稿》，载《比较法研究》2014 年第 6 期。

2 See Nordea, “Bank Guarantees in International Trade”, https://www.nordea.no/Images/57-67647/bank-guarantees-in-international-trade.pdf, February 29, 2020.

3 See United Bank of Switzerland, “Which bank guarantee is right for you?”, https://www.ubs.com/ch/en/corporates/international/trade-exportfinance/bank-guarantee.html, February 29, 2020.

4 See Nordea, “Bank Guarantees in International Trade”, https://www.nordea.no/Images/57-67647/bank-guarantees-in-international-trade.pdf, February 13, 2020.

5 See United Bank of Switzerland, “Which bank guarantee is right for you?”, https://www.ubs.com/ch/en/corporates/international/trade-exportfinance/bank-guarantee.html, February 29, 2020.

其转给受益人。需要注意的是，通知行在此种情形下不承担任何义务，受益人（供货商）承担备用信用证不能被兑付的信用风险和国家风险。当然，为了规避风险，处于优势地位的供货商可以要求买方提供的备用信用证必须由通知行进行保兑。在此种情形下，不管开证行履行付款义务的能力如何，保兑行（通知行）因保兑行为而承担了该备用信用证项下的付款义务。开证行的信用风险和进口国的政治风险均由保兑行来承担。[1]（备用信用证交易流程见图 1–2）

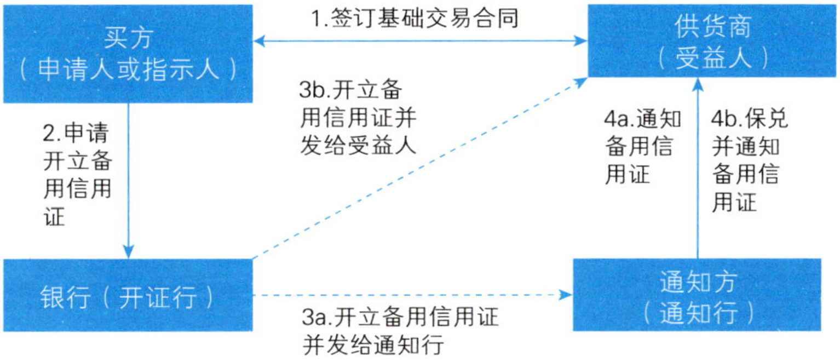

图 1–2　备用信用证交易流程

（二）直开保函

直开保函是最常见的一种独立保函形式，主要是为了担保基础交易项下的付款或执行合同的义务得到履行。直开保函至少有三方当事人。在此种情形下，担保人直接向独立保函受益人出具保函，而受益人必须直接向担保人提出付款请求。此类保函可以通过信函或电信 / 环球同业银行金融电讯协会（Society for Worldwide Interbank Financial Telecommunications，以下简称 SWIFT）等方式出具。直开保函也可以通过第三方（通常是银行）通知受益人，该第三方被称为“通知行”。在此种情况下，独立保函由申请人 / 指示方的银行出具，并通过担保人的银行（通知行）转交给受益人，通常通过 SWIFT 进行认证。

1　See United Bank of Switzerland, “Which bank guarantee is right for you?”, https://www.ubs.com/ch/en/corporates/international/trade-exportfinance/bank-guarantee.html, February 29, 2020.

以国际货物买卖交易为例，直开保函的操作流程如下：（1）国内供货商和国外买家签订了一份基础交易合同。为了确保基础交易合同项下的货物按照合同约定交付，买方要求国内供货商提供一份独立保函。（2）供货商指示其银行开立一份以买方为受益人的独立保函。（3）供货商的银行开立了一份直开保函。供货商是该份独立保函的申请人 / 指示方 / 委托人，买方是该保函的受益人，供货商的银行是该保函的担保人。担保人既可以将独立保函通过 SWIFT 发送给受益人所在地的通知行，也可以将独立保函通过邮局或者申请人发给受益人。（4）在存在通知行的情况下，通知行需要检查独立保函表面的真实性，并将该保函传递给受益人。需要注意的是，通知行为本身并不对通知行施加任何义务，在此种情形下，通知行的作用类似邮局。[1]（直开保函交易流程见图 1–3）

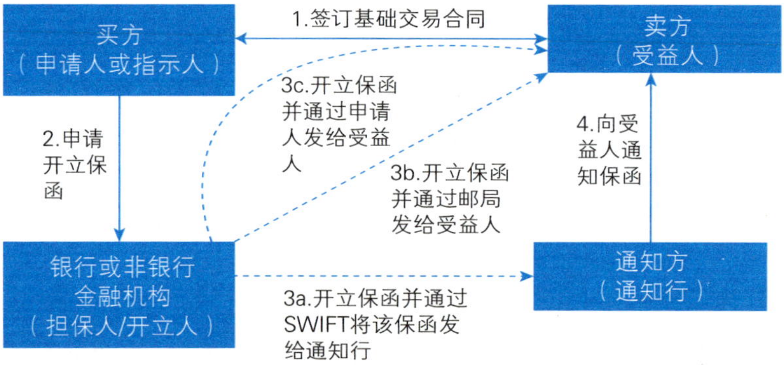

图 1–3　直开保函交易流程

（三）转开保函

转开保函主要是用来担保付款义务或者合同履行义务，经常用在跨境交易中，尤其是外国政府或国有企业是一方当事人的跨境交易中。另外，一些国家因为本国法律规定而不接受外国银行作为担保人。[2]

1 See United Bank of Switzerland, "Which bank guarantee is right for you?", https://www.ubs.com/ch/en/corporates/international/trade-exportfinance/bank-guarantee.html, February 29, 2020.

2 See United Bank of Switzerland, "Which bank guarantee is right for you?", https://www.ubs.com/ch/en/corporates/international/trade-exportfinance/bank-guarantee.html, February 29, 2020.

在转开保函的情况下，通常有四方当事人。即使该独立保函最初是由申请人 / 指示方的银行出具，但受益人收到的独立保函却是由其所在地的银行（通常是该受益人自己的银行）出具的保函。前一种情况下的保函被称为“反担保函”。在实践中，申请人 / 指示方的银行向受益人当地银行出具反担保函，并指示受益人当地银行向受益人出具该当地银行自己的独立保函。[1]

反担保函，是指为了让第三方银行向基础交易合同或基础关系项下的受益人出具受益人当地的独立保函，反担保人出具的以该第三方银行为受益人的独立保函。需要注意的是，此种情况下有两个独立且不同的保函，每一份独立保函付款的前提条件都是相符交单。如果受益人在本地保函下相符交单，则本地保函的担保人将根据反担保函向反担保人提出付款请求。在这种情况下，反担保人对担保人负有义务，担保人对受益人负有义务。因此，反担保人承诺在独立保函项下相符交单时向担保人进行偿付，担保人向受益人出具的独立保函也称为“本地”保函。

以担保基础交易合同的履行为例，转开保函的操作流程如下：（1）国内卖方同国外买方签订了一份基础交易合同。买方要求卖方向其提供独立保函以担保在卖方不履行基础交易合同时其针对卖方提出的索赔。（2）卖方指示其银行出具以买方为受益人的独立保函。（3）卖方的银行指示受益人（买方）所在地的银行出具以买方为受益人的独立保函（本地独立保函）。同时，卖方的银行向担保银行出具反担保函来承担反担保责任。（4）担保银行以买方为受益人出具独立保函并将该保函传递给买方。买方是独立保函的受益人，而卖方是独立保函的申请人 / 指示方和委托人。[2]（转开保函交易流程见图 1–4）

1 See Nordea, “Bank Guarantees in International Trade”, https://www.nordea.no/Images/57-67647/bank-guarantees-in-international-trade.pdf, February 29, 2020.

2 See United Bank of Switzerland, “Which bank guarantee is right for you?”, https://www.ubs.com/ch/en/corporates/international/trade-exportfinance/bank-guarantee.html, February 29, 2020.

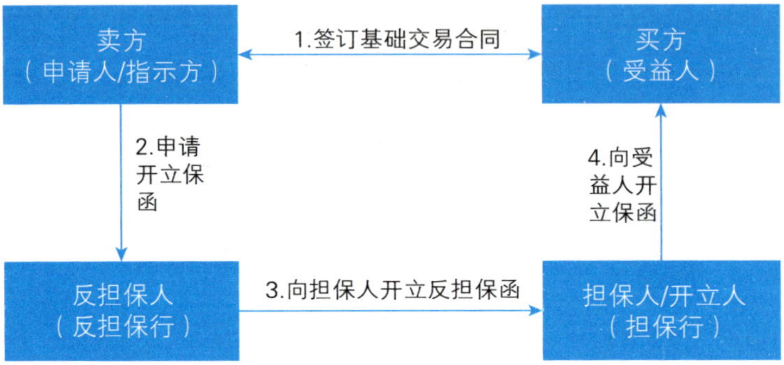

图 1–4　转开保函交易流程

（四）分离式保函

2010 年前后，深圳建设银行在工程保函领域首创“分离式保函”模式，彻底解决了银行的区域管辖以及为申请人单独授信问题，大大提高了工程保函业务的业务覆盖区域和业务效率。[1] 关于分离式保函，目前有工程类的非融资独立保函和内保外贷型的融资类独立保函。分离式保函与传统独立保函的区别主要有以下两点：（1）传统独立保函的申请人是被担保人，即基础交易合同项下承担义务的一方当事人；而在分离式保函的情况下，申请人与被担保人相分离，通常是以专业的担保机构为申请人，以基础交易合同项下承担义务的一方当事人为被担保人。分离式保函项下的被担保人委托专业担保机构作为申请人向银行（担保人）申请开立独立保函。（2）传统独立保函需要逐一对基础交易合同项下申请保函的一方当事人核定授信，而分离式保函仅需对提供保函申请服务的专业担保机构核定授信，为不同基础交易合同项下不同当事人申请开立的所有独立保函均占用银行为该专业担保机构核定的授信额度。（分离式保函交易流程见图 1–5）

1　参见孙力：《难分难离的分离式保函》，载微信公众号“授信审批之窗”，2019 年 8 月 7 日推送。

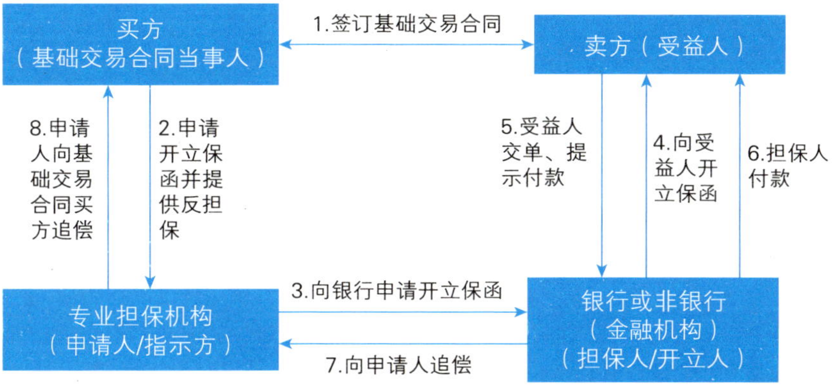

图 1-5　分离式保函交易流程

三、按基础交易性质划分的独立保函类型

本组是根据独立保函是为商业交易还是为金融交易提供的担保而划分的类型。该组分类决定了申请人 / 指示方支付给担保人的担保佣金。一般来说，商业保函（commercial bank guarantees）是基于申请人的日常业务而提供的，所以商业保函被认为比金融保函（financial bank guarantees）风险小。基于此，在实践中，商业保函的担保佣金往往低于金融保函的担保佣金。

（一）商业保函

商业保函又被称为非融资性保函，是一种涉及商业交易的担保，例如为货物的交付、项目的完成或工厂的建设提供担保。总体来说，该类独立保函担保的标的物是货物或建筑物等有形的东西，当然也可以是服务。该类独立保函担保人的担保义务并不取决于申请人 / 指示方义务的实际履行情况，担保人只承诺在相符交单的情况下按独立保函中规定的金额向受益人支付全部或部分款项。

（二）金融保函

金融保函又称融资性保函，是一种涉及金融交易的担保。例如，为获得贷款而设立的担保。

四、按担保目的划分的独立保函类型

因为独立保函具有极大的灵活性，可以根据各种需求灵活设计。本组是根据担保目的进行划分的一些最常见的独立保函类型。

（一）出口保函

出口保函（export guarantee）是指卖方／出口商作为保函的申请人／指示方的独立保函。比如，国内出口商和国外进口商签订了一份基础交易合同，进口商为了确保出口商能够依照基础交易合同的约定按时交付货物，要求出口商提供一份履约保函。于是，出口商就作为申请人指示／委托其银行开立一份以进口商为受益人的独立保函。[1]

（二）投标保函

当一家公司进行公开招标时，要求投标方在投标时附有投标保函（bid/tender guarantee）的情况屡见不鲜。投标保函所担保的风险主要涵盖提交投标书的公司不遵守其报价、中标后不签署合同或不提供招标要求的履约保函而产生的风险。投标保函通常是按投标价值（合同价值）的 2% 或 5% 出具，通常招标文件会明确表明投标保函在中标后签订合同时由履约保函等替代。如果公司没有中标，受益人应立即释放投标保函。

（三）预付款保函、定金保函或还款保函

无论是预付款保函（advance payment）、定金保函（down payment），还是还款保函（repayment guarantee），虽然名称不同，但都代表相同类型的独立保函。此类独立保函的担保目的都是确保偿还保函申请人／指示方已收到

1 See United Bank of Switzerland, "Which bank guarantee is right for you?", https://www.ubs.com/ch/en/corporates/international/trade-exportfinance/bank-guarantee.html, February 29, 2020.

或将收到的交付或待完成工作的预付款。对于大型项目，特别是大型国际贸易或建设工程项目，基础交易双方当事人有时会约定买方或者业主向供应商或承包商支付一定比例的预付款，该比例通常是合同签订时合同总金额的 10% 或 30%。这些款项为供应商或承包商提供了初步开展基础交易的经济支持，使这些供应商或承包商能够用这些预付款购买原材料或在初始阶段支付建设工程工人的工资，从而使基础交易项目得以顺利开展。同时，为了保障受益人不会因为支付了预付款但获得该笔预付款的基础交易相对方不按照约定使用该笔预付款而蒙受损失，预付款接收方可以向支付预付款的买方或者业主提供用以保证按约定偿还预付款的独立保函。[1]

预付款保函通常是在供应商或承包商收到预付款前提供。在这种情况下，预付款保函应明确规定，在该保函所担保的预付款被记入供应商 / 承包商指定的账户之前，受益人不得根据该预付款保函提出索赔，或者预付款保函载明将供应商 / 承包商收到预付款作为该保函生效的条件。此外，申请人和受益人之间的基础交易合同亦应当明确规定基础交易合同项下的剩余款项如何支付，无论是在货物交付或工程完成时一次性支付，还是分期支付。此处需要注意的是，预付款保函所担保的风险不涵盖基础交易合同项下的那部分剩余款项。

（四）履约保函

履约保函（performance guarantee）通常用于担保申请人 / 指示方履行其对受益人在基础交易项下的合同义务。如果申请人 / 指示方未能按照基础交易合同的约定交付货物或进行某些工作，担保人承诺根据履约保函的规定在相符索赔时向受益人支付一定金额的赔偿款。履约保函担保的数额通常是基础交易项下合同总金额的 10% ～ 15%，该比例可能会因基础交易的具体情况和基础交易合同双方当事人的议价能力而有所差别。

1 See Nordea, “Bank Guarantees in International Trade”, https://www.nordea.no/Images/57-67647/bank-guarantees-in-international-trade.pdf, March 7, 2020.

（五）质量保函

质量保函（warranty guarantee）的目的是担保申请人/指示方交付货物或完成工作后在合同约定的质量担保期内的义务。

（六）留滞金保函

留滞金保函（retention money guarantee）也称“滞留金保函”“质保金保函”“预留金保函”“留置金保函”“尾款保函”，是指申请人/指示方在质保期内未能履行其合同义务时用于保证受益人提前支付的款项能够依照约定得到偿还而设立的担保。例如，在国际国内贸易实务中，如果基础交易合同项下的买方根据装运单据向卖方全额支付了货款，但卖方在基础交易合同项下尚有未完成的义务，此种情况就可以使用留滞金保函。留滞金保函能够保证卖方在基础交易合同项下的义务最终得到妥善履行。需要注意的是，在留滞金保函中通常要加上这样一项条款，即担保人根据该留滞金保函向受益人支付任何索赔款的前提条件是申请人/指示方已收到受益人支付的留滞金保函所担保的该笔款项。例如，基础交易合同双方当事人可以在合同中约定最后一笔合同价款（通常为基础交易合同总金额的10%）可以推迟到申请人/指示方在基础交易项下的所有合同义务已经履行完毕为止，可以凭最终验收证书来确定是否履行完毕基础交易合同项下的所有义务。然而，在实践中，最后一笔合同款的延期支付可能会影响到申请人/指示方的现金流，从而可能会影响基础交易项下的交易进度。在此种情形下，鉴于留滞金保函能够确保申请人/指示方在基础交易项下合同义务最终得到妥当的履行，因此可以使用留滞金保函取代基础交易项下合同金额中的尾款。[1]

（七）进口保函

进口保函（import guarantees）是指买方/进口商作为保函申请人/指示方的独立保函。同出口保函相对应。比如，国内进口商和国外出口商签订一份基

1 See Nordea, “Bank Guarantees in International Trade”, https://www.nordea.no/Images/57-67647/bank-guarantees-in-international-trade.pdf, March 7, 2020.

础交易合同，出口商为了确保进口商能够依照基础交易合同的约定支付货款，要求进口商提供一份付款保函（payment guarantee）。于是，进口商就指示其银行开立一份以出口商为受益人的独立保函。

（八）付款保函

付款保函的目的是担保申请人 / 指示方具有履行付款义务的能力。最常见的付款保函是一种担保买方对所收到的货物或所获得的服务具有履行付款义务能力的保函。在受益人已履行完毕基础交易合同项下的义务（交付货物或完成工作）而买方因无力或不愿意付款导致其不履行基础交易项下的付款义务时，受益人可以根据该付款保函要求担保人向其付款。付款保函通常是针对基础交易合同项下的全部金额提供付款担保；如果部分合同金额已提前支付，则仅对剩余金额提供付款担保。

付款保函可用于支付申请人 / 指示方因其与受益人的正常业务而产生的未付余额。需要注意的是，当付款保函要担保与货物定期交付等有关的余额时，受益人必须确保该付款保函金额足以支付在任何时间点的未结清的余额。这意味着，在计算付款保函金额时，基础交易项下的卖方必须要考虑到单独交付的一批货物的价值及未来要交付的所有货物的价值、交付的频率和授予的信用期限。[1]

（九）提单遗失保函

提单遗失保函（guarantee for a missing bill of lading）是一种特定类型的保函，用于授权运输承运人或其代理人将特定货物交付提单中指定的收货人但收货人却不能交回提单正本的情形。收货人是提单遗失保函的申请人 / 指示方，该类保函的目的是保证承运人在将货物交付给提单上指定的收货人后却有人拿着正本提单向承运人要求提取货物时不遭受损失。该类保函也被称为“损害赔偿保函”，因为它是被用来赔偿承运人在没有正本提单的情况下释放货物所遭

1 See Nordea, “Bank Guarantees in International Trade”, https://www.nordea.no/Images/57-67647/bank-guarantees-in-international-trade.pdf, February 28, 2020.

受的损失和法律挑战。[1]

（十）海关保函

海关保函（customs guarantee）又称“关税保函”，是进口商作为申请人 / 指示方向担保人申请出具的以海关为受益人，作为进口商支付关税的担保的独立保函。

（十一）其他类型的独立保函

由于独立保函本身具有灵活性，所以还可用于许多其他目的，比如：

1. 借款保函

借款保函（guarantee for the repayment of a loan）是付款保函的变体，是用以担保偿还银行（或公司）授予被担保人到期贷款的独立保函。一般情况下，一家公司通过向一家银行申请贷款并同时向另一家银行申请为该笔贷款提供担保的方式来安排融资并不常见，而且成本相当高。但在某些情况下，这却成了惯常做法。例如，当一家国内公司的国外分支机构需要一笔资金，其可以通过两种方式进行融资。一种是向国内总公司借款，另一种是向该分支机构所在地的银行贷款。在此种情况下，对国外分支机构而言，与向国内总公司借款相比，在当地寻求贷款的成本更低、更实际。国内总公司可以作为申请人 / 指示方，以国外分支机构的贷款银行为受益人，向担保人申请开立一份借款保函。[2]

2. 商业汇票银行（保兑）保函

在国际贸易中，汇票是一种常用的付款工具。出口商（出票人）开出汇票，进口商（付款人）承兑。汇票上载明了出口货物的付款条件（应支付的金额、货币、到期日、付款地点等）。但通常情况下，尤其是在出口商和进口商相互不太了解的情形下，出口商只有在自己熟知的银行愿意担保进口商（付款人）

1 See Nordea, “Bank Guarantees in International Trade”, https://www.nordea.no/Images/57-67647/bank-guarantees-in-international-trade.pdf, March 7, 2020.

2 See Nordea, “Bank Guarantees in International Trade”, https://www.nordea.no/Images/57-67647/bank-guarantees-in-international-trade.pdf, February 28, 2020.

在汇票下的付款义务时，才有可能接受汇票作为付款手段。商业汇票银行（保兑）保函［guarantee for the payment of a bill of exchange (aval)］就应运而生了。对于商业汇票银行（保兑）保函，担保人必须在汇票正面签章，还可以加上“保兑”字样。[1]

3. 禁令保函

禁令保函（guarantee in injunctions）是指在独立保函欺诈诉讼中，独立保函申请人/指示方或担保人向法院申请禁令以停止该保函项下的付款时，比如，独立保函申请人/指示方为了阻止担保人支付其根据该保函必须向受益人支付保函项下的款项，法院通常会要求申请禁令的当事人提供一笔款项作为担保品。在司法实践中，相对于要求当事人提供现金作为签发禁令的担保品，法院通常更愿意接受独立保函作为担保品。[2]

4. 联合体运营保函

在大型国际项目的联合体运营中，几个承包商可以负责合同的不同部分。通常情况下，为了完成项目的某些部分或者合同的某一部分，总承包商可能有许多分包商，而这些分包商可能是来自几个不同国家的具有不同规模的企业和/或不同类型的法律实体。为了确保项目工程能够按时完工，业主通常会要求总承包商为完成整个项目提供保函，而总承包商可以要求分包商为完成其各自的义务而提供保函，即联合体运营保函（guarantee in consortium operations）。[3]

1 See Nordea, “Bank Guarantees in International Trade”, https://www.nordea.no/Images/57-67647/bank-guarantees-in-international-trade.pdf, February 18, 2020.

2 See Nordea, “Bank Guarantees in International Trade”, https://www.nordea.no/Images/57-67647/bank-guarantees-in-international-trade.pdf, February 18, 2020.

3 See Nordea, “Bank Guarantees in International Trade”, https://www.nordea.no/Images/57-67647/bank-guarantees-in-international-trade.pdf, February 19, 2020.

第二节 | 独立保函涉及的规则、惯例、公约和法律

独立保函交易规则并非只有URDG一种，有国内法、国际惯例和国际公约供当事人选择。对于国际惯例，比如URDG458[1]、URDG758、UCP600、ISP98，只有当事人在独立保函中明确规定适用的情况下方可适用；对于公约，比如联合国《独立担保与备用信用证公约》，由于我国没有加入该公约，如果当事人亦未约定适用该公约或将该公约有关内容作为交易规则订入保函，依据意思自治原则，联合国《独立担保与备用信用证公约》不应适用。下面对现存的适用于独立保函的各种规则、惯例、公约及我国的《独立保函司法解释》做一个简单的介绍。

一、交易示范规则和惯例

一份独立保函可以受多套规则约束。为了使独立保函受一套特定的规则约束，独立保函必须明确载明其受

1 1992年版的《见索即付保函统一规则》（国际商会第458号出版物，以下简称URDG 458）。

某一特定的交易示范规则的约束。目前的交易示范规则包括：

（一）URDG758 和 URDG458

URDG758 是约束见索即付保函的规则，自 2010 年 7 月 1 日起生效。它取代了国际商会的第一套保函规则，即 1992 年版的 URDG 458。同 URDG458 相比，URDG758 最显著的变化是采用了 UCP600 的起草风格和语言，且其规则更有利于受益人。在 URDG758 颁布前，许多人更愿意将备用信用证作为其首选的见索即付保函，更愿意采用 UCP600 或 ISP98 作为适用的基本规则，而愿意选择适用 URDG458 的见索即付保函寥寥无几。URDG458 不受欢迎的部分原因是大家普遍认为 URDG458 中的规则明显倾向于保护申请人和担保人（通常是基础交易合同对方及其银行），而对受益人及其银行则相对不太友好。其中颇受诟病的一个争论点是，根据 URDG458 规则，受益人必须参照基础交易合同违约来证明其索赔的正当性，而同一时期的 UCP600 已经将备用信用证中的付款义务与基础交易合同履行的事实隔离开了。URDG458 的该项规定本是为了保护申请人和担保人免受不正当的索赔，但对受益人而言却失去了吸引力。因此，国际商会于 2010 年对旧规则 URDG458 进行了修改，推出了 URDG758 版本。[1]

尽管国际商会修订 URDG458 的目的是使与见索即付保函有关的相互竞争的主体之间的权益达到一个更好的平衡，但修订后的 URDG758 却仍明显偏向于申请人和担保人的权益。此外，虽然采用 UCP 风格的语言本应该能够使 URDG758 更易于被从事国际贸易和国际建设工程的人使用，但许多在国际贸易市场中经营业务的受益人却仍然认为基于 URDG 开立的保函的吸引力远低于不适用 URDG 开立的保函或备用信用证。[2] 此外，如果当事人愿意，URDG 规则也可以适用于备用信用证。

1 See “URDG 758 – A facelift for the Demand Guarantee Rules”，https://www.reedsmith.com/en/perspectives/2010/07/urdg-758--a-facelift-for-the-demand-guarantee-rule，February 15, 2020.

2 See “URDG 758 – A facelift for the Demand Guarantee Rules”，https://www.reedsmith.com/en/perspectives/2010/07/urdg-758--a-facelift-for-the-demand-guarantee-rule，February 15, 2020.

（二）ISP98

最初的备用信用证是根据开立时适用的UCP版本出具的。然而，许多银行家发现，这些为跟单信用证制定的规则并不能完全满足备用信用证的要求。为此，国际银行法与惯例研究所于1998年起草了一套专门为备用信用证设计的新规则，命名为ISP98，于1999年1月1日生效，是世界范围内备用信用证使用的基本规则。

ISP98反映了已被广泛接受的有关备用信用证的惯例、习惯和用法，如同UCP和URDG对于商业信用证和见索即付保函所起的作用一样，它为备用信用证提供了单独规则，对履约备用信用证、预付备用信用证、投标备用信用证、反担保备用信用证、融资备用信用证、保险备用信用证、商业备用信用证和直接付款备用信用证等下了定义。[1]此外，如果当事人愿意，ISP98也可以适用于见索即付保函。

（三）UCP600

UCP600在2007年被修订，是国际商会第600号出版物。UCP600一般用于商业跟单信用证，但也可用于备用信用证。UCP是为解决国际贸易结算中使用的商业信用证而制定的。但随着备用信用证的广泛使用，为了适应时代发展的要求，从1983年的UCP400开始，备用信用证被纳入UCP的适用范围。UCP400第1条规定："这些条款适用于所有信用证，包括其可以适用的备用信用证，并对一切有关当事人均具有约束力，除非信用证中另有明确规定。"据此，从UCP400开始，UCP不仅适用于商业信用证，而且适用于备用信用证。此外，如果见索即付保函选择适用UCP600，亦是可以的。[2]

（四）国际商会《合同担保统一规则》

国际商会《合同担保统一规则》（Uniform Rules for Contract Guarantees,

1 参见总会国际商会：《国际备用证惯例》（ISP98），载中国国际贸易促进委员会网：http://www.ccpit.org/Contents/Channel_3584/2014/0730/41 5658/content_415658.htm，最后访问日期：2020年3月22日。

2 参见高祥：《论国内独立保函与备用信用证在我国的法律地位——兼评最高人民法院独立保函司法解释征求意见稿》，载《比较法研究》2014年第6期。

国际商会第325号出版物，以下简称ICC 325）是约束合同担保的国际商会规则，于1978年8月生效。但是由于该规则的有些规定不能被银行接受，公布后基本上没有人使用。于是，国际商会于1992年公布了URDG458以取代ICC 325，但采用URDG458的人亦不多。[1]

（五）国际商会《合同保函统一规则》

国际商会《合同保函统一规则》（ICC Uniform Rules for Contract Bonds，以下简称ICC524）于1994年1月生效，但很少被使用。

（六）《国际商会银行委员会意见》

国际商会银行委员会出于教育目的和促进国际商会规则［比如UCP、《跟单信用证项下银行间偿付统一规则》[2]、URDG、《国际贸易术语解释通则》以及《关于审核跟单信用证项下单据的国际标准银行实务》（International Standard Banking Practice for the Examination of Documents under Documentary Credits，以下简称ISBP）］的正确使用，任何人都可以向国际商会银行技术与惯例委员会（也称为银行委员会）提交有关国际商会规则的查询。对于《国际贸易术语解释通则》的查询，则应向国际商会商法和惯例委员会提出。委员会的答复称为“意见”，《国际商会银行委员会意见》（ICC Banking Commission Opinions）定期由国际商会汇编出版。

（七）国际商会《跟单票据纠纷解决专家意见》

国际商会银行委员会还提供一种称为跟单票据纠纷解决专家意见

1 参见高祥：《论国内独立保函与备用信用证在我国的法律地位——兼评最高人民法院独立保函司法解释征求意见稿》，载《比较法研究》2014年第6期。

2 《跟单信用证项下银行间偿付统一规则》（ICC Uniform Rules for Bank-to-Bank Reimbursement Under Documentary Credits，以下简称URR），是跟单信用证业务项下银行之间进行偿付的通用规则，是规范和统一银行间偿付业务的重要操作标准和依据，它用规范化的流程和细则来保障银行间偿付业务的正常开展。在UCP600推出后，国际商会银行技术与惯例委员会以UCP600为基础，对1996年生效的《跟单信用证项下银行间偿付统一规则》（国际商会第525号出版物，以下简称URR525）重新进行了修订，于2008年10月正式生效的《跟单信用证项下银行间偿付统一规则》（国际商会第725号出版物，以下简称URR725）结合近年来信用证业务操作中的变化和特点，其内容更符合实务操作的需要，同时与UCP600并行，成为其不可分割的组成部分。

（DOCDEX Decisions，以下简称 DOCDEX）的服务。该项机制原来主要用于跟单信用证、信用证下的偿付、托收及见索即付保函下的纠纷，具有快速、经济、权威的特点。这是一个快速解决涉及以下内容争议的纠纷解决程序：（1）URDG；（2）UCP；（3）URR；（4）国际商会《托收统一规则》。[1、2]

DOCDEX 意见的目标：根据跟单信用证的条款、托收指示、见索即付保函和适用的国际商会规则（UCP、URR、URC 或 URDG），就如何解决争议提供独立、公正和迅速的专家决议。[3]

DOCDEX 意见的性质：除非争议当事各方同意采用 DOCDEX 处理争议，否则 DOCDEX 意见不对争议各方当事人具有约束力。然而，DOCDEX 意见为他们的争议提供了极具参考价值的评估意见，能促进争议的友好解决。[4]

二、相关国际公约

为了确保尽可能统一地解释和处理独立保函问题，国际商会并不是唯一参与起草独立保函规则的组织。联合国工作组与世界各国代表起草了适用于国际独立保函的规则和立法，即联合国《独立担保与备用信用证公约》。该公约由联合国大会于 1995 年 12 月 11 日通过，2000 年 1 月 1 日生效。联合国《独立担保与备用信用证公约》旨在促进和便利独立担保和备用信用证的使用，特别是在传统上只能使用独立担保和备用信用证其中一种的情况下。该公约进

1　国际商会为统一托收业务的做法，减少托收业务各有关当事人可能产生的矛盾和纠纷，曾于 1958 年草拟《商业单据托收统一规则》。为了适应国际贸易发展的需要，国际商会在总结实践经验的基础上，1978 年对该规则进行了修订，改名为《托收统一规则》(The Uniform Rules for Collection，以下简称 URC；1978 年版为国际商会第 322 号出版物，以下简称 URC322）；1995 年再次修订，1996 年 1 月 1 日实施（国际商会第 522 号出版物，以下简称 URC522）。URC 自公布实施以来，被各国银行所广泛采用，已成为托收业务的国际惯例。

2　参见周学海主编：《国际商会见索即付保函统一规则（2010 年修订本）》，周红军、蔡俊锋译，张燕玲译审，中国民主法制出版社 2010 年版，第 111 页。

3　参见周学海主编：《国际商会见索即付保函统一规则（2010 年修订本）》，周红军、蔡俊锋译，张燕玲译审，中国民主法制出版社 2010 年版，第 111 页。

4　参见周学海主编：《国际商会见索即付保函统一规则（2010 年修订本）》，周红军、蔡俊锋译，张燕玲译审，中国民主法制出版社 2010 年版，第 112 页。

一步承认了独立担保和备用信用证共同的基本原则和特点。[1]此外，如果当事人在其商业信用证明确表示适用该公约，该公约也可以适用于商业信用证。[2]

由于我国目前还没有加入联合国《独立担保与备用信用证公约》，在当事人未约定适用该公约或将该公约有关内容作为国际交易规则订入独立保函的情况下，依据意思自治原则，当事人之间因独立保函纠纷或涉外独立保函欺诈纠纷提起诉讼，向法院主张适用联合国《独立担保与备用信用证公约》中的相关规定时，法院不予支持。[3]与此形成鲜明对比的是，根据我国《独立保函司法解释》第5条第1款，即使独立保函未载明适用URDG等独立保函交易示范规则，但只要担保人和受益人在一审法庭辩论终结前一致援引的，法院亦应当认定该交易示范规则的内容构成独立保函条款的组成部分。当然，如果只有当事人一方主张独立保函适用相关交易示范规则或虽然当事人一致主张独立保函适用相关交易示范规则却是在一审法庭辩论终结后主张的，法院不予支持。

三、《独立保函司法解释》

为正确审理独立保函纠纷案件，切实维护当事人的合法权益，服务和保障“一带一路”建设，促进对外开放，我国根据《民法通则》《合同法》《担保法》《涉外民事关系法律适用法》《民事诉讼法》等法律并结合审判实际制定了《独立保函司法解释》。该司法解释于2016年12月1日实施，主要规定了我国在处理保函纠纷时的司法审判原则，并明确规定在适当的时候，可以参照URDG758等独立保函国际交易示范规则审理保函纠纷案件。

总体来看，就各国国内法而言，大陆法系的德国和法国以及英美法系的英国和美国最具代表性。与这些国家的国内法相比，我国《独立保函司法解释》

1 See United Nations Commission on International Trade Law, “United Nations Convention on Independent Guarantees and Stand-by Letters of Credit (New York, 1995)”，https://uncitral.un.org/en/texts/payments/conventions/independent_guarantees，February 15, 2020.

2 参见高祥：《论国内独立保函与备用信用证在我国的法律地位——兼评最高人民法院独立保函司法解释征求意见稿》，载《比较法研究》2014年第6期。

3 参见最高人民法院（2017）最高法民申5067号裁定书和最高人民法院（2017）最高法民再134号民事判决书。

内容丰富，完备务实，走在世界前列。在内容上，我国《独立保函司法解释》对独立保函的界定、开立、法律适用、单证相符原则、独立性原则、欺诈止付以及司法程序等法院审理独立保函纠纷案件中经常遇到的问题作出了比较全面的规定。而德国和法国均没有像我国《独立保函司法解释》这样针对独立保函作出全面系统的规定。在英国，独立保函适用信用证法，而且只有判例法，没有成文法。在美国，承担见索即付保函角色的是备用信用证，而且备用信用证与商业信用证适用同一套规则，即《美国统一商法典》（Uniform Commercial Code）第五编。我国《独立保函司法解释》与《美国统一商法典》相比，各有千秋。但就作为法院裁判规则而言，我国《独立保函司法解释》的针对性和实用性超过《美国统一商法典》。[1]

此外，同前述的国际商会发布的相关独立保函交易示范规则相比，国际商会的规则关注的是当事人尤其是银行在具体交易中如何有效地完成交易的问题；而我国《独立保函司法解释》是裁判规则，关注的是法院在审理独立保函纠纷案件时如何公正裁判的问题，比如如何处理欺诈问题。虽然国际商会的规则和我国《独立保函司法解释》关注的焦点不同，但二者互为补充。联合国《独立担保与备用信用证公约》是由联合国国际贸易法委员会制定的，专门用于调整独立担保和备用信用证，该公约对其适用范围、独立担保与备用信用证的形式与内容、当事人的权利和义务、欺诈例外、法律冲突等都作出了规定。我国《独立保函司法解释》的内容与该公约比较接近，参考了该公约，但也有创新，更具有中国特色。[2] 此外，在我国司法实践中，《独立保函司法解释》实施后发生的备用信用证纠纷，如果案涉备用信用证具有独立保函的特性，亦是按照《独立保函司法解释》的规定进行审理。

1 参见高祥：《一部走在世界前列的理性创新的司法解释》，载《中国审判》2017 年第 15 期。
2 参见高祥：《一部走在世界前列的理性创新的司法解释》，载《中国审判》2017 年第 15 期。

第三节 | 独立保函的金额及递减条款、币种、适用法律和管辖

一、独立保函金额及递减条款

独立保函必须载明担保人承担责任的最大金额和币种，即从独立保函上必须能够清楚地看出作为担保人的责任范围。根据我国《独立保函司法解释》第3条第1款，在保函未载明最高金额的情形下，即使保函载明了据以付款的单据且同时符合下列情形之一：（1）保函载明是见索即付；（2）保函载明适用URDG等独立保函交易示范规则；（3）根据保函文本内容，担保人的付款义务独立于基础交易关系及保函申请法律关系，其仅承担相符交单的付款责任，当事人主张该保函性质为独立保函的，法院亦不予支持。

独立保函金额不仅是担保人承担责任大小的衡量标准，而且是担保人向申请人/指示方收取出具独立保函佣金的定价标准。在独立保函有效的情况下，独立保函金额的重要性体现在以下两个方面：（1）该金额是申请人/指示方在受益人相符交单时向担保人负有偿付责

任的金额；（2）根据该金额计算担保人的担保费用，即担保人出具独立保函应当收取的佣金。此外，担保人的担保责任有时会扩展到除支付本金外还要支付利息。例如，在预付款保函中，担保人可以承诺偿还预付款本金和利息。此种情形可在独立保函条款中作如下表述：“我们承诺偿还贵方本金为××人民币的预付款，外加从收到预付款本金之日起至我方偿还之日止按每年6%年化利率计算出的利息。”此处需要特别注意的是，除非独立保函文本另有规定，否则担保人的责任仅限于独立保函载明的金额。[1]

在大多数情况下，独立保函涵盖了在其整个有效期内签发的金额。但是，独立保函金额有可能随着时间的推移而变化。由于开立独立保函是为了保障受益人的利益，且受益人是独立保函的当事人之一，因此减少作为担保人的银行在独立保函项下的责任必须得到受益人的同意。而该目的可以通过由受益人单独确认或者在独立保函文本中加入递减条款来实现。[2]

需要注意的是，根据独立保函申请人在基础交易合同项下的履行进度逐渐减少独立保函金额符合申请人的利益。然而，这却使担保人的处境相对比较艰难。因为独立保函的当事人是作为担保人的银行和受益人，而申请人不是独立保函的当事人，但担保人根据相符索赔向受益人垫付独立保函项下款项却是向申请人追偿的基础。因此，在担保人部分免除申请人对担保人的责任之前，担保人必须绝对确保受益人同意减少独立保函金额。为了避免不必要的损失，担保人需要用简单明了的语言确保独立保函文本中的递减条款做到无可争辩且清楚明确。

二、独立保函的币种

独立保函必须载明担保人承担付款责任的币种。独立保函上载明的币种不仅决定了汇率风险由哪方当事人承担，而且决定了在担保人延迟支付独立保

1 See Nordea, “Bank Guarantees in International Trade”, https://www.nordea.no/Images/57-67647/bank-guarantees-in-international-trade.pdf, February 18, 2020.

2 See Nordea, “Bank Guarantees in International Trade”, https://www.nordea.no/Images/57-67647/bank-guarantees-in-international-trade.pdf, February 18, 2020.

函项下款项或申请人逾期偿付担保人垫付款项时损失的计算标准。比如，在中国葛洲坝集团股份有限公司与意大利裕信银行股份有限公司上海分行其他合同纠纷案[1]中，意大利裕信银行股份有限公司上海分行（以下简称担保人）因为本国的临时止付令而对中国葛洲坝集团股份有限公司（以下简称受益人）的相符索赔未能及时偿付，在止付令解除后才向受益人付款。受益人认为其在迟延支付期间遭受到了利息损失，据此向上海金融法院起诉担保人按照中国同期银行贷款利率作为计算标准支付利息损失。在诉讼过程中，关于利息应采用何种币种作为计息基数和按何种利率标准进行计算的问题，受益人主张将该案系争独立保函项下金额按起诉日汇率换算为人民币，并以换算后的人民币金额为基数，按照中国人民银行公布的同期贷款利率为标准计收。对此，担保人则主张，案涉独立保函载明的币种为科威特第纳尔，且担保人亦是以科威特第纳尔为货币单位向受益人支付款项。因此，因付款迟延而产生的利息也应当以科威特第纳尔为货币单位计算，且该案应当适用科威特中央银行公布的同期存款利率而不是贷款利率作为计算标准。[2]

对此，上海金融法院认为，利息的币种应与债务支付的币种相一致。当事人就债务支付的币种形成明确合意，也意味着对由此产生的利息币种具有合理预期。除非受诉法院地法律存在强制性规定，否则应尊重当事人对债务支付币种的合意选择。按照 URDG758 第 21 条的规定，付款的货币为独立保函中指明的货币。该案中，案涉独立保函上载明的付款货币是科威特第纳尔，且担保人的最终付款行为也是以科威特第纳尔完成，付款地也在境外。按照《银行法》第 16 条规定，对于支付地不在我国境内的跨境资金流动，我国法律允许当事人按约定币种进行支付。在受益人和担保人双方未对一方违约情况下以何种币种承担违约责任进行明确约定的情况下，同受益人主张的人民币币种相比，以科威特第纳尔作为计息基数更符合受益人和担保人双方的预期以及国际金融惯例。因此，该案中的利息损失之币种应以科威特第纳尔为货币单位计算。此外，鉴于科威特第纳尔并非国际通行货币，外币之债的利率应以该货币发行国

1 参见上海金融法院（2018）沪 74 民初 1419 号民事判决书。
2 参见上海金融法院（2018）沪 74 民初 1419 号民事判决书。

的央行公布利率为宜。该案中，受益人与担保人均为从事跨境交易的商业主体，计算受益人的利息损失应考量商业主体通常的融资成本，宜以银行贷款利率作为参照。如果采纳存款利率标准，将出现所赔偿的利息损失无法覆盖受益人实际资金成本的问题，甚至会产生鼓励违约方以低于金融市场价格占用守约方资金，从不法行为中获益的不良导向。因此，该案应以贷款利率标准而非存款利率标准计算受益人的利息损失。[1]

三、适用法律和管辖

从事国内国际商业交易的当事人都有权选择合同适用哪种法律，独立保函亦是如此。不要求适用于独立保函的法律必须与适用于基础交易关系的法律相同。如果独立保函明确载明了适用于该保函的法律，并且亦明确载明在发生独立保函纠纷时提交哪一个法院或仲裁机构管辖，则适用该约定的法律且独立保函上载明的法院或仲裁机构将拥有管辖权。各国对此不存在任何争议。然而，在实践中，许多独立保函并没有载明适用的法律，也没有载明管辖的法院或者仲裁机构。对此情形，URDG 是唯一提供默示规则的国际独立保函交易示范规则。即如果独立保函仅载明适用 URDG 规则，但该保函既没有载明适用的法律，也没有载明管辖的法院或仲裁机构，则根据 URDG 规则可以默认为该保函适用担保人出具该保函的分行或办事处所在地的国家的法律并由当地的法院管辖。同理，如果独立保函载明适用 URDG 规则，但反担保函既没有载明适用的法律，也没有载明管辖的法院或仲裁机构，则根据 URDG 规则默认为适用反担保人出具反担保函的分支机构或办事处所在的国家的法律并由当地的法院管辖。[2]

在中国，关于适用法律，《独立保函司法解释》第 22 条有类似于 URDG758 的规定，即针对涉外独立保函欺诈之外的普通涉外独立保函纠纷案件，《独立保函司法解释》第 22 条第 1 款规定，如果涉外独立保函未载明适

1 参见上海金融法院（2018）沪 74 民初 1419 号民事判决书。

2 See Nordea, “Bank Guarantees in International Trade”, https://www.nordea.no/Images/57-67647/bank-guarantees-in-international-trade.pdf, February 13, 2020.

用法律，且该涉外独立保函当事人（担保人和受益人）在一审法庭辩论终结前亦未就适用法律达成一致的，担保人和受益人之间因涉外独立保函而产生的纠纷适用担保人经常居所地法律；如果涉外独立保函由金融机构依法登记设立的分支机构出具，则适用分支机构登记地法律。针对涉外独立保函欺诈纠纷，《独立保函司法解释》第22条第2款规定，当事人[1]就适用法律不能达成一致的，适用被请求止付的独立保函的担保人经常居所地法律；独立保函由金融机构依法登记设立的分支机构开立的，适用分支机构登记地法律；当事人有共同经常居所地的，适用共同经常居所地法律。但在程序上，《独立保函司法解释》第22条第3款明确规定，涉外独立保函止付保全程序排他性地适用中国法律。

对于涉外独立保函的适用法律，我国《独立保函司法解释》第22条的规定同URDG758第34条、[2]联合国《独立担保与备用信用证公约》第21条[3]和第22条[4]及《美国统一商法典》第5-116条第a款和第b款[5]的规定一致。即受到影响的当事人约定了适用法律，从其约定；如无约定，则适用涉外独立保函担保人所在地法律。然而，对于涉外独立保函欺诈纠纷案件，由于涉外独立保函申请人/指示方并非该保函的一方当事人，在涉外独立保函担保人与受益人之间因独立保函的理解与适用等问题出现纠纷时，涉外独立保函中载明的法律当然适用，但由于涉外独立保函申请人要求确认受益人存在欺诈性索赔的目的系欲

1 在止付申请人是独立保函申请人/指示方的情况下，此处的当事人是指申请人、受益人和担保人；在止付申请人是担保人的情况下，此处的当事人是指担保人和受益人。在司法实践中，止付申请人绝大多数是独立保函申请人/指示方，担保人主动以独立保函欺诈为由申请止付保函的情形十分罕见。

2 参见URDG758第34条："适用法律 a.除非保函另有约定，保函的适用法律应为担保人开立保函的分支机构或营业场所所在地的法律。b.除非反担保函另有约定，反担保函的适用法律应为反担保人开立反担保函的分支机构或营业场所所在地的法律。"

3 参见联合国《独立担保与备用信用证公约》第21条："准据法之选择 保证应受依下列方法选择的法律调整：(a)保函所规定者或者保函条款所昭示者；或者(b)保证人和受益人另有协议者。"

4 参见联合国《独立担保与备用信用证公约》第22条："准据法之确定 依第21条未能选择法律者，保证应受保证人签发保函的营业地所在国之法律调整。"

5 《美国统一商法典》第5-116条a款、b款规定如下：（a）开证人、指定人或通知人因其作为或不作为而产生的责任受相关当事人选择的法域的法律约束，选择的方式可以是符合第5-104条的经过当事各方签字或以其他方式证实的记录形式体现的协议，或者是开证人、指定人或通知人的信用证、保兑书或其他承诺中的一个条款。被选择的法域不需要与该项交易有任何联系。（b）除非a款适用，否则开证人、指定人或通知人因其作为或不作为而产生的责任将适用上述人所在地的法律。该人的所在地以其承诺中表明的地址为准；如果表明了一个以上的地址，则认为该人出具承诺的地址为其所在地。为管辖权、法律选择和承认分行往来的信用证之目的，但非为判决执行之目的，一家银行的所有分行均被视为独立的法律实体。而一家银行的分行依照本款认为所在的地方即视为该行的所在地。

终止该保函项下款项的支付，以防止申请人的合法权益被侵害，涉外独立保函欺诈性索款纠纷本质上应定性为侵权纠纷，应当适用侵权行为地法律。[1]

此外，需要注意的是如何理解“独立保函由金融机构依法登记设立的分支机构开立的”中的“分支机构”，不同的理解会导致选择不同的适用法律。根据URDG758第3条第a款“担保人在不同国家的分支机构被视为不同的实体”和UCP600第3条“一家银行在不同国家设立的分支机构均被视为不同的银行”的规定，在涉外独立保函中，如果该独立保函是由一家金融机构在国外的分支机构出具，则该金融机构和其在国外的分支机构是两个不同的法律实体。对此，我国《独立保函司法解释》第22条的规定与URDG758和UCP600的相关规定是一致的。

在中国，关于管辖权，《独立保函司法解释》第21条也有类似于URDG758的规定。即针对独立保函欺诈之外的普通独立保函纠纷，《独立保函司法解释》第21条第1款规定，独立保函受益人和担保人之间因独立保函而产生的纠纷案件，由担保人住所地或被告住所地法院管辖。但是，如果独立保函已经载明由其他法院管辖或提交仲裁的，应当遵从独立保函的规定。受益人和/或担保人主张根据申请人/指示方和受益人之间的基础交易合同中约定的争议解决条款确定管辖法院或提交仲裁的，法院不予支持。针对独立保函欺诈纠纷，《独立保函司法解释》第21条第2款明确规定由被请求止付的独立保函的担保人住所地或被告住所地法院管辖，但当事人[2]书面协议由其他法院管辖或提交仲裁的除外。当事人主张根据基础交易合同或独立保函的争议解决条款确定管辖法院或提交仲裁的，法院不予支持。

总而言之，如果独立保函，尤其是涉外独立保函当事人未约定适用URDG，则建议当事人在该保函中加入适用的法律和管辖权条款。在独立保函实践中，除非当事人在基础交易合同和保函申请书中均达成一致，否则加入适用的法律和管辖权条款可能会导致受益人拒绝接受该保函。

---

1 参见杨弘磊、许英林：《独立保函欺诈的认定规则》，载《人民司法》2019年第29期。

2 在止付申请人是独立保函申请人/指示方的情况下，此处的当事人是申请人、受益人和担保人；在止付申请人是担保人的情况下，此处的当事人是担保人和受益人。在司法实践中，止付申请人绝大多数是独立保函申请人/指示方，担保人主动以独立保函欺诈为由申请止付保函的情形十分罕见。

第四节 | URDG758 和我国《独立保函司法解释》项下的独立保函

本部分首先介绍独立保函当事人在 URDG758 及我国《独立保函司法解释》中的定义，然后针对独立保函在 URDG758 项下的运作流程和在我国司法实践中存在的法律风险点做详细介绍。

一、独立保函交易中涉及的当事人

独立保函交易中会使用特定的术语，尤其是在描述交易各方当事人时。同一当事人可以有不同的名称，如“委托人”“申请人”“指示方”，其含义相同。下面将介绍各方当事人在 URDG758 及我国《独立保函司法解释》中的界定。

（一）通知方

通知方在 URDG758 第 2 条中被界定为“应担保人的请求对保函进行通知的一方”。在独立保函交易中，通知方通常是担保人的代理行或与受益人有关系的银行。

我国《独立保函司法解释》对通知方未有任何提及，但根据其第 5 条第 1 款的规定，如果独立保函载明适用 URDG758 等独立保函交易示范规则，或担保人和受益人在一审法庭辩论终结前一致援引的，法院会根据交易示范规则来确定通知方的含义。

（二）申请人

申请人在 URDG758 第 2 条中被界定为“保函中表明的、保证其承担基础关系项下义务的一方。申请人可以是指示方，也可以不是指示方”。即在许多情况下，申请人和指示方是相同的，但也有例外情形，参照下面的“指示方”进行理解。

我国《独立保函司法解释》对申请人未有任何界定，但在实践中同 URDG758 等独立保函交易示范规则中对申请人的界定相一致。需要提醒的是，在前述分离式保函中，申请人并不是承担基础关系项下义务的一方，大部分情况下是专业的担保机构，其是应承担基础关系项下义务的一方的要求而向担保人申请开立保函的。

（三）指示方

指示方在 URDG758 第 2 条中被界定为“反担保人之外的，发出开立保函或反担保函指示并向担保人（或者反担保函情况下向反担保人）承担赔偿责任的一方。指示方可以是申请人，也可以不是申请人。”比如，在直开保函情况下，申请人就是指示方；在分离式保函项下，申请人和指示方是不同的当事人。

（四）担保人

担保人在 URDG758 第 2 条中被界定为“开立保函的一方，包括为自己开立保函的情况”。在大多数情况下，担保人是申请人或指示方的银行。而根据我国《独立保函司法解释》第 1 条第 1 款，担保人是指以书面形式向受益人承诺在受益人请求付款并提交符合独立保函要求的单据时向该受益人支付特定款项或在独立保函最高金额内付款的银行或非银行金融机构。此处需要注意的是，在URDG758中是用“担保人”指代，在我国《独立保函司法解释》中是用“开立人”指代，本书中如无特别说明，二者具有相同的意思表示。

（五）反担保人

反担保人在URDG758第2条中被界定为“开立反担保函的一方，可以是以担保人为受益人或是以另一反担保人为受益人，也包括为自己开立反担保函的情况”。此处的反担保人是反担保函的担保人。

（六）受益人

受益人在URDG758第2条中被界定为“接受保函并享有其利益的一方”。受益人通常对在基础交易合同项下承担义务的一方（申请人/指示方）享有债权，通常是申请人/指示方的相对方，与申请人/指示方有基础交易合同/关系。

（七）交单人

交单人在URDG758第2条中被界定为“作为受益人或代表受益人进行交单的人，或在适用情况下，作为申请人或代表申请人进行交单的人”。当受益人直接向担保人提出付款请求时，受益人就成为交单人。

二、独立保函交易流程及相关法律风险

下面将根据URDG758出具的独立保函的步骤并结合我国《独立保函司法解释》的相关规定解析独立保函的交易流程及其在我国司法实践中存在的法律风险。

（一）申请人和受益人之间签订基础交易合同

申请人/指示方向自己的银行发出独立保函申请，且该独立保函申请应基于申请人/指示方与其相对方之间达成的基础交易合同，而该相对方就是独立保

函的受益人。独立保函所依据的基础交易合同最好能将与要开立的独立保函相关的信息包括在内，而且务必要将这些信息在该独立保函中予以载明。由于这些信息反映了申请人和受益人之间所达成的基础交易合同，一定要明确和准确。

根据 URDG758 第 5 条“保函和反担保函的独立性”和我国《独立保函司法解释》第 3 条第 1 款和第 2 款的规定，首先，独立保函或反担保函就其性质而言，独立于其相关的基础关系和独立保函申请关系，担保人或反担保人完全不受基础交易关系和独立保函申请关系的影响或约束。其次，独立保函或反担保函中为了指明其所对应的基础关系而予以引述，并不改变独立保函或反担保函的独立性。最后，担保人或反担保人在独立保函项下的付款义务，不受基础交易关系和独立保函申请关系项下产生的请求或抗辩的影响。然而需要注意的是，根据我国《独立保函司法解释》第 6 条第 2 款和第 12 条的规定，在构成独立保函欺诈的情形下，担保人以基础交易关系对其在独立保函项下的付款义务提出抗辩的，法院会给予支持。

（二）基础交易合同下一方当事人（申请人 / 指示方）申请开立独立保函

1. 在基础交易合同订立后，申请人 / 指示方开始申请开立独立保函

大多数银行都有专门针对独立保函业务的开立申请表。申请人 / 指示方需要按照独立保函申请表如实填写应包含在独立保函中的所有相关事实，比如受益人、金额、相符索赔所需要的单据及独立保函有效期等。需要注意的是，这些信息应当能够反映出申请人 / 指示方和受益人在基础交易合同中已经做出的相关约定。此外，根据 URDG758 第 8 条，所有开立独立保函的指示和独立保函自身都应该清楚明确且用语简洁，应当避免过多的细枝末节。URDG758 建议所有的独立保函至少应当包含以下内容：（1）申请人；（2）受益人；（3）担保人；（4）指明基础交易关系的编号或其他信息；（5）指明所开立的独立保函的编号或其他信息；（6）赔付金额或最高赔付金额以及币种；（7）独立保函有效期；（8）请求付款的条款；（9）应以何种形式提交付款请求或其他单据，即明确是以纸质和 / 或电子形式提交；（10）独立保函中规定的所有单据应使用的语言；（11）负责支付费用的一方。

2. 独立保函相关费用的支付方式

根据 URDG758 第 32 条，应当按照下列方式支付：（1）指示担保人或反担保人提供本规则项下服务的申请人或反担保人有责任承担被指示方执行指示产生的费用；（2）如果独立保函规定由受益人承担费用，而这些费用却未能从受益人处收取，则指示方有责任支付这些费用。如果反担保函规定与独立保函相关的费用由受益人承担，而这些费用却未能被收取，则反担保人有责任向担保人、反担保函的指示方有责任向反担保人支付这些费用；（3）担保人和任何通知方都不应规定独立保函、任何通知或独立保函修改以担保人和任何通知方收到费用为条件。

3. 独立保函上有关申请人 / 指示方和受益人的姓名和地址必须完整无误

独立保函应当明确规定该独立保函所涵盖的义务以及谁有权根据该独立保函提出付款请求。当然，正确表述独立保函金额和币种亦至关重要。如果独立保函覆盖了本金之外的利息或费用，则需要在独立保函中明确规定。此外，基础交易关系双方当事人也应考虑由哪家银行出具独立保函。因为在收到独立保函时，受益人就将一种确定的风险（例如，不履行或不付款的风险）从申请人 / 指示方转移给了担保人（通常是银行）。因此，申请人和受益人在基础交易合同中约定好由哪家银行开立独立保函至关重要。[1]

4. 独立保函应当载明受益人在向担保人提示付款时应当提交的单据

独立保函从某种意义上说就是一种“跟单票据”，同信用证一样，为了触发担保人的付款义务，受益人必须在向担保人提示付款时相符交单。因此，独立保函应当载明受益人在向担保人提示付款时应当提交的单据。需要注意的是，根据我国《独立保函司法解释》第 3 条第 1 款，如果保函未载明据以付款的单据，即使该保函载明见索即付，或载明适用 URDG758 等独立保函交易示范规则，或文本内容清楚表明担保人的付款义务独立于基础交易关系及保函申请法律关系，其仅承担相符交单的付款责任，法院亦不会支持当事人关于该保函为独立保函的主张。

1 See Nordea, “Bank Guarantees in International Trade”, https://www.nordea.no/Images/57-67647/bank-guarantees-in-international-trade.pdf, February 18, 2020.

5. 申请书也可包括如何向受益人通知独立保函的信息

鉴于申请书是担保人与申请人/指示方之间关于开立独立保函的协议，因此，申请书应当包含银行开立独立保函的通用条款。申请书必须由申请人/指示方正式签署。为了便利独立保函交易双方当事人，在许多情况下，比如，当以电子方式发送申请书时，通用条款可以通过客户和银行之间的综合协议达成，该协议可以涵盖某一时间段内该银行为该客户拟开立的所有独立保函。然而，需要注意的是，因为该独立保函申请书是独立保函的基础，所以该申请书的信息应当清楚和准确。

由于独立保函申请关系的当事人是申请人/指示方和担保人，所以申请人/指示方根据申请书中的信息向担保人承担责任，对受益人没有任何法律约束力。在独立保函法律关系中，担保人根据独立保函中规定的条款对受益人承担责任，因此，独立保函对申请人/指示方没有任何法律约束力。同样，基础交易合同中规定的所有条款和条件都只是基础交易双方当事人（申请人/指示方和受益人）之间的问题，对担保人亦没有任何法律约束力。因此，如果基础交易合同的当事人已经就独立保函文本做出了具体的约定，应当将约定的具体的独立保函文本作为申请人/指示方向担保人提交的独立保函申请书的附件附上。申请人/指示方也会在独立保函申请书中选择独立保函适用哪些规则。根据 URDG758 第 1 条，为了适用 URDG758 的相关规则，独立保函必须明确表明其受本规则的约束。需要注意的是，在我国司法实践中，根据《独立保函司法解释》第 5 条第 1 款，如果独立保函未载明适用 URDG758 等独立保函交易示范规则，但担保人和受益人在一审法庭辩论终结前一致援引的，法院应当认定交易示范规则的内容构成独立保函条款的组成部分。

（三）担保人开立独立保函或修改独立保函

独立保函是担保人应申请人/指示方的申请而出具。担保人只有在审核并接受申请表后才能出具独立保函。独立保函可以通过多种方式出具，例如担保人既可以通过其通知行的 SWIFT，也可以以书面形式出具并将独立保函交给申请人/指示方让其将独立保函交付给受益人，或者根据收到的来自申请人

/ 指示方的指示将独立保函直接发送给受益人。[1]

修改或者更换现有独立保函要么是由申请人 / 指示方以签字信函形式提出，要么是以银行的修改申请书的形式提出。[2] 根据 URDG758 第 4 条“开立和生效”第 a 款和第 b 款，当独立保函离开担保人的控制时，独立保函即被开立且不可撤销。对此，我国《独立保函司法解释》第 4 条持同样的观点，即独立保函的开立时间为担保人发出独立保函的时间。独立保函一经出具（开立）即生效，但独立保函载明生效日期或事件的除外。此外，除非独立保函载明可撤销，否则法院不会支持当事人关于独立保函开立后可撤销的主张。

需要注意的是，对于已经生效的独立保函的修改问题，鉴于该独立保函的当事人是担保人和受益人，因此，根据 URDG758 第 11 条“修改”第 b 款，在未经受益人同意对独立保函进行修改的情况下，担保人自行或者根据申请人 / 指示方针对该独立保函作出的修改对受益人不具有约束力。此处需要注意的是，在此种情形下，除非受益人拒绝该修改书，否则担保人自修改书出具时起即不可撤销地受该修改书的约束。换句话说，选择权在受益人手里。

此外，根据 URDG758 第 10 条“保函或者保函修改的通知”第 f 款，修改后的独立保函应通过与原独立保函相同的通知行按原路径通知给受益人。此处需要注意的是，根据 URDG758 第 11 条“修改”第 b 款，在受益人接受针对原独立保函作的所有方面的修改之前，未经受益人同意而作出的修改对受益人不具有约束力。另外，根据 URDG758 第 11 条“修改”第 e 款，受益人仅接受部分修改的情形被视为拒绝接受全部修改。

（四）通知独立保函

根据 URDG758 第 10 条“保函或者保函修改的通知”第 a 款，在通过通知行将独立保函通知给受益人的情况下，通知行有责任检查该独立保函从表面上看是真实的，并负责确保发送给受益人的通知准确反映其所收到独立保函的

1 See Nordea, “Bank Guarantees in International Trade”, https://www.nordea.no/Images/57-67647/bank-guarantees-in-international-trade.pdf, February 18, 2020.

2 See Nordea, “Bank Guarantees in International Trade”, https://www.nordea.no/Images/57-67647/bank-guarantees-in-international-trade.pdf, February 18, 2020.

条款和条件。同时，受益人在收到独立保函后应当立即对独立保函进行检查核对，确保独立保函符合基础交易合同或任何其他协议的规定，而且如果受益人提出付款请求，要严格按照独立保函中规定的所有条款和条件进行操作，否则将要承担被担保人拒付的风险。

（五）独立保函下的索赔/交单/付款

大多数独立保函的作用是提供担保。在一个完美的商业世界里，独立保函是不会被索赔的，独立保函只会随着基础交易合同双方当事人按照商业合同的要求履行完毕各自的义务而失效。然而，在某些情况下，当事人却有必要根据独立保函提出索赔。当发生这种情况时，URDG758 中的许多规定能被用来规范这一过程。根据 URDG758 第 2 条“定义”的规定，URDG758 对独立保函项下的“索赔”和“交单”做了明确的区分，即“索赔”是一种付款请求，是一种由独立保函受益人签署的要求支付独立保函项下款项的文件；而“交单”则是一种广义的理解，是指独立保函受益人根据独立保函的规定向担保人提交单据的行为或者据此交付的单据。交单包括但不限于索赔交单，交单可以是索赔之外的交单，比如可以是为了延长独立保函有效期和增减独立保函金额而交单。也就是说，索赔常常需要交单，但交单并不总是意味着索赔。[1]

根据 URDG758 第 14 条“交单”第 a 款，受益人提出索赔时必须在出具独立保函的地点或独立保函中规定的地点向担保人交单，并且必须在独立保函到期日或到期前交单。需要注意的是，根据 URDG758 第 14 条“交单”第 f 款，每次交单都应当能够识别出该交单是哪个独立保函项下的交单，通常是通过标明担保人出具的独立保函编号来实现。如果无法识别出是哪个独立保函项下的交单，则只有在能够识别出是哪个独立保函项下的交单后，担保人才能够开始审单。需要注意的是，URDG758 第 20 条“索赔的审核时间；付款”第 a 款中规定的审单时间，如果因交单无法识别问题而被延迟审单，由此而导致的不利后果由受益人承担。

1 See Nordea, “Bank Guarantees in International Trade”, https://www.nordea.no/Images/57-67647/bank-guarantees-in-international-trade.pdf, February 19, 2020.

1. 审单

为了确定交单是否符合独立保函中规定的要求，当受益人向担保人交单时，担保人要进行审单。根据 URDG758 第 20 条“索赔的审核时间；付款”第 b 款，如果是相符索赔，担保人有义务向受益人按照索赔请求付款。在此需要注意的是，根据 URDG758 第 7 条“非单据条件”，担保人仅以受益人提交的单据为依据进行审查，即审单必须以独立保函中明确规定的单据要求为依据进行，非单据条件通常不予理会。例如，独立保函中的一项要求“一旦船厂将船东定制的船成功交付给船东，本独立保函将失效”就是一项非单据条件。然而，虽然担保人可以出于审核的目的而不理会这一条件，但这并不意味着在涉及独立保函项下当事人履行该保函时也能无视这一条件。需要注意，独立保函中要求的单据不能包含与独立保函规定的条款相冲突的信息，对于非单据要求亦是如此。[1]

需要特别注意的是，根据 URDG758 第 15 条“索赔要求”，不管是独立保函还是反担保函项下的受益人，在提出索赔时，除非该独立保函或反担保函中明确排除 URDG758 第 15 条第 a 款和第 b 款关于应予适用支持声明的要求，比如在独立保函中明确规定“URDG758 第 15 条第 a 款和第 b 款中的支持声明不予适用”等类似表述，否则索赔在由独立保函所指明的其他单据所支持之外，还应当在任何情况下均辅以一份受益人声明，表明申请人在哪些方面违反了基础交易合同项下的义务。该声明既可以在索赔书中作出，也可以在一份由受益人单独签署的随附于该索赔书的单据中作出，还可以在一份由受益人单独签署的指明该索赔书的单据中作出。[2] 如果独立保函对此有特别规定，按独立保函的规定进行。

此外，根据 URDG758 第 19 条“审单”第 a 款，担保人应仅基于交单本身确定受益人交单是否在表面上构成相符交单。审单应当独立于基础交易关系。需要更加注意的是，根据 URDG758 第 19 条“审单”第 b 款，担保人将比较

1 See Nordea, “Bank Guarantees in International Trade”, https://www.nordea.no/Images/57-67647/bank-guarantees-in-international-trade.pdf, February 13, 2020.

2 See Nordea, “Bank Guarantees in International Trade”, https://www.nordea.no/Images/57-67647/bank-guarantees-in-international-trade.pdf, February 19, 2020.

单据内部和单据之间的内容并且还将根据“国际（非本地）标准保函惯例”比较独立保函中的内容。[1] 单据的内容不必与要求的其他单据的内容或独立保函的内容完全一致，但不得与其他内容或独立保函的内容相冲突。

需要注意的是，根据我国《独立保函司法解释》第7条第1款，在我国的司法实践中，如果当事人因为独立保函审单问题发生纠纷起诉到法院，法院首先是根据独立保函载明的审单标准进行审查，据此再进一步作出是否构成表面相符的认定。如果当事人在独立保函中未约定审单标准，法院有权选择是否参照适用国际商会确定的相关审单标准。比如在中国水利水电第四工程局有限公司、中工国际工程股份有限公司信用证欺诈纠纷案[2]中，最高人民法院认为，案涉独立保函均未载明适用URDG758规则，诉讼当事人亦未在一审法庭辩论终结前一致援引该规则，因此不能认定URDG758规则的内容构成独立保函条款的组成部分。然而，虽然案涉独立保函未载明审单标准，但在认定是否构成表面相符时，可以参照URDG758确定的审单标准。因此，笔者认为，如果独立保函的当事人对审单有特殊要求，务必在独立保函中载明，并且在独立保函中载明排除适用国际商会确定的部分或全部相关审单标准。

此外，我国《独立保函司法解释》第7条第2款完全秉承了URDG758第19条“审单”第b款的精神。因此，在我国独立保函实务和司法实践中，担保人审单的标准和法院认定构成表面相符的标准并不拘泥于要求单据与独立保函条款之间、单据与单据之间表面上必须完全一致，而是即使单据与立独立保函条款之间、单据与单据之间表面上不完全一致，但只要这些不一致不会导致它们相互之间产生歧义、矛盾和冲突，就属于构成表面相符。此处的表面相符原则强调的是受益人提交的表面单据与独立保函条款的一致性。但严格相符原则并不意味着逐字相符。比如，在上述中国水利水电第四工程局有限公司与中工国际工程股份有限公司信用证欺诈纠纷案中，案涉独立保函载明只需要受益人中工国际工程股份有限公司出具的申明“乙方未能按照合同规定履行合同义务”的书面索赔通知即可。然而，受益人在《书面索赔通知》中的声明内容为

1 See Nordea, “Bank Guarantees in International Trade”, https://www.nordea.no/Images/57-67647/bank-guarantees-in-international-trade.pdf, February 13, 2020.

2 参见最高人民法院（2019）最高法民终349号民事判决书。

"截至今年 10 月，中水四局（注：乙方）施工进度已严重滞后且大面积停工并辞退工人，在既定工期仅剩 1 个月的现状下，已完全无法履行合同所规定的工作义务"。在该案中，最高人民法院认为，虽然二者在文字表述上并不完全一致，但是受益人提交的索赔声明中记载了"施工进度已严重滞后""大面积停工并辞退工人"等具体违约情形及"已完全无法履行合同所规定的工作义务"的内容，该内容与独立保函规定的索赔声明内容并不矛盾、不至于产生歧义，因此，应当认定构成表面相符。[1]

虽然如此，但为了避免产生不必要的纠纷、增加额外的成本和风险，以及节约审单成本，笔者建议独立保函当事人在独立保函开立之初就索赔所需要的单据的形式和内容作出清楚明确的规定，如果有可能，可以做成模板附在独立保函正文后面。

2. 审单时间、付款和拒付

根据 URDG758 第 20 条"索赔的审核时间；付款"第 a 款，如果受益人在向担保人提交索赔时没有表明此后将补充提交其他单据，则担保人应当从受益人交单之日起次日开始计算的 5 个营业日内审核完毕该索赔并确定该索赔是否是相符交单、相符索赔。同时，该审单期限不因独立保函在交单当日或之后失效而缩短或受影响。然而，如果受益人在提交索赔时表明此后将补充其他单据，担保人可以在单据补充完毕之后再开始进行审单。此外，根据 URDG758 第 16 条"索赔通知"，担保人有义务毫不延迟地将独立保函项下的任何索赔请求通知申请人 / 指示方，反担保人也有义务毫不延迟地将反担保函项下的任何索赔请求通知申请人 / 指示方。然而，需要注意的是，索赔通知本身并不赋予申请人 / 指示方任何拒绝索赔的权利。任何付款或拒付将仅基于担保人对索赔的审查。[2]

此处需要注意的是，虽然担保人或者反担保人有义务将受益人的索赔请求毫不延迟地通知申请人 / 指示方，但根据我国《独立保函司法解释》第 8 条，独立审查受益人提交的单据既是担保人的权利，也是担保人的义务。担保人有

1　参见最高人民法院（2019）最高法民终 349 号民事判决书。

2　See Nordea, "Bank Guarantees in International Trade", https://www.nordea.no/Images/57-67647/bank-guarantees-in-international-trade.pdf, February 13, 2020.

权自行决定单据与独立保函条款之间、单据与单据之间是否表面相符，并自行决定接受或拒绝接受不符点。如果担保人已向受益人明确表示接受不符点，当受益人请求担保人承担付款责任后，担保人应当承担付款责任。在此种情形下，担保人要自行承担申请人/指示方不予偿付的风险。当然，即使在申请人/指示方接受不符点的情况下，担保人亦有权利自行决定拒绝接受不符点。担保人是否接受不符点的决定不受申请人/指示方是否接受不符点的影响。

在审单过程中，可能出现以下三种情况：

（1）相符索赔。根据URDG758第20条“索赔的审核时间；付款”第b款，当担保人确定受益人的索赔为相符索赔时，担保人必须根据独立保函向受益人支付独立保函项下的款项。在此种情况下，根据URDG758第16条“索赔通知”，担保人有义务毫不延迟地将独立保函项下的该索赔请求通知申请人/指示方。此外，根据URDG758第22条“相符索赔文件副本的传递”，担保人应将相符索赔书及其他任何有关单据的副本毫不延迟地传递给申请人/指示方，或者在转开保函的情况下，传递给反担保人以转交给申请人/指示方。但是，反担保人或在适用情况下的申请人/指示方，都不应在此传递过程中制止担保人付款或偿付。因为付款义务是由受益人向担保人提出的索赔请求所触发的；如果是相符索赔，担保人有义务向受益人付款，申请人/指示方亦有义务根据独立保函申请书向担保人偿付。[1]

（2）非相符索赔。根据URDG758第24条“不相符索赔，不符点的放弃及通知”第a款，当担保人确定受益人提出的索赔不是相符索赔时，担保人可以直接向受益人拒绝该索赔，也有权选择联系申请人/指示方或反担保函情况下的反担保人放弃不符点。在此种情况下，根据URDG758第24条“不相符索赔，不符点的放弃及通知”第d款和第e款，如果担保人拒绝受益人的索赔请求，则担保人有义务就此拒付毫不延迟地向索赔提交人发出一次性的拒付通知，该拒付通知最晚不得迟于交单日次日起第5个营业日结束之前发出。与此同时，该拒付通知应当明确说明担保人拒绝赔付的意思表示及担保人拒绝赔付的每个

1 See Nordea, “Bank Guarantees in International Trade”, https://www.nordea.no/Images/57-67647/bank-guarantees-in-international-trade.pdf, February 13, 2020.

不符点。

（3）担保人在交单次日起 5 个营业日内未向受益人发出拒绝索赔的通知。根据 URDG758 第 24 条“不相符索赔，不符点的放弃及通知”第 f 款，如果担保人未能按照本条第 d 款或第 e 款的要求及时地向受益人发出拒付通知，则担保人将无权宣称索赔书以及任何相关单据构成不相符索赔。也就是说，如果担保人在交单日次日后的第 5 个营业日结束前未向交单人发出拒绝付款请求的通知，担保人有义务按照独立保函的规定向受益人付款。

3. 展期或付款

根据 URDG758 第 23 条“展期或付款”，当受益人提出的相符索赔请求中包含作为替代选择方案的展期请求时，担保人有权在收到索赔之日次日起不超过 30 个日历日的期间内中止付款。比如，受益人主张申请人将或已经不能履行其在基础交易合同中的义务且独立保函即将到期，则受益人可向担保人提出“展期或付款”的索赔请求。这种索赔请求为担保人提供了另一种选择，即延长独立保函期限或根据相符索赔向受益人付款。适用此种情况的先决条件是受益人必须提出相符索赔，以便能够触发担保人在独立保函项下的付款义务。[1]在此种情况下，根据 URDG758 第 23 条“展期或付款”第 a 款和第 c 款，如果是相符索赔，担保人有权在收到索赔之日次日起不超过 30 个日历日的期间内中止付款。

在存在反担保函的情形下，根据 URDG758 第 23 条“展期或付款”第 b 款，当担保人中止付款之后，担保人在反担保函项下提出一项相符索赔，其中包含作为替代选择的展期请求时，反担保人有权中止付款，该中止付款期间不超过独立保函项下的中止付款期间减 4 个日历日。与此同时，担保人应将该中止事项按照 URDG758 第 23 条“展期或付款”第 f 款毫不延迟地通知申请人 / 指示方；在存在反担保函情况下，担保人有义务毫不迟延地通知反担保人，反担保人有义务将独立保函项下的该中止付款和反担保函项下的任何中止付款毫不迟疑地通知申请人 / 指示方。

---

1 See Nordea, “Bank Guarantees in International Trade”, https://www.nordea.no/Images/57-67647/bank-guarantees-in-international-trade.pdf, February 13, 2020.

根据URDG758第23条“展期或付款”第e款，即使得到申请人/指示方的展期指示，担保人或反担保人仍可拒绝展期，并应当按相符索赔向受益人付款。换句话说，担保人或反担保人有权自行决定是否批准展期要求。然而，根据URDG758第23条“展期或付款”第e款，如果担保人未向受益人提供约定的独立保函展期服务，则担保人（或反担保人）应当向受益人付款。这一过程给受益人提供了同申请人、担保人协商的机会和灵活性，既可以延长独立保函的有效期，也可以获得付款。

通常情况下，与受益人协商对独立保函进行展期符合担保人的利益。如果实在无法达成协议，则应确保受益人能够得到付款并取消独立保函。独立保函展期或付款请求可能会导致独立保函被多次展期，完全由受益人和担保人自行决定，但是这会大大增加申请人/指示方的独立保函成本。[1]

（六）独立保函到期

根据URDG758第2条，独立保函应包括有关其有效期的信息。到期日可以在独立保函中表示为特定的到期日或到期事件。在到期事件的情况下，需要特别注意的是担保人根据提交给担保人的单据或根据担保人自己的记录可以确定的事件（例如，表明申请人向受益人转移了一定数额的资金）来确定该事件何时发生。如果独立保函同时包括一个到期日和一个到期事件，则两者中较早的一个被视为到期日。独立保函项下的交单必须在到期日或到期前作出。此外，URDG758第25条“减额与终止”第c款针对独立保函到期有一项特别规定，即如果独立保函既没有规定到期日也没有规定到期事件，则独立保函应在自独立保函出具之日起3年期满后终止。需要注意的是，当使用到期事件并预计在事件发生后3年内到期时，应明确说明和理解处理该事件的程序和条件。如果一份独立保函没有注明到期日或到期事件，也不受URDG758的约束，那么将根据出具独立保函的担保人所在地法律确定其失效日。

虽然不建议这样做，但在有些情况下，独立保函不包括有关失效日的信息，

1 See Nordea, “Bank Guarantees in International Trade”, https://www.nordea.no/Images/57-67647/bank-guarantees-in-international-trade.pdf, February 13, 2020.

例如以海关、税务或其他当局为受益人的独立保函。对于这种独立保函，申请人必须确保将独立保函退还给银行，或者在不再需要独立保函时由受益人以其他方式解除银行的担保责任。[1]

本章中涉及的独立保函不是借款人/担保人向银行提供的贷款担保，而是银行自己提供的独立保函，承诺在相符交单的情况下向指定的受益人支付确定金额的款项。独立保函基于国际贸易特别是大型基础设施项目的需要而开始使用。供应商在收到货款前不会供货，而买方在收到货款前也不会付款。独立保函可以被视为一种见索即付的担保。银行根据申请人/指示方的申请出具独立保函并收取一定数额的佣金。此外，银行将会要求申请人/指示方提供背对背担保，以确保在银行根据相符索赔向受益人垫付独立保函项下的款项后能够从申请人/指示方那里获得偿付。独立保函交易的主要当事人包括：基础交易合同的买方或工程总包方（申请人/指示方）、出具独立保函的银行（担保人）和基础交易合同的卖方或业主（受益人）。

1 See Nordea, "Bank Guarantees in International Trade", https://www.nordea.no/Images/57-67647/bank-guarantees-in-international-trade.pdf, February 13, 2020.

附：

URDG758 附录中推荐的见索即付保函示范样本[1]

（英文版）

[Guarantor Letterhead or SWIFT identifier Code]

To:

[Insert name and contact information of the Beneficiary]

Date: [Insert date of issue]

Type of guarantee: [Specify tender guarantee, advance payment guarantee, performance guarantee, payment guarantee, retention money guarantee, warranty guarantee, etc.]

Guarantee No.: [Insert guarantee reference number]

The Guarantor: [Insert name and address of place of issue, unless indicated in the letterhead]

The Applicant: [Insert name and address]

The Beneficiary: [Insert name and address]

The Underlying Relationship: The Applicant' s obligation in respect of [Insert reference number or other information identifying the contract, tender conditions or other relationship between the applicant and the beneficiary on which the guarantee is based]

Guarantee Amount and currency: [Insert the maximum amount payable in figures and words and the currency in which it is payable]

1 URDG758 附录中推荐的保函格式。周学海主编：《国际商会见索即付保函统一规则》（2010 年修订本），周红军、蔡俊锋译，张燕玲译审，中国民主法制出版社 2010 年版，第 78~83 页。

Any document required in support of the demand for payment, apart from the supporting statement that is explicitly required in the text below: [Insert any additional document required in support of the demand for payment. If the guarantee requires no documents other than the demand and the supporting statement, keep this space empty or indicate "none"]

Language of any required documents: [Insert the language of any required document. Documents to be issued by the applicant or the beneficiary shall be in the language of the guarantee unless otherwise indicated herein]

Form of presentation: [Insert paper or electronic form. If paper, indicate mode of delivery. If electronic, indicate the format, the system for data delivery and the electronic address for presentation]

Place for presentation: [Guarantor to insert address of branch where a paper presentation is to be made or, in the case of an electronic presentation, an electronic address such as the Guarantor's SWIFT address. If no Place for presentation is indicated in this field, the Guarantor's place of issue indicated above shall be the Place for presentation]

Expiry: [Insert expiry date or describe expiry event]

The party liable for the payment of any charges: [Insert the name of the party]

As Guarantor, we hereby irrevocably undertake to pay the Beneficiary any amount up to the Guarantee Amount upon presentation of the Beneficiary's complying demand, in the form of presentation indicated above, supported by such other documents as may be listed above and in any event by the Beneficiary's statement, whether in the demand itself or in a separate signed document accompanying or identifying the demand, indicating in what respect the Applicant is in breach of its obligations under the Underlying Relationship.

Any demand under this Guarantee must be received by us on or before Expiry at the Place for presentation indicated above.

This Guarantee is subject to the Uniform Rules for Demand Guarantees (URDG) 2010 revision, ICC Publication No. 758.

Signature(s)

（中文版）

【担保人的信头或 SWIFT 标识代码】

致：【填写受益人的名称和联系信息】

日期：【填写开立日期】

保函种类：【标明是投标保函、预付款保函、履约保函、付款保函、留置金保函、质量保函等】

保函编号：【填写保函相关编号】

担保人：【填写名称及保函开立地址、除非在信头已表明】

申请人：【填写申请人的名称及地址】

受益人：【填写受益人的名称及地址】

基础关系: 申请人关于【填写保函所基于的申请人与受益人之间的合同、招标条件或其他关系的编号或其他信息】项下的义务

保函的金额与币种：【填写保函最高赔付的大小写金额及币种】

除下文明确要求的支持声明外，还需提交的任何支持索赔的单据：【填写需提交的任何支持索赔的附加单据。如果保函不需提交除索赔书和支持声明外的任何附加单据，此处空白或填写“没有”】

需提交单据的语言：【填写需提交单据的语言。除非另有规定，申请人或受益人出具单据使用的语言应与保函的语言一致。】

交单形式：【填写纸质形式或电子形式。如采用纸质形式，需指明交付方式。如采用电子形式，需指明交单的文件格式、信息提交的系统以及电子地址。】

交单地点：【采用纸质形式交单的情况下，担保人指明单据提交到其分支机构的地址；采用电子形式交单的情况下，指明电子地址，如担保人的 SWIFT 地址。如果本栏位未填写交单地点，则交单地点为前文中担保人开立保函的地点】

失效：【填写失效日期或描述失效事件】

费用的承担方：【填写费用承担方的名称】

作为担保人，我们在此不可撤销地承诺，在收到受益人提交的相符索赔后，向受益人支付最高不超过保函金额的任何款项。索赔应按上述交单形式提交，并随附前文列明的可能需提交的其他支持索赔的单据，并且在任何情况下提交一份受益人的声明，声明申请人在哪些方面违反了基础关系项下的义务。受益人的声明可以在索赔书中作出，也可以在一份单独签署的随附于该索赔书的单据中作出，或是在一份单独签署的指明该索赔书的单据中作出。

保函项下的任何索赔必须在前文规定的失效当日或之前，于前文指明的交单地点被我们收到。

本保函适用《见索即付保函统一规则（URDG）》2010 年修订本，国际商会第 758 号出版物。

签字：

02

第二章

《独立保函司法解释》实施以来中国保函司法实践报告

伴随我国经济全球化的拓展和“一带一路”倡议的实施，我国企业在对内对外经济活动中需要更安全、更快捷的担保方式，需要资金实力雄厚且被交易双方认可的第三方银行或者非银行金融机构为履行合同及支付价款提供强有力的担保。在此需求之下，独立保函所特有的“先付款，后争议”运作机制使其在众多国际商事担保方式中脱颖而出。然而，在独立保函产生之初，由于不同国家对独立保函在理论认知和法律规定方面存在差异，而其又属于国内法意义上的担保。因此，独立保函彼时并未能充分地发挥独立担保功能，其所具有的独特属性和优势亦未能得以凸显。独立保函之所以后来能在诸多担保方式中脱颖而出，得益于国际商会先后出台的数个统一的交易示范规则。国际商会的这些交易示范规则使独立保函的制度框架逐步完善。[1]然而，独立保函的独特属性是一把“双刃剑”，既是其优势所在，亦存在

1　参见李燕：《独立保函单据化的逻辑解释与我国立法之选择》，载《政法论坛》2013 年第 4 期。

致命缺陷。参与独立保函交易的人如果使用不当，可能会遭受巨额损失，甚至招致破产。

本章将对自我国《独立保函司法解释》实施之日起至2020年3月10日止这段时间内全国法院已经审结的154个保函纠纷案件进行梳理、统一和归类，并在此基础上对我国保函实务中存在的主要法律问题进行简单的分析，希冀能够帮助保函从业者快速地识别出保函实务中存在的法律风险点，并能够有效地、有针对性地进行防控。

本章要点

保函性质、独立保函欺诈、独立保函止付、求偿权

第一节 | 中国保函司法实践概览

我国《独立保函司法解释》于2016年11月18日公布，自2016年12月1日起施行。根据威科先行和阿尔法案例库的数据库，以“最高人民法院关于审理独立保函纠纷案件若干问题的规定”作为搜索的关键词，自《独立保函司法解释》实施之日起至2020年3月10日止，搜索到全国法院已审结且涉及《独立保函司法解释》内容的裁判文书共有202份，共涉及154个案件。此处需要说明的是，一个案件可能会经过一审、二审和再审三个审判阶段，而每一个审判阶段法院的裁判文书既可能以裁定书或判决书的形式作出，也可能既有裁定书又有判决书，甚至还会包括执行阶段的执行裁定书，而且案件审理过程中可能还会作出财产保全或管辖权异议等裁定书。因此，本章中案件数量的统计标准如下：将涉及同一案件的在不同审判阶段和同一审判阶段作出的所有裁判文书合并按一个案件计算，以最高审级为准。另外，仅是当事人在一审、二审和再审阶段主张或答辩中提及《独立保函司法解释》，但法院并未适用《独立保函司法解释》的案件不计算在内。

鉴于在统计出的这154个案件中涉及的保函有的属于独立保函，有的只是担保法上的一般保证或连带责任保证，因此，本章如无特别说明，“保函”包括独立保函和从属性保函。

一、审理概况

在统计的154例案件中，经过最高人民法院审理的案件共有20例，包括11例再审案件和9例二审案件，其中的2例案件在最高人民法院经过了二审和再审。在这20例案件中，涉及独立保函欺诈纠纷的最多，共有9例；涉及保函性质纠纷的共有6例；涉及管辖权纠纷的共有5例；涉及受益人索赔的案件1例。其中有2例案件同时涉及保函性质和欺诈纠纷。在涉及保函欺诈纠纷的9例案件中，有7例被最高人民法院认定不构成独立保函欺诈，其中有1例案件在一审、二审中均被认定构成独立保函欺诈，但在再审中被最高人民法院改判为不构成独立保函欺诈；上述9例案件中余下的2例则被最高人民法院认定构成独立保函欺诈。在保函性质纠纷的6例案件中，被最高人民法院认定属于独立保函和不属于独立保函的案件各3例。在管辖权纠纷的5例案件中，有4例案件为涉外案件，最高人民法院均根据《独立保函司法解释》第21条第2款认定由被请求止付的独立保函的担保人住所地法院管辖。关于受益人索赔的1例独立保函纠纷案件，该案因为受益人未能提出有效索赔而丧失了独立保函项下的索赔权。

在统计的154例案件中，有59例仅经过一审，有58例经过一审和二审，有12例经过一审、二审和再审，19例是执行案件，6例是其他类型的案件。其中，一审案件由高级人民法院审理的共1例、由中级人民法院审理的共14例、由基层人民法院审理的共31例、由专门法院审理的共13例；二审案件由最高人民法院审理的共9例、由高级人民法院审理的共12例、由中级人民法院审理的共37例；再审案件由最高人民法院审理的共11例、由高级人民法院审理的共1例；执行案件由高级人民法院审理的共1例、由中级人民法院审理的共 5 例、由基层人民法院审理的共 13 例；其他案件由中级人民法院审理的共 3 例、由基层人民法院审理的共 3 例。另外，以判决书方式审结的案件共 76 例，以裁定书方式审结的案件共 78 例。此处需要说明的是，未体现在数据库里的案件未计算在内。（审理程序见图 2–1，审级及法院级别分布见图 2–2）

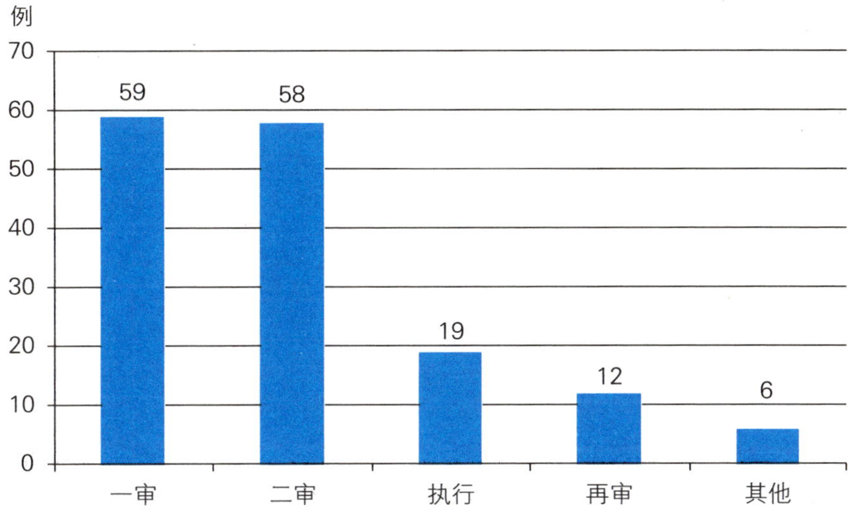

图 2–1　审理程序

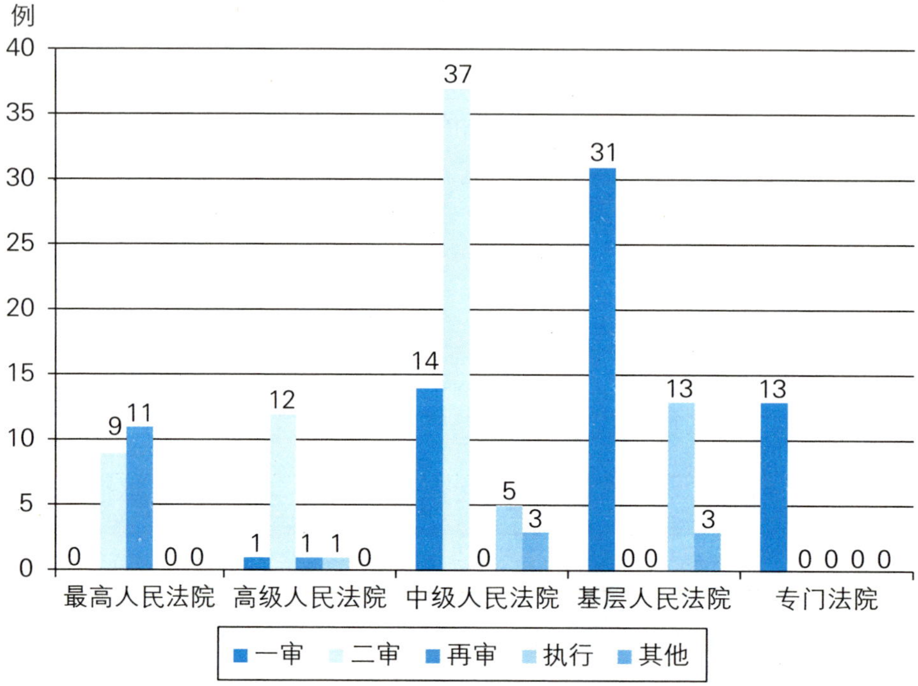

图 2–2　审级及法院级别分布

二、地域分布概况

在统计的 154 例案件中，由最高人民法院审理的案件共计 20 例。考虑到最高人民法院汇集了全国各地的二审或再审案件，因此单独成列。单纯按地域分布来看，保函纠纷案件多分布在北上广、江浙等经济较发达的地区，其中广东省 15 例，上海市 13 例，江苏省 12 例，辽宁省 11 例，北京市和山东省各 10 例，天津市、福建省和湖北省各 9 例，河北省和浙江省各 8 例，安徽省、湖南省和广西壮族自治区各 6 例，四川省 5 例，山西省和河南省各 3 例，内蒙古自治区、重庆市和青海省各 2 例，江西省、贵州省、云南省、甘肃省和新疆维吾尔自治区各 1 例。此处需要说明的是，若二审或再审为最高人民法院审理，其一审或二审为高级人民法院审理，则分别计入最高人民法院案例和各省高级人民法院案例中。（地域分布见图 2–3）

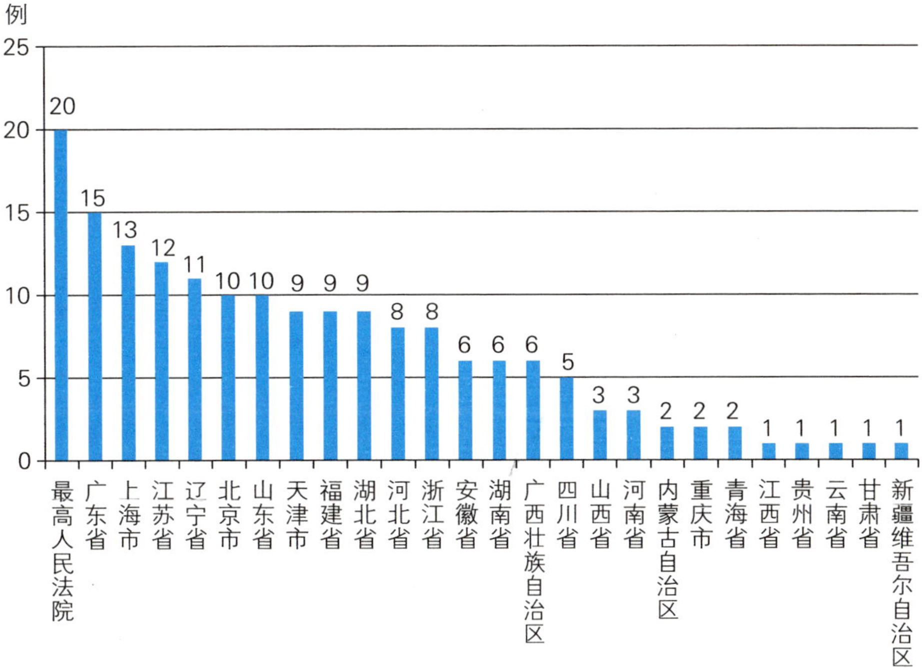

图 2-3　地域分布

三、案由分布概况

由于独立保函纠纷为新类型案件，最高人民法院《民事案件案由规定》目前尚未单独针对该类案件专门规定案由。因此，在司法实践中，独立保函纠纷案件的民事案由相对比较混乱。在统计的 154 例案件中，以合同纠纷作为案由的有 22 例，以独立保函纠纷、独立保函欺诈纠纷、保证合同纠纷为案由的各有 14 例，以申请中止支付保函项下款项为案由的有 12 例，以买卖合同纠纷、保函欺诈纠纷为案由的各有 8 例，以管辖权异议为案由的有 6 例，以追偿权纠纷、执行异议之诉为案由的各有 5 例，以借款合同纠纷、侵权责任纠纷、建设工程施工合同纠纷、金融借款合同纠纷为案由的各有 4 例，以信用证欺诈纠纷、民间借贷纠纷为案由的各有 3 例，以保函纠纷、企业借贷纠纷、申请诉前财产保全、破产债权确认纠纷、申请撤销仲裁裁决为案由的各有 2 例，以信用证纠

纷、涉外保函欺诈纠纷、信用证议付纠纷为案由的各有 1 例，剩余的 11 例统一统计为其他案由。（案由分布见图 2–4）

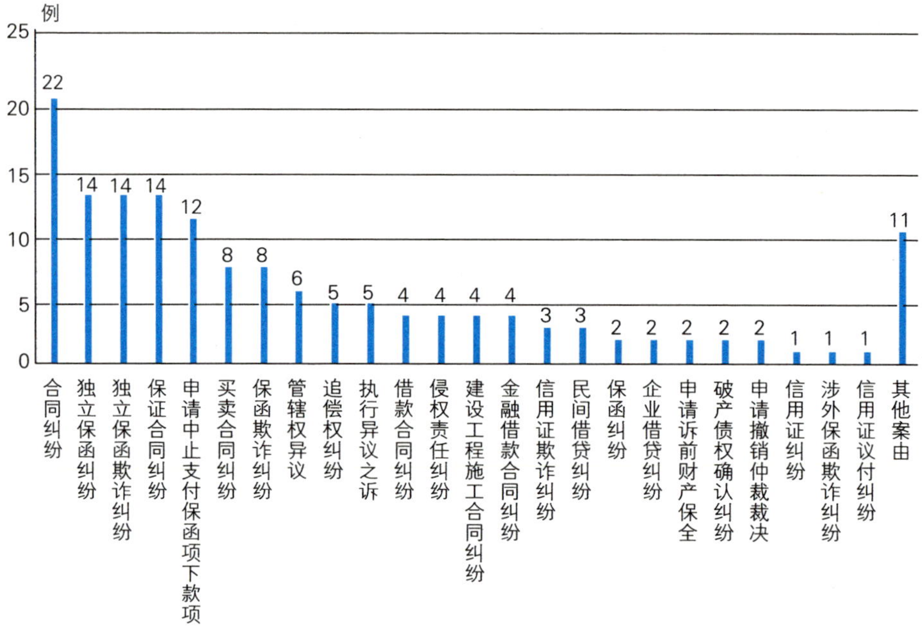

图 2–4　案由分布

四、案涉保函类型概况

在统计的 154 例案件中，案涉保函的类型如下：履约保函 / 履约保证金保函 / 履约银行保函共计 77 例、预付款保函 / 预付款银行保函共计 27 例、投标保证金保函 / 投标保函 / 投标保证金银行保函共计 12 例、反担保函 / 反担保保函共计 8 例、借款保函共计 6 例、融资性保函 / 人民币融资保函共计 5 例、质量保函 / 质保保函共计 4 例、保兑保函共计 4 例、备用信用证共计 3 例、留置金保函、支付保函、尾款保函、预付款退款保函、可转让外贸保函各 1 例。（案

涉保函的类型见图 2–5）[1]

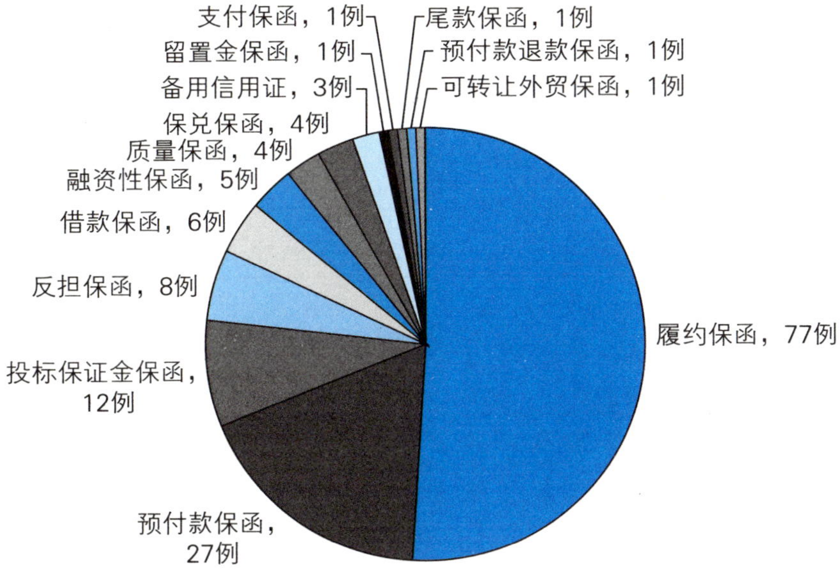

图 2–5　案涉保函的类型

五、《独立保函司法解释》法条适用概况

从统计的数据看，上述保函纠纷案件涉及《独立保函司法解释》中的高频条款主要是第 1 条、第 3 条、第 6 条、第 9 条、第 11 条、第 12 条、第 14 条、第 17 条、第 20 条、第 21 条和第 24 条等。其中，适用第 1 条的案件共有 56 例，适用第 12 条的案件共有 47 例，适用第 3 条的案件共有 39 例，适用第 14 条的案件共有 26 例，适用第 21 条的案件共有 25 例，适用第 24 条的案件共有 21 例，适用第 6 条的案件共有 17 例，适用第 9 条的案件共有 17 例。（《独立保函司法解释》法条适用情况见图 2–6）

1　因部分案例涉及两个或两个以上保函类型，部分案例的裁判文书中未明确保函种类，故此处保函类型总数与案例数不一致。

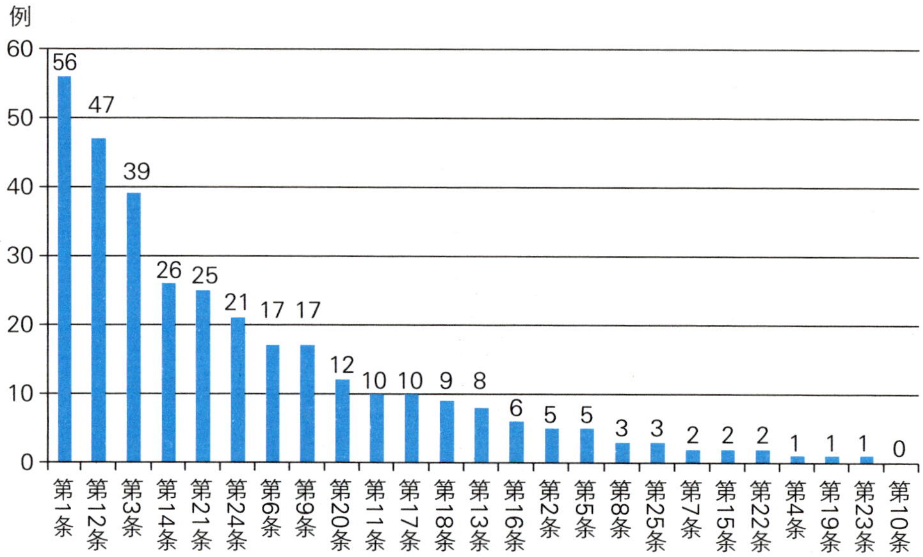

图 2-6 《独立保函司法解释》法条适用情况

六、我国司法实践中保函纠纷案件的主要类型

根据统计的 154 例案件，自《独立保函司法解释》实施以来，我国保函纠纷案件主要集中在以下几种类型：

（一）独立保函欺诈纠纷

在统计的 154 件案例中，共有 54 例案件涉及独立保函欺诈纠纷，该类案件主要涉及独立保函欺诈诉前及诉讼中止付申请、管辖权、适用法律及是否构成独立保函欺诈终止支付等问题。这些类型的案件主要适用《独立保函司法解释》第 12 条、第 13 条、第 14 条、第 15 条、第 18 条和第 20 条进行认定。具体情况如下：（1）有 24 例案件涉及独立保函欺诈纠纷诉前和诉讼过程中止付申请问题。其中，有 11 例是在诉前向法院申请止付，除了 1 例被法院裁定驳回中止支付申请外，其余 10 例均被裁定中止支付；其余 13 例是在诉讼过程中向法院申请止付，这 13 例中的 6 例被裁定中止支付，余下 7 例则被裁定驳回中止支付申请。从止付裁定内容看，法院对于准许止付的理由都十分简单，似乎只要有构成独立保函欺诈的可能性且止付申请人提供担保，就能获得法院的止付裁定。（2）在统计的 154 例案件中，有 22 例案件涉及是否构成独立保函欺诈终止支付问题。其中，有 11 例案件被法院认定构成独立保函欺诈并判决终止支付，这 11 例案件中有 1 例适用《独立保函司法解释》第 12 条第 2 项认定受益人提交的第三方单据内容虚假，有 1 例适用《独立保函司法解释》第 12 条第 3 项认定基础交易债务人没有付款或赔偿责任，有 6 例适用《独立保函司法解释》第 12 条第 5 项认定受益人明知其没有付款请求权却滥用该权利。余下的 11 例案件被法院认定为不构成独立保函欺诈，终止支付失败。上述 22 例案件中共有 7 例案件经过了最高人民法院再审，但仅有 1 例在再审程序中被认定为符合《独立保函司法解释》第 12 条第 5 项的情形而构成独立保函欺诈。

（二）保函性质纠纷

保函性质纠纷类案件主要涉及法院如何认定案涉保函是独立保函还是从属性保函的问题。该类型案件主要适用《独立保函司法解释》第 1 条和第 3 条进行认定。在统计的 154 件案例中，共有 45 例案件涉及案涉保函性质的认定问题。这 45 例案件中共有 28 例案件中的保函被法院认定为独立保函，余下 17 例案件中的保函被法院认定为不属于独立保函。

（三）独立保函纠纷案件的法律适用和管辖权纠纷

在统计的 154 件案例中，共有 34 例案件涉及独立保函的法律适用和管辖权问题。该类型案件主要适用《独立保函司法解释》第 21 条和第 22 条进行认定。

（四）独立保函的付款请求权及单据纠纷

在统计的 154 件案例中，共有 19 例案件涉及独立保函的付款请求权及单据问题。该类型案件主要适用《独立保函司法解释》第 6 条、第 7 条和第 8 条来进行认定。

（五）分离式保函的追偿纠纷

分离式保函是指保证关系与基础交易关系相分离。同普通保函相比，分离式保函的保函申请人和被担保人相分离。该类案件主要涉及担保人向受益人依据独立保函承担付款责任前是否可以先扣划保函开立保证金及向保函申请人追偿的问题。该类型案件主要适用《独立保函司法解释》第9条进行认定。在统计的154件案例中，有部分案件涉及分离式保函的追偿问题，其中有的是因代开独立保函的申请人向被担保人追偿而发生的纠纷，有的是内保外贷情形下由于境外借款人未能按时还款，担保人向受益人承担付款责任的情形下向国内的独立保函申请人和保证人行使追偿权的问题。对担保人或代开独立保函的申请人的追偿权，法院均予以支持。

（六）独立保函开立保证金纠纷

独立保函开立保证金纠纷类案件主要涉及法院在执行程序中是否可以冻结和扣划作为案外人因出具独立保函而占有和按照特户管理的独立保函保证金的问题。该类型案件主要适用《独立保函司法解释》第9条和第24条进行认定。在统计的154件案例中，有部分案件涉及独立保函保证金被法院冻结和扣划的问题。除了少数案件因担保人证据准备不足或者独立保函已过有效期外，法院均支持担保人对相应部分的独立保函开立保证金享有优先受偿权。

（七）其他问题

在统计的154件案例中，有一些案件涉及独立保函的解除、转让、终止问题。其中部分案件是因为独立保函过了有效期而未向担保人索偿，部分案件是因为受益人在独立保函有效期内未能正确地向担保人主张依据独立保函承担付款责任而丧失了索偿权。该类型案件主要适用《独立保函司法解释》第10条和第11条进行认定。

另外，还有一些案件涉及申请人是否可以申请解除独立保函的问题，比如，在邯郸建工集团有限公司与福州市市政建设开发有限公司建设工程施工合同纠纷案[1]中，独立保函基础交易法律关系项下债务人向债权人发出律师函，要求解除独立保函基础交易法律关系，同时要求解除独立保函。对此，法院认为独立保函基础交易关系根据律师函已经解除，但是由于申请人并非独立保函的当事人，因此该案对独立保函不予处理。该案中，法院回避了申请人是否可以申请解除独立保函这个问题。对此，笔者认为独立保函一经开立即独立于基础交易关系及独立保函申请法律关系，独立保函申请人不是独立保函法律关系的当事人。因此，申请人无权申请解除独立保函。

此外，还有一些案件涉及破产程序中独立保函担保人的债权保护问题，比如，中国银行股份有限公司保定分行与保定天威集团有限公司破产债权确认纠纷案[2]涉及独立保函担保人在申请人和保证人进入破产程序后的债权申报和保护问题。在该案中，法院认为在担保人尚有承担独立保函支付、赔付责任可能的情形下，在其承担相应责任后，可要求进入破产程序的申请人、保证人承担偿付责任，但是否承担该偿付责任及承担责任的数额均视担保人保函义务的履行情况而定。担保人履行保函赔付义务后，其所主张的债权才能生效，当生效条件成就时，实际发生额少于破产管理人或者法院认定金额的，以实际发生额为准；实际发生额高于破产管理人或法院认定金额的，以认定金额为准。

1 参见福建省福州市中级人民法院（2017）闽01民初444号民事判决书。

2 参见河北省保定市中级人民法院（2016）冀06民初223号民事判决书。

第二节 | 保函实务中的法律风险及防范措施

随着国际商会对独立保函规则和制度的完善及商事主体对独立保函的认可，一方面，独立保函的适用范围越来越广泛，可以适用的场景越来越多元化，基础交易关系既可以是建设施工、借贷、招投标、技术买卖、货物和服务买卖、船舶建造、不实施某种行为，也可以是政府采购等，还可以是内保外贷；另一方面，随着独立保函适用范围的扩大，其法律风险越来越多，越来越复杂。为了更好地利用独立保函的独特属性，充分地发挥其优势，扬长避短，独立保函交易的各参与方可以从以下几个方面识别保函实务中存在的主要法律问题，以便更好地防范法律风险。

一、独立保函融资产品中的基本法律关系

所有独立保函融资产品均包括以下三种基本的法律关系：基础交易法律关系、独立保函申请法律关系、独立保函法律关系，而每一种法律关系都有相对应的当事人及其应当承担的法律责任、适用的法律和管辖权主体。

分析独立保函交易涉及的法律关系和法律责任是识别和防控独立保函交易法律风险的基础。

（一）申请人和受益人之间的基础交易法律关系

基础交易法律关系是指在建设施工、货物买卖及借贷等基础交易过程中，作为基础交易双方的申请人和受益人之间因签订的基础交易合同所形成的法律关系，即建设施工合同关系、货物买卖合同关系、借贷合同关系，这是独立保函开立的原因关系。独立保函虽然独立于基础交易法律关系，但并不能完全脱离基础交易法律关系而独立存在。由于该法律关系仅存在于基础交易双方当事人之间，仅约束基础交易双方当事人，因此基础交易合同的约定，包括争议解决条款不能适用于担保人和受益人因独立保函而产生的纠纷。此处需要注意的是，这点同从属性保函不尽相同，特别是在基础交易合同/主合同和从属性保函均未约定管辖，或者基础交易合同/主合同约定了由法院管辖，而从属性保函并未约定管辖，或者二者选择的管辖法院不一致时，在此种情形下，因主合同和从属性保函纠纷提起诉讼时，从属性保函按照基础交易合同/主合同的管辖来确定管辖法院。

（二）申请人和担保人之间的独立保函申请法律关系

基于独立保函而引起的其他重要法律关系还包括申请人与担保人之间因开立独立保函而产生的独立保函申请法律关系。基于该申请法律关系和《独立保函司法解释》第9条的规定，除非受益人提交的单据存在不符点，否则担保人依据独立保函向受益人承担付款责任的，担保人可以向独立保函的申请人追偿。由于独立保函申请法律关系仅存在于独立保函申请人和担保人之间，仅约束独立保函申请双方当事人，因此独立保函申请合同中的相关约定，包括争议解决条款，不能适用于担保人和受益人因独立保函而产生的纠纷。

（三）独立保函法律关系

根据《独立保函司法解释》第1条第1款，独立保函实质上是担保人的一种承诺，是担保人在受益人提交的单据符合独立保函的要求时承担付款责任的确定承诺，是一份书面的不可撤销的见索即付的承诺。独立保函不是流通票据，原则上就像独立保函双方当事人之间签订的合同一样，受到同合同一样的法律原则的约束。根据《独立保函司法解释》第 4 条，担保人向受益人发出独立保函的时间就是开立独立保函的时间。而独立保函一经担保人出具或开立就生效了，除非独立保函另行载明了生效日期或事件。此外，独立保函一旦生效，除非独立保函载明可撤销，否则当事人不得主张独立保函可撤销。据此可以看出，独立保函的开立意味着在担保人和受益人之间成立了一种不可撤销的合同关系。独立保函一经发出，担保人就要对受益人承担相符交单下确定的付款义务。因此，独立保函的基本法律关系是担保人与受益人之间的合同法律关系，是担保人向受益人作出的在受益人相符交单情形下不可撤销的付款承诺。由于该法律关系仅存在于独立保函担保人和受益人之间，仅约束独立保函双方当事人，因此独立保函上载明的约定，包括争议解决条款和法律适用条款，都不能适用于因独立保函欺诈而产生的纠纷。

二、独立性与从属性问题

保函性质的认定，即案涉保函是独立保函还是担保法上的保证，既是每一个涉及独立保函纠纷案件绕不开的话题，也是确定法律适用和管辖权的前提。在我国保函实践中，当事人本意是开立独立保函，但由于案涉保函缺少独立保函必备的要件而被法院认定为从属性保函的案例屡见不鲜。比如，在实践中，除了银行、融资担保公司等非银行金融机构作为保函的担保人外，还存在企业，甚至自然人作为保函担保人的情况。虽然《独立保函司法解释》第 1 条第 1 款明确地以列举的方式表明银行和非银行金融机构作为独立保函的担保人，但目前的法律却并未明确禁止企业和个人作为独立保函的担保人。基于此，对于企业开立的这些保函的性质，目前尚无定论，但法院在司法实践中却倾向于根据《独立保函司法解释》第 1 条第 1 款认定此类保函为担保法上的保证，而不是独立保函。

在兖矿铝业国际贸易有限公司、重庆市电煤储运集团华东有限公司买卖合同纠纷案[1]中，重庆市电煤储运集团有限公司（以下简称重电集团公司）向兖矿铝业国际贸易有限公司（以下简称兖矿公司）出具一份《担保函》，载明：重电集团公司对兖矿公司与重庆市电煤储运集团华东有限公司（以下简称重电华东公司）于2014年1月签订的关于案涉煤炭贸易合同及其补充协议项下发生的所有债务自愿承担连带责任保证，且该担保为不可撤销连带责任保证，本《担保函》法律效力独立于主合同，主合同无效或被撤销不影响本《担保函》法律效力。对于案涉保函的性质，最高人民法院在驳回再审申请的裁定书中认为，根据《独立保函司法解释》第1条第1款，独立保函的担保人为银行或非银行金融机构，重电集团公司不符合开具独立保函的主体要件，因此，其出具的担保效力仍从属于主合同，[2]是从属性保函。

此外，在一部分涉及保函性质纠纷的案件中，虽然保函担保人是银行或非银行金融机构，但是在保函中却载明担保责任方式为“一般保证责任”或“连带责任担保方式”等字词的，也会被法院根据《独立保函司法解释》第3条认定为案涉保函不具有“见索即付”法律特征、不属于独立保函。[3]比较有意思的是，在鄂尔多斯市人民政府、远洋装饰工程股份有限公司建设工程施工合同纠纷案[4]中，银行向受益人出具了《支付保函》，并签订《关于〈支付保函〉的补充协议》，承诺为案涉《合作协议》项下债务承担连带保证责任，其中约定了担保金额最高限额，以及“该保函为见索即付保函，主合同的无效、不合法、不可执行或修改不影响本保函的独立有效”等内容。内蒙古自治区高级人民法院在一审判决书中根据《独立保函司法解释》第1条第1款和第3条第1款认定该《支付保函》为独立保函，但却判决银行应依约对被担保人尚欠受益人的工程款本金及违约金承担连带保证责任。[5]在该案二审中，最高人民法院对此问题没有深入分析，而是一笔带过地提到“鉴于银行在本案中并未提出上诉且

1 参见最高人民法院（2018）最高法民终575号民事判决书。
2 参见最高人民法院（2019）最高法民申5016号民事裁定书。
3 参见最高人民法院（2018）最高法民申5047号民事裁定书。
4 参见最高人民法院（2017）最高法民终871号民事判决书。
5 参见内蒙古自治区高级人民法院（2016）内民初35号民事判决书。

其答辩意见[1]均缺乏充分依据，本院依法不予采信”。[2]基于最高人民法院在二审判决书中维持了一审判决，也就等于认可了一审法院对该案中银行应当承担的责任所作的判决。笔者认为，该案中的保函属于从属性保函。一审法院虽然认定案涉保函是独立保函，却是根据从属性保函判决银行应当承担的责任。一审法院在该案中对保函的定性虽然有误，但判决的结果却是正确的。这也许是最高人民法院在二审中未予以改判的原因。

总而言之，在我国保函司法实践中，法院认定保函性质的主要标准如下：（1）担保人是否是银行或非银行金融机构；[3]（2）担保人的付款责任是否独立于基础交易关系及保函申请法律关系；（3）担保人的付款责任是否仅以保函中载明的单据为准；（4）保函是否载明了据以付款的单据；（5）保函是否载明了最高金额。如果上述标准中的任何一项的答案是“否”，就会被法院认定为非独立保函。

三、单据问题

独立保函是一项单据交易，虽然其是为了担保基础交易的履行而开立，但其一经开立便独立于基础交易，相当于申请人为受益人在银行或者非银行金融机构存了一笔活期存款，申请人或担保人控制该笔资金能否被受益人提取的能力完全依靠该独立保函要求的单据，控制力极其有限。英国大法官丹宁勋爵曾言，见索即付保函担保人的付款责任与基础交易双方当事人无关，与基础交易债务人是否履行合同无关，与基础交易债务人是否有过错亦无关。除非存在

1　银行在二审中的答辩意见如下：“原审判决认定银行对市政府（注：被担保人）欠款及违约金承担连带保证责任错误。银行提交的担保不是独立保函。即便保函有效，远洋公司（注：受益人）向银行主张权利也已经经过担保期间。”

2　参见最高人民法院（2017）最高法民终 871 号民事判决书。

3　在统计的案例中有的担保人是在工商机构登记注册的企业，其既不是银行，也不是非银行金融机构，其中宋某、中铁十八局集团有限公司等与信德唯实投资担保有限责任公司合同纠纷二审案，深圳市融乐通投资担保有限公司与深圳市旭生骏鹏建筑工程有限公司保证合同纠纷二审案，泰安和新精工科技有限公司、宁波金泰国际贸易有限公司买卖合同纠纷二审案、兖矿铝业国际贸易有限公司、重庆市电煤储运集团华东有限公司买卖合同纠纷二审案均因此被法院认定为是从属性担保，唯有重庆长江轮船公司与台州市银合投资担保有限公司海事担保合同纠纷一审案被法院认定为独立保函，但笔者认为此案有待商榷，因为《独立保函司法解释》第 1 条第 1 款明确规定独立保函是由银行或非银行金融机构作为担保人的保函。

独立保函欺诈，否则只要受益人依据独立保函向担保人请求付款，担保人就必须凭相符交单承担付款责任。[1]独立保函载明的索赔单据越简单，对受益人越有利，但同时也为少数受益人实施欺诈行为提供了便利。基于此，笔者建议独立保函交易的各方当事人在谈判时根据自身利益和交易对手风险衡量设计独立保函的付款单据。总体来说，依据《独立保函司法解释》第 1 条第 2 项列举的单据，可以将受益人请求担保人付款时提交的单据分为三类：第一类是受益人自己出具的单据，比如付款请求书、违约声明、汇票和发票；第二类是第三方出具的单据，比如第三方出具的文件；第三类是司法机构的判决或者仲裁机构的裁决。与基础交易关联性最弱，对受益人制约最少，最容易为受益人实施欺诈行为的是单据条件仅要求提供付款请求书的独立保函；与基础交易关联性最强，对受益人制约最大，最难为受益人实施欺诈行为的是单据条件要求受益人提供法院判决或者仲裁裁决的独立保函；与基础交易关联性居中，对受益人具有一定程度制约的是单据条件要求受益人提供第三方出具的书面文件的独立保函。[2]

对于担保人，作为专业出具独立保函的金融机构，务必用清楚明了的语言出具独立保函，尤其是其中的单据条款，否则在出现歧义的情况下，法院倾向于支持受益人的主张。比如，在中国工商银行股份有限公司义乌分行与中国技术进出口总公司信用证欺诈纠纷案[3]中，浙江省高级人民法院认为，担保人作为专业的金融机构，开立独立保函是其一项专门业务，是其收取费用的金融业务，担保人对自己出具的独立保函文本内容与单据条件应有专业审核与认知能力。独立保函受益人对保函记载的单据条件有信赖利益保护，如果双方因保函文本内容对单据条件约定不够明确，理解存有争议的，则应作出不利于独立保函担保人的解释。

对于受益人，在独立保函有效期内根据保函的规定提交索赔通知书和其他单据至关重要。在安徽博微长安电子有限公司、中国工商银行股份有限公司

1 See Peter S. O' Driscoll, "Performance Bonds, Bankers' Guarantees, and the Mareva Injunction", *Northwestern Journal of International Law & Business* 7, 1985, p.389.

2 参见张勇健、沈红雨：《关于〈审理独立保函纠纷案件若干问题的规定〉的理解和适用》，载《人民司法》（应用）2017 年第 1 期。

3 参见浙江省高级人民法院（2016）浙民终 922 号民事判决书。

南京军管支行合同纠纷案[1]中，虽然案涉保函为独立保函，且受益人在该保函有效期内去过担保人营业场所表达过要提取案涉保函项下款项的意思表示，但由于受益人未能在案涉保函有效期内提交符合独立保函规定的单据，因而丧失了获得案涉独立保函项下款项的权利。

四、欺诈止付问题

独立保函一经开立即具有自给自足的独立性，几乎相当于给了受益人一笔随时可以向担保人提取的现金。在不存在受益人提交的单据有不符点或者受益人的索偿行为构成欺诈的情况下，受益人一旦向担保人索偿，担保人就必须立即无条件地向受益人支付独立保函项下的款项。在我国目前的司法实践中，独立保函申请人/担保人以存在保函欺诈为由向法院请求终止支付保函项下款项的证明标准极高，获得法院支持的概率极小，尤其是涉外独立保函。从上述统计出的独立保函欺诈纠纷案件可以看出，一方面，当事人通过诉前保全申请获得法院止付裁定并不难，只要止付申请人提供担保和初步欺诈的事实即可，但由于作出诉前止付裁定的法院层级不高，有待进一步检验；另一方面，在诉讼过程中以独立保函欺诈为由申请中止支付或请求终止支付案涉保函项下被请求的款项的证明标准极高，极难获得法院支持。鉴于单据是独立保函担保人承担付款责任的唯一标准，在开立保函之初，当事人务必要精心设计独立保函的条款，尤其是其中的单据条款，以防止受益人实施独立保函欺诈行为。

在统计的这些案件中，以经过最高人民法院二审和再审的 20 个案件为例，共有 9 例独立保函欺诈纠纷案件经过了实体审理，在这 9 例案件中，只有 2 例案件被认定为构成了独立保函欺诈，其他 7 例案件均都被认定不构成独立保函欺诈。由此可见，独立保函一旦开立，申请人或担保人能够以独立保函欺诈为由终止支付的概率相当低。当然，这体现了我国充分尊重独立保函“先付款，后争议”的原则和运作机制，将极大地提高我国银行和非银行金融机构开出的独立保函在国内国际交易中的声誉和广泛认可。但与此同时，对于在国内国际

1　参见最高人民法院（2019）最高法民申 396 号民事裁定书。

交易中使用独立保函的申请人和担保人来说，慎重地选择交易对手至关重要。

五、转开保函下欺诈例外原则中的善意兑付问题

在转开保函的情况下，反担保函必须符合双重权利滥用标准才能构成欺诈例外情形。反担保函的止付申请人不仅需要证明独立保函项下的受益人存在欺诈事实，还需要证明独立保函的担保人付款并非善意，即独立保函担保人明知受益人欺诈仍向受益人付款，并转而依据反担保函请求付款。[1]

在建设信贷银行股份公司 ESENTEPE 企业银行业务中心分行信用证欺诈纠纷案[2]中，辽宁省高级人民法院认为，根据《独立保函司法解释》第14条第3款，担保人只有在善意付款的前提下，才享有追偿权。在该案中，担保人在受益人申请付款后，并未按照独立保函的约定付款，其已得知案涉独立保函申请人向一审法院提起诉讼，并申请了止付令，随后担保人也收到了一审法院送达的止付裁定，并自认其本着谨慎尽责的态度，停止了两份案涉独立保函项下款项的支付。担保人的实际付款时间为 2016 年 10 月 17 日，其付款理由是莫斯科第九仲裁上诉法院作出了支持受益人的仲裁请求的裁决。根据案涉预付款保函及履约保函，担保人向受益人付款的条件：不考虑基础交易合同的有效性和效力、不审核其中的法律依据，因此，担保人没有理由和依据在判断受益人不构成欺诈后再付款。更何况一审法院作出的止付裁定在担保人付款当时仍具有法律拘束力。据此，辽宁省高级人民法院认为，担保人在 2016 年 10 月 17 日擅自向受益人支付保函项下款项的行为，主观上存在过错，不构成善意，并据此判决反担保人无需支付反担保函项下的款项。

在独立保函实践中，不少担保人从维护自身商业信誉的角度考虑，不顾法院的止付令向受益人付款。然而，在中国独立保函司法实践中，在法院已经签发止付令的情况下，担保人要谨慎兑付独立保函。如果仅考虑自身的商业信誉，不顾法院的止付令向受益人付款，极有可能要承担不能从反担保人或者申

1 参见杨弘磊、许英林：《独立保函欺诈的认定规则》，载《人民司法》2019 年第 29 期。
2 参见辽宁省高级人民法院 (2018) 辽民终 471 号民事判决书。

请人处获得偿付的风险。

六、法律适用问题

在国际建设工程、国际货物买卖、跨境借贷中，由于基础交易双方分别处于不同的国家或者地区，在使用独立保函的情况下，基本都会涉及转开保函。在转开保函的情况下，独立保函融资产品主要包括以下四种法律关系：申请人和受益人之间的基础交易法律关系、申请人和反担保人（委托行 / 代理行）之间的独立保函申请法律关系、担保人（受托行 / 转开行）和受益人之间的独立保函法律关系、反担保人（委托行 / 代理行）和担保人（受托行 / 转开行）之间的反担保函法律关系。在特殊情况下，比如发生独立保函欺诈的情况下，在申请人、反担保人、担保人和受益人之间还会存在独立保函欺诈法律关系。然而，不管是哪一种法律关系，其仅约束相对应的当事人，且都有相对应的法律适用规则。

鉴于独立保函纠纷案件具有其识别方面的特殊性，因此在准据法的确定方面，此类案件亦有不同之处。应当确定独立保函开立、流转、付款关系等与独立保函纠纷有关的法律关系的准据法。[1] 对此，我国《独立保函司法解释》第 22 条同 URDG758 第 34 条 [2] 及联合国《独立担保与备用信用证公约》第 21 条 [3] 和第 22 条 [4] 的规定一致。即受到影响的当事人约定了适用法律，从其约定；如无约定，则适用担保人所在地法律。

此外，关于独立保函欺诈纠纷案件，申请人并非独立保函的一方当事人，在独立保函担保人与受益人之间因独立保函的理解与适用等问题出现纠纷时，保函中载明适用的法律当然适用。但是，申请人要求确认受益人存在欺诈性索

1 参见杨弘磊、许英林：《独立保函欺诈的认定规则》，载《人民司法》2019 年第 29 期。

2 URDG758 第 34 条："适用法律 a. 除非保函另有约定，保函的适用法律应为担保人开立保函的分支机构所或营业场所所在地的法律。b. 除非反担保函另有约定，反担保函的适用法律应为反担保人开立反担保函的分支机构或营业场所所在地的法律。"

3 联合国《独立担保与备用信用证公约》第 21 条："准据法之选择　保证应受依下列方法选择的法律调整：(a) 保函所规定者或者保函条款所昭示者；或者 (b) 保证人和受益人另有协议者。"

4 联合国《独立担保与备用信用证公约》第 22 条："准据法之确定　依第 21 条未能选择法律者，保证应受保证人签发保函的营业地所在国之法律调整。"

偿的目的系欲终止保函项下款项的支付，从而防止合法权益被侵害，因此，独立保函欺诈性索偿纠纷本质上应为侵权纠纷，应当适用侵权行为地法律。[1]

七、管辖问题

关于普通独立保函纠纷案件的管辖问题，根据《独立保函司法解释》第21条第1款，如果受益人和担保人对管辖法院或者提交仲裁有特别的需求，务必在独立保函上载明。如果当事人仅仅是在基础交易合同上作出约定的，在出现独立保函纠纷时主张，不会获得法院的支持。如前所述，这是因为独立保函法律关系的当事人是担保人和受益人，而基础交易法律关系的当事人是申请人和受益人，不包括担保人，因此不能用基础交易合同的约定去约束独立保函的当事人。

关于独立保函欺诈纠纷案件的管辖问题，根据《独立保函司法解释》第21条第2款，如果当事人对管辖法院或者仲裁有特别的需求，务必由申请人、担保人和受益人共同订立一个书面协议，共同选定管辖的法院或者仲裁机构。如果仅仅是在基础交易合同、独立保函申请书中作出约定或者记载于独立保函上，在出现独立保函欺诈纠纷时主张依据其中约定的争议解决条款来确定管辖法院或者仲裁机构的，法院不予支持。此外，笔者认为，如果独立保函上记载了发生独立保函欺诈纠纷时由某法院或者仲裁机构管辖的，在由担保人主张受益人存在独立保函欺诈请求终止支付该保函项下款项时，应当适用独立保函载明的管辖条款确定独立保函欺诈纠纷案件的管辖权。

在澳大利亚杜罗·费尔格拉私营股份有限公司、大连华锐重工国际贸易有限公司信用证欺诈纠纷案[2]中，最高人民法院在管辖权二审裁定书中认为，独立保函欺诈法律关系表现为受益人违反诚信原则，滥用独立保函项下权利进行索赔，其不仅损害担保人的利益，亦损害申请人的利益。鉴于独立保函欺诈法律关系的当事人为三方，即申请人、担保人（包括反担保函的担保人）和受

1　参见杨弘磊、许英林：《独立保函欺诈的认定规则》，载《人民司法》2019年第29期。

2　参见最高人民法院（2017）最高法民辖终264号民事裁定书。

益人，而基础交易法律关系的当事人是申请人和受益人，独立保函申请法律关系的当事人是申请人和担保人，独立保函法律关系的当事人是担保人和受益人，当基础交易合同或者独立保函中存在仲裁条款，当事人就独立保函欺诈纠纷以侵权为由向法院提起诉讼，并主张该起诉应当受基础交易合同或者独立保函仲裁条款约束的，法院不予支持。

虽然《独立保函司法解释》第21条明确规定独立保函欺诈纠纷案件可以通过约定管辖的方式提交仲裁，但在我国司法实践中，独立保函欺诈纠纷已经明确地被法院定性为侵权纠纷，[1]而侵权纠纷是否可以通过仲裁方式解决，或者说侵权纠纷是否具有可仲裁性，《最高人民法院公报》公布的两起案例对此问题曾有过相反的规定。在《最高人民法院公报》1989年第1期——中国技术进出口总公司诉瑞士工业资源公司侵权损害赔偿纠纷上诉案中，法院认为，上诉人利用合同形式进行欺诈，已超出履行合同的范围，不仅破坏了合同，而且构成了侵权。双方当事人的纠纷已非合同权利义务的争议，而是侵权损害赔偿纠纷。被上诉人有权向法院提起侵权之诉，而不受双方所订立的仲裁条款的约束。而在《最高人民法院公报》1998年第3期——江苏省物资集团轻工纺织总公司诉（香港）裕亿集团有限公司、（加拿大）太子发展有限公司侵权损害赔偿纠纷上诉案中，法院认为，从被上诉人江苏省物资集团轻工纺织总公司在原审起诉状中所陈述的事实和理由看，其所述上诉人（香港）裕亿集团有限公司和（加拿大）太子发展有限公司的侵权行为，均是在签订和履行两份销售合同过程中产生的，同时也是在仲裁法实施后发生的。而该两份合同的第8条均明确规定："凡因执行本合约所发生的或与本合约有关的一切争议，双方可以通过友好协商予以解决；如果协商不能解决，应提交中国国际经济贸易仲裁委员会，根据该会的仲裁规则进行仲裁。仲裁裁决是终局的，对双方均有约束力。"根据仲裁法和仲裁规则的上述规定，中国国际经济贸易仲裁委员会有权受理侵权纠纷，因此该案应通过仲裁解决，法院无管辖权。原审法院认为江苏省物资集团轻工纺织总公司提起侵权之诉，不受双方所订立的仲裁条款的约束，

1　参见最高人民法院（2017）最高法民再134号民事判决书。

显然是与仲裁法和仲裁规则相悖的。[1] 因此，目前我国法律不排除侵权纠纷通过仲裁解决，但是也没有明确的条文规定侵权纠纷可以仲裁。[2]

总体来说，在我国，独立保函欺诈纠纷是可以通过当事人的约定提交仲裁解决的。然而，需要注意的是，在大多数情况下，商事仲裁解决的是合同纠纷。侵权与合同，无论是在大陆法系国家还是在英美法系国家，都是两个重要的、并行的法律领域。在涉外独立保函的情形下，需要根据准据法确定适用的法律进一步判决当地是否允许侵权纠纷通过仲裁途径解决。

八、平行程序问题

此处的平行程序，是指在国际商事争议中，当事人基于同一诉由、同时或者先后在两个或者两个以上不同国家或者地区提起诉讼或 / 和仲裁，并且都被法院或 / 和仲裁机构受理的现象。总体来说，平行程序有以下三种表现形式：（1）多种诉讼程序共存的平行诉讼程序；（2）多种仲裁程序共存的平行仲裁程序；（3）诉讼仲裁混合共存的平行诉讼仲裁程序。在理论上，对于涉外独立保函纠纷案件，发生平行诉讼 / 仲裁的问题是不可避免的。在实践中，在我国《独立保函司法解释》实施后，虽然在印度GMR卡玛朗加能源公司、山东电力基本建设总公司信用证欺诈纠纷案中，印度的受益人在管辖权异议二审中主张“鉴于申请人在印度已经采取针对案涉保函的止付法律行动且获得救济，因此一审法院应遵循国际通行的‘先受理法院规则’，不宜在印度法院已经受理的情况下再受理该案，以避免重复诉讼的结果”，但二审最高人民法院并未针对该平行程序展开深入说明。然而，最高人民法院却表明了立场，即印度法院是否受理有关案件不对一审法院对该案的管辖权产生任何影响。[3] 除此之外，在我国《独立保函司法解释》实施后，我国独立保函司法实务中还未有公开的案例涉及平行程序问题。然而，在《独立保函司法解释》实施前，被誉为“中

1 参见王军仲裁团队：《采安仲裁 | 最高院公报案例打架：侵权纠纷是否可以仲裁》，载微信公众号“caianlaw”，2017 年 3 月 27 日推送。

2 参见王军仲裁团队：《采安仲裁 | 最高院公报案例打架：侵权纠纷是否可以仲裁》，载微信公众号“caianlaw”，2017 年 3 月 27 日推送。

3 参见最高人民法院（2018）最高法民辖终 156 号民事裁定书。

国船厂维权典型”的荣成市西霞口船业有限公司与瓦锡兰芬兰有限公司、西特福船运公司船舶设备买卖纠纷案中却涉及了独立保函的平行程序问题。

在该案中，受益人（境外买方）根据基础交易合同约定的仲裁条款先行在伦敦申请仲裁。在仲裁期间，申请人（境内卖方）以共同侵权向青岛海事法院提起诉讼。受益人在仲裁程序中胜诉后要求申请人履行仲裁裁决，遭到拒绝。之后，受益人转而要求担保人承担预付款保函项下的付款责任。为了阻止担保人支付案涉独立保函项下款项，申请人向青岛海事法院申请止付令，禁止担保人向受益人支付保函项下的款项。与此同时，为了应对申请人向中国法院起诉，受益人向英国法院申请了禁诉令。结果是，在伦敦进行的仲裁程序中，仲裁机构裁决申请人向受益人返还预付款；在中国进行的诉讼程序中，青岛海事法院裁定禁止担保人向受益人支付保函项下的款项。随后，受益人在英国法院针对案涉独立保函担保人提出诉讼，要求担保人根据预付款保函承担付款责任。担保人以青岛海事法院作出止付令为由进行抗辩。由于受益人已经在中国的诉讼程序中进行了实体答辩，因此英国法院没有以违反公共政策为由拒绝承认中国法院的止付令。但是英国法院认为，担保人是一家国际商业机构，通过对外提供担保的商业活动获得费用和担保。案涉独立保函条款清楚列明适用英国法，而根据英国法，案涉预付款保函项下担保人承担见索即付义务，该付款不受外来因素的影响，比如中国法院的止付令。在英国的诉讼程序中，英国法院回避了中国法院的止付令，最终支持了案涉预付款独立保函的效力，判令担保人应当向受益人支付保函项下的款项。[1] 在中国进行的诉讼程序中，一审、二审法院均认定受益人构成侵权，需要赔偿申请人的损失，但最高人民法院在再审程序中认为申请人应当寻求合同法上的救济，而不是侵权救济，撤销了一审和二审判决，驳回了申请人的诉讼请求。[2]

笔者认为，在该案在中国的诉讼程序中，即使中国法院最终判决担保人终止支付案涉独立保函项下的款项，但根据 Crescendo Maritime Co. Petitioner against Bank of Communications Company Ltd. Respondant 一案中美国纽约南区

1　参见蓝天：《从“西霞口”案看中国造船厂在造船合同纠纷中面临的法律问题》，载海法网：http://www.sea-law.cn/html/762034317.html，最后访问日期：2020 年 2 月 28 日。

2　参见最高人民法院（2016）最高法民再 16 号审判监督民事判决书。

联邦地区法院的观点，[1]受益人可以绕过中国法院而直接向担保人在美国的分支机构所在地的法院申请执行仲裁裁决，并会获得认可。如此一来，境内保函申请人或者保函担保人试图通过平行诉讼避免损失的策略就会功亏一篑。这也再次体现了中国的保函申请人和担保人在国际保函业务中面临的巨大法律风险。因此，笔者认为，与其通过司法救济途径发动保函欺诈诉讼，不如通过事前审慎设计保函条款预防保函欺诈。鉴于保函的单据性和独立性特点，通过司法救济往往只起到拖延付款时间，争取和解机会的作用，但不能从根本上避免境内保函申请人和担保人损失，反而还会严重影响我国银行在国际金融界的威望和声誉。

独立保函由于其自身所具有的灵活性和目的多样性而可以用于许多商业交易场景，尤其是在国际贸易、国际基础设施等大型建设工程项目中。作为国际贸易和大型基建项目大国，随着我国“一带一路”倡议的推进和《独立保函司法解释》的实施，独立保函无论是在国内交易还是国外交易中的接受度都越来越高，因独立保函而产生的纠纷也会越来越多。了解独立保函的运作机制、蕴含的法律风险和司法实践有助于保函从业人员根据自己的具体情况选择有利于自己的担保方式，防范其中的法律风险，平衡保函交易中各方当事人的权益。

1 See Crescendo Maritime Co. Petitioner against Bank of Communications Company Ltd. Respondant, [2016] 15 Civ. 4481（JFK）.

附：

URDG758 附录中推荐的见索即付反担保函示范样本[1]

（英文版）

[Counter-guarantor Letterhead or SWIFT identifier Code]

To: [Insert name and contact information of Guarantor]

Date: [Insert date of issue]

Please issue under our responsibility in favor of the Beneficiary your guarantee in the following wording:

[Quote the following Form of Demand Guarantee under URDG 758, provide brief details of the guarantee or use your own guarantee text as appropriate]

Type of guarantee: [Specify tender guarantee, advance payment guarantee, performance guarantee, payment guarantee, retention money guarantee, warranty guarantee, etc.]

Guarantee No. [Guarantor to insert guarantee reference number]

The Guarantor: [Guarantor to insert name and address of place of issue, unless indicated in the addressee field above]

The Applicant: [Insert name and address]

The Beneficiary: [Insert name and address]

The Underlying Relationship: The Applicant's obligation in respect of [Insert reference number or other information identifying the contract, tender conditions or other relationship between the applicant and the beneficiary on which the guarantee is based]

1 URDG758 附录中推荐的反担保函格式。周学海主编：《国际商会见索即付保函统一规则》（2010 年修订本），周红军、蔡俊锋译，张燕玲译审，中国民主法制出版社 2010 年版，第 92~102 页。

Guarantee Amount and currency: [Insert in figures and words the maximum amount and the currency in which it is payable]

Any document required in support of the demand for payment, apart from the supporting statement that is explicitly required in the text below: [Insert any additional document required in support of the demand for payment. If the guarantee requires no documents other than the demand and the supporting statement, keep this space empty or indicate "none"]

Language of any required documents: [Insert the language of any required document. Documents to be issued by the applicant or the beneficiary shall be in the language of the guarantee unless otherwise indicated herein]

Form of presentation: [Insert paper or electronic form. If paper, indicate mode of delivery. If electronic, indicate the format, the system for data delivery and the electronic address for presentation]

Place for presentation:[Guarantor to insert address of branch where a paper presentation is to be made or, in the case of an electronic presentation, an electronic address such as the Guarantor's SWIFT address. If no Place for presentation is indicated in this field, the Guarantor's place of issue indicated above shall be the Place for presentation.

Expiry of Guarantee: [Insert expiry date or describe expiry event]

The party liable for the payment of any charges: [Insert the name of the party]

As Guarantor, we hereby irrevocably undertake to pay the Beneficiary any amount up to the Guarantee Amount upon presentation of the Beneficiary's complying demand, in the form of presentation indicated above, supported by such other documents as may be listed above and in any event by the Beneficiary's statement, whether in the demand itself or in a separate signed document accompanying or identifying the demand, indicating in what respect the Applicant is in breach of its obligations under the Underlying Relationship.

Any demand under this Guarantee must be received by us on or before Expiry at the place for presentation indicated above.

This Guarantee is subject to the Uniform Rules for Demand Guarantees (URDG) 2010 revision, ICC Publication No. 758.

[Unquote]

As Counter-guarantor, we hereby irrevocably undertake to pay the Guarantor any amount up to the Counter-guarantee Amount indicated below upon presentation of the Guarantor’s complying demand, in the form of presentation indicated below, supported by the Guarantor’s statement, whether in the demand itself or in a separate signed document accompanying or identifying the demand, indicating that the Guarantor has received a complying demand under the guarantee.

Any demand under this Counter-guarantee must be received by us on or before Expiry of this Counter-guarantee at the place for presentation indicated below.

Counter-guarantee No. [Insert counter-guarantee reference number]

The Counter-guarantor: [Insert name and address of place of issue, unless indicated in the letterhead]

The Guarantor: [Insert name and address of Guarantor and place of issue of guarantee]

Counter-guarantee Amount and currency: [Insert in figures and words the maximum amount payable and the currency in which it is payable]

Form of presentation: [Insert paper or electronic form. If paper, indicate mode of delivery. If electronic, indicate the format, the system for data delivery and the electronic address for presentation]

Place for presentation: [Counter-guarantor to insert address of branch where a paper presentation is to be made or, in the case of an electronic presentation, an electronic address such as the counter-guarantor's SWIFT address. If no Place for presentation is indicated in this field, the Counter-guarantor's place of issue indicated above shall be the Place for presentation]

Expiry of counter-guarantee: [Insert expiry date or describe expiry event. Note that the expiry of the counter-guarantee is generally scheduled to occur later than the expiry of the guarantee to include a mailing period]

The party liable for the payment of any charges: [Insert the name of the party, generally the counter-guarantor]

The Guarantor is requested to confirm to the Counter-guarantor the issuance of the guarantee.

This Counter-guarantee is subject to the Uniform Rules for Demand Guarantees (URDG) 2010 revision, ICC Publication No. 758.

Signature(s)

（中文版）

【反担保人的信头或 SWIFT 标识代码】

致：【填写担保人的名称和联系信息】

日期：【填写开立日期】

请按照以下文本向受益人开出你方保函，相关责任由我们承担：

【引用以下适用 URDG758 的见索即付保函格式，提供保函的简要信息或采用你方认为适用的保函格式】

保函种类：【标明是投标保函、预付款保函、履约保函、付款保函、留置金保函、质量保函等】

保函编号：【担保人填写保函相关编号】

担保人：【担保人填写名称及保函开立地址，除非在前文已表明】

申请人：【填写申请人的名称及地址】

受益人：【填写受益人的名称及地址】

基础关系：申请人关于【填写保函所基于的申请人与受益人之间的合同、招标条件或其他关系的编号或其他信息】项下的义务

保函的金额与币种：【填写保函最高赔付的大小写金额及币种】

除下文明确要求的支持声明外，还需提交的任何支持索赔的单据：【填写需提交的任何支持索赔的附加单据。如果保函不需提交除索赔书和支持声明外的任何附加单据，此处空白或填写“没有”】

需提交单据的语言：【填写需提交单据的语言。除非另有规定，申请人或受益人出具单据使用的语言应与保函的语言一致】

交单形式：【填写纸质形式或电子形式。如采用纸质形式，需指明交付方式。如采用电子形式，需指明交单的文件格式、信息提交的系统以及电子地址】

交单地点：【采用纸质形式交单的情况下，担保人指明单据提交到其

分支机构的地址；采用电子形式交单的情况下，指明电子地址，如担保人的 SWIFT 地址。如果本栏位未填写交单地点，则交单地点为前文中担保人开立保函的地点】

失效：【填写失效日期或描述失效事件】

费用的承担方：【填写费用承担方的名称】

作为担保人，我们在此不可撤销地承诺：在收到受益人提交的相符索赔后，向受益人支付最高不超过保函金额的任何款项。索赔应按上述交单形式提交，并随附前文列明的可能需提交的其他支持索赔的单据，并且在任何情况下提交一份受益人的声明，声明申请人在哪些方面违反了基础关系项下的义务。受益人的声明可以在索赔书中作出，也可以在一份单独签署的随附于该索赔书的单据中作出，或是在一份单独签署的指明该索赔书的单据中作出。

保函项下的任何索赔必须在前文规定的失效当日或之前，于前文指明的交单地点被我们收到。

本保函适用《见索即付保函统一规则（URDG）》2010 年修订本，国际商会第 758 号出版物。

【引用结束】

作为反担保人，我们在此不可撤销地承诺，在收到担保人的相符索赔后，向担保人支付最高不超过下文所述反担保函金额的任何款项。索赔应按后文规定的交单形式提交，并随附担保人的声明，声明担保人在保函项下已收到相符索赔。担保人的声明可以在索赔书中作出，也可以在一份单独签署的随附于该索赔书的单据中作出，或是在一份单独签署的指明该索赔书的单据中作出。

反担保函项下的任何索赔必须在后文规定的失效当日或之前，于后文指明的交单地点被我们收到。

反担保函编号：【填写反担保函相关编号】

反担保人：【填写名称及保函开立地址，除非在信头已表明】

担保人：【填写担保人的名称及保函开立地址】

反担保函的金额与币种：【填写反担保函最高赔付的大小写金额及币种】

交单形式：【填写纸质形式或电子形式。如采用纸质形式，需指明交付方式。如采用电子形式，需指明交单的文件格式、信息提交的系统以及电子地址】

交单地点：【采用纸质形式交单的情况下，反担保人指明单据提交到其分支机构的地址；采用电子形式交单的情况下，指明电子地址，如反担保人的 SWIFT 地址。如果本栏位未填写交单地点，则交单地点为前文中反担保人开立保函的地点】

反担保函失效：【填写失效日期或描述失效事件。注意反担保函的失效因包含邮递期而通常晚于保函失效】

费用的承担方：【填写费用承担方的名称，通常由反担保人承担】

担保人在开出保函后应向反担保人确认。

本反担保函适用《见索即付保函统一规则（URDG）》2010 年修订本，国际商会第 758 号出版物。

签字：

03 第三章

保函的性质和生效问题

早在20世纪70年代，独立保函就开始在国际商事实践中使用，尽管各国法律制度的差异一定程度上阻碍了独立保函的发展，但是随着传统担保方式获偿的效率无法满足国际商事活动的需求，以及银行信用担保功能的凸显，[1]独立保函在国际贸易中逐渐成为常用的担保方式。独立保函是对从属性担保性质上的变更，有些法律保守的国家和地区不承认独立保函的有效性，有些国家则在国内交易和国际交易中区别对待其效力。[2]

20世纪80年代，我国国际贸易商事活动中开始出现独立保函。[3]2016年《独立保函司法解释》实施以前，司法裁判观点认为，在我国独立保函只适用于涉外商事活动，国内商事交易中保函的性质为从属于主合同项下的担保合同。《独立保函司法解释》的颁布与实施，结束了学术界和实务界对国内商事交易中银行或非银行金融机构作为开立人的独立保函有效性的争论，也为我国

---

1 参见贺绍奇：《国际金融担保法律理论与实务》，人民出版社2001年版，第12页。

2 参见郑冰：《国际贸易中的独立担保法律问题研究》，中国海洋大学2005年国际法学硕士学位论文。

3 参见李燕：《独立担保法律制度研究——索即付银行保函的理论与实践》，西南政法大学2004年商法博士学位论文。

独立保函纠纷提供了法律依据。《独立保函司法解释》第1条和第3条明确规定了独立保函的成立要件和情形。但是，在我国司法实践中，法院在案涉保函性质的认定上仍难达一致。从司法文书裁判网上公布的案例来看，由于保函文本用语的不同、文本起草人水平的高低以及语言本身的模糊性，文本条文之间可能发生冲突，致使保函的性质难以确定。本章希冀通过对六起重点案例的分析研究，探讨保函的性质和生效的相关法律问题。

本章要点

独立性、单据性、责任方式、开立生效、附条件生效

第一节 | 典型案例

【案例 3–1】长江岩土工程总公司与中国建设银行股份有限公司温岭支行独立保函纠纷案[1]

（一）关系图

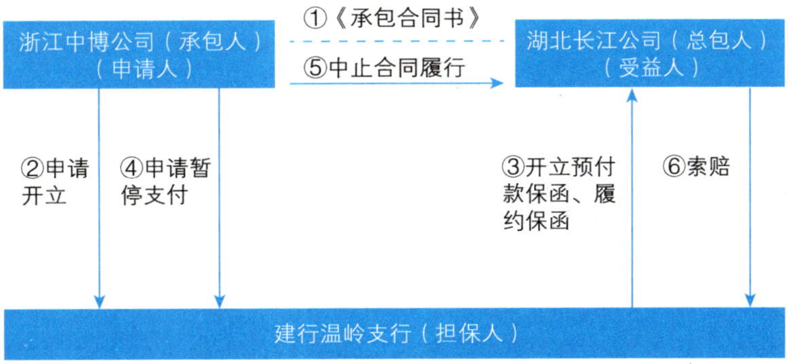

图 3–1　本案法律关系

1　参见最高人民法院（2019）最高法民终 302 号民事判决书。

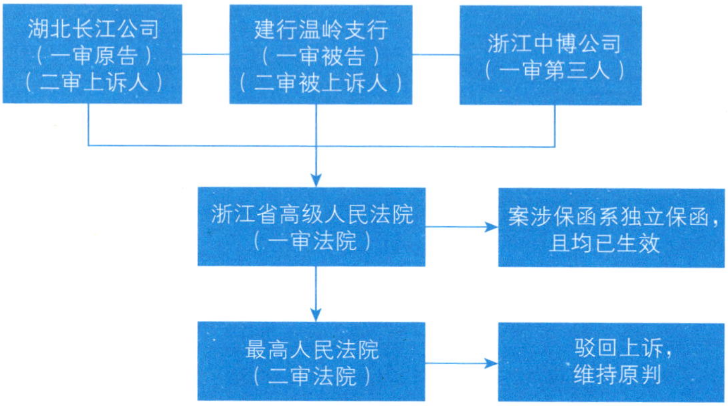

图 3-2 本案诉讼关系

（二）案情简介

2009 年 7 月 29 日，长江岩土工程总公司（武汉）（总包人，以下简称湖北长江公司）与中博建设工程集团有限公司（承包人，以下简称浙江中博公司）签订《承包合同书》。浙江中博公司为履行上述承包合同，向中国建设银行股份有限公司温岭支行（以下简称建行温岭支行）申请开立保函。在 2009 年 12 月 3 日至 2010 年 1 月 26 日建行温岭支行以湖北长江公司为受益人开立了七份保函，其中包括五份预付款保函和两份履约保函。2011 年 3 月 25 日，浙江中博公司以项目所在国利比亚发生骚乱及战争，承包人本国政府已将其公民全部撤出利比亚，构成"不可抗力"为由，向建行温岭支行申请对有效期届满的保函停止支付、有效期内的保函暂停支付。2011 年 3 月 25 日，建行温岭支行向湖北长江公司发送《关于浙江中博公司保函有关事项的通知》，称鉴于不可抗力的原因及浙江中博公司的要求，履约保函中止支付、预付款保函项下的款项由浙江中博公司与湖北长江公司清算后多退少补，并不再办理保函延期和重新开立工作。2011 年 3 月 28 日，浙江中博公司向湖北长江公司发送了《关于要求即行中止合同履行、停止办理保函延期的函》，要求中止合同履行、对已完工工程进行结算，并保留解除合同的权利，同时停止办理保函延期工作。2011 年 3 月 21 日至 2015 年 8 月 24 日，湖北长江公司多次向建行温岭支行发出索赔通知，就案涉七份保函，以浙江中博公司违约为由，向建行温岭支行索赔共计7亿元。2015年12月7日，建行温岭支行向湖北长江公司发送《要求退回保函正本的通知》，称案涉保函有效期届满，要求湖北长江公司退还保函原件。2016年3月7日，温岭市人民法院作出（2016）浙1081民破1号民事裁定书，裁定受理浙江中博公司的重整申请。

湖北长江公司向浙江省高级人民法院提起诉讼，要求建行温岭支行支付独立保函项下款项。建行温岭支行答辩称，案涉预付款保函和履约保函均非独立保函，而是从属性保证合同。案涉五份预付款保函均未生效。湖北长江公司未在案涉保函有效期届满前向建行温岭支行提出过索赔，或提出过符合保函要求文件的索赔。湖北长江公司就案涉保函提起诉讼已超过法定的诉讼时效。即使案涉保函属于独立保函，湖北长江公司在明知存在利比亚国战争这一不可抗力因素时索赔已经构成保函欺诈。浙江省高级人民法院于2018年11月26日作出（2016）浙民初20号民事判决，认定本案系独立保函纠纷，案涉五份预付款保函及两份履约保函均合法有效。湖北长江公司在明知工程所在国利比亚国发生骚乱和战争的情况下仍向建行温岭支行要求支付保函项下的款项属于保函欺诈。

湖北长江公司不服一审判决向最高人民法院提起上诉。最高人民法院于2019年6月28日作出（2019）最高法民终302号民事判决书，判决驳回上诉，维持原判。

【案例 3-2】上海北海船务股份有限公司与中国光大银行股份有限公司南京分行、江苏熔盛重工有限公司海事担保合同纠纷案[1]

（一）关系图

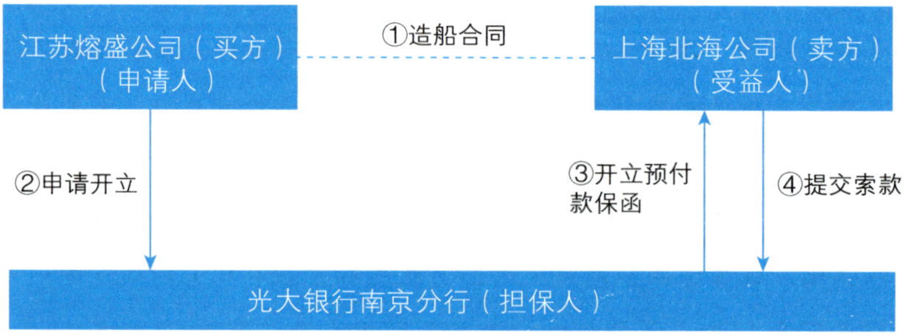

图 3-3　本案法律关系

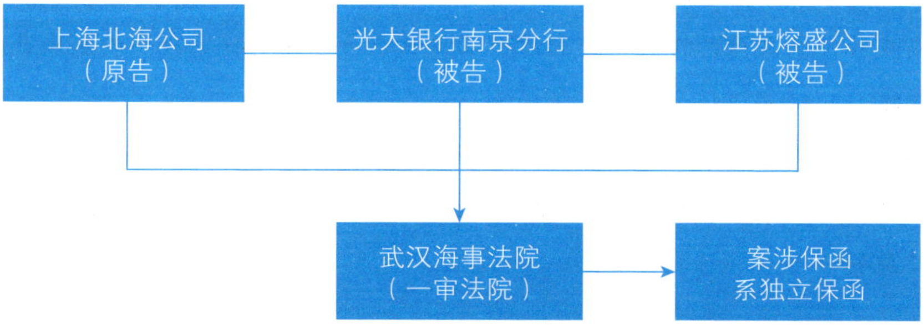

图 3-4　本案诉讼关系

（二）案情简介

上海北海船务股份有限公司（以下简称上海北海公司）与江苏熔盛重工有限公司（以下简称江苏熔盛公司）于 2011 年 9 月 29 日签订《造船合同》，约定江苏熔盛公司为上海北海公司建造一艘 75,000 载重吨原油轮。2012 年 11 月 1 日，中国光大银行股份有限公司南京分行（以下简称光大银行南京分行）开立了《预付款保函》，承诺对于上海北海公司在船舶交付前根据造船合同向

1　参见武汉海事法院（2014）武海法商字第 00823 号民事判决书。

江苏熔盛公司支付的造船合同价款，即第一期进度款23,556,050元、第二期进度款28,210,872元、第三期进度款32,891,446元、第四期进度款56,385,336元，共计141,025,500元。如果上海北海公司要求解除或终止造船合同并赔偿船舶的所有损失，而江苏熔盛公司未能在合同规定的期限内全部或部分退还上述造船合同价款及合同规定的相应利息，光大银行南京分行将于收到上海北海公司要求退款的书面请求后10个工作日内向上海北海公司支付原本应由江苏熔盛公司归还的上海北海公司已支付的款项及相应利息。上海北海公司要求退款的书面请求必须附加上海北海公司要求返还的款项及其利息的计算，关于江苏熔盛公司根据造船合同条款应当退还如上计算的款项且退款期的说明，收款银行账户、账号等以及关于已要求江苏熔盛公司退款单未收到退款的说明。

2014年5月15日，上海北海公司向光大银行南京分行发出索款函，称江苏熔盛公司违反造船合同约定的交船义务，上海北海公司已根据造船合同约定拒绝接收该船，并要求江苏熔盛公司退回其已支付的款项，但江苏熔盛公司至今未退款。鉴于此，根据《预付款保函》的规定，上海北海公司要求光大银行南京分行承担独立保函责任，并向上海北海公司向武汉海事法院提起诉讼，要求江苏熔盛公司向其支付造船合同进度款51,766,922元及相应利息，光大银行南京分行承担独立保函责任。光大银行南京分行辩称案涉保函并不具有独立性，无需承担独立保函责任。武汉海事法院于2017年9月7日作出（2014）武海法商字第00823号判决书，认定案涉保函系独立保函。

【案例 3-3】大连高金投资有限公司与中国工商银行股份有限公司大连星海支行、大连德享房地产开发有限公司企业借贷纠纷案[1]

（一）关系图

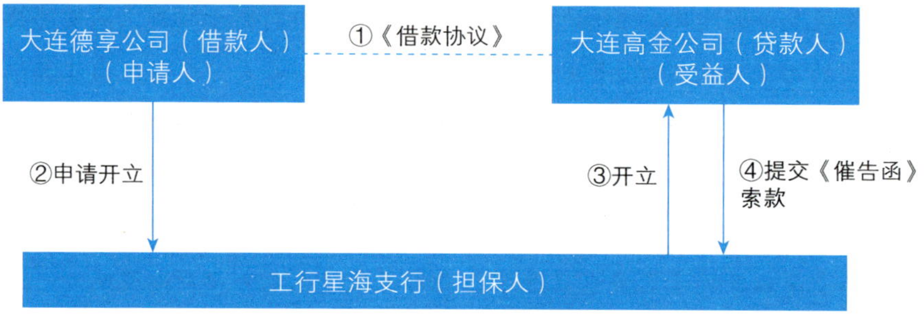

图 3-5　本案法律关系

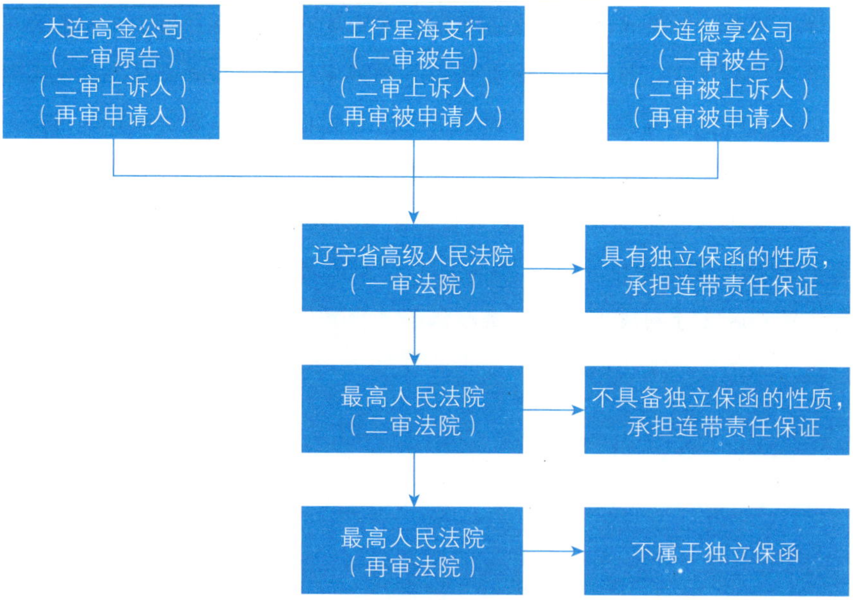

图 3-6　本案诉讼关系

1　参见最高人民法院（2017）最高法民终 647 号民事判决书。

（二）案情简介

借款人大连德享房地产开发有限公司（以下简称大连德享公司）与贷款人大连高金投资有限公司（以下简称大连高金公司）签订两份《借款协议》。为担保上述债权，中国工商银行股份有限公司大连星海支行（以下简称工行星海支行）相继为大连高金公司开立两份《银行保函》，第一份保函载明：工行星海支行兹开立以大连高金公司为唯一受益人，总金额为2000万元整的不可撤销保函。保函项下的责任：如大连德享公司出现违约事项，工行星海支行在收到大连高金公司书面索偿通知后的7个法定工作日内即向大连高金公司无条件支付总金额不超过2000万元的任何款项。以上担保责任方式为连带责任担保……第二份保函载明：工行星海支行兹开立以大连高金公司为唯一受益人，总金额为1500万元整的不可撤销保函……其他内容同第一份保函。大连德享公司到期未还款，2012年12月24日大连高金公司向工行星海支行发出《催告函》，要求工行星海支行保证在收到书面索偿通知书后的7个工作日内向大连高金公司无条件支付欠款。大连高金公司向辽宁省高级人民法院提起诉讼，要求大连德享公司给付借款及利息并要求工行星海支行按其出具的不可撤销《银行保函》承担连带给付责任。

针对与本章相关的保函性质问题，一审法院认为案涉保函具有独立担保的性质，但国内立法不予认可，且保函中载明“保证系连带责任保证”，故案涉《银行保函》应当因《借款合同》无效而无效。大连高金公司不服一审判决提起上诉，主张案涉《银行保函》为独立保函，二审法院未予以认可。大连高金公司不服二审判决向最高人民法院提起再审，主张案涉《银行保函》为独立保函，最高人民法院于2018年10月22日作出裁定，驳回再审申请。

【案例 3-4】深圳市融乐通投资担保有限公司等与深圳市旭生骏鹏建筑工程有限公司保证合同纠纷案[1]

（一）关系图

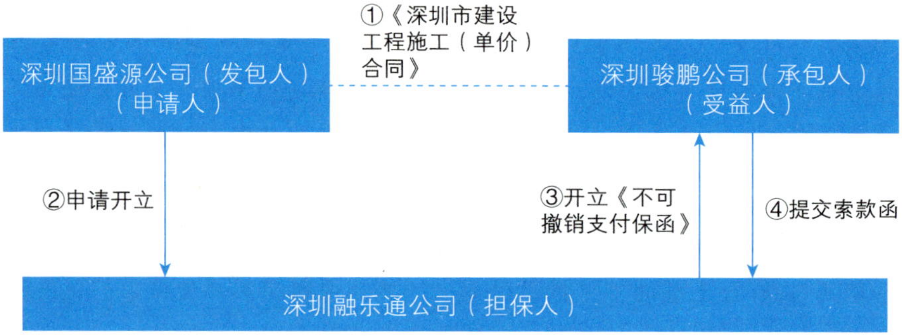

图 3-7　本案法律关系

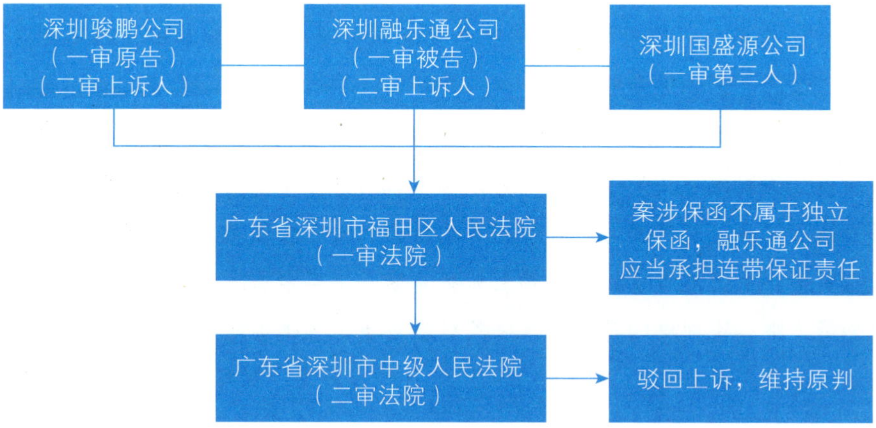

图 3-8　本案诉讼关系

1　参见广东省深圳市中级人民法院（2017）粤 03 民终 10556 号民事判决书。

（二）案情简介

2013年8月13日，深圳市旭生骏鹏建筑工程有限公司（以下简称深圳骏鹏公司）（承包人）与深圳市国盛源药业有限公司（以下简称深圳国盛源公司）（发包人）签订《深圳市建设工程施工（单价）合同》，2013年8月18日，深圳市融乐通投资担保有限公司（以下简称深圳融乐通公司）向深圳骏鹏公司出具一份《不可撤销支付保函》，保函载明："骏鹏建筑工程有限公司（受益人）：鉴于深圳国盛源公司（被保证人）已与贵方签订了深圳市国盛源综合楼工程的施工合同……我方接受被保证人的委托，在此向受益人提供不可撤销的工程款支付保证：一、本保证担保的最高担保金额为3,688,888元；二、本保证担保的保证期间自2013年8月18日至2015年9月30日；三、在本保证担保的保证期间内，我方将在收到受益人经法定代表人或其授权委托代理人签字并加盖公章的书面索赔通知后30个工作日内，不争辩、不挑剔、不可撤销地向受益人支付索赔款，直至本保证担保的最高担保金额……"2015年7月12日，深圳骏鹏公司向深圳融乐通公司发出《索赔函》，要求深圳融乐通公司按照《不可撤销支付保函》载明的最高担保金额3,688,888元支付索赔款，深圳融乐通公司未支付。深圳骏鹏公司向广东省深圳市福田区人民法院提起诉讼，要求深圳融乐通公司承担担保责任。本案的争议焦点之一系案涉保函是否为独立保函。一审法院认为案涉保函不属于独立保函，深圳融乐通公司应当承担连带保证责任。深圳融乐通公司不服一审判决向广东省深圳市中级人民法院提起上诉，二审的争议焦点为深圳融乐通公司的担保责任是否应当免除，未涉及独立保函的争议。

【案例 3-5】荷兰合作银行有限公司上海分行与北京亘格林进口有限公司、美利华股份有限公司独立保函纠纷案[1]

（一）关系图

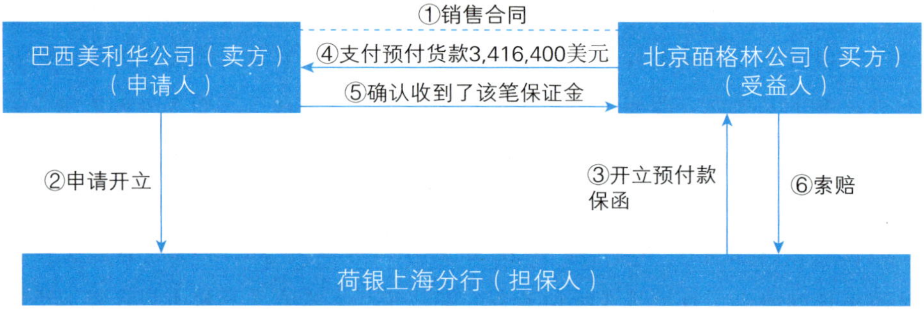

图 3-9　本案法律关系

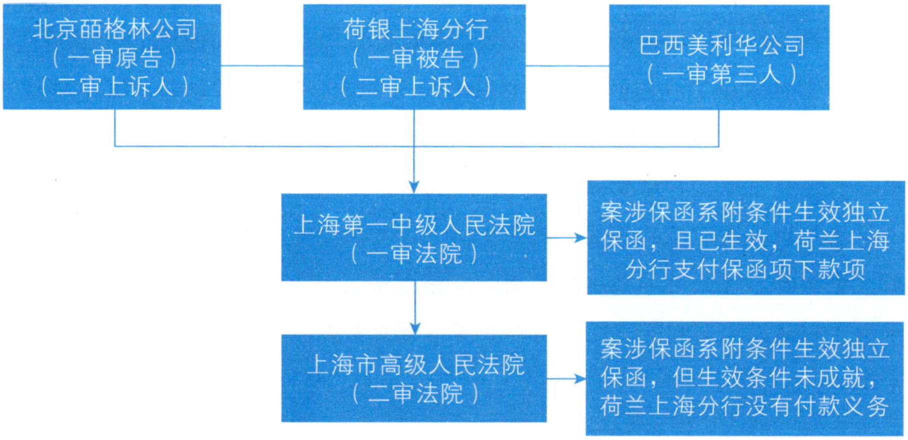

图 3-10　本案诉讼关系

1　参见上海市高级人民法院 (2017) 沪民终 222 号民事判决书。

（二）案情简介

2014年9月19日，北京硒格林进口有限公司（以下简称北京硒格林公司）与美利华股份有限公司（以下简称巴西美利华公司）签订一份《销售合同》，2014年12月15日，根据巴西美利华公司的申请，荷兰合作银行有限公司上海分行（以下简称荷银上海分行）向北京硒格林公司开立保函。保函中载明，荷银上海分行获悉北京硒格林公司与巴西美利华公司已经于2014年9月19日签订《销售合同》，应巴西美利华公司请求，荷银上海分行同意就合同项下巴西美利华公司的履约义务，以北京硒格林公司为受益人开立该预付款保函；荷银上海分行不可撤销地承诺，在保函有效期内，荷银上海分行自收到北京硒格林公司第一份指明以下信息的书面索赔请求后，向北京硒格林公司支付不超过3,416,400美元的款项。保函受URDG758规则约束；因保函所发生的任何争议应受银行住所地中华人民共和国主管法院的管辖。当荷银上海分行收到巴西圣保罗Banco Rabobank International Brasil S.A.的SWIFT报文，其中指明摩根大通银行纽约分行的账户中已收到3,416,400美元，并以Banco Rabobank International Brasil S.A.为收款银行，进一步记入巴西美利华公司为贷方时，保函生效；荷银上海分行在保函项下义务不应因对基础合同作出任何修改和补充、北京硒格林公司为巴西美利华公司提供履约时间延期或任何其他原因而予以增加或延长。在后文中，保函又规定保函于开立日生效，有效期至2015年5月31日。

2015年1月16日，北京硒格林公司通过中国建设银行向巴西美利华公司支付了《销售合同》项下的预付货款3,416,400美元，该款汇至巴西美利华公司开户银行Banco Itau BBA S.A.银行Nassau分行的代理行渣打银行纽约分行。巴西美利华公司于2015年1月20日通过邮件回复，确认收到了该笔保证金款项。

2015年5月21日，北京硒格林公司向荷银上海分行提交索赔请求。荷银上海分行于2015年5月27日回函称，由于从巴西圣保罗Banco Rabobank International Brasil S.A.处获悉，其从未收到3,416,400美元款项供进一步记入至巴西美利华公司贷项下，按照保函的条款和条件，保函的生效条件未得到满足，驳回北京皕格林公司的索赔请求。北京皕格林公司于2015年5月28日再次索赔未果。故北京皕格林公司向上海市第一中级人民法院提起诉讼，要求荷银上海分行支付案涉保函项下款项。一审法院作出（2015）沪一中民六（商）初字第S413号民事判决，判令荷银上海分行支付案涉保函项下款项。荷银上海分行不服一审判决向上海市高级人民法院提出上诉，二审法院于2018年9月14日作出(2017)沪民终222号终审判决，判令撤销一审判决书，驳回被上诉人的全部诉讼请求。

【案例3-6】庐江县供水有限责任公司与新兴铸管股份有限公司申请撤销仲裁案[1]

（一）关系图

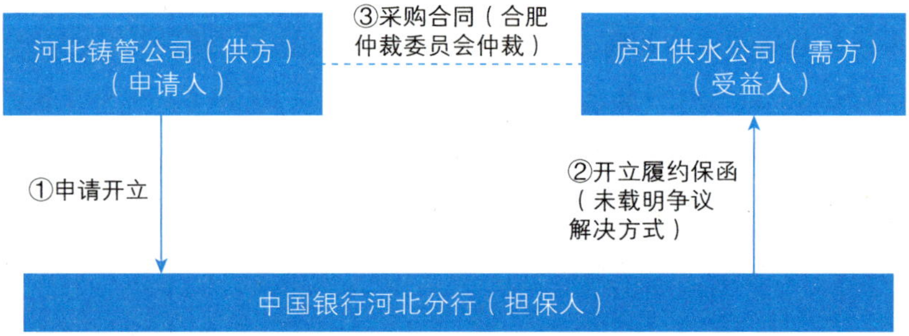

图3-11　本案法律关系

1　参见安徽省合肥市中级人民法院（2017）皖01民特265号民事裁决书。

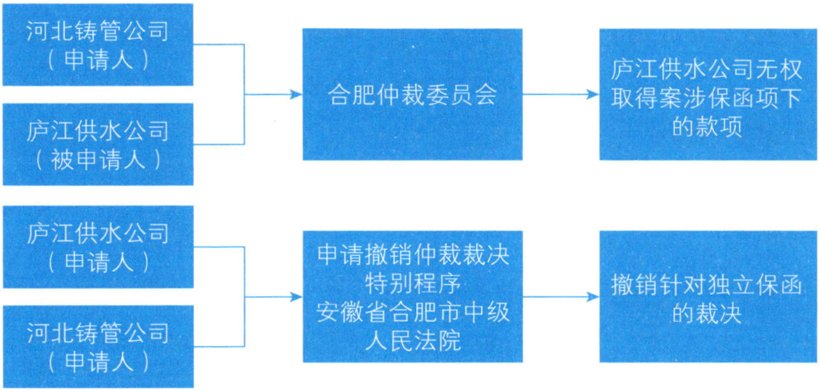

图 3-12　本案诉讼关系

（二）案情简介

2016 年 9 月 13 日，中国银行股份有限公司河北省分行（以下简称中国银行河北分行）应新兴铸管股份有限公司（以下简称河北铸管公司）（供方）申请，为河北铸管公司拟与庐江县供水有限责任公司（以下简称庐江供水公司）签订的采购合同（项目编号：2016LJHZ0789）开立以庐江供水公司为受益人、担保金额为 1,878,238.2 元的不可撤销的履约保函。该履约保函载明“……一、我行承诺，我行将在收到贵方签署并加盖公章的声明供方未履行合同项下相关责任和义务的书面索赔通知纸质原件，在七个工作日内，凭本保函正本原件，以上述担保金额为限向贵方承担担保责任……”该履约保函未载明争议解决方式。2016 年 9 月 20 日，河北铸管公司与庐江供水公司签订案涉采购合同（项目编号：2016LJHZ0789），约定：“本合同如发生纠纷，当事人双方应当及时协商解决，协商不成时，任何一方均可请采购管理机关调解，调解不成，按照下列第（1）项方式处理：根据《中华人民共和国仲裁法》的规定向合肥仲裁委员会申请仲裁……”2017 年 3 月 13 日，河北铸管公司向合肥仲裁委员会提交仲裁申请，请求裁决庐江供水公司将受益人为庐江供水公司、担保金额为 1,878,238.2 元的中国银行履约保函返还河北铸管公司，确认庐江供水公司无权取得该履约保函项下的款项 1,878,238.2 元。合肥仲裁委员会裁定庐江供水公司无权取得案涉保函项下的款项。庐江供水公司不认可该项裁决，向安徽省合肥市中级人民法院提出撤销仲裁裁决申请。合肥市中级人民法院认为案涉履约保函为独立保函，关于案涉独立保函的仲裁请求不属于仲裁条款约定的仲裁事项，应予部分撤销。

第二节 | 法律问题分析

独立性是独立保函区别于传统担保的根本特征，其独立性体现在内涵的独立性以及效力的独立性。内涵的独立性是指其独立于基础交易，构成一项独立的付款承诺，产生一项新的债务。效力的独立性是指当事人无权在独立保函法律关系项下行使基础交易法律关系中的抗辩权与抵销权，不受基础交易中约定的争议解决方式的约束。[1] 独立性作为独立保函制度探讨的第一步，《独立保函司法解释》第3条、URGD758第5条、ISP98第1.07条、UCP600第4条及联合国《独立担保与备用信用证公约》第3条对其均有规定。尽管我国国内商事交易中长期且广泛地使用各种形式的独立保函，但《独立保函司法解释》实施以前，商事审判的主流观点是独立保函仅适用于国际贸易领域，不适用于国内商事交易。《独立保函司法解释》的实施，认可了独立保函在我国国内商事交易中的合法性，正式将独立保函引入国内商事交易。2019年发布的《全国法院民商事审判工作会议纪要》

1 参见刘斌：《独立担保的独立性：法理内涵与制度效力——兼评最高人民法院独立保函司法解释》，载《比较法研究》2017年第5期。

（以下简称《九民纪要》）第 54 条进一步肯定了独立保函在国内商事交易中的有效性。[1]

《独立保函司法解释》第 1 条第 1 款规定了独立保函的定义："本规定所称的独立保函，是指银行或非银行金融机构作为开立人，以书面形式向受益人出具的，同意在受益人请求付款并提交符合保函要求的单据时，向其支付特定款项或在保函最高金额内付款的承诺。"第 3 条第 1 款规定了独立保函的情形："（一）保函载明见索即付；（二）保函载明适用国际商会《见索即付保函统一规则》等独立保函交易示范规则；（三）根据保函文本内容，开立人的付款义务独立于基础交易关系及保函申请法律关系，其仅承担相符交单的付款责任。"尽管该条明确规定了构成独立保函的几种情形，但在我国司法实践中法院在保函性质的认定上仍难以达成一致。基于司法文书裁判网上已公布适用《独立保函司法解释》的近 154 例保函争议案件的裁判文书，结合本章重点介绍的 6 起代表性案件，笔者针对保函性质及效力、争议涉及的法律问题主要讨论以下几点内容。

一、独立保函的开立主体

联合国《独立担保与备用信用证公约》第 2 条规定，银行、其他机构以及个人均可签发独立保函。[2] 该公约对独立保函开立主体并未加以限制，但在

1 参见《九民纪要》第 54 条。该条是关于"独立担保"的规定，认为从属性是担保的基本属性，但由银行或者非银行金融机构开立的独立保函除外。独立保函纠纷案件依据《独立保函司法解释》处理。需要进一步明确的是：凡是由银行或者非银行金融机构开立的符合该司法解释第 1 条、第 3 条规定情形的保函，无论是用于国际商事交易还是用于国内商事交易，均不影响保函的效力。银行或者非银行金融机构之外的当事人开立的独立保函，以及当事人有关排除担保从属性的约定，应当认定无效。但是，根据"无效法律行为的转换"原理，在否定其独立担保效力的同时，应当将其认定为从属性担保。此时，如果主合同有效，则担保合同有效，担保人与主债务人承担连带保证责任。主合同无效，则该所谓的独立担保也随之无效，担保人无过错的，不承担责任；担保人有过错的，其承担民事责任的部分，不应超过债务人不能清偿部分的 1/3。

2 See United Nations Convention on Independent Guarantees and Stand-by Letters of Credit Article 2. Undertaking(1) For the purposes of this Convention, an undertaking is an independent commitment, known in international practice as an independent guarantee or as a stand-by letter of credit, given by a bank or other institution or person ("guarantor/issuer") to pay to the beneficiary a certain or determinable amount upon simple demand or upon demand accompanied by other documents, in conformity with the terms and any documentary conditions of the undertaking, indicating, or from which it is to be inferred, that payment is due because of a default in the performance of an obligation, or because of another contingency, or for money borrowed or advanced, or on account of any mature indebtedness undertaken by the principal/applicant or another person.

我国，独立保函的开立主体只能是银行或者非银行金融机构。[1] 在认可独立保函的同时限制开立独立保函的主体，是顺应我国国情、完善信用保障制度的现实需要。独立保函责任无论从其责任范围还是实现方式上，风险性和效率性均远远高于传统担保。将独立保函纳入我国立法，与我国当前经济发展状况相适应。同时对独立保函开立主体严格限制，维护了经济秩序以及法律秩序。中国银行保险监督管理委员会《非银行金融机构行政许可事项实施办法》（2020）第 2 条规定："本办法所称非银行金融机构包括：经银保监会批准设立的金融资产管理公司、企业集团财务公司、金融租赁公司、汽车金融公司、货币经纪公司、消费金融公司、境外非银行金融机构驻华代表处等机构。"案例 3–4 中，《不可撤销支付保函》的开具主体为深圳融乐通公司，其既不是银行，也不是非银行金融机构，故案涉保函并非独立保函，深圳融乐通公司应当承担从属性担保责任。中铁十八局集团有限公司与信德唯实投资担保有限责任公司保证合同纠纷二审案件同样涉及这一争议，审理法院在判决书中指明："信德唯实投资担保有限责任公司在出具保函时不具有相应《融资性担保机构经营许可证》，亦不具有金融机构的相关资质与牌照"，以此认定信德唯实投资担保有限责任公司并非银行，亦非有权经营融资性担保业务的非银行金融机构，案涉保函系非独立保函。[2] 值得关注的是，非银行金融机构需要监管部门审批后才能成立，一旦成立即具备开立保函的资格。很多担保公司特别是小额担保公司并未取得金融牌照，仅做了工商登记，不具备开立独立保函的主体资格。关于担保公司是否有资格开立独立保函，业界存在争议，有的实务界人士认为所有担保公司均不具有开立独立保函的资格，有的则认为融资性担保公司有资格开立，而非融资性担保公司没有资格开立。笔者认为，是否具有开立独立保函资格，关键在于其是否持有金融牌照，不能单纯以是否为融资性来判断。

针对银行或非银行金融机构以外当事人开立的独立保函，《九民纪要》提出以"无效法律行为的转换原理"来处理，即在否定其独立担保效力的同时，

1 《独立保函司法解释》第 1 条第 1 款："本规定所称的独立保函，是指银行或非银行金融机构作为开立人，以书面形式向受益人出具的，同意在受益人请求付款并提交符合保函要求的单据时，向其支付特定款项或在保函最高金额内付款的承诺。"

2 参见北京市第一中级人民法院（2019）京 01 民终 2754 号民事判决书。

认定其从属性担保。若主合同有效，从属性担保有效；若主合同无效，从属性担保无效。在无效的情形下，担保人的责任承担应当依据其过错来判定，担保人无过错的，不承担责任，担保人有过错的，应承担责任，承担的责任范围不应当超过债务人不能清偿部分的1/3，这一观点也与案例3–4的裁判观点相一致。

二、独立保函内涵上的独立性与效力上的独立性

随着大宗货物贸易、建设工程等诸多领域的发展，担保制度日益完善。从属性担保项下，担保人享有的各项抗辩权使受益人权利的实现遭受重重阻碍。随着《独立保函司法解释》的实施，独立保函在国内贸易中越来越频繁地被使用。作为一项独立性的担保承诺，独立保函具有独立性和单据性两大特征。独立性指独立保函一旦作出即独立于基础交易，独立保函建立的担保人和受益人之间的关系与申请人和担保人之间的关系以及申请人和受益人之间的关系相独立。单据性是指担保人通过审查单据，当单据与保函载明付款条件一致时，无需审查基础交易情况下即付款。[1] 在具体保函中，独立保函独立性体现在保函载明的“无条件、不可撤销”“根据保函文本内容，开立人的付款义务独立于基础交易关系及保函申请法律关系，其仅承担相符交单的付款责任”；单据性则体现在保函载明的单据化付款条件，例如“索赔请求书、违约申请、第三方鉴定文件”。在实务中，经常会出现因保函文本表述不清，前后表述相矛盾等造成的针对保函性质的争议。[2]

（一）保函中对基础交易的记载应认定为对事实的描述还是付款条件

案例3–1产生保函性质争议的原因之一系保函载明的付款条件包含混合性描述。该案中，案涉7份保函文本表述为“保函有效期为一年，如保函申请人浙江中博公司未能履行上述承包合同书及其附件中规定的义务……我行在收到你方提交的书面宣布申请人违反合同规定的正式通知及由你方法定代表人

1 参见刘斌：《独立担保的司法判断：困难与路径》，载《法学杂志》2015年第10期。
2 参见李燕：《独立保函单据化的逻辑解释与我国立法之选择》，载《政法论坛》2013年第4期。

（负责人）或授权代理人签字并加盖公章，列明索赔金额的索赔通知后五个工作日内，支付相应的保证金；本保函的款项构成本银行无条件的、不可撤销的直接保障责任”。案涉保函的性质在一审、二审程序中均为争议焦点。一审法院认为案涉保函系独立保函，在论述过程中首先提及《独立保函司法解释》第1条、第3条，其次重点提及了案涉保函文本中的索赔方式：“在本保函的有效期内，如保函申请人未能履行上述承包合同书及其附件中规定的义务，包括双方就合同条款达成的变更、修改和补充义务，我行在收到你方提交的书面宣布申请人违反合同规定的正式通知……支付相应的保证金”及责任承担：“本保函的款项构成本银行无条件的、不可撤销的直接保障责任”。一审法院总结称：“虽然独立保函的文本并未载明适用国际商会《见索即付保函统一规则》等独立保函交易示范规则，但根据案涉保函文本内容，以及载明的‘无条件的、不可撤销’字样，足以认定开立人的付款义务独立于基础交易关系及保函申请法律关系，故应当认定本案保函属于独立保函”。针对案涉保函的性质，建行温岭支行在二审答辩中称：“根据保函协议第三条、第六条和第八条的相关约定，建行温岭支行旨在提供保证担保。预付款保函、履约保函第一条、第二条、第三条、第七条的相关约定均说明建行温岭支行提供的是保证担保，非独立保函”。二审裁判认为案涉保函系独立保函，区分一份保函的性质是独立保函还是担保法规定的保证，关键在于考察保函文本是否为开立人设定了相符交单情形下的独立付款义务，而不在于是否使用了保证责任的措辞。

案例3-3中也涉及这一问题，该案二审法院认为案涉保函中载明的“如大连德享公司出现违约事项，工行星海支行在收到大连高金公司索偿通知后的7个法定工作日内无条件支付款项”说明工行星海支行承担责任以大连德享公司违约为条件，而非独立付款义务。笔者认为此处二审法院的观点值得商榷，“如大连德享公司出现违约事项”应当属于对事实的描述而非对付款条件的限定，在认定独立付款义务时，司法裁判者应当充分尊重独立保函的有效性。

基于以上司法裁判逻辑观点及认定标准可以看出，保函载明内容如果足以证明开立人的独立付款义务，则可以认定为独立保函。如果将保函中对基础交易的记载认定为对事实的描述即属于独立保函，如果认定为付款条件，则意味着该份保函并未创设独立付款义务，属于从属性担保。独立付款义务是判定保函性质的决定性因素，保函中载明的混合性描述并不足以影响保函的性质。

（二）同时载明“独立保函责任”与“连带责任担保”保函性质的认定

案例3–2关于保函性质的争议具有典型性，保函中既设定了凭单付款责任又表明了连带责任担保。上海北海公司主张案涉《预付款保函》系光大银行南京分行以书面形式向上海北海公司开立的，同意在上海北海公司请求付款并提交符合保函要求的单据时，向上海北海公司支付特定款项，或在保函最高金额内付款的承诺符合独立保函的法定要求，且设定了光大银行南京分行的独立付款义务。光大银行南京分行则认为：首先，其付款义务并不是基于相符交单而是基于以江苏熔盛公司未依约付款为条件，因此付款义务并非独立的；其次，保函中载明的连带保证责任并不属于独立保函项下的责任性质。针对以上争议，审理法院认为，独立保函的核心在于保函开立人是否设立了相符交单情形下的独立付款义务，认定保函项下的付款义务是否具有独立性，应当综合审查保函中对付款审查的表述。该案中上海北海公司在要求光大银行南京分行付款时，仅需提交该保函要求的书面申请以及上海北海公司单方制作的相关书面文件，光大银行南京分行也仅对上海北海公司提交的相应书面文件进行审查。由此可见，光大银行南京分行在《预付款保函》中设立的，是在上海北海公司相符交单情形下的付款义务。关于保函中既设定了凭单付款责任又表明了连带责任担保这一问题，法院认为保函系光大银行南京分行所开立，其作为专业金融机构，理应清晰地表明保函的性质，否则因保函条款理解而产生争议时，应作有利于受益人即上海北海公司的解释。案例3–3的案涉保函也出现了既设定了凭单付款责任又表明了连带责任担保的情况，该案二审法院认为连带责任担保系担保法所规制的保证责任承担方式，因此案涉保函不属于独立保函。

基于以上审判思路，判断独立保函的司法审判标准可以总结为三点：（1）独立保函必须设定了独立付款义务；（2）当同时设立独立保函责任与连带责任担保时，应当作不利于保函出具人的解释；（3）未载明见索即付或适用 URDG758 等独立保函交易示范规则，并不影响保函的性质。

（三）独立保函效力上的独立

传统担保制度项下担保债务依附于主债务。独立保函依据基础交易设立，但一经设立即构成独立债务，系担保人与受益人之间的债务关系，将申请人排除在外。首先，保函开立人享有独立审单的权利，有权独立决定是否相符，而传统担保制度项下担保人处于信用补足的角色。[1] 其次，独立保函存续期间独立于基础交易，可以约定独立保函的生效条件、生效时间以及有效期。再次，独立保函制度切断了当事人依据基础交易享有的抗辩权与抵销权。[2] 最后，从程序上看，基础交易约定的争议解决机制并不约束独立保函纠纷当事人。

案例 3–6 中基础交易约定了如发生纠纷向合肥仲裁委员会申请仲裁，独立保函并未约定争议解决方式。河北铸管公司将基础交易与案涉保函一并交由合肥仲裁委员会仲裁，合肥仲裁委员会针对这两项均作出裁决。庐江供水公司则以严重违反法定程序为由向安徽省合肥市中级人民法院申请撤裁，主张案涉履约保函属于独立保函，河北铸管公司提出的该项请求就其性质而言属于独立保函纠纷。虽然双方签订的《庐江县政府采购合同》约定如发生纠纷由合肥仲裁委员会裁决，但履约保函中并没有载明因该独立保函发生纠纷可提交仲裁，双方也未书面协议约定就此独立保函纠纷提交仲裁。安徽省合肥市中级人民法院于 2017 年 12 月 5 日作出 (2017) 皖 01 民特 265 号裁定书，认定案涉保函为独立保函，河北铸管公司虽然为保函的申请人，但其并非保函的当事人，其要求确认庐江供水公司无权取得履约保函项下的款项 1,878,238.2 元，实际上属于保函申请人与开立人、受益人之间在独立保函法律关系下的侵权纠纷，与河北铸管公司和庐江供水公司基于基础合同关系而产生的合同纠纷并非同一法律关系。案涉独立保函虽为双方签订基础合同即庐江县政府采购合同而开立，但其开立后独立于基础合同，基础合同的仲裁条款对独立保函纠纷不具有约束力。因此，对于河北铸管公司提起确认庐江供水公司无权取得履约保函项下的款项

1　参见《独立保函司法解释》第 8 条。
2　参见《独立保函司法解释》第 6 条。

1,878,238.2 元的仲裁请求，不属于双方签订的《庐江县政府采购合同》仲裁条款约定的仲裁事项，应予部分撤销。

三、独立保函的生效方式

《独立保函司法解释》第 4 条第 2 款规定："独立保函一经开立即生效，但独立保函载明生效日期或事件的除外。" URDG758 第 4 条规定了保函的开立与生效问题："a. 保函一旦脱离担保人的控制即为开立。b. 保函一旦开立即不可撤销，即使保函中并未声明其不可撤销。c. 受益人有权自保函开立之日或保函约定的开立之后的其他日期或事件之日起提交索赔。"在我国司法实践中，关于保函的生效一般分为开立生效与附条件生效。从司法文书裁判网上公布的文书来看，争议主要集中在两点：（1）案涉保函属于开立生效保函还是附条件生效保函；（2）附条件保函中的条件是否成就。

（一）同时载明开立生效与附条件生效

案例 3-5 中，案涉保函中载明"保函受 URDG758 规则约束以及中华人民共和国主管法院的管辖。当荷银上海分行收到巴西圣保罗 Banco Rabobank International Brasil S.A. 的 SWIFT 报文，指明摩根大通银行纽约分行的账户中已收到 3,416,400 美元，并以 Banco Rabobank International Brasil S.A 为收款银行，进一步记入巴西美利华公司为贷方时，保函生效"。同时保函又规定保函于开立日生效，并保持有效至 2015 年 5 月 31 日。北京亩格林公司认为案涉保函应当为开立生效保函，荷银上海分行则辩称案涉保函为附条件生效保函。司法裁判观点认为依据 URDG758 第 4.c 条以及附录相关规定，当事人有权在开立外约定其他的保函生效条件。针对当事人双方就保函条款的争议，二审法院认为，依据我国《合同法》第 125 条第 1 款规定，当事人对合同条款的理解有争议的，应当按照合同所使用的词句、合同的有关条款、合同目的、交易习惯以及诚实信用原则确定该条款的真实意思。依据 URDG758 规则以及历史交易的理解，案涉独立保函为附生效条件生效。与此同时，二审法院还提出"案涉独立保函作为国际贸易的组成环节，系当国际贸易合同落空时对卖方返还买方已支付预付款的担保，如将其识别为开立即生效，则将背离预付款支付流程及国际贸易实务的需要，亦将造成开立独立保函的目的落空”。这一裁判观点的倾向性很明确，当保函生效条款出现前后矛盾时，结合基础交易以及交易惯例来判断保函生效条件尤为重要。

（二）独立保函所附条件是否满足的司法审查标准

案例 3–5 中保函的生效条件为“当荷银上海分行收到巴西圣保罗 Banco Rabobank International Brasil S.A. 的 SWIFT 报文，指明摩根大通银行纽约分行的账户中已收到 3,416,400 美元，并以 Banco Rabobank International Brasil S.A. 为收款银行，进一步记入巴西美利华公司为贷方时，保函生效”。案例 3–1 中保函载明“本保函自本行负责人或授权代理人签字盖章并在预付款到账之日起生效”。这两起案件关于保函所附生效条件是否成就均存在争议。案例 3–5 中保函约定的预付款支付路径并非保函约定的路径，故担保人认为案涉保函未生效。针对此项争议，二审法院否定了一审法院的观点。一审法院认为虽然北京皕格林公司的实际付款路径与案涉保函中的约定不符，但该路径与经荷银上海分行和巴西美利华公司决定的第二份、第三份销售合同项下保函的实际付款路径一致，鉴于荷银上海分行在数次交易中均未对实际付款路径提出异议，有理由认为通过该付款路径的付款已经达到相关保函项下关于指定账户条款的设立目的，且已获得保函开立方即荷银上海分行的认可。但二审法院认为保函法律关系项下各方当事人的权利、义务均应依据保函记载内容确定。案涉预付款的实际付款路径并非案涉独立保函项下的指定付款路径，且该实际付款路径未经保函修改程序确认。荷银上海分行曾通过 SWIFT 报文向巴西圣保罗 Banco Rabobank International Brasil S.A. 查询案涉预付款的付款情况，巴西圣保罗 Banco Rabobank International Brasil S.A. 也曾通过 SWIFT 报文回复称案涉独立保函项下指定付款路径未收款、保函未生效。据此，案涉独立保函载明的生效条件未成就。从一审、二审裁判观点可以看出，一审裁判倾向于尊重交易传统，维持交易的稳定性；二审裁判观点则倾向于尊重保函文本本身。笔者认为，二审裁判观点更加具有引导作用，促使交易方严格遵守约定履行义务。

案例 3–1 中涉及 5 份预付款保函，均以预付款到账为生效条件，受益人湖北长江公司分多笔付款，但均未注明付款明细，担保人建行温岭支行据此提出答辩，认为受益人支付的款项与保函之间缺乏一一对应关系，因此案涉保函未生效。针对此项答辩，一审法院认为两者相加为 7 亿余元，已经超过了 5 份预付款保函的预付款总额（合计 5.82 亿元）。故相应预付款保函下的预付款均已付足，案涉 5 份预付款保函均已生效。笔者认为，如果案例 3–1 中当事人同时存在多笔交易，裁判结果可能会产生重大变化。

第三节 | 法律风险提示

独立保函是基于基础合同开具的，但一经开立便独立于基础合同项下法律关系，且不受基础合同项下抗辩权影响，受益人无需举证基础合同存在违约行为，仅需提交独立保函项下单据便可得到索赔。独立保函的独立性是区别于从属性担保最重要的特点，也更符合债权人的利益需求，故独立保函在商业实践领域被广泛使用。对于担保人来说，将担保文本认定为从属性担保对其更加有利。因此，保函的性质通常是当事人争议的焦点。在司法实践中，由于担保文本用语的不同、语言本身的模糊性以及承办法官的自由裁量权，类似的文本表述可能导致不同保函性质的认定。总体来说，法院认定保函性质的主要标准如下：（1）开立人是否是银行或非银行金融机构；（2）开立人的付款责任是否独立于基础交易关系及保函申请法律关系；（3）开立人的付款责任是否仅以保函中载明的单据为准；（4）保函是否载明了最高金额。如果不符合上述标准中的任何一项，均会被法院认定为非独立保函。

保函性质的认定，即案涉保函是独立保函还是担保法上的保证，既是每一个涉及独立保函纠纷案件绕不开的话题，也是确定法律适用的前提。在我国保函实践中，当事人本意是开立独立保函，但由于案涉保函缺少独立保函必备的要件而被法院认定为从属性保函的案例屡见不鲜。对此，笔者作出如下法律风险提示。

一、审慎审查担保人是否具有开立独立保函的资格

从当前国内立法以及司法判例可以看出，仅有银行及非银行金融机构享有开立独立保函的资格，除此之外当事人开立的保函即使具备《独立保函司法解释》第3条规定的要求，仍然属于从属性担保，受担保法及相关法律规制。受益人权利的实现将受到基础交易的阻碍。中国银行保险监督管理委员会《非银行金融机构行政许可事项实施办法》（2020）第2条规定："本办法所称非银行金融机构包括：经银保监会批准设立的金融资产管理公司、企业集团财务公司、金融租赁公司、汽车金融公司、货币经纪公司、消费金融公司、境外非银行金融机构驻华代表处等机构。"根据上述规定，作为由中国银行保险监督管理委员会监管的非银行金融机构应该可以开立独立保函，但是对于保险公司、证券公司等非由中国银行保险监督管理委员会监管的金融机构，其是否可以开立独立保函具有一定的不确定性，也未有相关法律法规予以规定。因此，为避免开立主体性质存在争议导致保函性质不确定，受益人应当审慎审查担保人是否具有开立独立保函的资格，尽量要求银行作为担保人开立独立保函。在面对非银行金融机构作为担保人的情况时，需审慎审查其是否持有"金融牌照"。

二、保函条款含有混合性描述容易造成保函当事人权责不明，从而产生争议

在法律问题分析部分，通过对相关案例的研究分析，笔者认为判断独立保函的司法审判标准可以总结为三点：（1）独立保函必须设定了独立付款义务；（2）当同时设立独立保函责任与连带责任担保时，应当作不利于保函出

具人的解释；（3）未载明见索即付或适用URDG758等独立保函交易示范规则，并不影响保函的性质。合理的保函条款设计可以起到事前防范的效果，无需通过事后的争议解决。因此，独立保函当事人应当有针对性地防范风险。

（一）保函条款是否设立了独立付款义务

相较于从属性担保，独立保函项下的保函开立人承担的责任更大。独立保函性质认定的核心在于保函设立独立付款义务。此处应当区分相符交单下的独立付款义务与以违约为条件的付款义务。如果在保函文本中出现类似于“如果基础合同项下保函申请人出现违约”等字样，在保函性质认定上极有可能出现争议，裁判观点也有所不同，如案例3–3中审理法院认为案涉保函载明的“如出现违约事项，保函担保人在收到受益人索偿通知后无条件支付款项”是将违约作为保函的赔付条件，故该保函并未设立独立付款义务。但在案例3–2中，法院认为保函中关于基础交易违约部分仅是对事实的描述，而非对索赔条件的设立。由于独立保函责任重于从属性担保责任，对于保函开立人来说，如果本意想为申请人提供从属性担保，则应避免在保函文本中设立相符交单的独立付款义务，应当明确对申请人违约的实质性审查。对于受益人来说则应当审慎审查保函，避免开立人通过条款设计规避其独立保函责任。

值得注意的是，从司法文书裁判网上公布的案例来看，大部分的担保文本并未明确规定适用独立保函交易相关规则，但一定会载明付款条件，法官多倾向于以交付单据凭证为依据认定为独立保函。独立保函项下，单据化的权利凭证成为交易的客体，交易应当遵守单据交易的原则，即受益人仅需提交与保函约定的相符的文件，即可要求保证人履行付款义务。在不同的保函中，所要求的单据也会有所不同，一般会要求受益人提供申请人违约的初步依据。例如，在中国工商银行股份有限公司义乌分行与中国技术进出口总公司信用证欺诈纠纷案[1]中，案涉保函载明“受益人提交的索偿通知中需说明‘受益人与申请人未能在基础合同项下的设备验收报告商签字’，受益人才有权从保函中扣除约定款项”。部分独立保函会要求受益人出具独立第三方出具的文件。例如，在

1　参见浙江省高级人民法院（2016）浙民终922号民事判决书。

衢州东港环保热电有限公司与上海浦东发展银行股份有限公司张家港支行保证合同纠纷案[1]中，《履约保函》要求的付款单据包括“合同规定的仲裁机构或司法机构出具的裁定或判决申请人承担赔偿金额的法律文件”，保函的属性为该案件争议焦点之一，最终人民法院将其认定为从属性担保。

（二）审慎设计保函条款，避免混合型描述，明确责任方式

独立保函项下担保人进行赔付的义务是第一位的，开立人的付款义务独立于基础交易关系及保函申请法律关系，仅承担相符交单的付款责任，即“先赔付，后争议”。独立保函担保人在付款后享有追偿权，但是如果债务人出现破产等其他因素会导致担保人的债权难以实现。从属性担保项下，担保人承担补充责任，且可以援引基础合同项下抗辩事项。从属性合同担保人的责任属于第二性的付款责任，只有当保函的申请人违约且不承担违约责任时，保证人才承担保函项下的赔偿责任。基础合同违约的认定较为复杂，不仅要依据基础合同的条款，还要参照实际的履行情况。从属性担保项下，当事人也可以约定由保证人与债务人对债务承担连带责任，在债务履行期届满债务人没有履行债务时，债权人既可以要求债务人履行债务，也可以要求保证人在其保证范围内履行债务。担保人在履行债务后享有追偿权。即使债权人有权直接要求担保人履行债务，但仍需证明债务人存在违约。

从司法文书裁判网上公布的案例来看，多起案件中保函对责任方式的规定前后矛盾，一份保函中既规定了相符交单后的无条件付款义务又规定了连带责任担保方式。针对这一问题，当前司法裁判观点较为明确，保函开立人作为专业金融机构，理应清晰地表明保函的性质，否则因保函条款理解而产生争议时，应作有利于受益人的解释。但也有部分案例中的裁判观点不同。例如，宁波金泰国际贸易有限公司诉泰安和新精工科技有限公司等买卖合同纠纷案中，保函中同时约定独立保函和连带责任保证，浙江省宁波市中级人民法院将案涉保函认定为从属性担保。因此，为了避免这一不确定性，独立保函中应当明确载明责任方式为独立保函责任，切勿出现“连带担保责任”“一般

1　参见江苏省张家港市人民法院（2016）苏 0582 民初 13596 号民事判决书。

担保责任”等字样。

三、严格执行附条件保函所载明的条件，避免条件未成就导致保函未生效

案例 3–5 属于受益人未严格执行附条件保函所载明的条件致使独立保函未生效的典型案例，虽然受益人已经支付保函约定的全部预付款，但由于付款路径非保函载明路径，导致自身权利严重受损。案例 3–1 中，虽然最终法院认定附条件保函生效，但是受益人在庭审过程中承受了很大的风险。笔者认为，若案例 3–1 中当事人之间存在其他交易，当事人间往来款又未注明明细，那么担保人完全有理由抗辩受益人支付的款项并非该案案涉保函的预付款，从而导致案涉保函未生效。由此可见，受益人在处理附条件保函的生效要件时，必须严格遵守保函载明内容，提前预防由此产生的争议。

《独立保函司法解释》以及《九民纪要》的相关规定肯定了国内商事交易中独立保函的合法地位。基于独立保函的高效性，其在国内商事交易中被使用的频率越来越高，产生的争议随之增加。从司法文书裁判网上公布的案例来看，只要是涉及独立保函的纠纷，保函的性质均为争议焦点之一。独立保函审查标准看似简单清晰，但是其涉及的法律问题十分复杂，裁判观点的倾向性在不同的案件中存在差异。总体来说，保函的性质应当立足于文本本身，重视单据相符条款，清晰思考保函与基础交易援引条款的关系。《独立保函司法解释》的出台对独立保函在我国商事领域的发展有着重要的意义，但是对独立保函在司法审查标准上仍存在不足，有待更多司法案例的指引。

附：

预付款保函范例

（英文版）

Advance Payment Guarantee Format

To: (Beneficiary ' s name and address)

Date:_________________________

Advance Payment Guarantee No.

Dear Sirs,

Whereas ____________ (hereinafter called the "applicant") has entered into contract No. __________ dated __________ with you, for the execution of works/supply of goods / provision of services (description of goods and/or services) , pursuant to the contract conditions, an advance payment in the sum of__________is to be made against an advance payment guarantee.

At the request of the applicant, ______________, we, __________ Bank/ company, hereby irrevocably undertake to pay you any sum or sums not exceeding in total an amount of __________________ upon receipt by us of your demand for payment in writing. The demand for payment should be signed by your authorized staff. The demand for payment document includes the notice of claim and the following documents:

☐ i) Declaration of breach of contract;

☐ ii) third party documents;

☐ iii) judicial decisions / arbitral awards;

☐ iv) Other documents.

and your notice of claim indicating our guarantee No. __________ stating:

i) that the applicant is in breach of his obligation(s) under the underlying contract; and

ii) the respect in which the applicant is in breach.

It is a condition for any claim and payment to be made under this guarantee that the advance payment referred to above must have been received by the Principal on his account number ________________________________ with us.

Special conditions:

□ Partial drawing is allowed. □ Multiple drawings are allowed.

□ All bank/company charges relating to this guarantee are for Applicant's account.

□ All bank/company charges outside China are for account of the beneficiary.

□ This guarantee is non-transferable.

For the purpose of authentication, your written demand for payment has to be presented to us through a bank/company confirming that the signature(s) thereon are legally binding upon you.

This guarantee shall be valid from ______________ and shall expire on __________at the latest. Consequently, any demand for payment under it must be received by us at this office on or before that date. Otherwise, any obligations or liabilities there under shall be fully and automatically discharged or released regardless of original guarantee being retained or returned to us.

This guarantee is subject to □ URDG 458 □ URDG 758.

This guarantee shall be settled by final and binding arbitration.The appointing authority shall be__________ (Arbitration Commission).The place of arbitration shall be in __________. Any such arbitration shall be administered by __________in accordance with the arbitration rules of __________ in effect at the time of arbitration .The dispute shall be adjudicated by three (3) arbitrators, one of whom shall be appointed by Beneficiary and one of whom by our bank/company. The third arbitrator shall be appointed by both parties through negotiation, provided however that if the parties cannot decide upon the selection of the third arbitrator ,then the third arbitrator shall be appointed by__________ in accordance with the arbitration rules of __________. The arbitration proceedings shall be conducted in __________(language). The arbitral award shall be final and binding upon the parties.

[Issuer's name] ______________________________

[By its undersigned officer] ______________________________

[Date] ______________________________

（中文版）

保函编号：

预付款保函

______________________：

鉴于本保函申请人__________与贵方__________达成__________（协议名称）。根据申请人的要求，特以贵方为受益人开具编号____________不可撤销的、无条件的、见索即付的、独立的预付款保函，为____________担保。具体约定如下：

一、本保函项下的担保总金额最高不超过__________（币种）。

二、本保函自____________之日生效，到期日以下述情形发生孰早为准：

（一）本保函担保金额递减完为止；

（二）____________止。

所有索赔不得迟于上述到期日到达我方，并且在到期日后本保函自动失效。我行 / 公司在此同意并向贵公司 / 您承诺，在本保函有效期内，一旦提交与本保函规定条款相符的索赔，我行 / 公司将按贵方要求的方式向贵方支付累计不超过上述担保金额的款项。

三、本保函项下任何索赔均应以书面形式提交。任何索赔均应经由贵方授权人员签字。索赔时除索赔通知外还需提交以下单据：

□（一）违约声明；

□（二）第三方单据；

□（三）司法判决 / 仲裁裁决；

□（四）其他单据。

四、担保金额经贵方书面同意递减后递减，或担保金额随我行 / 公司对受益人的支付而相应递减。

五、如果贵方与申请人协商变更合同且涉及我行/公司担保责任的，应事先书面通知我行/公司，如加重我行/公司担保责任的还应事先征得我行/公司书面同意，否则，我行/公司对加重我行/公司担保责任的部分不承担责任。

六、在本保函有效期内，如合同未履行完毕、担保金额未递减至零，我行/公司收到被担保人的延期申请后，经我行/公司书面同意可将保函延期至要求的期限。

七、如发生本保函项下的索赔，索赔金额按所载明的人民币进行赔付。贵方需一并提交索赔通知、本保函第三项载明的单据以及本保函复印件并在保函有效期内送达我行/公司。索赔资料送到我行/公司地址：____________，并注明“保函索赔”字样。

八、本保函项下的任何付款应免于现在或将来的任何税款、关税、收费、费用、扣除或扣留，也不得以此为由从中作出任何扣减，无论其属于何种性质或由何人征收。

九、本保函未经我行/公司书面同意不得转让。

十、本保函适用于□ URDG 458 □ URDG 758。

十一、本保函项下及与本保函有关的一切争议，提交____________（仲裁机构全称）仲裁，仲裁地为____________，适用____________仲裁规则，仲裁程序使用语言为____________。

____________银行/公司

负责人或授权代表（签字）：

________年____月____日

04 第四章

独立保函的付款请求权及单据问题

独立保函最大的特点在于扭转以往传统的违约证明和诉讼风险的分配方式，通过金融信用介入的方式，使享有付款请求权的受益人在基础交易违约争议的过程中先从担保人处获得付款，之后双方再解决相关的违约争议问题，即“先付款，后争议”。独立保函的付款请求权和单据化是保障其平稳运行和发展的前提和基础。单据化原则是独立保函的基本原则之一，独立保函的单据化与信用证的单据化是类似的，是指独立保函的担保人在决定是否向受益人付款时，只审核受益人提交的单据本身，只要单据与独立保函的要求相符，单据与单据之间不存在矛盾，担保人就必须履行保函项下的付款义务。单据化和独立性是独立保函制度得以实施和开展的保障，没有单据化和独立性就无法实现独立保函见索即付的优势，也无法使担保人独立判断是否应当履行独立保函项下的付款责任。

独立保函是国际商事贸易实践发展的产物，其单据化的交易规则亦是适应交易惯例标准化和定型化的表现方式。单据化指向的是对独立保函的单据要求，即担保人付款义务的履行与否由受益人提交的单据是否符合独立保函文本的要求所决定。现如今独立保函普遍用于国际商事担保，通常只要求受益人提交付款请求书以及声明申请人违约的证明文件等非货运单据，此点区别于商业信用证。

本章要点

付款请求权、单据化、索赔通知、相符交单、表面相符原则

第一节 | 典型案例

【案例 4–7】发得科技工业股份有限公司与交通银行股份有限公司湖南省分行信用证纠纷案[1]

（一）关系图

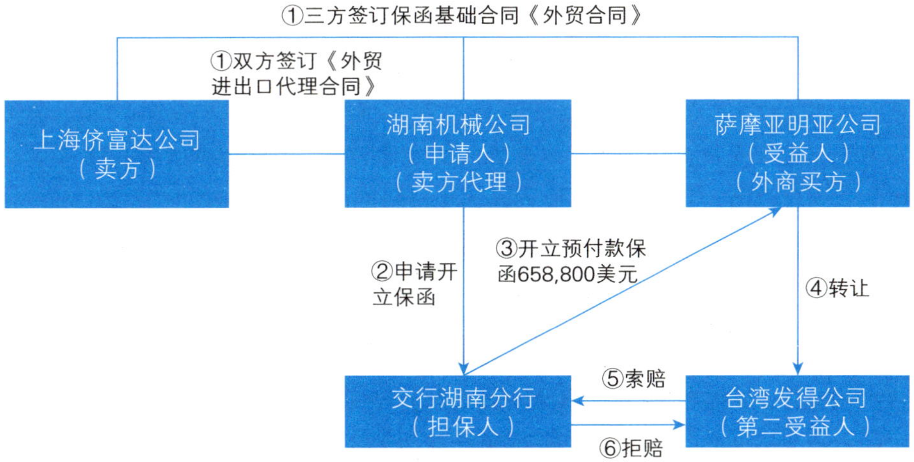

图 4–1　本案法律关系

1　参见湖南省高级人民法院（2019）湘民终 277 号民事判决书。

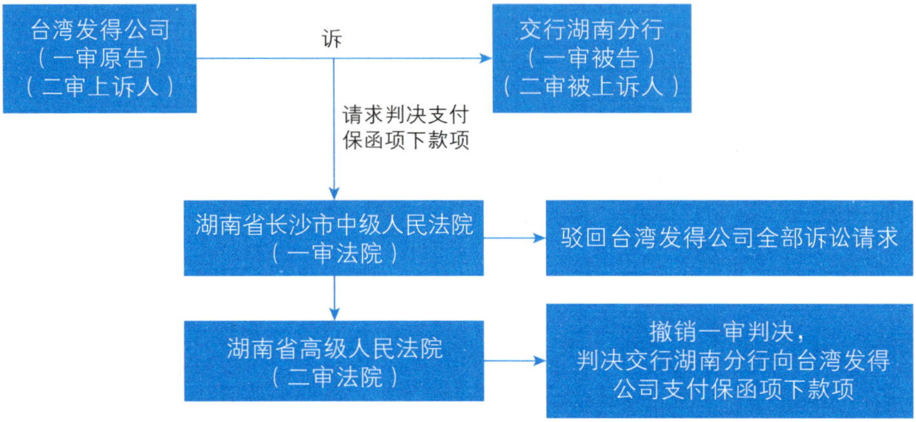

图 4-2　本案诉讼关系

（二）案情简介

2010 年 9 月 25 日，湖南省机械设备进出口公司（以下简称湖南机械公司）与侨富达贸易（上海）有限公司（以下简称上海侨富达公司）签订了协议号为 20100925/TW 的《外贸进出口代理合同》。同日，湖南机械公司（卖方代理）、明亚国际有限公司（以下简称萨摩亚明亚公司）（买方）与上海侨富达公司（卖方）签订 0925EXP/TW《外贸合同》，该合同系案涉保函的基础合同。合同中关于预付款支付的约定为：买方在收到卖方代理提交的单据并确认无误后向卖方代理通过银行以电汇方式支付 658,800 美元作为预付款。

2010 年 9 月 30 日，根据湖南机械公司的申请，交通银行股份有限公司湖南省分行（以下简称交行湖南分行）开具了编号为 LGI1303201000022，以明萨摩亚明亚公司为受益人的可转让不可撤销的保函，适用规则为《见索即付保函统一规则》，约定："鉴于贵方与湖南机械公司签订第 0925 出口 / 台湾合同，我方在此开立以贵方为受益人的最高额度为 658,800 美元的独立保函作为该合同相应金额的预付款。除非我方的特别书面同意，任何对该合同的修订、补充或更改将解除我们对保函下的义务。除非我方特别书面不同意，本保函得转让，第三方为台湾地区设备采购方发得科技股份有限公司。" 2010 年 10 月 14 日，交行湖南分行发电文将保函的有效期延至 2011 年 9 月 30 日，并将案涉保函适用规则修改为《跟单信用证统一惯例》。2010年10月19日，交行湖南分行发电文给发得科技股份有限公司（以下简称台湾发得公司），称："我方按照上海侪富达公司的要求附上了已转让给贵公司的相关保函。"

上海侪富达公司于2011年9月16日致湖南机械公司0925EXP/TW合同及20100925/TW合同终止通知。后来，交行湖南分行再次发电文修改保函内容，称："请将'我们根据贵方要求在收到贵方的书面要求对支付预付款义务具有违约事实和结果的材料后的7个银行工作日内予以支付不超过上述保函金额的贵方详述的累计金额。'改为'我们根据贵方要求在收到贵方的书面要求和根据合同后因湖南机械公司支付预付款违约导致无法交货后予以支付，提供不超过上述保函金额的贵方详述的索赔金额以及代表上海侪富达公司根据合同开付以受益人为湖南机械公司的保函的复印件'。"

2011年9月21日，台湾发得公司通过台湾银行嘉义支行经由DHL快递向交行湖南分行寄出了汇票两张及声明一份，提出了金额为658,800美元的全额索赔的书面要求，要求交行湖南分行将相应款项汇至指定的账户。通过快递查询显示，交行湖南分行于2011年9月21日签收。其中声明的内容为："我们在此声明因申请人未承担支付预付款义务应承担事实和结果。"落款人为台湾发得公司。此后，台湾发得公司多次索赔均无果，遂向湖南省长沙市中级人民法院提起诉讼，请求交行湖南分行支付预付款保函项下的保函金额658,800美元。

2014年4月9日，一审长沙市中级人民法院作出（2013）长中民五初字第01031号民事判决，认为台湾发得公司明知基础合同中的湖南机械公司没有违约仍然进行索赔行为构成独立保函欺诈，判决驳回台湾发得公司全部诉讼请求。台湾发得公司不服一审判决，上诉于湖南省高级人民法院。二审法院认为交行湖南分行不履行独立保函项下的款项支付义务的理由不能成立，应依约向受益人台湾发得公司履行约定付款义务，最终判决撤销长沙市中级人民法院（2013）长中民五初字第01031号民事判决；交行湖南分行于判决生效之日起10日内向台湾发得公司支付编号为LGI1303201000022号银行保函项下的658,800美元；驳回台湾发得公司的其他诉请。

【案例 4-8】厦门金宝大酒店与紫金财产保险股份有限公司厦门分公司保证保险合同纠纷案[1]

（一）关系图

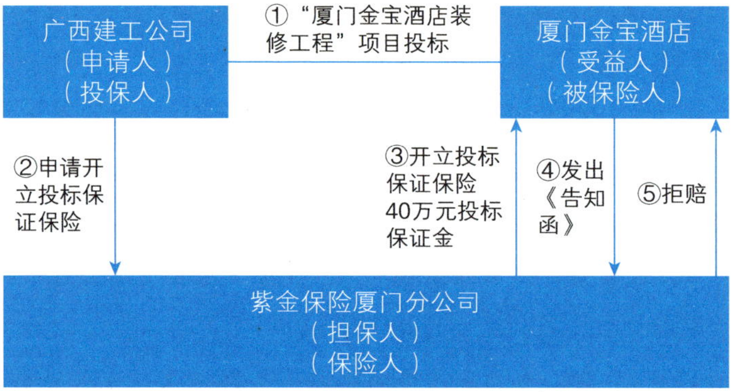

图 4-3　本案法律关系

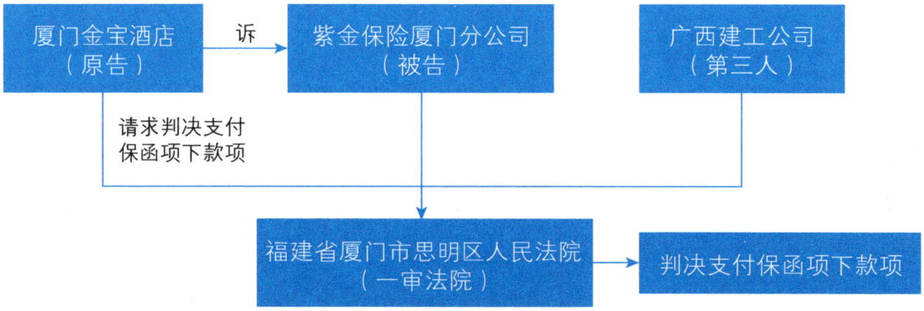

图 4-4　本案诉讼关系

（二）案情简介

2018 年 12 月 16 日，厦门金宝大酒店（以下简称厦门金宝酒店）就厦门金宝酒店装修工程进行公开招标。招标代理机构为福建省建设工程咨询有限公司。投标保证金为 40 万元。投保人可以现金、银行保函、工程担保公司出具的保函、保险公司出具的投标保证保险形式提交保证金。投标须知第 18.3 款约定投标人存在投标须知第 20.6 款规定的雷同情形之一，其投标保证金不予

1　参见福建省厦门市思明区人民法院（2019）闽 0203 民初 8001 号民事判决书。

退还。投标须知第20.6款规定投标人的投标文件存在下列情形的，视为投标文件雷同：（1）不同投标人的电子投标文件上传的计算机网卡MAC地址、CPU序列号和硬盘序列号等硬件信息均相同的。（2）不同投标人的已标价工程量清单XML电子文档记录的计价软件加密锁序列号信息有一条及以上相同的。（3）不同投标人的技术文件经电子投标交易平台查重分析，内容异常一致或者实质性相同的。

2019年1月14日，广西建工集团第二建筑工程有限责任公司（以下简称广西建工公司）参加厦门金宝酒店装修工程施工的投标，并于2019年1月7日以厦门金宝酒店为被保险人，向紫金财产保险股份有限公司厦门分公司（以下简称紫金保险厦门分公司）投保投标保证保险。投标保证保险约定，紫金保险厦门分公司愿意无条件地、不可撤销地就投保人广西建工公司参加厦门金宝酒店装修工程项目投标向厦门金宝酒店提供保证保险。紫金保险厦门分公司承诺在收到福厦门金宝酒店书面通知，说明下列事实的任何一条时，保证在7日内无条件地给付厦门金宝酒店不超过40万元的款项。……3.投标人的投标文件存在投标须知第20.6款规定的雷同情形之一。同日，厦门金宝酒店装修工程项目从福建省综合评标专家库网络终端抽取评标专家组成评标委员会，对参加投标的1032家投保单位的投标文件进行评标。其中，评标报告中投标文件雷同情况显示广西建工公司的投标文件在制作已标价工程量清单XML电子文档的软硬件信息中计价软件加密锁信息重复内容及制作已标价工程量清单XML电子文档的软硬件信息中计算机硬件信息重复内容两个项目与他人存在雷同。

2019年3月6日，厦门金宝酒店向紫金保险厦门分公司发出告知函，告知因广西建工公司的投标文件存在投标须知第20.6款规定的雷同情形之一，厦门金宝酒店以正式书面通知紫金保险厦门分公司在收到告知函7日内向厦门金宝酒店支付40万元。紫金保险厦门分公司未向厦门金宝酒店支付40万元，故厦门金宝酒店诉至厦门市思明区人民法院，请求判令紫金保险厦门分公司向厦门金宝酒店支付40万元。

2019年9月17日，厦门市思明区人民法院作出（2019）闽0203民初

8001号民事判决，认为紫金保险厦门分公司应按独立保函的约定，向厦门金宝酒店履行付款义务，最终判决紫金保险厦门分公司应于判决生效之日起10日内向厦门金宝酒店支付40万元。

【案例4-9】杭州长乔旅游投资集团股份有限公司与杭州银行股份有限公司西湖支行独立保函纠纷案[1]

（一）关系图

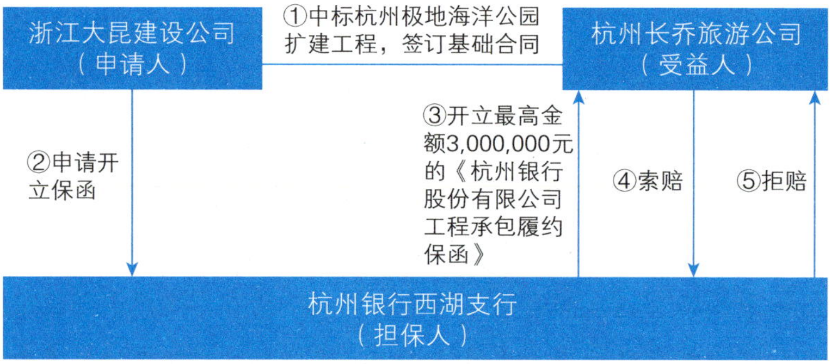

图4–5　本案法律关系

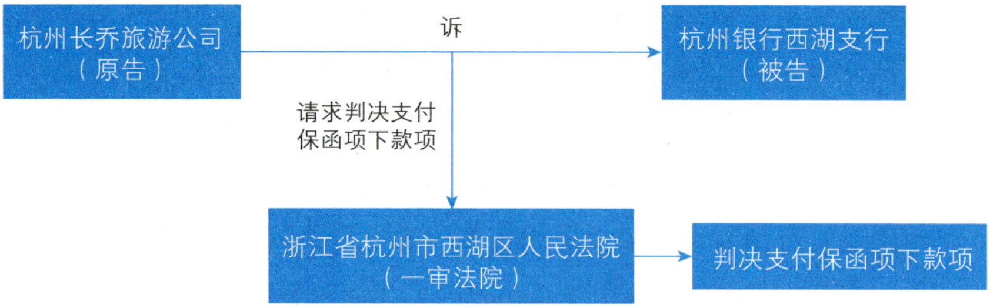

图4–6　本案诉讼关系

1　参见浙江省杭州市西湖区人民法院（2017）浙0106民初4086号民事判决书。

（二）案情简介

2016年3月16日，大昆建设集团有限公司（以下简称浙江大昆建设公司）中标杭州极地海洋公园扩建工程，中标造价90,000,000元。2016年3月25日，浙江大昆建设公司与杭州长乔旅游投资集团股份有限公司（以下简称杭州长乔旅游公司）就杭州极地海洋公园扩建工程分别签订了合同协议价款65,000,000元和90,000,000元的《建设工程施工合同》。同日，双方还签订了《补充协议一》，就工程质量、工程进度、履约保证金、质保金、质量保修做了补充约定。2016年6月15日，双方又签订了《补充协议二》约定，原合同第二部分第13条工程预付款条款第1款对备料款金额的约定修改为：本合同签订后5日内，浙江大昆建设公司必须向杭州长乔旅游公司提供金额为3,000,000元的银行履约保函，且该保函必须由区县级以上股份制银行出具。

2016年7月27日，应浙江大昆建设公司要求，杭州银行股份有限公司西湖支行（以下简称杭州银行西湖支行）向杭州长乔旅游公司出具了以杭州长乔旅游公司为受益人，最高金额为3,000,000元的《杭州银行股份有限公司工程承包履约保函》（以下简称《履约保函》）一份，《履约保函》记载：鉴于贵方与浙江大昆建设公司于2016年3月25日就杭州极地海洋公园扩建工程项目签订的《建设工程施工合同》及2016年3月25日签订的《补充协议一》以及2016年6月15日签订的《补充协议二》履行需要，应浙江大昆建设公司申请，我行特开立以贵方为受益人、最高金额为3,000,000元的保函。在本保函的有效期限内，如果浙江大昆建设公司未充分履行《建设工程施工合同》《补充协议一》以及《补充协议二》规定的义务，你方有权凭借符合以下条件的索赔通知书及本保函正本向我行索赔，我行将以本保函最高金额为限向贵方赔付。2016年12月23日，浙江大昆建设公司与杭州长乔旅游公司签订《补充协议三》。

2017年3月20日，杭州长乔旅游公司向杭州银行西湖支行发出《索赔通知书》称：工程开工后，由于浙江大昆建设公司项目现场管理不力等原因，导致出现严重的施工质量问题。施工进度一再拖延乃至严重、全面滞后于约定进度。为了避免更大影响和经济损失，杭州长乔旅游公司决定并已于2017年2月27日向浙江大昆建设公司送达了《解除合同通知书》，正式通知解除双方所签订的施工合同，并于2017年3月2日诉至杭州市萧山区人民法院。浙江大昆建设公司上述种种违约行为，存在主观恶意和过错，给杭州长乔旅游公司造成重大经济损失。因杭州银行西湖支行未向杭州长乔旅游公司支付赔偿款，故诉至杭州市西湖区人民法院，请求判令杭州银行西湖支行立即向杭州长乔旅游公司支付3,000,000元。

2017年11月13日，杭州市西湖区人民法院认为杭州银行西湖支行应承担相符交单情形下的独立付款义务，最终作出（2017）浙0106民初4086号民事判决，判决杭州银行西湖支行于本判决生效之日起10日内支付杭州长乔旅游公司赔偿金3,000,000元以及逾期利息损失58,725元。

第二节 | 法律问题分析

独立保函的单据性，是指独立保函应该遵守单据交易的原则，受益人仅需提交与独立保函约定相符的文件，即可要求担保人履行付款义务，享有付款请求权。独立保函制度的设立目的，在于保障受益人及时获得赔偿，从而快速补偿其在基础交易中所受到的损失，同时，一定程度上促使申请人严格履行基础合同，维护基础交易顺利进行。

一、独立保函中单据的种类

单据性是独立保函的重要特性，正是单据性使独立保函的独立性得以实现。单据性意味着一切保函索赔条件单据化，担保人仅负责处理单据，根据独立保函所提示单据的表面特点判断独立保函项下法律效果发生的事实前提是否满足，无需实际调查基础交易情况等相关事实。

《独立保函司法解释》第 1 条第 1 款、第 2 款规定："本规定所称的独立保函，是指银行或非银行金融机构作为担保人，以书面形式向受益人出具的，同意在受益人请求付款并提交符合保函要求的单据时，向其支付特定款项或在保函最高金额内付款的承诺。前款所称的单据，是指独立保函载明的受益人应提交的付款请求书、违约声明、第三方签发的文件、法院判决、仲裁裁决、汇票、发票等表明发生付款到期事件的书面文件。”独立保函所规定的单据付款机制不同，导致独立保函与基础交易的实质关联以及对受益人的制约有强弱之分。据此可知，独立保函中受益人提交的单据分为如下三种类型。

（一）受益人出具的单据

受益人出具的单据包括付款请求书、违约声明（其由受益人作出，可以只是一个概括的说明，例如，“工程没有按期完工”“工程项目质量存在瑕疵”“供货数量短缺”等情况）以及发票等，该类独立保函单据对受益人的制约最少，与基础交易关联性最弱，最容易被受益人用于实施欺诈行为。

在本章案例 4-7 中，独立保函载明了银行兑付保函的条件为“根据贵方要求在收到贵方的书面要求对支付预付款义务具有违约事实和结果的材料”，该付款条件实质上系一份受益人声明，即只要受益人作出符合独立保函要求的索赔违约声明即可。

在本章案例 4-8 中，受益人厦门金宝酒店请求担保人紫金保险厦门分公司付款时提交单据条件仅为“说明事实”，属于第一类单据，即受益人自己出具的单据，其与基础交易关联性最弱，对受益人制约最少。

此外，在第五章案例 5-11 中，根据案涉独立保函文本第 2 条内容的文义，已经明确约定了该案独立保函的单据条件。案涉独立保函第 2 条第 1 款规定：“我行无条件地且不可撤销地承诺，一旦受益人向本行提交符合下列条件的索偿通知，本行将在收到该索偿通知后三个银行工作日内无条件地将受益人索偿的款项一次性付往受益人在该索偿通知中指定的受益人账户：1. 受益人在索偿通知中声明申请人未能完全或适当地履行基础合同项下的相关义务；2. 索偿通知由受益人以书面信函（须注明做成日期并加盖受益人公章）方式出具，注明基础合同的编号和名称及本保函的编号。”根据该条款约定，受益人行使独立保函付款请求权的单据条件有两点：一是要求出具书面的索偿通知；二是要求在索偿通知中声明申请人违约。根据保函对违约声明的要求，只要声明申请人未能完全或适当地履行基础合同义务即可。担保银行对案涉独立保函第 2 条规定书面索偿通知和违约书声明为该案的单据条件亦无异议。最高人民法院认为，案涉独立保函的单据条件为独立保函第 2 条规定的书面索偿通知和违约声明，担保银行需要承担付款责任。

（二）第三方出具的单据

第三方出具的单据（书面文件和材料）包括投标保函中公证机构出具的委托人中标但拒绝与受益人签订合同的公证书，履约保函中独立鉴定人、评估师或工程师出具的主合同未被履行或履行存在瑕疵的说明等。此类单据对受益人具有一定程度的制约，在三类单据中，与基础交易的关联性居中，为受益人所用于实施欺诈行为的可能性居中。

（三）裁判文书

第三类系司法机构的判决或者仲裁机构的裁决，担保人不介入基础合同的争议中，并非诉讼或仲裁当事人，其付款义务只取决于单据（法院判决或仲裁裁决）是否符合独立保函设置的条件，不受法律对于传统从属性保证的调整，该类单据对受益人的制约最大，与基础交易的关联性最强，受益人较难通过此类单据实施欺诈行为。

二、担保人支付独立保函项下款项的原则

《独立保函司法解释》第 6 条规定：“受益人提交的单据与独立保函条款之间、单据与单据之间表面相符，受益人请求担保人依据独立保函承担付款责任的，人民法院应予支持。开立人以基础交易关系或独立保函申请关系对付款义务提出抗辩的，人民法院不予支持，但有本规定第十二条情形的除外。”由此可见，担保人支付独立保函项下款项的原则系独立性原则，即独立保函独

立于基础交易关系和保函开立申请关系，只要受益人提交的单据与独立保函条款、单据与单据之间在表面上相符，受益人就享有付款请求权，担保人需要独立承担付款义务，并且不得利用基础交易或开立申请关系对受益人行使抗辩权。法定的唯一例外情形是出现受益人欺诈。该条款为受益人获得快捷、确定的付款提供了法律保障。

（一）独立性原则蕴含了商事效率原则和商事外观特点

1. 商事效率原则

独立保函的迅捷性主要体现在两个方面：一方面是“先付款，后诉讼”；另一方面是付款或者拒付行为的迅捷。基于独立保函的独立性和单据性基础，“先付款，后诉讼”得以实现，从而改变了保证、保险等传统商业工具付款耗时的缺点。在此基础上，付款或者拒付行为的迅捷性要求，则为商业实践和惯例所要求，用以保障付款过程的迅速。例如，与信用保险相比，独立保函在效率性方面有着明显的优势。首先，在信用保险中，保险人必须首先通过调查等方式确认发生了保险事故，方能启动赔付程序。理赔程序通常是烦琐而且耗时的，并且由于各保险公司的政策差异，信用保险具有较大的不确定性。比如，在工程建设领域，开出保险的保险公司比开出独立保函的银行更加倾向于拒绝付款。其次，独立保函项下有着确定的付款额度和付款条件，一旦付款条件触发，担保人即应当支付确定的款项。而在信用保险中，保险公司不仅要确定保险事故的发生，还要确定损害范围和赔偿额度，这无疑会削弱保险工具的效率。最后，在发生争议的情况下，保险诉讼仍然遵循“先诉讼，后赔偿”的原则，只有在保险事故和赔付额度得到诉讼或仲裁的终局裁决时方能启动赔偿程序，而独立保函则遵循“先付款，后诉讼”的原则，即使发生了基础交易的争讼，付款过程根据担保文件数日内即可完成。值得注意的是，《独立保函司法解释》并未规定审单、付款等各项时间要求，故而，其他商事惯例仍将共同发挥规范作用，这就决定了独立保函的独立性固然体现于《独立保函司法解释》，也同样遵循相关惯例规则。

2. 商事外观特点

独立保函作为典型的商事行为，其法律规则体现着强烈的商事外观法理。

在独立保函中，商事外观主义原则最主要体现在其单据规则方面。在独立保函业务中，担保人是否付款取决于受益人是否提交了表面相符的单据，至于受益人的主观状态则不予关注。《独立保函司法解释》第6条对单据与独立保函条款之间、单据与单据之间表面相符等事项的规定，体现了强烈的商事外观法理。[1]

（二）独立性的法律效力

1. 独立性是独立保函单据性的基础

独立性作为独立保函的基本原则之一，使独立保函与其他基础交易相独立。但是，独立性并不能直接决定独立保函的担保人付款条件，也不能决定受益人在何种情况下应当获得付款。故而，除了独立性之外，单据性构成了独立保函制度的另一项基石。二者的关系在于，正是基于独立性原则，独立保函的单据性机制得以成立，从而使独立保函的付款条件得以单据化的形式体现。虽然独立性与单据性发挥着不同的作用，但是二者的关系并非被割裂的：独立性一方面将独立保函与基础交易“隔离”，另一方面也成为构建独立保函单据性原则的基础。故而，就单据性的角度而言，单据性一方面为独立性的实现形式，另一方面也确保了独立保函与基础交易相独立。因此，虽然独立保函的独立性原则和单据性原则为相辅相成的关系，但独立性原则比单据性原则更关涉根本，构成了单据性的基础。正是基于独立性，独立保函的担保人有义务凭与独立保函条款相符的单据付款，从而其义务被限制在单据审核范围之内，而不能涉足于基础交易之中。因此，独立性对单据性的作用可以归纳为两个方面：其一，就正面而言，独立保函的担保人只有表面审核单据的义务，并且在单据相符时履行其独立担保项下的义务。这一点在《独立保函司法解释》第6条第1款得以体现：“受益人提交的单据与独立保函条款之间、单据与单据之间表面相符，受益人请求开立人依据独立保函承担付款责任的，人民法院应予支持。”其二，就反面而言，独立保函的担保人没有涉足基础交易中的义务，法律也不应赋予其超越单据审核之外的其他权利或义务。《独立保函司法解释》第6条

---

1 参见刘斌：《独立担保的独立性：法理内涵与制度效力——兼评独立保函司法解释》，载《比较法研究》2017年第5期。

第2款则排除了担保人以基础交易关系或者独立保函申请关系对付款义务提出的抗辩，从反面予以了规定，也反映了独立保函的独立性特征。

总之，在《独立保函司法解释》框架之中，独立保函的单据性体现在以下方面：其一，独立保函的数额、有效期、付款条件、终止条件等都取决于独立保函文本的规定，其他文件不构成对这些内容的影响；其二，受益人所应提交的单据同样由独立保函文本所规定，并且这种规定是具有排除性的，不受其他关系的影响；其三，独立保函项下担保人的付款义务与单据要求相一致，故而不涉足于对单据表征事实（比如基础交易中的违约事实）的调查，亦不负担确保单据真实性的责任。从这些单据性的内容而言，其效力都是基于独立性，由独立保函文本所决定。由此可见，如果将独立性从独立保函制度中抽离出来，单据性的“大厦”也将轰然倒塌。凡此种种，其导致的直接效果是独立保函的担保人可凭自我意思进行单据审核和判断，不受制于申请人的意思和指示，即审单行为的独立性。

结合案例4–9分析，案涉《履约保函》记载：“杭州长乔旅游公司与浙江大昆建设公司协议变更原合同任何条款，应事先征得担保人杭州银行西湖支行书面认可，否则保函项下的责任自动解除”，该保函的这一条款与《独立保函司法解释》第6条的规定相矛盾，因而没有得到法院的认可。笔者认为，杭州市西湖区人民法院之所以没有采纳杭州银行西湖支行的这一抗辩理由，应该是建立在该案所涉保函从性质上来说被认定为独立保函的基础上，因而，与保函独立性相违背的约定应排除适用。

杭州市西湖区人民法院在一审民事判决书中认为，首先，该案中的《履约保函》经过法院的认定系独立保函。独立保函具有单务性、单据性和独立性的法律特性，三者相互依存。单务性指独立保函是担保人同意在一定条件下向受益人承担付款责任的单方允诺，担保人的付款义务是附条件的，所附条件是受益人请求付款并提交符合独立保函要求的单据，即相符交单。只有在相符交单的条件成就时，才产生担保人的付款义务，因此，单据是决定担保人能否付款的唯一依据。担保人付款义务的单据性决定了独立保函的独立性，即独立保函独立于基础交易法律关系和其他法律关系，担保人仅处理单据的表面相符，不受基础交易法律关系和独立保函申请法律关系的有效性、修改、转让、履行等情况的影响。担保人杭州银行西湖支行单方确定杭州长乔旅游公司与浙江大昆建设公司协议变更原合同任何条款，应事先征得担保人杭州银行西湖支行书面认可，否则独立保函项下的责任自动解除的条款违背了独立保函的基本法律特性。

其次，担保人抗辩权具有单一性。担保人既不享有先诉抗辩权，也不享有基础交易债务人的抗辩权。除法定情形外，担保人只能以受益人提交单据与独立保函文本的规定不符为由提出抗辩，而不能依据独立保函文本以外的基础交易关系或独立保函申请关系进行抗辩。由此可见，为便利交易，在独立保函中，当事人的意思自治受到了一定程度的限制。如果允许当事人通过意思自治更改独立保函，增加担保人的抗辩权，那么独立保函的作用将会受到极大的限制，不符合独立保函的目的。

最后，区分一份保函的性质是独立保函还是从属性保函，关键在于审查保函文本是否为担保人设定了相符交单情形下的独立付款义务。该案中，杭州银行西湖支行在出具的《履约保函》中承诺：在本保函的有效期限内，如果浙江大昆建设公司未充分履行《建设工程施工合同》《补充协议一》以及《补充协议二》规定的义务，杭州长乔旅游公司有权凭借符合条件的索赔通知书及独立保函正本向其索赔，杭州银行西湖支行将以保函最高金额为限向原告赔付，相符交单情形下的独立付款义务明确具体。

综上所述，该案案涉《履约保函》中记载的，杭州长乔旅游公司与浙江大昆建设公司协议变更原合同任何条款，应事先征得担保人杭州银行西湖支行书面认可，否则独立保函项下的责任自动解除条款不应当适用，担保人杭州银行西湖支行以基础交易关系变更为由提出抗辩没有得到法院的采纳，受益人杭州长乔旅游公司凭借符合条件的《索赔通知书》及《履约保函》正本等文件向杭州银行西湖支行索赔，杭州银行西湖支行应以《履约保函》最高金额为限向杭州长乔旅游公司赔付、承担相符交单的付款责任。

2. 独立性使独立保函构成独立的法律关系

在从属性保证中，保证债务随着主债务的成立而成立，随着主债务的生效而生效，随着主债务的消灭而消灭；如果主债务不生效，则保证债务也不生效。独立保函其本身是一项自足的法律文件，其效力不再取决于基础交易的有效性。从属性保证需要符合《合同法》和《担保法》对保证合同成立和生效的规定，然而，独立保函随着担保文件的发出即告生效，这一点为国际立法和国际商事惯例所承认，也为我国银行业所普遍遵循。在存续期间上，独立保函由担保文本本身规定，而不再受限制于主债权的期限。通俗地讲，独立保函的命运已经与基础交易的命运无关。然而，即便如此，实务中独立保函的担保人容易受到诸多的付款干扰因素干扰。独立保函制度上的独立性安排，实际上是商事实践需求的产物。如果独立保函的担保人超越独立保函本身而涉足基础交易，其不仅会丧失独立保函制度为其提供的绝佳保护，而且不得不在其不熟悉的领域中疲于应对基础交易中的各种法律争议。具体而言：

第一，独立保函的效力与基础交易无关。独立保函的成立、效力、履行等都能够建立于其自身条款之上，不再受制于基础交易的效力状况，这与传统的从属性担保构成了很大的不同。对于独立保函而言，独立性使其具备比从属性担保更强大的担保功能。在独立保函中，受益人可凭借其自己的判断确定基础交易的履行状况，如果其认为基础交易中存在违约情形，即可以凭与独立保函相符的单据向担保人索款，而无需向法院提起诉讼。即使在获得付款后进入诉讼，受益人在最终判决前仍然持有独立保函项下款项。在这种机制下，受益人可以向基础交易中的对方当事人施压，要求其全面正确地履行合同义务。对基础交易的债务人而言，受益人索取独立保函项下款项的压力毫无疑问将促使其全面履行合同义务。

第二，独立保函中的偿付数额与基础交易中受益人的实际损失相分离。这一点体现在独立保函项下付款金额的确定性，独立保函须载明最高付款金额或者可确定的金额，即通过担保文本或付款单据加以确定。独立保函的申请人不能以独立保函中的数额超过了基础交易项下的损失为由要求拒绝付款，独立保函的担保人也不能据此拒绝付款或者减少付款数额。但是，这并不是说受益人可以因此获得超过其损失额度的赔偿。在独立保函的担保人付款之后，申请人或可基于基础交易关系向受益人提起款项索偿之诉。当然，这取决于当事人在基础交易中对损害赔偿性质的界定。如果基础交易中规定该赔偿属于损害赔偿金性质，申请人有权利请求偿付超过实际损失的款项部分。如果该项赔偿属于惩罚性违约金，申请人能否主张超过实际损失的款项取决于合同法对惩罚性违约金的规定。

第三，独立保函构成了担保人的债务，而非申请人的债务。与从属性保证不同，独立保函的担保人以自己的信用承担付款的责任，从而取代了申请人的信用。担保人有权自行决定付款，而不需要经过申请人同意，也无通知申请人的义务。这一点与从属性担保中担保人为主债务人提供的补足信用不同，独立保函的担保人应当独立履行债务，与其他债务人不产生连带或按份关系。至于独立保函的担保人和申请人之间，如果申请人的信用不足，申请开立独立保函的基础合同中常常会通过设立担保的形式确保申请人的及时偿付，此时实际上构成一项反担保关系。无论是本担保还是指示方的委任指示，都可以归入反担保的基础关系。对于独立保函的担保人而言，独立性有着重要的价值。独立保函的担保人往往是银行等金融机构，并非基础交易项下的当事人。对于独立保函业务，担保人在收取一定的费用之后提供基于自己信用的担保。如果担保人的权利义务涉足基础交易，其将不得不投入大量的时间和人力对基础交易进行关注，这无疑将提高担保的成本。正是由于独立性的存在，独立保函得以代替从属性担保为银行等商事主体所广泛运用。对于独立保函的担保人而言，独立性的另外一个价值在于其能够保证付款的确定性。在从属性担保中，如果担保人基于错误的原因向受益人承担了担保责任，那么担保人向被担保人的追偿权利将面临不确定性。独立性原则在很大程度上使担保人避免了这种不确定性，从而对担保人的利益构成保护。

第四，独立保函债务的履行不受基础关系中情势变化的影响。基于独立性机制，申请人和担保人之间基础关系的变更、消灭、效力瑕疵等因素对独立保函的效力均不构成影响。即使独立保函的申请人陷入破产，独立保函的担保人仍然需要承担独立保函文本规定的责任。“先付款，后诉讼”仍然是这一商事工具的重要特征。对于受益人而言，这种担保责任的确定性是十分重要的。在我国破产法实务中，由于金融机构破产受到严格规制，尚未见到此类案件，然而域外的判例则有迹可循。在我国未来的独立保函实践中，由于担保人主体范围的扩张，此类纠纷亦值得关注。[1]

结合案例 4–7 具体分析，该案反映了《独立保函司法解释》第 6 条的内涵，独立保函的性质决定了担保人付款义务的单务性、独立性和单据性，通常担保人仅处理单据而不受基础交易法律关系的有效性及修改、转让、履行等情况的影响，对基础交易的审查，应当坚持“有限原则”“必要原则”，审查的范围应当限于受益人是否明知基础合同的相对人并不存在基础合同项下的违约事实或者不存在其他导致独立保函付款的事实。否则，对基础合同的审查将会动摇独立保函“见索即付”的制度价值。湖南省高级人民法院在二审民事判决书中认为，交行湖南分行在案涉独立保函下所承担的义务不因基础合同的修改而解除，因交行湖南分行独立保函项下的义务并未增加，其无法以基础合同的修改为由对付款义务提出抗辩，需要履行独立保函项下的款项支付义务。

具体来说，案例 4–7 中案涉保函符合“见索即付”特征，系独立保函，且双方当事人均认可该保函为独立保函。因该案所涉保函约定适用 UCP600，而 UCP600 第 16 条规定：“……c. 当按照指定行事的被指定银行、保兑行（如有）或开证行决定拒绝兑付或议付时，必须一次性通知提示人。通知必须声明：i. 银行拒绝兑付或议付；及 ii. 银行凭以拒绝兑付或议付的各个不符点；……d. 第 16 条 c 款中要求的通知必须以电讯方式发出，或者如果不可能以电讯方式通知时，则以其他快捷方式通知，但不得迟于提示单据日期翌日起第五个银行工作日终了。f. 如果开证行或保兑行未能按照本条款的规定行事，将无权宣称单据未能构成相符提示”。根据该规定，因交行湖南分行未能在 5 个银行工作日之内通知受益人台湾发得公司其拒付的每一个不符点，故其拒付的方式不符合 UCP600 第 16 条第 c 款和第 f 款的规定，交行湖南分行已经丧失了宣称交单不符的权利。其后交行湖南分行第二次拒付的理由是 0925 号基础合同已经于 2011 年 9 月 16 日终止，并没有以合同修改作为拒付理由，而合同终止（应该为合同解除）不属于合同修改的情形。此外，交行湖南分行也没有充分的证

1　参见刘斌：《独立担保的独立性：法理内涵与制度效力——兼评独立保函司法解释》，载《比较法研究》2017 年第 5 期。

据证明上海侪富达公司、萨摩亚明亚公司、湖南机械公司三方就变更、修改合同形成明确一致的书面意见。同时，有关当事人就合同修改、终止所发出的通知并没有增加交行湖南分行独立保函项下的义务，故交行湖南分行无权以基础合同的修改为由对付款义务提出抗辩，受益人台湾发得公司享有独立保函项下的付款请求权，因该独立保函已约定最高金额 658,800 美元，担保人的付款义务应该以该金额为限。

3. 独立保函的独立性阻止基础交易项下的抗辩以及担保人、申请人的抵销权

在从属性保证中，保证人不仅可以主张保证合同中的抗辩，还可以主张主债务中的抗辩，即使主债务项下的抗辩权为主债务人所抛弃，保证人亦可主张。在一般保证合同中，保证人还可以主张强大的先诉抗辩权，要求就主债务人的财产进行先予执行。但是，从属性保证的保证人并不总是拥有先诉抗辩权。比如，在德国法上，如果有下列情况之一，保证人不得提出先诉抗辩权：保证人已经抛弃先诉抗辩权；在保证合同成立之后，因主债务人的住所、居所发生变更，致使债权人向其请求清偿发生困难；主债务人宣告破产；根据情况可以推定对主债务人的财产强制执行仍不足以清偿债务人。在独立保函项下，基于独立保函的独立性，担保人不能以基础交易的抗辩为由拒绝付款，基础交易中的抗辩不能对履行独立保函义务构成影响。在独立保函领域的国际惯例和公约中，这一点被以不同的方式予以描述，并为各国的判例法所承认。独立保函的基础交易关系和独立保函申请关系项下的抗辩权均不能在独立保函交易中援用，此实则为独立性的效力使然。不仅如此，独立保函的抗辩权已经不是排他的问题，而是独立保函开立人的抗辩权具有单一性，仅能够根据独立保函本身提出单据不符的抗辩，而不能提出其他事由的抗辩。这一点是对独立保函的独立性效力的正确认识，唯有欺诈等例外事由直接对抗了独立保函的独立性，并可以打破建立在单据相符基础之上的单据交易机制。

此外，基于独立保函的抽象性，独立保函的担保人或者申请人也不能以其他交易关系主张抵销权。在独立保函中，担保人付款的义务乃是基于独立保

函本身，而申请人或者担保人的抵销权则是基于基础交易等其他交易关系。由于独立抽象性的存在，在受益人索款的过程中，其行使权利的基础乃是基于独立于其他交易关系的独立法律关系，其他交易关系中的权利不应当涉足其中。即使拥有基础交易项下正当的抵销权，独立保函的申请人仍然不能主张抵销权，法院也不应当就此作出禁止受益人索款或者禁止独立保函的担保人付款的禁令。在《独立保函司法解释》中，虽然没有明确规定阻断担保人及申请人抵销权的规则，但从该解释对独立保函之独立性的体系规范强度来看，这一规则仍可以从中阐释得出。[1]

三、担保人审查单据的标准

在单据审查标准方面，《独立保函司法解释》第7条规定了“表面相符原则”的认定标准：“人民法院在认定是否构成表面相符时，应当根据独立保函载明的审单标准进行审查；独立保函未载明的，可以参照适用国际商会确定的相关审单标准。单据与独立保函条款之间、单据与单据之间表面上不完全一致，但并不导致相互之间产生歧义的，人民法院应当认定构成表面相符。”“表面相符原则”已发展为具有单据性特点的信用证、独立保函的国际实务普遍原则。

独立保函的担保人往往是银行或非银行金融机构，它们都是纯粹的银行信用提供者，而非具体交易的参与者。因此，独立保函担保人不可能完全了解、准确辨别主债权债务项下是否存在违约行为，甚至不能准确辨别索赔单据的真实性。而在交易实践中，当受益人索赔时，往往是受益人与申请人之间已经剑拔弩张、矛盾激化的时候，双方对于是否存在违约行为、索赔单据是否真实的意见，基于双方不同的立场，往往是针锋相对的。而银行或非银行金融机构必须通过一个适当的机制来规避自身的判断风险。这种适当的机制就是“表面相符”的审单标准。“表面相符”意味着独立保函担保人仅对单据与保函之间、单据与单据之间是否相符进行表面的审查，即这些单据表面上看起来是否相符，

1 参见刘斌：《独立担保的独立性：法理内涵与制度效力——兼评独立保函司法解释》，载《比较法研究》2017年第5期。

而没有进一步探究基础关系项下的真实情况及单据的来历和真伪的注意义务。在历史上，“表面相符”的原则曾经被理解为“镜像原则”，即所有的单据内容必须与独立保函保持严格一致，就像照镜子一样。但是在实践中，当事人往往不可能提供完全严格一致的单据，如果继续恪守这种镜像原则，将使独立保函的功能和效用大打折扣。现代交易实践中，尤其是国际商会最新的审单标准规定中，都不再坚持“镜像原则”，而修改为“表面无歧义”原则，即只要单据与保函之间、单据与单据之间不存在矛盾和歧义，即应视为相符交单，担保人即应承担独立保函项下的付款责任。“表面”与“结合”意味着对单据的审核应从整体出发，不用在每个名词上严格一致，只要得出的结论不矛盾便符合“相符交单”的标准。[1]

案例 4–8 体现了《独立保函司法解释》第 7 条规定的“表面相符”的认定标准。厦门市思明区人民法院在一审民事判决书中认为，担保人紫金保险厦门分公司出具的投标保证保险系独立保函，该独立保函中仅要求受益人厦门金宝酒店在索赔时须提交“说明事实”的书面通知。据此要求，厦门金宝酒店索赔时提交了内容为“广西建工公司的投标文件存在投标须知第 20.6 款规定的雷同情形之一”的告知函，厦门金宝酒店依据该告知函向紫金保险厦门分公司主张权利，告知函与独立保函中要求的单据“说明事实”相符。紫金保险厦门分公司抗辩厦门金宝酒店的告知函未附上相关材料，导致紫金保险厦门分公司无法查证单据与独立保函之间是否存在“不符点”而无法履行保险责任，该抗辩理由与独立保函要求的付款单据要求不符，故受益人厦门金宝酒店享有付款请求权，担保人紫金保险厦门分公司应按照履约保函的约定承担相应付款责任。

此外，在第五章案例 5–13 中，根据《独立保函司法解释》第 7 条的规定，独立保函相符交单的标准遵循严格相符原则，但并不要求单证之间符合镜像原则，必须等同一致。最高人民法院在二审判决书中认为，案涉独立保函约定的申明内容为“申请人未能按照合同规定履行合同义务”。受益人出具《书面索赔通知》，申明内容为“截至今年 10 月申请人施工进度已严重滞后且大面积停工并辞退工人，在既定工期仅剩 1 个月的现状下，已完全无法履行合同所规

1　参见李燕：《独立保函单据化的逻辑解释与我国立法之选择》，载《政法论坛》2013 年第 4 期。

定的工作义务”。根据申请人提交的证据，即 2015 年 10 月 2 日受益人致申请人《关于转发业主第二次解约意向函的函》和受益人提交的补充证据等能够表明受益人有证据证明书面索赔通知上申明内容中列述的具体情形有事实基础，无论是谁的原因、谁的责任，对此双方存在争议，但并非受益人虚构事实或隐瞒真相。文字表述上不完全一致，列述具体情形后也申明了“已完全无法履行合同所规定的工作义务”，与保函约定申明内容“未能按照合同规定履行合同义务”不矛盾、无歧义，应当认定书面索赔通知申明内容与案涉独立保函约定构成表面相符。

《独立保函司法解释》第 8 条规定了担保人审单的权利和义务：“开立人有独立审查单据的权利与义务，有权自行决定单据与独立保函条款之间、单据与单据之间是否表面相符，并自行决定接受或拒绝接受不符点。开立人已向受益人明确表示接受不符点，受益人请求开立人承担付款责任的，人民法院应予支持。开立人拒绝接受不符点，受益人以保函申请人已接受不符点为由请求开立人承担付款责任的，人民法院不予支持。”担保人享有独立审单权，是独立保函独立性的应有之义。独立保函的独立性意味着保函独立于保函申请开立关系。保函申请开立的法律关系属于委托合同关系，按照我国《合同法》第 399 条关于委托合同的规定，“受托人应当按照委托人的指示处理委托事务。需要变更委托人指示的，应当经委托人同意；因情况紧急，难以和委托人取得联系的，受托人应当妥善处理委托事务，但事后应当将该情况及时报告委托人”，担保人（受托人）应当在处理委托事务上遵守申请人（委托人）的要求，如果按此处理，担保人在审查单据时也应当遵照申请人的指示决定是否对外付款。恰恰因为独立保函独立于保函申请开立关系，担保人和申请人之间关于委托开立保函的委托合同关系被隔离，担保人在审单时无需考虑申请人的意愿。独立审单不仅是担保人的权利，还是担保人的义务。这意味着，担保人在面对受益人索赔独立保函时，仅能以自身的独立审查行为确定是否应当对外赔付，而不得考虑申请人的指示。唯有这样才能维持独立保函的独立性，使独立保函的兑付不受来自独立保函开立申请关系的困扰，否则受益人的“先付款，再争议”的利益诉求将无法得到公平保护。

除此之外，URDG758 第 2 条中对“相符交单”也作出了定义：“提交单据及其内容首先与该保函条款和条件相符，其次与该保函条款和条件一致的本规则有关内容相符，最后在保函及本规则均无相关规定的情况下，与见索即付保函国际标准实务相符”。

第三节 | 法律风险提示

随着中国商事领域的不断发展，独立保函作为商事交易中重要的担保措施之一，在商事领域发挥着重要作用。而独立保函独立于基础合同，担保人承担付款责任的依据是受益人提交的单据。

在涉及独立保函的交易安排中，通常包含三类法律关系，即申请人与受益人之间的基础合同关系，申请人与担保人之间委托开立独立保函的委托合同关系（独立保函申请法律关系），以及担保人与受益人之间的独立保函关系。对独立保函法律关系来说，主要有三方法律主体，即申请人、担保人和受益人。当事人选择使用独立保函作为担保工具，就是选择了承担风险反转的后果。因此，在起草和审核独立保函时，有关各方应该清楚独立保函的法律后果，正确评估独立保函的风险。对此，笔者作出法律风险提示。

一、作为保函担保人，承担着独立保函中的付款义务

对担保人来说，独立保函的法律风险具有以下特点：第一，风险的隐藏性。提供独立保函不占用银行的资金，也不直接体现为担保银行的债务，只是在表外反映为或有负债。因而，独立保函风险的表现是潜在的，风险容易被掩盖。第二，风险的多样性。独立保函涉及的法律关系相对复杂，有些保函适用的是外国法律或国际惯例。风险可能表现为申请人不履约的风险，或者受益人恶意索偿的风险，或者由商务纠纷带来的风险，或者是国家政治风险。作为担保银行风险补偿的反担保措施也存在不及时补偿，甚至不能补偿的风险。第三，风险的延伸性。受益人向担保银行索偿，无论是否合理索偿，若处理不及时或不得当，都会对担保银行信誉产生不良影响。特别是在商业银行与外国银行签订的国际商业贷款及出口信贷等国际性借贷文件中，一般都有交叉违约条款。也就是说，若借方在与贷方其他业务活动中发生一定数额以上的债务违约行为或借方与第三方发生债务违约时，该债务项下的债务必须立即还款或提前还款。这将打乱担保银行的资金安排计划，严重的还会引发支付危机。[1]

对担保银行来说，应着重审查独立保函条款所表达的意思是否清楚准确。使用模棱两可的模糊条款或非单据条件，试图平衡独立保函风险或作为折中手段维护申请人的利益，非但达不到目的，还会增加独立保函交易的不确定性，为日后争议埋下隐患，增加交易成本，应该避免在独立保函中出现该类措辞或予以修改。否则，可能会因当事人意见分歧，出现受益人要求付款，但被担保人持不同看法抗辩担保人履行付款责任，拒绝对担保人进行偿付的情形，这才是担保银行的最大风险。[2] 由此可见，将独立保函中的单据条款设计得越明确，对担保人越有利。

根据《独立保函司法解释》第 6 条可知，一方面受益人要求付款时仅提

1 参见贺文举：《独立保函的法律风险控制》，载《社会科学》2016 年第 8 期。
2 参见朱宏生：《独立保函的风险分配机制》，载《中国外汇》2011 年第 14 期。

交独立保函要求的索赔请求和其他单据，另一方面只要受益人提示的单据构成相符交单，担保人即须履行付款义务，除非存在欺诈。故受益人一旦提交单据索赔，担保人则面临可能要承担付款责任，因此，担保人需要注重独立保函中据以付款的单据条款设计，遵循独立保函的单据化特征，在维护自身立场的基础上，合理限制受益人的行为，协调好其与申请人、受益人三方之间的关系，兼顾三者之间的利益平衡，规避独立保函单据风险。具体操作方法如下：

首先，担保人在出具独立保函前应当对申请人和受益人开展全面、细致的尽职调查工作。由于独立保函的背后有相应的基础合同存在，独立保函担保的是申请人的履约行为，申请人对于基础合同的履行情况很大程度上决定着独立保函的索赔风险，因此，担保人应对来自申请人的风险作出准确地分析和判断，严格审查申请人的偿债能力。

其次，担保人应当深入调查受益人的经营是否营利、资信是否良好和是否有诉讼仲裁纠纷等一系列内容，对项目的技术风险、基础合同的履行期限，以及当地各类条件、自然灾害、所在国法律、政治局势、劳工政策、汇率、传染病等影响基础合同履行的各项因素进行分析，合理评估潜在的各类风险，针对风险过大的项目尽量避免出具独立保函。

再次，担保人在出具涉外独立保函时，应在符合我国《独立保函司法解释》、URDG758以及联合国《独立担保与备用信用证公约》等相关法律规定的基础上，注意他国特殊的法律要求，遵循国际惯例，明确约定单据的金额、种类、数量、内容、到期日、自动延展等条款，措辞需十分严谨，仔细斟酌独立保函的文字条款，确保独立保函文本内容明确、完整且无瑕疵，在受益人索偿时严审交单，防范独立保函相关的法律风险，也能在维护受益人享有付款请求权的同时，有效防止受益人实施欺诈行为，故设计严密的独立保函条款是减少风险的基础。

最后，落实有效的反担保措施。担保人在向受益人支付独立保函项下的款项后必然面临向申请人进行追偿的情况，因此，在出具独立保函前，担保人应要求申请人提供必要的、足额的、充分的反担保措施，只有这样才能切实有效地保障担保人的合法利益。

二、对于保函申请人，不严密的单据性条款是潜在的风险

申请人遭受的风险主要表现为受益人恶意索赔可能给申请人带来的风险。申请人面临风险主要表现为：受益人明知没有索赔权仍然索赔；受益人提交的据以索赔的单据不真实；受益人提呈的单据虽然真实，但基础合同因违反公共秩序或其他原因而无效，而受益人却利用见索即付保函的独立性原则，仍然凭相符单据从担保银行得到了赔款，从而给申请人带来风险；在见索即付保函中，虽然保函本身没有延期条款，但申请人仍然可能因为受益人提出的“或索赔或延期”要求而面临相同的风险，受益人可能经请求使独立保函无数次地延长，使申请人处于一种连续的风险状态。[1]

作为保函申请人，申请开立独立保函是其基础合同项下的义务，因此，申请人在不得不履行该项义务申请开立独立保函时，应尽量避免上述法律风险，理性评估自身的盈利状况和未来业绩发展情况，对受益人在索款时应提交的相关单据进行规范，对基础合同的履行情况作出合理的预判，严格地履行自己在基础合同中的义务，谨慎地选择独立保函示范文本，在保障受益人独立保函项下的付款请求权的同时，也防止受益人日后恶意索赔，把可能面临的法律风险降到最低点。实践中，申请人面临的最大风险是欺诈性索赔，关于独立保函被欺诈性索赔的法律风险，笔者在下一章将进行重点分析和探讨。

三、作为保函受益人，索赔时享有付款请求权

在本章的三个案例中，受益人均享有独立保函规定中的付款请求权，法院均判决担保人承担相符交单的付款责任。举例说明，在案例 4–7 中，担保人

1 参见孙高峰：《浅析见索即付银行保函的法律风险防范》，载品略图书馆网：http://m.pinlue.com/icontent/459015034332.html，最后访问日期：2020 年 6 月 30 日。

交行湖南分行在案涉独立保函下所承担的义务不因基础合同的修改而解除，其独立保函项下的义务并未增加，无法以基础合同的修改为由对付款义务提出抗辩，需要履行独立保函项下的款项支付义务；在案例4–8中，担保人紫金保险厦门分公司抗辩厦门金宝酒店的告知函未附相关材料，导致紫金保险厦门分公司无法查证单据与独立保函之间是否存在“不符点”而无法履行保险责任，该抗辩理由与保函要求的付款单据要求不符，应按照履约保函的约定承担相应付款责任；在案例4–9中，《履约保函》记载的受益人杭州长乔旅游公司与浙江大昆建设公司协议变更原合同任何条款，应事先征得担保人书面认可，否则保函项下的责任自动解除这一条款应为无效条款，担保人杭州银行西湖支行无法以基础交易关系变更为由提出抗辩，应以《履约保函》最高金额为限向受益人赔付。

由此可见，受益人在诚实信用原则的基础上，只要提交了与独立保函载明的条件相符合的索赔文件，担保人即应付款。担保人并不审查基础合同的履行情况，担保人付款义务的成立也不以申请人在基础合同履行中违约为前提。笔者提示，受益人应与申请人进行充分的谈判和沟通，谨慎规避相符交单时准备的单据过于复杂和烦琐，减少索赔上的法律风险。

独立保函已广泛地出现在国际经济贸易中，成为国际担保业务的重要组成部分。与传统的从属性保函相比，独立保函能够使担保人不必卷入基础合同的复杂性纠纷，同时保证了受益人能够快速地获得偿付，因此更能适应飞速发展的国际贸易的需求，得到了国际社会的普遍接受。自2016年11月18日最高人民法院颁布了《独立保函司法解释》之后，司法界对独立保函法律问题展开了广泛研究，其中独立保函的付款请求权及单据问题尤为重要。申请人依约开立与基础合同有关的独立保函；受益人依单据索赔，享有付款请求权；担保人承担相符交单的付款责任；法院遵循独立保函的单据化特征，依法审查担保人是否承担独立保函中的付款义务。笔者建议保函从业者从自身利益出发，有效规避独立保函中潜在的法律风险，以维护自身的合法权益。

《独立保函司法解释》的颁布明确赋予受益人付款请求权，明确规定了独立保函独立于基础交易和保函申请法律关系，标准化的单据规则使独立保函项下的付款更加确定、快捷、安全，切实保障了债权人的合法权益，在国际交易尤其是“一带一路”建设活动以及国内交易中被大量使用，为金融创新机制在我国的长远发展提供了坚实的法律基础。

附：

投标保函范例

（英文版）

Tender Guarantee/Bid Bond Format

To: （Beneficiary's name and address)

Date:____________________

Tender Guarantee No.

Dear Sirs,

Whereas ________________ （hereinafter called the "Applicant"）has submitted or is to submit his offer No.____________ on __________ （date) for the execution of works/supply of goods / provision of services （brief description of works or goods and/or services) under your Bid Invitation No.____________dated __________ and pursuant to the tender conditions, the offer must be supported by a tender guarantee.

At the request of the Applicant, we, ______ Bank/company, hereby irrevocably undertake to pay you any sum or sums not exceeding in total an amount of ______________________ （say:______________________) upon receipt by us of your first demand in writing and your written statement indicating our guarantee No.____________stating:

□ （Form 1）：

i) that the Applicant is in breach of his obligation（s) under the tender conditions; and

ii) the respect in which the Applicant is in breach.

□ （Form 2):

i) that the Applicant has withdrawn his bid after submission of bid and before the expiration of its validity period; or

ii)that the Applicant has failed to sign the contract awarded to him; or

iii)that the Applicant has failed to open Performance bond within _______calendar days after the effective date of contract.

Your demand for payment must also be accompanied by the following document（s）:

☐ i) third party documents;

☐ ii) judicial decisions / arbitral awards;

☐ iii） Other documents.

Special conditions:

☐ partial drawing is allowed. ☐ Multiple drawings are allowed.

☐ All bank charges relating to this guarantee are for Applicant' s account.

☐ All banking charges outside China are for account of the beneficiary.

☐ This guarantee is non-transferable.

For the purpose of authentication, your written demand for payment has to be presented to us through a bank confirming that the signature（s) thereon are legally binding upon you.

This guarantee shall expire on ___________ at the latest. Consequently, any demand for payment under it must be received by us at this office on or before that date. Otherwise, any obligations or liabilities thereunder shall be fully and automatically discharged or released regardless of original guarantee being retained or returned to us.

This guarantee is subject to ☐ URDG 458 ☐ URDG 758 ☐ ____（other）____

This guarantee shall be settled by final and binding arbitration. The appointing authority shall be__________ (Arbitration Commission). The place of arbitration shall be in __________. Any such arbitration shall be administered by __________ in accordance with the arbitration rules of __________ in effect at the time of arbitration. The dispute shall be adjudicated by three (3) arbitrators, one of whom shall be appointed by Beneficiary and one of whom by our bank/company. The third arbitrator shall be appointed by both parties through negotiation, provided however that if the parties cannot decide upon the selection of the third arbitrator, then the third arbitrator shall be appointed by__________in accordance with the arbitration rules of __________. The arbitration proceedings shall be conducted in __________ (language). The arbitral award shall be final and binding upon the parties.

[Issuer's name]

[By its undersigned officer]

[Date]

（中文版）

保函编号：

投标保函

____________：

鉴于__________________________（以下简称申请人）参加贵方关于________________项目的投标，根据招标书的要求，应申请人之请求，我行/公司兹开立以贵方为受益人的投标保函，具体约定如下：

一、本保函的担保总金额不超过币种：______大写金额：__________。

二、我行/公司将在收到符合下列条件的文件之日起____个工作日内，向贵方支付索赔通知书的金额，但索赔通知书中单次索赔的金额或各次索赔的累计总额均不能超过本保函的担保总金额，我行/公司在本保函项下的责任以担保总金额为限。

索赔时需提交下述文件：

（1）经贵方法定代表人或其授权人签署并加盖贵方公章的索赔通知书；

（2）经贵方法定代表人或其授权人签署并加盖贵方公章的违约声明，内容包括声明申请人有下列任一行为：在招标书规定的期限内撤回其投标或修改其原报价；或中标后未按招标书规定与贵方签订合同；或中标后未按招标书规定提供贵方接受的履约保函。

三、担保金额经贵方书面同意递减后递减，或担保金额随我行/公司对受益人的支付而相应递减。

四、本保函项下的任何付款应免于现在或将来的任何税款、关税、收费、费用、扣除或扣留，也不得以此为由从中作出任何扣减，不论其属于何种性质或由何人征收。

五、本保函自签发之日生效，失效日为________年____月____日。任何索赔必须在失效日前或当天以专人送达或邮寄送达方式送达我行/公司。索赔资料送到我行/公司的地址为____________，并注明“保函索赔”字样。

失效日后，本保函自动失效，无论贵方是否将本保函正本退回我行 / 我司，我行 / 我司的担保责任解除。

六、本保函未经我行 / 公司书面同意不得转让。

七、本保函为适用国际商会《见索即付保函统一规则》的见索即付独立保函，保函项下的任何争议由我行 / 公司所在地人民法院管辖。

__________银行 / 公司

负责人或授权代表（签字）：

________年____月____日

05 第五章

独立保函欺诈纠纷问题

独立保函是目前为止相对成熟的一种银行金融担保形式，自其面世以来为保证交易各方商业利益发挥了重要作用。独立保函的独立性、不可撤销性、单据化的特点虽然最大限度地保证了贸易的顺利进行和贸易双方的利益，但也留给了不法受益人以可乘之机，即使申请人并未违反基础合同或申请人的违约是因为受益人的原因引起的，不诚信的受益人也很容易通过提供虚假单据满足独立保函的付款条件，实现欺诈索赔的目的。如何更有效地运用独立保函，使其真正服务于国际贸易的交易安全，杜绝欺诈情形发生，是非常值得探讨的问题。

《独立保函司法解释》以诚实信用和权利不得滥用原则为理论基础，在参考国际惯例及条约、国外立法以及司法实践经验的基础上，于第 12 条审慎确定了受益人欺诈构成独立性原则的唯一例外情形；于第 14 条就中止止付裁定、第 20 条就终止止付判决作出了规定，要求法院在裁定担保人中止付款、判决担保人终止付款时所依据的欺诈情形分别达到高度可能性和排除合理怀疑的证明标准；于第 18 条规定了法院审理独立保函欺诈纠纷案件或处理止付申请时需要审查认定基础交易的相关事实。《独立保函司法解释》的颁布实施为统一独立保函欺诈纠纷司法审理的标准和尺度奠定了坚实的基础。

本章要点

虚假单据、滥用付款请求权、诚实信用、受益人欺诈、终止付款

第一节 | 典型案例

【案例 5-10】东方置业房地产有限公司与安徽省外经建设（集团）有限公司保函欺诈纠纷案[1]

（一）关系图

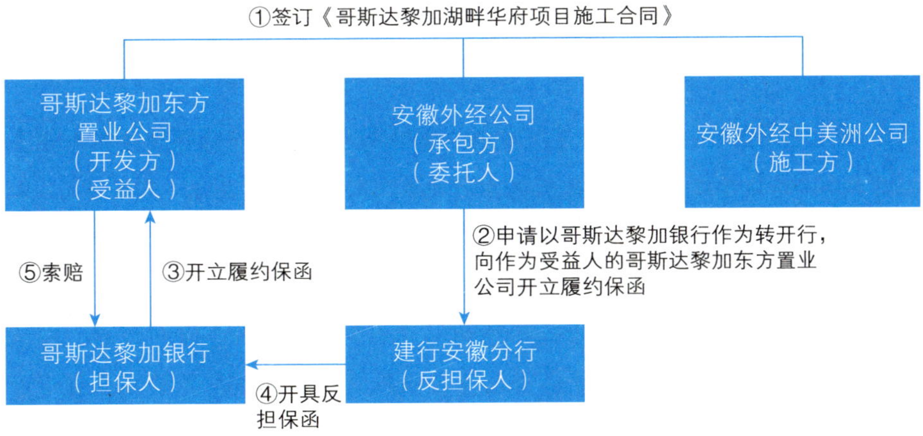

图 5-1 本案法律关系

1 参见最高人民法院（2017）最高法民再 134 号民事判决书。

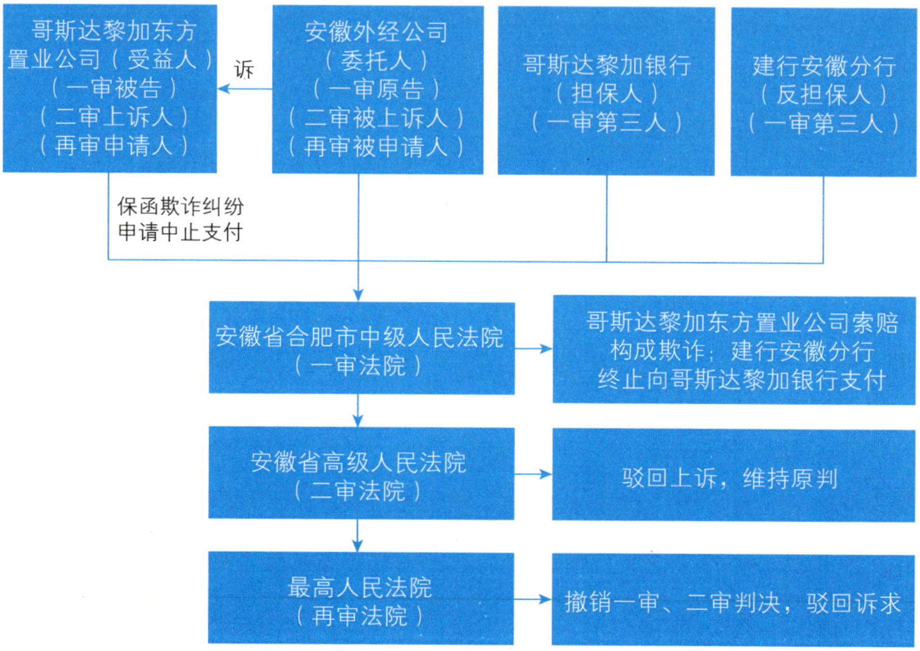

图 5-2　本案诉讼关系

（二）案情简介

2010 年 1 月 16 日，东方置业房地产有限公司（以下简称哥斯达黎加东方置业公司）作为开发方，与作为承包方的安徽省外经建设（集团）有限公司（以下简称安徽外经公司）、作为施工方的安徽外经建设中美洲有限公司（以下简称安徽外经中美洲公司）在哥斯达黎加共和国圣何塞市签订了《哥斯达黎加湖畔华府项目施工合同》（以下简称《施工合同》）。合同签订后，安徽外经公司于 2010 年 5 月 26 日向中国建设银行股份有限公司安徽省分行（以下简称建行安徽分行）提出申请，并以哥斯达黎加银行作为转开行，向作为受益人的哥斯达黎加东方置业公司开立履约保函，保证事项为哥斯达黎加湖畔华府项目。2010 年 5 月 28 日，哥斯达黎加银行开立编号为 G051225 的履约保函，担保人为建行安徽分行，委托人为安徽外经公司，受益人为哥斯达黎加东方置业公司，担保金额为 2,008,000 美元，有效期至 2011 年 10 月 12 日，后延期至2012年2月12日。建行安徽分行同时向哥斯达黎加银行开具编号为34147020000289的反担保函，承诺自收到哥斯达黎加银行通知后20日内支付保函项下的款项。

2012年2月7日，安徽外经中美洲公司以哥斯达黎加东方置业公司为被申请人向哥斯达黎加建筑师和工程师联合协会争议解决中心提交仲裁请求，请求仲裁庭裁决解除合同并裁决哥斯达黎加东方置业公司赔偿其损失共计1,213,487.3美元，理由是哥斯达黎加东方置业公司拖欠应支付之已施工完成量的工程款及相应利息，构成严重违约。2月10日，哥斯达黎加银行向建行安徽分行发出电文，称哥斯达黎加东方置业公司提出索赔，要求支付G051225号银行保函项下2,008,000美元的款项，哥斯达黎加银行因而要求建行安徽分行须于2012年2月16日前支付上述款项。2月12日，应安徽外经中美洲公司申请，哥斯达黎加行政诉讼法院第二法庭下达临时保护措施禁令，裁定哥斯达黎加银行暂停执行G051225号履约保函。

2012年2月23日，安徽外经公司向一审法院提起保函欺诈纠纷诉讼，同时申请中止支付G051225号保函、34147020000289号保函项下款项，一审法院于2月27日作出（2012）合民四初字第00005-1号裁定，裁定中止支付G051225号保函及34147020000289号保函项下款项，并于2月28日向建行安徽分行送达了上述裁定。2月29日，建行安徽分行向哥斯达黎加银行发送电文告知了一审法院已作出的裁定事由，并于当日向哥斯达黎加银行寄送了上述裁定书的复印件，哥斯达黎加银行于3月5日收到上述裁定书复印件。

2012年3月6日，哥斯达黎加行政诉讼法院第二法庭判决安徽外经中美洲公司申请预防性措施败诉，解除了临时保护措施禁令。3月16日，哥斯达黎加银行向建行安徽分行发出电文，表示决定中止支付G051225号保函项下款项直到纠纷解决，并以此要求建行安徽分行延长34147020000289号保函的期限直至纠纷被中国法院解决。3月20日，建行安徽分行延长了34147020000289号保函的有效期。3月21日，哥斯达黎加银行向哥斯达黎加东方置业公司支付了G051225号保函项下款项。

2013年7月9日，哥斯达黎加建筑师和工程师联合协会裁决认定哥斯达黎加东方置业公司在履行合同过程中严重违约，并裁决哥斯达黎加东方置业公司向安徽外经中美洲公司支付1号至18号工程进度款共计800,058.45美元及利息。

一审合肥市中级人民法院作出（2012）合民四初字第00005号民事判决，判决哥斯达黎加东方置业公司针对G051225号履约保函的索赔行为构成欺诈；建行安徽分行终止向哥斯达黎加银行支付编号为34147020000289的银行保函项下2,008,000美元的款项。哥斯达黎加东方置业公司不服一审判决，提起上诉。二审安徽省高级人民法院作出（2014）皖民二终字第00389号民事判决，判决驳回上诉，维持原判。哥斯达黎加东方置业公司不服二审判决，申请再审。最高人民法院认为哥斯达黎加东方置业公司不存在独立保函欺诈情形，最终作出（2017）最高法民再134号再审判决，判决撤销安徽省高级人民法院（2014）皖民二终字第00389号、合肥市中级人民法院（2012）合民四初字第00005号民事判决；驳回安徽外经公司的诉讼请求。

【案例5–11】中国工商银行股份有限公司义乌分行与中国技术进出口总公司保函欺诈纠纷案[1]

（一）关系图

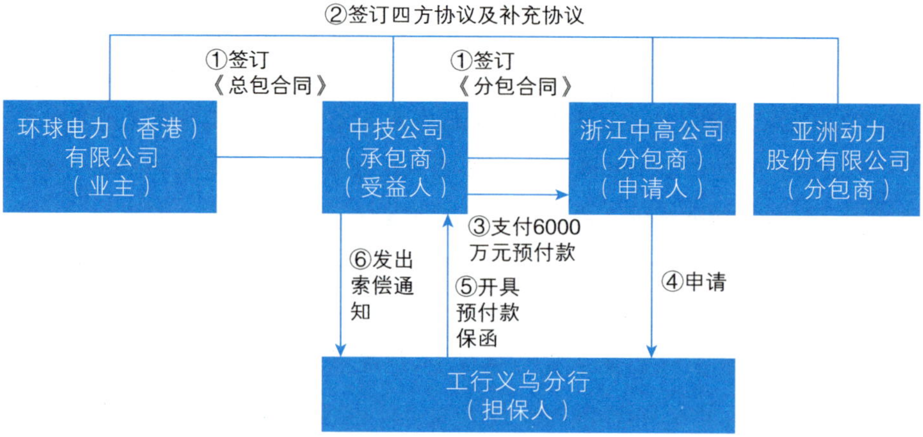

图5–3 本案法律关系

1 参见最高人民法院（2017）最高法民申4754号民事判决书。

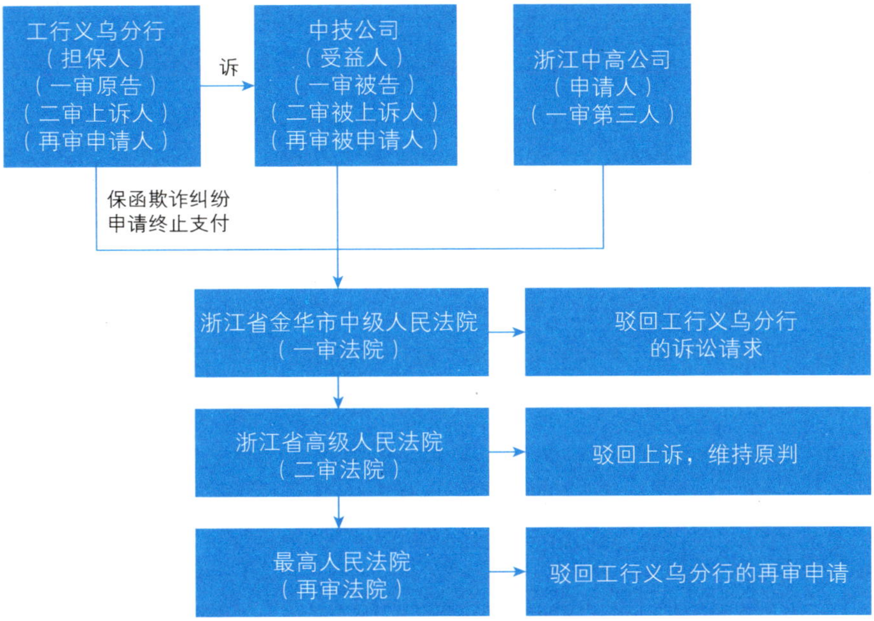

图 5-4　本案诉讼关系

（二）案情简介

2012 年 1 月，承包商中国技术进出口总公司（以下简称中技公司）与业主环球电力（香港）有限公司就案涉重油电站项目建设签订总包合同，中技公司与分包商浙江中高动力科技股份有限公司（以下简称浙江中高公司）签订分包合同。该分包合同系案涉独立保函项下的基础合同。后环球电力（香港）有限公司、中技公司、浙江中高公司、亚洲动力股份有限公司四方当事人先后签订了四方协议及补充协议。浙江中高公司对案涉电站项目辅助系统的供货、安装、调试等基础合同项下的义务有相应履行行为，中技公司也依约向浙江中高公司支付 6000 万元预付款。

2013 年 1 月 10 日，中国工商银行股份有限公司义乌分行（以下简称工行义乌分行）经浙江中高公司申请，开具以中技公司为受益人，编号为 12080200-2013 年（保函）字 0004 号的预付款保函。

2014 年 5 月 27 日，中技公司向工行义乌分行发出索偿通知，但工行义乌分行认为，浙江中高公司在申请开具预付款保函以及中技公司在索赔过程中，一直未将相关事实或信息披露给工行义乌分行，浙江中高公司与中技公司的行为故意隐瞒相关事实，违反诚实信用原则，共同构成保函欺诈，故向法院提起诉讼，请求终止支付保函。

一审金华市中级人民法院作出（2015）浙金商外初字第32号民事判决，判决驳回工行义乌分行的诉讼请求。工行义乌分行不服一审判决，上诉至浙江省高级人民法院。二审法院同样认为中技公司不存在《独立保函司法解释》第12条规定的欺诈情形，最终判决驳回上诉，维持原判。

【案例5–12】中国电力工程有限公司与中国能源建设集团山西电力建设第三有限公司独立保函纠纷案[1]

（一）关系图

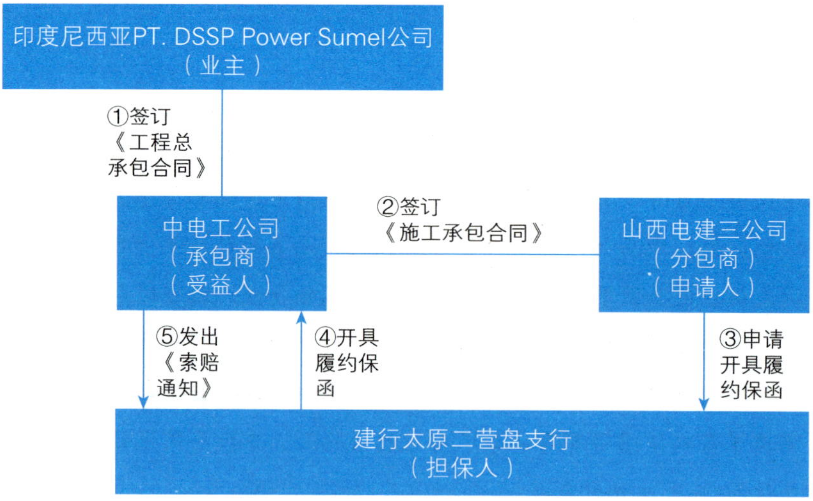

图5–5　本案法律关系

1　参见最高人民法院（2018）最高法民终417号民事判决书。

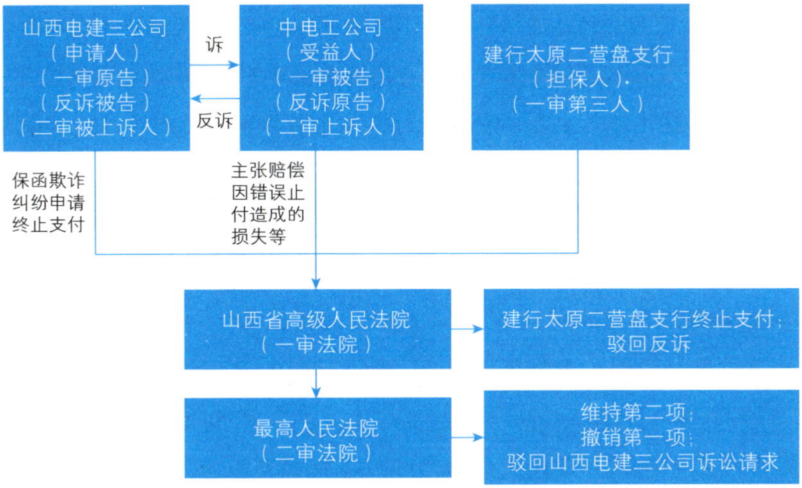

图 5–6　本案诉讼关系

（二）案情简介

2012 年 2 月，中国电力工程有限公司（以下简称中电工公司）中标印度尼西亚苏门答腊苏姆赛尔—52×150MW 坑口燃煤电厂项目，并与业主印度尼西亚 PT. DSSP Power Sumsel 公司签订工程总承包合同。2012 年 11 月 13 日，中电工公司（甲方）与中国能源建设集团山西电力建设第三有限公司（乙方，以下简称山西电建三公司）签订《建安合同》，中电工公司将部分建筑安装工程发包给山西电建三公司。中电工公司与山西电建三公司在《建安合同》履行过程中先后签订了多份补充协议，对合同金额和履约保函金额等内容进行调整。

2015 年 8 月 4 日，中国建设银行股份有限公司太原二营盘支行（以下简称建行太原二营盘支行）按中电工公司提供的格式出具编号为 141408253080082 的履约保函。2016 年 7 月 14 日，建行太原二营盘支行以相同的格式向中电工公司出具编号为 141408253080131 的本案所涉履约保函。

2017 年 3 月 24 日，中国银行股份有限公司北京海淀支行以受中电工公司委托的名义向建行太原二营盘支行邮寄发送了保函复印件和中电工公司出具的《履约保函索赔通知》，2017 年 4 月 18 日，中电工公司向建行太原二营盘支行送达《第二次履约保函索赔通知》及其附件，2017 年 7 月 6 日，中电工公司向建行太原二营盘支行送达《第三次履约保函索赔通知》、履约保函复印件、营业执照复印件、两份授权书，北京长安公证处依中电工公司委托代理人的申请对送达过程进行了公证。2017年9月29日，建行太原二营盘支行收到一审法院作出的（2017）晋民初55号民事裁定书及协助执行通知书后，向中电工公司出具《关于中止支付履约保函款项的通知》。山西电建三公司认为中电工公司的索赔行为构成独立保函欺诈，应终止支付该《履约保函》项下的款项，遂向一审山西省高级人民法院提起诉讼。

一审山西省高级人民法院作出（2017）晋民初55号民事判决，判决建行太原二营盘支行终止支付编号为141408253080131《履约保函》项下的款项125,973,392.6元。中电工公司不服一审判决，上诉至最高人民法院。最高人民法院认为中电工公司不存在《独立保函司法解释》第12条规定的欺诈情形，最终判决驳回了山西电建三公司终止支付案涉独立保函项下款项的诉讼请求。

【案例5–13】中国水利水电第四工程局有限公司与中工国际工程股份有限公司独立保函欺诈纠纷案[1]

（一）关系图

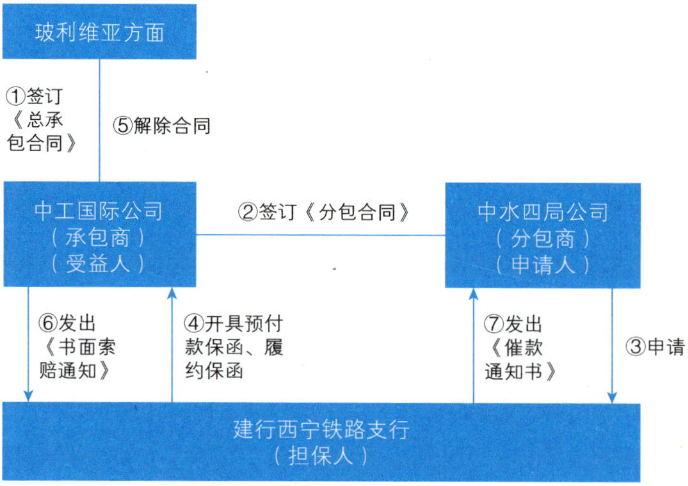

图5–7　本案法律关系

1　参见最高人民法院（2019）最高法民终349号民事判决书。

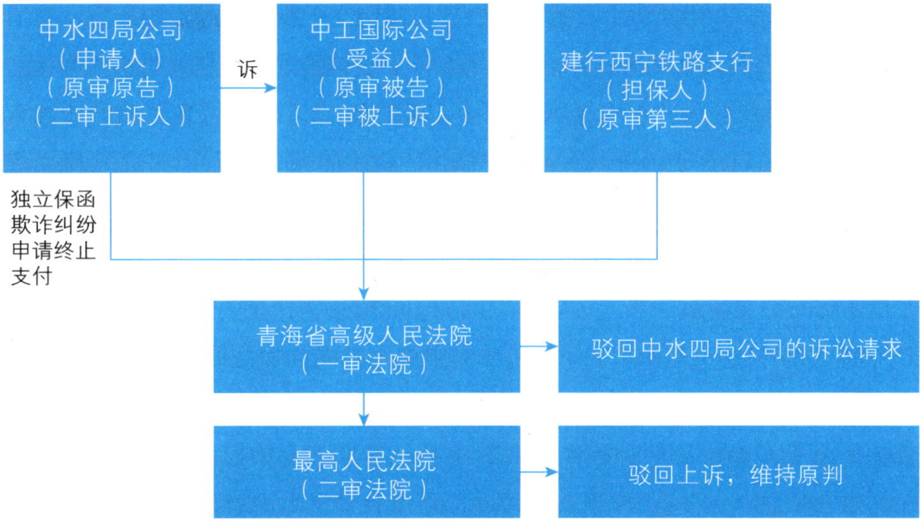

图 5-8　本案诉讼关系

（二）案情简介

2013 年 10 月 2 日，中工国际工程股份有限公司（以下简称中工国际公司）与玻利维亚方面签订蒙特罗—布洛布洛铁路 I 标段编号为 MOPSV/VMTLPI.NO001/2013 的总承包合同，合同金额 722,170,582.88 玻利维亚诺。2014 年 4 月 4 日，中国水利水电第四工程局有限公司（以下简称中水四局公司）和中工国际公司签订《分包合同》。

2014 年 4 月 16 日，经中水四局公司申请，中国建设银行股份有限公司建行西宁铁路支行（以下简称建行西宁铁路支行）向中工国际公司开具了建青铁路保（预 2014）05 号《预付款保函》、建青铁路保（履 2014）16 号《履约保函》。

2015 年 11 月 3 日，玻利维亚方业主解除了与中工国际公司的总承包合同。11 月 5 日，中工国际公司向建行西宁铁路支行发出《书面索赔通知书》，索赔案涉保函，称“截至今年 10 月，中水四局公司施工进度已严重滞后且大面积停工并辞退工人，在既定工期仅剩 1 个月的现状下，已完全无法履行合同所规定的工作义务”。

11月10日，建行西宁铁路支行向中水四局公司发出《催款通知书》，11月12日，中水四局公司向一审法院提出诉前财产保全申请，并提供等额担保。一审法院于11月13日作出（2015）青民保字第29号民事裁定：建行西宁铁路支行停止支付案涉预付款保函项下款项66,315,000元和履约保函项下款项23,210,247元款项；对中水四局公司89,525,247元财产予以查封、扣押或冻结。同日，一审法院向建行西宁铁路支行发出协助执行通知书，查封、扣押或冻结了中水四局公司等额财产。

11月18日，中水四局公司向青海省高级人民法院提起诉讼。11月19日，中工国际公司向中水四局公司发出解除分包合同通知。一审青海省高级人民法院认为中工国际公司索赔案涉保函项下款项不构成独立保函欺诈，并作出（2015）青民二初字第88号民事判决，判决驳回中水四局公司的诉讼请求。中水四局公司不服一审判决，上诉至最高人民法院。最高人民法院判决驳回上诉，维持原判。

【案例5–14】扬州缤纷嘉年华投资发展有限公司与浙江江南新城投资开发有限公司保函欺诈纠纷案[1]

（一）关系图

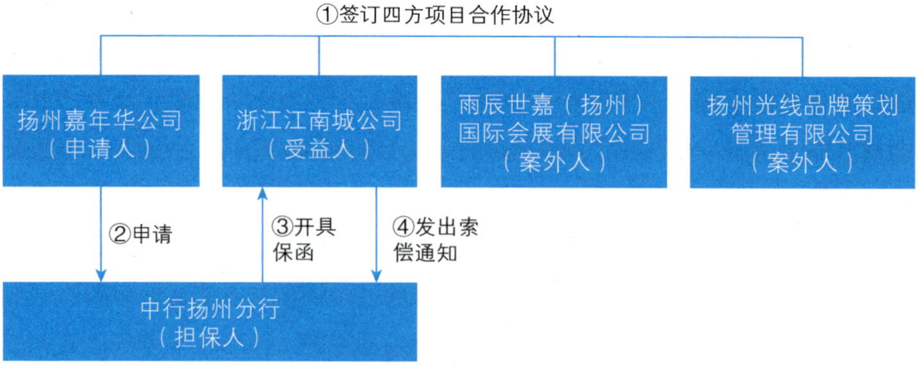

图5–9　本案法律关系

1　参见江苏省扬州市广陵区人民法院（2015）扬广商初字第692号民事判决书。

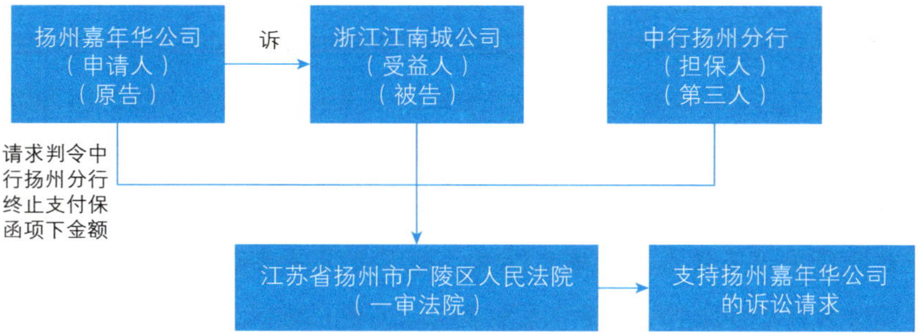

图 5-10　本案诉讼关系

（二）案情简介

2015 年 1 月，扬州缤纷嘉年华投资发展有限公司（以下简称扬州嘉年华公司）、浙江江南新城投资开发有限公司（以下简称浙江江南城公司）、案外人雨辰世嘉（扬州）国际会展有限公司、扬州光线品牌策划管理有限公司就“浙江海宁—江南城英国缤纷嘉年华”项目签订项目合作协议，浙江江南城公司系项目投资主办方，扬州嘉年华公司系项目游乐设施的提供方。2015 年 8 月 2 日，浙江江南城公司、扬州嘉年华公司双方及新区管委会就游乐设备的撤场签署备忘录，约定：（1）扬州嘉年华公司向浙江江南城公司开具 200 万元银行保函，用于保证在设备撤场过程中不损害浙江江南城公司及第三人任何财产等合法权益；（2）扬州嘉年华公司开具保函后，可立即对园区内的所有游乐设备自主进行拆卸、搬运等撤场工作，浙江江南城公司履行主办方职责，保证设备安全无阻的撤离；（3）在扬州嘉年华公司实际撤场工作全部完成后，若对浙江江南城公司及第三人任何财产等合法权益有所损害的，应予以修复或照价赔偿。备忘录生效后，浙江江南城公司、扬州嘉年华公司共同向第三人中国银行股份有限公司扬州分行（以下简称中行扬州分行）申请开立 200 万元的银行保函。2015 年 8 月 13 日，中行扬州分行向浙江江南城公司出具编号为 GC0723215000256 保函一份，保函期限至 2015 年 9 月 10 日，载明保函作为扬州嘉年华公司履行备忘录项下相关义务的履约保函，收到浙江江南城公司签署的声明承包方未能按合同履行相关义务的书面索赔通知及保函正本原件 7 个工作日内，按照书面索赔通知要求的方式支付总额不超过200万元的款项。保证期间至2015年9月10日，后延至2015年10月10日。

2015年9月22日，浙江江南城公司向中行扬州分行提出索赔200万元申请，并提供了修复费用报告，其中万邦工程管理咨询有限公司预算价格2,337,288元，浙江博元建设股份有限公司预算价格2,188,422元。2015年9月28日，扬州嘉年华公司委托苏州昊实市政工程有限公司对道理及绿化修复价格进行预算，金额为210,284元。扬州嘉年华公司遂委托律师向新区管委会出具律师函，表示扬州嘉年华公司愿意进行修复，请求新区管委会不移送保函原件。诉讼中，应扬州嘉年华公司申请，审理法院委托江苏华瑞苏盛建设咨询房地产评估有限公司对场区道路及绿化工程造价进行了评估，金额为192,430.17元。扬州嘉年华公司诉请法院确认浙江江南城公司在扬州嘉年华公司申请开立的GC0723215000256保函（全额200万元）项下存在欺诈，请求判令中行扬州分行终止支付保函项下金额。

2017年1月21日，扬州市广陵区人民法院认为浙江江南城公司索赔的行为构成独立保函欺诈，最终作出（2015）扬广商初字第692号民事判决，判决中行扬州分行终止支付编号为GC0723215000256保函项下200万元款项。

第二节 | 法律问题分析

一、构成独立保函欺诈的情形

在民商事领域，欺诈是指故意告知虚假情况或者故意隐瞒真实情况。关于独立保函欺诈的内涵和外延，国际公约及惯例如国际商会URDG758和联合国《独立担保与备用信用证公约》并没有具体的规定，而是将对独立保函欺诈释义的权利归于各国国内法，并予以规范。在我国，《独立保函司法解释》对此作出了详细地阐述，其第12条规定："具有下列情形之一的，人民法院应当认定构成独立保函欺诈：（一）受益人与保函申请人或其他人串通，虚构基础交易的；（二）受益人提交的第三方单据系伪造或内容虚假的；（三）法院判决或仲裁裁决认定基础交易债务人没有付款或赔偿责任的；（四）受益人确认基础交易债务已得到完全履行或者确认独立保函载明的付款到期事件并未发生的；（五）受益人明知其没有付款请求权仍滥用该权利的其他情形。"由此可见，从前述独立保函欺诈情形的规定来看，其中第1项属于虚构基础交易欺诈，第2项属于单据欺诈，第3项、第4项、第5项属于受益人滥用付款请求权欺诈。现就该五种情形作出具体阐述。

（一）虚构基础交易欺诈

《独立保函司法解释》第12条第1项规定："具有下列情形之一的，人民法院应当认定构成独立保函欺诈：（一）受益人与保函申请人或其他人串通，虚构基础交易的……"独立保函中的独立性并不绝对，也就是说，独立保函的独立性并不代表其与基础交易完全割裂，而是着重强调基础交易确实不存在，该情形是指受益人与独立保函申请人或其他人恶意串通虚构基础交易，以取得担保人的付款，此种情形属于《独立保函司法解释》第12条第1项规定的虚构基础交易，显然不能受独立性原则的保护。在本章案例中，案例5-12援引《独立保函司法解释》第12条第1项规定，申请人认为存在独立保函欺诈情形，请求不予支付保函项下款项，但经过法院审理，认为受益人并未与保函申请人或其他人串通，虚构基础交易，不应当认定构成独立保函欺诈。具体原因论述如下：

在案例5-12中，最高人民法院在二审判决书中认为，案涉出具于2016年7月14日的履约保函载明的基础合同是《补充协议七》。2016年5月5日，中电工公司与山西电建三公司签订《补充协议七—1》，其中明确载明："经双方协商一致，特对《补充协议七》中的内容做出如下变更与补充。"由此可知，《补充协议七—1》仅是对《补充协议七》部分条款作出补充与变更，而不是取代了《补充协议七》，《补充协议七》中约定的债权债务关系仍然存在。尽管《补充协议七》和《补充协议七—1》中对双方的债权债务关系使用了不同的措辞，分别表述为垫款和借款，但是两协议指向的是同一个债权债务关系，即中电工公司为山西电建三公司支付的代垫款项。《补充协议七—1》中将双方的关系表述为借款，不构成对双方之间法律关系的变更。双方明确约定《补充协议七—1》系对《补充协议七》中部分内容的变更与补充，因此《补充协议七》也不因双方签订了《补充协议七—1》而失去法律效力。各方当事人对中电工公司为山西电建三公司代垫款项的事实并无异议，案涉独立保函载明的基础交易真实存在。因此，在申请开立案涉独立保函时，山西电建三公司与中电工公司未向建行太原二营盘支行提交《补充协议七—1》，不构成《独立保函司法解释》第 12 条第 1 项规定的“虚构基础交易”情形。由此可见，虽然独立保函独立于基础交易关系，但其索赔前提为存在基础交易关系以及其项下的付款义务。否则，独立保函所保障的交易都不存在或已经履行完毕，其也就失去了索赔的前提。

（二）单据欺诈

《独立保函司法解释》第 12 条第 2 项规定了单据欺诈的情形：“具有下列情形之一的，人民法院应当认定构成独立保函欺诈：……（二）受益人提交的第三方单据系伪造或内容虚假的。”该情形是指受益人主观上存在故意，提交伪造或内容记载虚假的第三方单据。实践中，如确有证据证明单据系伪造或存在欺诈情形，担保人有权拒付。案例 5-14 即构成此种类型的独立保函欺诈。

在案例 5-14 中，江苏省扬州市广陵区人民法院在一审判决书中认为，中行扬州分行向浙江江南城公司出具独立保函，同意浙江江南城公司在提交书面索赔申请及保函正本原件后，向其支付总额不超过 200 万元的款项，此独立保函担保人的付款义务独立于基础交易关系及保函申请法律关系，仅承担相符交单的付款责任，系独立保函。受益人浙江江南城公司索赔时虽提供了万邦工程管理咨询有限公司、浙江博元建设股份有限公司的修复费用预算书，但其金额是法院委托的评估机构鉴定金额的十余倍，万邦工程管理咨询有限公司、浙江博元建设股份有限公司的预算书内容虚假，故浙江江南城公司索赔的行为构成独立保函欺诈。

（三）受益人滥用付款请求权

《独立保函司法解释》第 12 条第 3 项、第 4 项、第 5 项规定：“具有下列情形之一的，人民法院应当认定构成独立保函欺诈：……（三）法院判决或仲裁裁决认定基础交易债务人没有付款或赔偿责任的；（四）受益人确认基础交易债务已得到完全履行或者确认独立保函载明的付款到期事件并未发生的；

（五）受益人明知其没有付款请求权仍滥用该权利的其他情形。”上述内容为受益人明显滥用付款请求权的情形，即受益人明知其没有付款请求权，却故意隐瞒事实，仍出具并提交表面与保函条款相符的单据，如付款请求书和违约声明，诱使担保人错误付款，故该种滥用付款请求权的行为也构成欺诈。

但是，上述法律规定在司法实践中可能引发一些问题，包括：第一，对于第3项中所规定的法院判决、仲裁裁决的限定不甚明确，外国或我国境内其他法域的法院或仲裁机构作出的仲裁裁决和判决是否可以作为依据？仲裁裁决或判决是否必须是终局性的或已生效的？对于国外的仲裁裁决是否必须是已经得到承认的？第二，关于第4项中所述的受益人确认基础交易已得到完全履行或独立保函载明的到期事件并未发生的情形，由于商事活动往往存在变数，如果受益人虽然先以某种方式对此予以确认，但随后由于情势变更或发现确认之时所未发现的债务人的违约事实，那么在保函的付款请求期限届满之前，受益人是否还有权请求担保人承担相应的付款责任？第三，第5项中所述的兜底条款赋予了法院一定的自由裁量权，但是，这是否会破坏独立保函的独立性？[1]上述问题仍待解决。现笔者结合本章所述案例进行详细分析。

1. 关于《独立保函司法解释》第12条第3项规定的独立保函欺诈类型

《独立保函司法解释》第12条第3项的规定将独立保函欺诈认定的条件限定为“法院判决或仲裁裁决认定基础交易债务人没有付款或赔偿责任”，因此，除非独立保函另有约定，对基础合同的审查应当限定在独立保函担保范围内的履约事项，在将受益人自身在基础合同中是否存在违约行为纳入独立保函欺诈的审查范围时应当十分审慎。法院判决或仲裁裁决应当以最终裁判为准，原因在于，基础合同本身不应当过分干预独立保函的独立性；商业交易风险大，当事人对判决有争议的，仍可申请上诉、再审，若不赋予受益人在基础合同诉讼过程中索款的权利，将不利于受益人商业利益的保障。因商事交易的变化性强、策略性要求高，受益人的确认时间应当以距离索款最近的一次确认时

1　参见董琦：《独立保函欺诈例外研究——兼论最高人民法院〈独立保函司法解释〉的适用》，载《东南学术》2019年第3期。

间为准。[1]本章案例 5–10 和第三章案例 3–1 均援引了《独立保函司法解释》第 12 条第 3 项，其中，本章案例 5–10 不符合该项所规定的情形，不构成保函欺诈；但是第三章案例 3–1 符合该项所规定的情形，构成独立保函欺诈。现结合本章案例 5–10 和第三章案例 3–1 详述。

在本章案例 5–10 中，最高人民法院在再审判决书中认为，虽然哥斯达黎加建筑师和工程师联合协会作出仲裁裁决，认定哥斯达黎加东方置业公司在履行合同过程中违约，但上述仲裁程序于 2012 年 2 月 7 日由安徽外经公司启动，哥斯达黎加东方置业公司并未提出反请求，2013 年 7 月 9 日作出的仲裁裁决仅针对安徽外经公司的请求事项认定哥斯达黎加东方置业公司违约，但并未认定安徽外经公司因对方违约行为的存在而免除付款或者赔偿责任。因此，哥斯达黎加东方置业公司作为受益人，其自身在基础合同履行中存在违约情形，虽经仲裁裁决确认但并未因此免除安徽外经公司的付款或者赔偿责任，不能依据上述仲裁裁决的内容认定哥斯达黎加东方置业公司构成《独立保函司法解释》第 12 条第 3 项下的保函欺诈，因此，本章案例 5–10 不构成保函欺诈。

在第三章案例 3–1 中，最高人民法院在二审判决书中认为，1355 号判决结合法院调取的证人证言及证人提供的证据材料、案涉工程建设过程中形成的会议纪要、湖北长江公司向商务部申报的营业额以及我国驻利比亚参赞处出具的意见等证据，认定能够查明的案涉工程量不低于 26.695 亿元，高于湖北长江公司给付的工程预付款金额，说明工程预付款已用于工程，浙江中博公司并没有不当占有该工程款项，即浙江中博公司对湖北长江公司没有交还预付款的义务。也就是说，已生效的法院判决认定浙江中博公司作为基础交易的债务人没有付款责任。因此，第三章案例 3–1 符合《独立保函司法解释》第 12 条第 3 项下的独立保函欺诈情形，构成独立保函欺诈，湖北长江公司请求支付保函项下款项的诉讼请求没有得到支持。

2. 关于《独立保函司法解释》第 12 条第 4 项规定的独立保函欺诈类型

关于《独立保函司法解释》第 12 条第 4 项规定的受益人确认基础交易债

1 参见黄晓娟：《独立担保欺诈例外的适用——以〈最高人民法院关于审理独立保函纠纷案件若干问题的规定〉为视角》，载《福建工程学院学报》2018 年第 5 期。

务已得到完全履行或者确认独立保函载明的付款到期事件并未发生的保函欺诈情形，在案例5-10中有所援引。在该案中，最高人民法院在再审判决书中认为，双方对工程质量发生争议的事实以及哥斯达黎加建筑师和工程师联合协会争议解决中心作出的《仲裁裁决书》中涉及工程质量问题部分的表述能够佐证，安徽外经中美洲公司在《施工合同》项下的义务尚未完全履行，并不存在哥斯达黎加东方置业公司确认基础交易债务已经完全履行或者付款到期事件并未发生的情形，因此，该案不符合《独立保函司法解释》第12条第4项规定的情形，不构成独立保函欺诈。

3. 关于《独立保函司法解释》第12条第5项规定的独立保函欺诈类型

《独立保函司法解释》第12条第5项对受益人明显滥用付款请求权的其他情形规定了概括性的兜底条款，受益人没有付款请求权，既包括基础合同无效而索款，也包括其他在没有付款请求基础事实的情况下不当使用付款请求权等情形。考虑到独立保函欺诈在实践中的复杂多样性，该条款给各级法院在个案中认定独立保函欺诈留下了充足的讨论空间，但必须加以限制才可得以实现，因此，应当严格限定欺诈例外的情形，以确保独立保函制度的生命活力。现结合第三章案例3-1和本章案例5-12、案例5-13详述。

在第三章案例3-1中，最高人民法院在二审判决书中认为，《承包合同书》第34条明确约定，如果因为不可抗力或发包人原因造成工程延期或其他责任，总包人和承包人双方免责，并共同采取措施减少损失。湖北长江公司对不可抗力导致各方当事人的风险分担是明知的。1355号判决已经查明因利比亚国内发生战争，浙江中博公司和湖北长江公司撤离案涉工程项目。浙江中博公司系因不可抗力不能履行合同，并未违约。在此情况下，湖北长江公司对其不享有案涉独立保函索赔权是明知且清晰的。湖北长江公司明知案涉工程因不可抗力无法继续的情况下，仍然坚持以浙江中博公司违约为由，要求建行温岭支行支付履约保函项下款项，缺乏诚实信用，属于滥用索赔权，构成独立保函欺诈。

相反，本章案例5-12和案例5-13中的受益人均不存在滥用付款请求权的情形，不构成独立保函欺诈。在案例5-12中，中电工公司与山西电建三公司尚未对有关债权债务进行最终结算，中电工公司支付的代垫款项数额并未确定，山西电建三公司提交的证据不足以证明中电工公司存在明知没有付款请求权仍滥用该权利的情形；在案例5-13中，《分包合同》第20.2.2条虽然约定“预付款起扣根据主合同同步进行，直至扣完为止”，但该条款并未写入预付款保函的索赔条件中。中工国际公司作为受益人，无须证明其索赔金额即是基础关系项下的应付金额，其全额索兑预付款保函的行为不宜被认定为滥用付款请求权，故中工国际公司作为受益人，具有基础合同项下的初步证据证明其索赔请求具有事实依据，享有索兑《预付款保函》的请求权，其不存在滥用付款请求权的情形，不构成独立保函欺诈。

二、独立保函欺诈的种类

结合相关法律规定及实际情况，独立保函欺诈手段大体上可以分为以下四类：

第一类，受益人欺诈。受益人欺诈是独立保函中最常见的欺诈情形。在这种担保形式下，只要受益人向担保人提出申请人违约声明，担保人即应履行偿付独立保函下款项的责任，而违约声明可由受益人自己提供，欺诈手段也并不复杂。受益人欺诈可进一步细分为欺诈与滥用权利：欺诈主要是强调受益人明知申请人没有违约但仍向担保人提出索款要求；滥用权利则指虽然存在申请人违约的事实，但申请人的违约完全是因为受益人的行为引起的，受益人仍向担保人提出索款。但实践中并不对上述两种情况进行辨别，而主要强调受益人恶意行使索款权利的事实是否存在。如果受益人明知基础合同债务人已履行合同义务，或即使申请人违约，也是因为受益人先表示其将不履行合同义务或先实际违约，而受益人却提示与独立保函表面相符、内容不实的单据，向担保人提出索赔要求，意图造成担保人或申请人的损失以谋取不正当利益，实践中即认为构成独立保函欺诈。第三章案例3-1和本章案例5-14均属于此种类型的独立保函欺诈。

第二类，受益人与申请人联合欺诈。这种方式是指受益人与申请人恶意串通，虚构基础交易，骗取担保人的资金。独立保函的受益人与申请人之间可能并不存在基础合同交易，或基础合同交易已经顺利履行，而受益人仍然向担保人提供虚假的、与独立保函要求一致的索款单据。在申请人并未提供足额开证保证金的情况下，担保人转而向申请人提出索偿要求时就得不到足额的补偿，这样申请人与受益人就可能达到套取担保人资金的目的。

第三类，申请人欺诈。这种欺诈主要表现在伪造、变造、骗取独立保函。主要是行为人通过虚构的担保人的名义或假冒有影响的担保人的名义开出虚假的独立保函，或以欺骗的手段骗取真实的独立保函。

第四类，担保人欺诈。这种欺诈是指独立保函担保人知道或应当知道受益人欺诈，但仍在独立保函项下恶意付款，并请求反担保人付款；或担保人未收到受益人付款请求即请求反担保人付款的情形。

三、中（终）止支付独立保函项下款项的证明标准

（一）中止支付独立保函项下款项的证明标准为高度可能性

《独立保函司法解释》第 14 条规定：“人民法院裁定中止支付独立保函项下的款项，必须同时具备下列条件：（一）止付申请人提交的证据材料证明本规定第十二条情形的存在具有高度可能性；（二）情况紧急，不立即采取止付措施，将给止付申请人的合法权益造成难以弥补的损害；（三）止付申请人提供了足以弥补被申请人因止付可能遭受损失的担保。止付申请人以受益人在基础交易中违约为由请求止付的，人民法院不予支持。开立人在依指示开立的独立保函项下已经善意付款的，对保障该开立人追偿权的独立保函，人民法院不得裁定止付。”根据第 14 条第 1 项的规定，裁定止付必须同时具备三个条件：（1）止付申请人提交的证据材料能够证明其所主张的第 12 条规定的欺诈情形的存在具有高度可能性。这包含三层含义：第一，法院止付独立保函仅限于第 12 条规定的欺诈情形，即存在无真实交易、单据欺诈或明显滥用付款请求权的情形；第二，受益人提交单据被推定为是善意无欺诈的，因此，证明欺诈的责任在于止付申请人；第三，止付申请人的举证标准必须达到高度盖然性的程度。（2）止付申请人须证明情况紧急，如不立即止付将给止付申请人的合法

权益造成难以弥补的损害。（3）止付申请人提供了足以弥补被申请人因止付可能遭受损失的担保。第14条第2项规定，止付申请人以受益人在基础交易中违约为由请求止付的，法院不予支持。这一规定的目的是防止止付程序转变为对基础交易违约事实的审理。第14条第2项反向规定了不得裁定止付的情形，即转开独立保函情形下担保人已经善意付款的，对于保障担保人追偿权的独立保函，法院不得裁定止付。[1] 由此规定可知，对于中止支付时的欺诈要件采用高度可能性的证明标准，即申请人提供的证据达到具有高度可能性存在《独立保函司法解释》第12条情形的证明标准。

上述规定的目的在于尊重独立保函的特征，维护保函当事人的权益。但止付裁定与一般行为保全作出的时限相同，却要求法官对“欺诈有高度可能性”进行判断，这无疑对法官的相关专业能力提出了更高的要求。事实上，独立保函止付领域中也存在超短审限、错案风险以及重实体轻程序的惯性思维造成止付难的问题，但是近年来我国独立保函数量增长，保函金额巨大且多具涉外因素，如果不能及时止付，止付申请人利益受损的风险很大。法院在独立保函止付案件中，应当足够谨慎并注重效率，把握独立保函欺诈行为的证明标准，在欺诈有很大可能或极有可能发生时，应当立即作出止付裁定。[2]

例如，在安徽望江农村商业银行股份有限公司与望江嘉源针织有限责任公司独立保函欺诈纠纷案[3]中，法院认为独立保函申请人望江嘉源针织有限责任公司与受益人江西丰成实业有限公司串通，虚构基础交易，且在独立保函未载明保证权利可转让和据以确定新受益人的单据情形下，莘县实发能源有限公司仍诉讼要求安徽望江农村商业银行股份有限公司下属杨湾支行承担保证责任，如不立即采取止付措施，将给止付申请人安徽望江农村商业银行股份有限公司的合法权益造成难以弥补的损害，且止付申请人安徽望江农村商业银行股份有限公司提供了足以弥补因止付可能遭受损失的担保，故法院裁定安徽望江农村商业银行股份有限公司中止支付对望江嘉源针织有限责任公司出票给

1 参见张勇健、沈红雨：《〈关于审理独立保函纠纷案件若干问题的规定〉的理解和适用》，载《人民司法》（应用）2017年第1期。
2 参见周平阳：《论我国〈独立保函司法解释〉止付证明标准层次之构建》，载《法制博览》2018年第4期。
3 参见安徽省望江县人民法院（2017）皖0827民初2457-1号民事裁定书。

江西丰成实业有限公司23798528号、23798529号商业承兑汇票独立保函项下的款项。

（二）终止支付独立保函项下款项的证明标准为排除合理怀疑

《独立保函司法解释》第20条规定："人民法院经审理独立保函欺诈纠纷案件，能够排除合理怀疑地认定构成独立保函欺诈，并且不存在本规定第十四条第三款情形的，应当判决开立人终止支付独立保函项下被请求的款项。"由此可见，申请人或担保人要求法院判决终止付款，对独立保函欺诈行为的举证证明程度需要达到排除合理怀疑的证明标准，即对独立保函构成欺诈的证明标准高于一般民事案件的证明标准。

将排除合理怀疑引入主要有两个原因：首先，从独立保函本身入手，它被用以保证受益人能够快速且确定地获得赔偿款项，倾向保护受益人的利益。在申请开立独立保函时，保函的申请人及担保人就应当对此有所认识。如果使申请人承担较低的证明责任后法官即可认定独立保函欺诈进而终止独立保函的支付，将使受益人无法获得保函项下款项赔付的风险大大增加，不符合独立保函适用的目的。其次，从审判的形式来看，终止支付是以判决的形式作出，将对当事人的权利义务产生实质性的影响，必须经过当事人对独立保函欺诈的举证质证、对席辩论，基于此法官可以对案件事实予以充分地调查认定，从而判断证据的真伪以及证明力的大小，在此过程中，法官应当更加严谨。排除合理怀疑一般理解为对于认定的事实，法官已经没有符合常理的有根据的怀疑，事实上已达到确信的程度。[1]

在案例5-11中，案涉独立保函相关的基础交易真实，独立保函所担保的债务人浙江中高公司在交易中也存在违约行为。工行义乌分行主张中技公司存在独立保函欺诈，其所提供的证据既没有形成证据链，也远没有达到排除合理怀疑的证明程度。工行义乌分行并没有提供充分证据证明中技公司存在保函欺诈行为，故一审、二审、再审法院判决均驳回工行义乌分行请求终止支付案涉保函项下款项的诉讼请求。

1　参见肖沛权：《论排除合理怀疑证明标准的司法适用》，载《法律适用》2015年第9期。

四、法院在独立保函欺诈纠纷案件审理中对基础交易的审查限度

《独立保函司法解释》第 18 条规定："人民法院审理独立保函欺诈纠纷案件或处理止付申请，可以就当事人主张的本规定第十二条的具体情形，审查认定基础交易的相关事实。"该条明确了我国法院在处理独立保函欺诈纠纷案件或处理止付申请时可以对基础交易合同进行审查，但是并没有限定介入的程度。笔者认为，在法院处理独立保函欺诈纠纷案件或处理止付申请时坚持对基础交易合同"必要的有限审查"原则是极其必要的。

坚持对基础交易合同"必要的有限审查"原则是维护独立保函独立性的必然要求。独立保函的独立性要求担保人和受益人的权利义务关系只遵循独立保函的约定，不受申请人与受益人的基础交易合同的影响，因此，法院原则上只能就独立保函法律关系进行审查，不能审查基础交易合同的实际履行情况。但在特殊情况下，法院必须审查基础合同的履行情况来确定受益人是否拥有向担保人索款的权利，从而决定是否应当认定受益人存在欺诈行为。但在独立担保独立性的限制下，法院要限制对基础交易合同的干预程度，只能就涉及受益人索赔声明部分的基础交易关系和事实进行审查，不能涉及对基础合同其他权利义务关系和案件事实的判定。[1]坚持对基础交易合同"必要的有限审查"原则也是对审理基础合同争议的法院的管辖权和当事人仲裁协议的尊重。法院在处理独立保函欺诈纠纷时审理的法律关系是独立保函法律关系，其与基础合同法律关系有本质上的不同，即使在特殊情况下法院必须涉及基础合同的审查，也应尊重日后审理基础合同法律争议的法院或者仲裁机构的法定管辖权。这就要求法院在审理独立保函欺诈案件时对基础合同的审查不能影响日后对基础交易项下纠纷的诉讼和仲裁。

法院对基础交易合同进行必要的有限审查的具体内容如下：

首先，止付申请人以基础合同无效、合同主体变更、隐瞒基础合同关系等主张保函欺诈的，不属于《独立保函司法解释》欺诈例外类型化认定的五种

1　参见翟红、余希：《独立保函纠纷审判难点探究》，载《人民司法》2012 年第 3 期。

情形之一，除非能证明上述事实与欺诈之间的关联性，否则可以从形式上予以排除。换言之，法院在独立保函欺诈纠纷中处理的是类型化欺诈情形的认定，在认定过程中有时需要对基础交易进行有限的审查，但这种审查是第二性的，应当以类型化的欺诈情形作为原则和指引。

其次，止付申请人主张虚构基础交易的，法院的审查一般着眼于真实交易是否实际存在，不存在介入基础交易的审查必要。此外，止付申请人基于“人民法院判决或仲裁裁决认定基础交易债务人没有付款或者赔偿责任”主张保函欺诈例外的，法院仅需审查判决或裁决的真实性以及其认定的基础交易相关事实与止付申请人主张的关联性即可，也无须介入基础交易的审查。此处的判决或裁决虽不要求是终局性的，但在双方基础法律关系提交仲裁或诉讼结果尚未明确的情形下，根据“先付款，后争议”的独立保函规则，法院应当尊重当事人的风险分担安排，无需中止审理独立保函欺诈案，无需待基础交易相关诉讼或仲裁结束后，才依据基础交易相关判决或裁决认定受益人的索款请求是否存在欺诈。

再次，止付申请人主张单据欺诈的，法院仅需对单据进行形式及内容真实性的审查，无需介入基础交易的审查。在审理单据欺诈类型的独立保函纠纷案件时，还应注意区分单据欺诈和文义分歧的情形，止付申请人主张受益人单据欺诈，经查明实际属于双方对案涉独立保函文本的理解产生分歧的情况下，法院不宜直接对独立保函文义的理解作出认定，而应当谦抑地行使审判权，仅对受益人是否存在明知没有付款请求权仍滥用该权利作出判断，不符合欺诈认定标准的应认定不存在独立保函欺诈，独立保函文义的理解则不属于独立保函欺诈纠纷的审理范围。

最后，止付申请人以“受益人确认基础交易债务已得到完全履行或确认独立保函载明的付款到期事件并未发生”为由主张独立保函欺诈的，法院有必要对基础交易进行审查，以确认申请人是否存在违约行为、付款到期事件是否发生等，但这种审查必须是有限度的，一般仅限于以受益人信函、出具的确认书、受益人与债务人之间达成的协议等为凭证，对索赔声明中的陈述是否属实、正当进行认定，而不能深入对基础交易权利义务的审理。[1]

在本章的部分案例中，也对“必要的有限审查”原则有所涉及。在案例5-11中，最高人民法院在再审民事判决书中认为，独立保函欺诈系独立保函独立性原则的唯一例外，法院审理该类纠纷案件，虽可以突破不受基础法律关系影响的阻却，但对基础交易的审查范围与程度应遵循有限审查的原则。中技公司与浙江中高公司签订的分包合同即基础合同中约定争议适用仲裁，故基础合同的性质、效力、具体履行情况等不应属于该案审查范围，但该案可以审查认定基础交易中与工行义乌分行主张的保函欺诈相关的事实，如浙江中高公司的基础合同项下的义务范围、是否存在违约行为等，以判定受益人中技公司是否存在保函欺诈情形，在此限度内的审查与基础合同约定的仲裁条款不冲突。

在案例5-12中，受益人中电工公司是否存在《独立保函司法解释》规定的明知没有付款请求权仍滥用该权利的情形，应由主张欺诈的当事人提供证据加以证明，而不应通过对基础交易的全面审理来确定，这是独立保函作为“先付款、后争议”债权保障机制的主要特征之一。该案中，最高人民法院在二审判决书中认为，中电工公司与山西电建三公司尚未对有关债权债务进行最终结算，中电工公司支付的代垫款项数额并未确定，山西电建三公司提交的证据不足以证明中电工公司存在明知没有付款请求权仍滥用该权利的情形。

此外，在第三章案例3-1中，针对湖北长江公司支付独立保函项下款项的请求，建行温岭支行和第三人浙江中博公司均提出了“欺诈止付”的抗辩，即以湖北长江公司欺诈为由，要求终止支付独立保函项下的款项。最高人民法院在二审判决书中认为，虽然独立保函独立于基础合同，只要符合独立保函索赔条件，担保人就应当支付保函项下款项；但针对独立保函的独立性，国际惯例和相关法律同时又确立了“欺诈例外”的原则，此时不受独立保函独立于基础交易原则的制约。在涉及独立保函是否涉嫌欺诈的情况下，应当对该案基础交易的事实作有限审查。

《独立保函司法解释》第18条规定了法院实质审查的权利，却未将类似

1 参见董琦：《独立保函欺诈例外研究——兼论最高人民法院〈独立保函司法解释〉的适用》，载《东南学术》2019年第3期。

于“显失公平例外”和“基础交易违法例外”等情况规定在条文中，故法官在明确的法律条款下有一定程度的自由裁量权，对基础交易合同“必要的有限审查”的审查方式，有利于约束法院对基础交易合同的干预程度，维护独立担保的独立性，也使独立保函制度的优势更加突出。

第三节 | 法律风险提示

独立保函下发生欺诈性索款主要是利用了这种担保独立于基础交易这一特点，欺诈性索款之所以能够成功，还是源于独立保函条款设置不够严密或不够慎重。尤其是在交易双方地位悬殊的情况下，申请人可能接受一些不公平或者条件苛刻的条款，致使漏洞被利用，进而发生欺诈。为避免被欺诈，独立保函涉及的各方均应提高警惕。针对独立保函业务中存在的欺诈手段，当事人应该及时做出相应的对策，笔者提出如下建议。

一、重视资信调查

对申请人而言，应严格对受益人的资信进行调查。考察受益人资信要看其以往交易诚信与否、企业的规模和商界的地位、以往合作的表现，等等。可以通过银行、受益人所在国的资信评估机构、商会、行业协会或驻外机构等对其资信进行调查，并建立完备档案，在安全的基础上争取最大利润。

受益人也要对申请人与银行的资信进行调查。即使独立保函是真实的，也会面临银行和申请人的信用风险。如资信不好的银行可能面临倒闭、破产，收取这些银行开具的独立保函，担保作用无疑难以落实。

对担保人来说，则要对申请人的资信状况、偿债能力及发展前景进行详细的调查和严格的审查，做好风险防范工作，避免将来遭受损失。此外，担保人还应通过委托受益人所在地的银行、国际知名的咨询与评级机构等民间组织等方式，对受益人进行资信调查和审查。特别是对于金额较大的担保项目，必要时应通过实地考察、走访客户或通过相关机构的调查，了解受益人的经营状况和经营作风等，以防范受益人的信用风险。

二、严格设置和审核独立保函条款

独立保函作为一种具有法律效力的担保文件，措辞必须严谨，否则将出现因独立保函条款本身有失公允或不够清晰完备而导致的风险。担保人在办理对外担保业务时，应根据担保类型，严格审查独立保函文本中的金额、索赔、生效条款、失效条款、增减额条款、转让和让渡、仲裁条款、法律适用、国际惯例和争议解决等内容。

（一）期限条款

一般来说，独立保函自开立之日起生效，即使申请人履行基础合同的期限还没到来，受益人也可以立即提出付款要求。此外，申请人设置期限条款时，不仅应关注生效条款，还应同时关注失效条款，不应设置成为可无限延期的“敞口”独立保函。

（二）金额条款

独立保函的金额应当适当，有时申请人为了得到宝贵的交易机会不得不答应一些独立保函金额过高的条件，而这种情况无疑会增加申请人的责任。此外，在必要的情况下应当设置保函金额递减条款，从而使申请人在已经履行部分保函担保事项的情况下，保函金额能够有所减少，以减轻担保人/申请人的责任。同时，关于独立保函金额递减的证明还应设置合理的证明机制，例如，通过申请人向担保人提交一定的证明文件或担保人通过自身的记录能够查明，否则，独立保函金额递减条款将形同虚设。还要注意的是，在设置反担保函的情况下，反担保函相关条款应与担保条款保持一致，包括独立保函金额递减条款。

（三）付款条件（单据）条款

申请人和担保人应尽量将事实条件转化为单据条件，单据条件中有关种类、数量、内容、提交时间和提交方式等要进行明确、严谨的约定，不给恶意的当事人创造滥用权利的机会。

实践中，有的独立保函在提交了简单的书面付款要求后即予以付款，而不需要违约声明或者其他单据要求；有的独立保函则要求提交法院判决或者仲裁裁决。在这两类极端的独立保函中间存在各种形式的独立保函。例如，要求由受益人出具违约声明，指明或者不指明违约性质的保函，或者要求提交由工程师或者检验员出具证明的保函。但是，在保护受益人利益的同时，也要保护申请人免受保函项下不正当索偿的侵害，二者需要平衡。故依照平等和公平交易原则，规定索偿要求采用书面形式且应当至少随附由受益人出具的关于被担保人违约及其违约事由的声明是合理的。

如果申请人在交易中处于优势地位，则可以规定受益人提交的违约声明必须由第三方权威机构出具，如法院或其他司法机关，这样可以进一步保证违约证明的真实性。或者，为减少受益人的交易成本，同时也保全自己的利益，申请人可以要求索赔的单据为第三方签署的证明申请人违约的有关文件等。

而作为受益人，如果需要更大限度地保证自己索赔的成功，则需要防止在单据条件中约定过多受到申请人控制的单据。

此外，独立保函申请人还需要了解准据法国家对保函的到期日、独立保函自动延展、独立保函的金额条款是否有特殊要求。

三、如遭遇独立保函欺诈，及时向法院申请止付

受益人是基础交易的债权人，其应当对自己是否享有索赔权进行客观、理性的判断，依据诚实信用原则行使索赔权。如果根据一般理性人的通常认知标准，能够做出受益人的索赔没有事实基础和可信依据，有违诚信原则的判断，则可认定受益人系明知没有付款请求权仍滥用该权利，此时受益人的行为构成独立保函欺诈。独立保函欺诈纠纷案件除当事人书面协议由其他法院管辖或提交仲裁以外，由被请求止付的独立保函的担保人住所地或被告住所地法院管辖。

当独立保函的申请人、担保人或指示人发现有《独立保函司法解释》第12条情形的，遭遇独立保函欺诈，应及时向法院申请止付。法院受理止付申请后，将在48小时内作出书面裁定，对于符合《独立保函司法解释》第14条规定的情形，裁定中止支付独立保函项下的款项，且应立即执行。法院能够排除合理怀疑地认定构成独立保函欺诈，如果不立即采取止付措施，将给止付申请人的合法权益造成难以弥补的损害，并且止付申请人提供了足以弥补因止付可能遭受损失的担保，法院将根据《独立保函司法解释》第20条的规定，判决终止支付独立保函项下被请求的款项。

鉴于《独立保函司法解释》明确、系统地规定了独立保函的止付程序，同时采取了严格的欺诈认定标准和证明标准。担保人在处理欺诈止付案件时，应持审慎态度。一方面，要维护担保人信誉，坚持独立性原则，不介入基础交易纠纷；另一方面，也要遵守法院中止支付裁定和终止支付判决。担保人在收到法院下达的止付裁决后，应积极跟进案情进展，督促止付申请人在裁定作出后30日内依法提起欺诈纠纷诉讼或仲裁，避免因地方保护主义或法院程序不完善，导致止付裁决不断延期进而影响银行声誉。[1]

1 参见罗洁：《保函止付案例引发的思考》，载《中国外汇》2017年第18期。

在独立保函下，当受益人提交书面的付款要求以及保函所规定的其他单据后，担保人或者出具人即有义务进行付款，而不以基础交易中被担保人是否实际违约为转移。即担保人向受益人承担附单据条件的付款义务，该项义务独立于基础交易和独立保函的申请关系，不受基础交易和独立保函申请法律关系相关情况的影响。相符交单付款固然是独立保函交易各方当事人自愿接受的风险分配安排，但是受益人欺诈的风险并不是当事人预期承担的风险。国际工程承包、国际货物贸易等领域中，欺诈频发，对于从事国际业务的企业而言，遭遇欺诈在所难免，甚至部分欺诈带来的损害可能是灭顶之灾。因此，《独立保函司法解释》确立了独立性原则的例外情形，认定具有实质性欺诈行为的受益人不受独立性原则的保护，担保人有权拒绝付款。欺诈例外原则在维护独立保函商业效用的同时，起到防止因受益人欺诈索赔而侵害债务人权益的作用。[1]《独立保函司法解释》的出台是我国独立保函立法的尝试和进步，更是对国内担保制度的重大突破，对于完善发展我国的商业及金融信用市场、规范国际国内金融交易秩序，具有重要而深远的意义。同时，想要尽可能地避免独立保函欺诈的潜在风险，还是需要双管齐下，事前预防和事后救济齐抓、私权救济与司法救济并举。也就是说，法院在处理独立保函欺诈纠纷时，既要保障独立保函在国际交易市场中的担保功能，又要同等保护债权人、债务人及担保人在独立保函项下的合法权益。

1 参见耿小宁：《受益人欺诈性索款构成银行独立保函独立性的例外》，载《人民司法》2014 年第 12 期。

附：

履约保函范例

（英文版）

Performance Guarantee Format

To: （Beneficiary' s name and address)

Date:__________________

Performance Guarantee No.

Dear Sirs,

Whereas _________________ （hereinafter called the "Applicant") has entered into contract No. __________ dated __________ with you, for the execution of works/supply of goods / provision of services （description of goods and/or services), pursuant to the contract conditions,

☐ a Performance Guarantee is required.

☐ retention money in the sum of ________________________ covering the Applicant' s warranty obligations will be released against a retention money guarantee.

At the request of the Applicant, we, ________ Bank/company , hereby irrevocably undertake to pay you any sum or sums not exceeding in total an amount of _____________________ （say:_____________________________) upon receipt by us of your first demand in writing and your written statement indicating our guarantee No.__________ stating:

i) that the Applicant is in breach of his obligation（s) under the underlying contract; and

ii) the respect in which the Applicant is in breach.

Your demand for payment must also be accompanied by the following document (s):

☐ i) third party documents;

☐ ii) judicial decisions / arbitral awards;

☐ iii) Other documents.

The maximum amount of this guarantee will be reduced by any payment effected hereunder.

Special conditions:

☐ partial drawing is allowed. ☐ Multiple drawings are allowed.

☐ All bank charges relating to this guarantee are for Applicant' s account.

☐ All banking charges outside China are for account of the beneficiary.

☐ This guarantee is non-transferable.

☐ It is a condition for any claim and payment to be made under this guarantee that the retention money referred to above must have been received by the Applicant on his account number ______________________________ with us.

For the purpose of authentication, your written demand for payment has to be presented to us through a bank confirming that the signature (s) thereon are legally binding upon you.

This guarantee shall expire on ___________ at the latest. Consequently, any demand for payment under it must be received by us at this office on or before that date. Otherwise, any obligations or liabilities thereunder shall be fully and automatically discharged or released regardless of original guarantee being retained or returned to us.

This guarantee is subject to ☐ URDG 458 ☐ URDG 758 .

This guarantee shall be settled by final and binding arbitration. The appointing authority shall be__________ (Arbitration Commission).The place of arbitration shall be in __________. Any such arbitration shall be administered by __________ in accordance with the arbitration rules of __________ in effect at the time of arbitration. The dispute shall be adjudicated by three (3) arbitrators, one of whom shall be appointed by Beneficiary and one of whom by our bank/company. The third arbitrator shall be appointed by both parties through negotiation, provided however that if the parties cannot decide upon the selection of the third arbitrator, then the third arbitrator shall be appointed by__________ in accordance with the arbitration rules of __________. The arbitration proceedings shall be conducted in _________ (language). The arbitral award shall be final and binding upon the parties.

[Issuer' s name]

[By its undersigned officer]

[Date]

（中文版）

保函编号：

履约保函

____________：

鉴于本保函申请人________与贵方就__________达成__________（合同名称）。根据该合同的约定，应申请人之请求，我行/公司兹开立以贵方为受益人的履约保函。具体约定如下：

一、本履约保函的担保总金额相当于合同总价款的百分之____，总金额不超过币种：________大写金额：____________。

二、我行/公司将在收到符合下列条件的文件之日起____个工作日内，向贵方支付付款请求要求的金额，但付款请求中单次索赔的金额或各次索赔的累计总额均不能超过本保函的担保总金额，我行/公司在本保函项下的责任以担保总金额为限。

索赔时需提交下述文件：

（1）经贵方法定代表人或其授权人签署并加盖贵方公章的索赔通知书；

（2）经贵方法定代表人或其授权人签署并加盖贵方公章的违约声明，内容包括声明申请人有下列任一行为：申请人违反其合同项下的义务；申请人未支付上述合同中的应付款项；申请人无力偿付债务。

三、本保函项下的担保金额将随工程/合同进度按比例自动递减，我们将按照申请人提交的随附相关文件的说明，相应减少本保函项下的担保金额，并将减额之后的担保金额及时通知贵方。

四、本保函项下的任何付款应免于现在或将来的任何税款、关税、收费、费用、扣除或扣留，也不得以此为由从中作出任何扣减，不论其属于何种性质或由何人征收。

五、本保函自签发之日起生效。本保函到期日以下列日期中先到期者为准：（1）________年____月____日；或（2）根据本履约保函条款担保金额递减至零时。任何索赔必须在失效日前或当天以专人送达或邮寄送达方式送达我行 / 公司。索赔资料送到我行 / 公司的地址为______________，并注明“保函索赔”字样。失效日后，本保函自动失效，无论贵方是否将本保函正本退回我行 / 我司，我行 / 我司的担保责任解除。

六、本保函未经我行 / 公司书面同意不得转让。

七、本保函适用国际商会《见索即付保函统一规则》。

八、与本保函相关的一切争议，将采用如下第____种方式进行解决：

（1）对与本保函有关的一切争议，本银行营业地的法院享有排他的管辖权。

（2）因履行本保函而发生的，或与本保函有关的一切争议，均应提交仲裁机构仲裁；双方指定的仲裁机构是中国国际经济贸易仲裁委员会（以下简称 CIETAC）。仲裁地为 CIETAC 位于北京的办公地点；仲裁规则应适用仲裁时 CIETAC 适用的有效的仲裁规则；仲裁庭应由三名仲裁员组成，其中一名仲裁员由本银行指定，一名仲裁员由受益人指定，另一名仲裁员由双方通过协商确定，协商不成的，由 CIETAC 按照 CIETAC 仲裁规则指定。仲裁程序使用中文；仲裁裁决是终局且对双方皆具有拘束力。

__________银行 / 公司

负责人或授权代表（签字）：

________年____月____日

06 第六章

独立保函的司法管辖和法律适用问题

在独立保函业务尤其是涉外独立保函业务中，出现纠纷时，当事人首先要明确的是解决纠纷所适用的法律和管辖权问题，即分辨适用哪个国家或地区的哪个法律及向哪个法院或仲裁机构提起诉讼或仲裁。判定独立保函法律适用及管辖权的基本原则，通常采用当事人意思自治原则和最密切联系原则，即通常情况下有约定的从其约定，无约定的情况适用与案件有最密切联系的准据法及管辖，保函欺诈的情形除外。在当事人向法院提起诉讼的情形下，由于不同国家或地区的法院对同一法律问题的法律性质认定、审判程序、审理依据等标准各异，影响到独立保函纠纷的合同效力、举证、审理结果、执行等一系列问题，直接决定了当事人的权利是否能够得到充分的保证。因此，当事人在合同拟定阶段需综合考虑各方因素，做出谨慎选择。结合司法实践，笔者拟通过提炼案例的审判要点并对其进行分析，对独立保函当事人完善风险防范措施做出相应的风险提示。

本章要点

侵权、保函欺诈、最密切联系、禁诉令、平行诉讼

第一节 | 典型案例

【案例 6–15】澳大利亚杜罗·费尔格拉私营股份有限公司、大连华锐重工国际贸易有限公司独立保函欺诈纠纷案[1]

（一）关系图

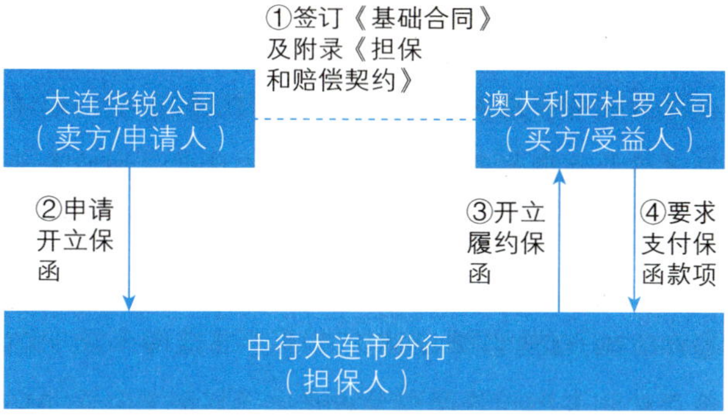

图 6–1 本案法律关系

1 参见最高人民法院（2017）最高法民辖终 264 号民事裁定书。

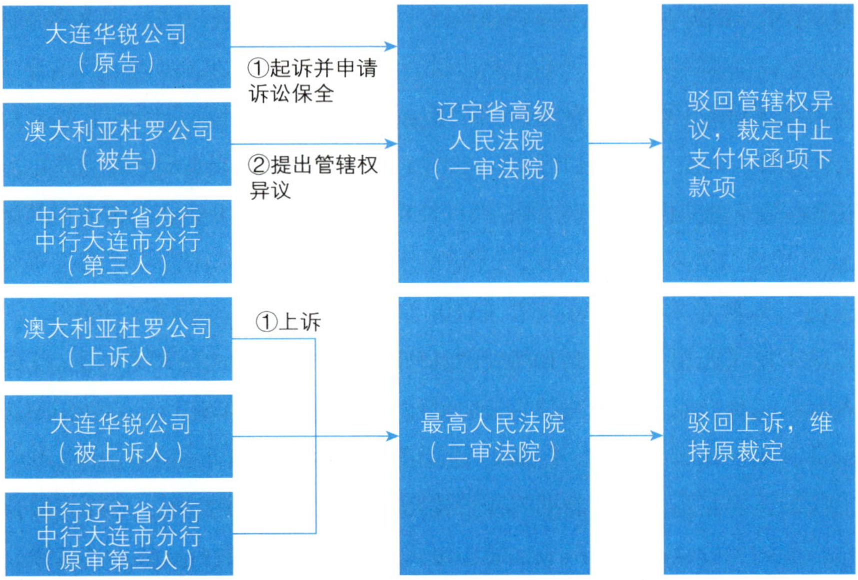

图 6-2　本案诉讼关系

（二）案情简介

2011 年 8 月 31 日，大连华锐重工国际贸易有限公司（以下简称大连华锐公司）作为设备供应商与买方澳大利亚 Roy Hill 公司（后更名为澳大利亚杜罗•费尔格拉私营股份有限公司，以下简称澳大利亚杜罗公司）签订了《基础合同》。

《基础合同》第 28.3 条约定："仲裁地为新加坡，仲裁过程应使用英语。仲裁应根据本合同签署当日有效的《联合国国际贸易法委员会仲裁规则》进行……仲裁应按照第 36（b）项中所述的规则进行。在法律允许范围内，双方同意：（a）西澳大利亚州《民事责任法案》第 1F 章所授予法院的相关权力和施加的相关限制不得授予或施加于根据第 28.3 条指定的仲裁员；以及（b）排除要求第 28.3 条指定的任何仲裁员必须适用或考虑依据西澳大利亚州《民事责任法案》第 1F 章条款（或任何其他国家或地区的类似法律规定），对相关纠纷发布仲裁令或仲裁裁决的权力。该第 1F 章条款的规定，只有在没有第 28.3 条的情况下才默认适用于仲裁案件。"基础合同附录 E《担保和赔偿契约》第 10.3 条约定："（a）第 10.3 至 10.9 条仅适用于担保人是一家外国公司的情况［见 2001 年企业法（Cth）第 9 部分所定义］。（b）任何直接或间接基于本契约、由本契约引起或与本契约有关的争端、主张或争议（包括但不限于针对本契约存续、有效性或终止的任何问题）均应提交仲裁，并按照澳大利亚国际商业仲裁中心的仲裁规则（简称 ACICA 仲裁规则）最终仲裁解决。（c）仲裁地点为西澳大利亚珀斯。（d）仲裁员的人数应为一人。（e）仲裁语言为英语。"

2013 年 9 月 18 日，大连华锐公司委托中国银行股份有限公司辽宁省分行（后更名为中国银行股份有限公司大连市分行，以下简称中行大连市分行）向受益人澳大利亚杜罗公司开立了一份《履约保函》。保函记载："此无条件履约保函受西澳大利亚法律管辖并据其解释。"如表 6-1 所示。

表 6-1 案涉文件及争议解决约定

案涉文件	争议解决方式	适用法律（准据法）/ 规则
《基础合同》	仲裁—仲裁地为新加坡	适用联合国《国际贸易法委员会仲裁规则》
《担保和赔偿契约》	仲裁—仲裁地为西澳大利亚珀斯	适用 ACICA 仲裁规则
《履约保函》	未做约定	由西澳大利亚法律管辖并据其解释

2016 年 4 月 7 日，澳大利亚杜罗公司提出立即支付保函款项的要求。2016 年 4 月 15 日，大连华锐公司以澳大利亚杜罗公司为被告，中国银行股份有限公司辽宁省分行（以下简称中行辽宁省分行）、中行大连市分行为第三人向辽宁省高级人民法院提起诉讼。同日，大连华锐公司向辽宁省高级人民法院申请诉讼保全。2016 年 4 月 19 日，辽宁省高级人民法院作出（2016）辽民初 24 号民事裁定，裁定中行辽宁省分行、中行大连市分行中止支付保函项下款项。澳大利亚杜罗公司在提交答辩状期间，对管辖权提出异议。

一审辽宁省高级人民法院认为，（1）本案属于侵权民事纠纷。（2）澳大利亚杜罗公司与大连华锐公司在《基础合同》中虽约定了相关争议需由新加坡仲裁庭仲裁解决，但澳大利亚杜罗公司与中行大连市分行在案涉保函中没有约定管辖地法院或者仲裁。因本案审理的法律关系是中行大连市分行与澳大利亚杜罗公司之间的担保合同法律关系，并非大连华锐公司与澳大利亚杜罗公司之间的合同法律关系，故大连华锐公司与澳大利亚杜罗公司之间约定的管辖效力不能及于本案。（3）本案属涉外商事案件，侵权结果发生地位于辽宁省，诉争标的额在1亿元以上，依法应由该法院管辖，故对澳大利亚杜罗公司的管辖异议不予支持。裁决驳回管辖权异议，裁定中止支付保函项下款项。

澳大利亚杜罗公司向最高人民法院上诉。最高人民法院裁决驳回上诉，维持原裁定。

【案例6–16】印度GMR卡玛朗加能源公司与山东电力基本建设总公司涉外保函欺诈纠纷案[1]

（一）关系图

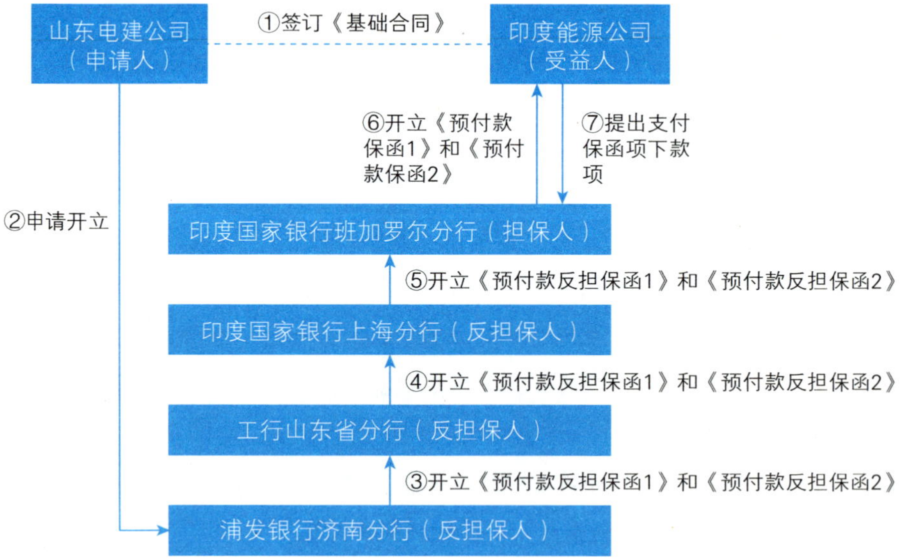

图6–3　本案法律关系1

1　参见最高人民法院（2018）最高法民辖终156号民事裁定书。

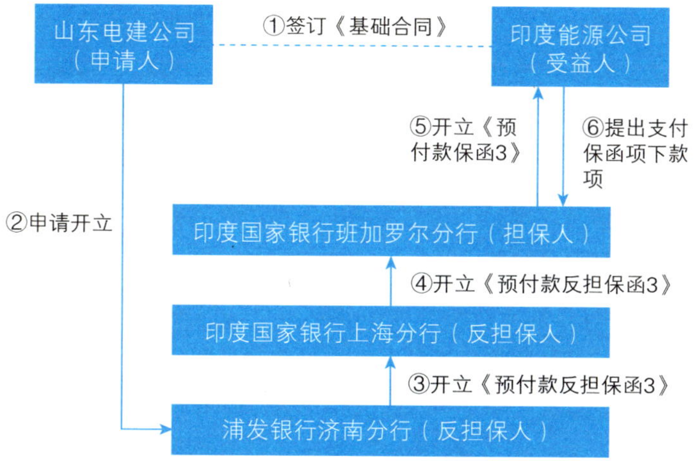

图 6-4　本案法律关系 2

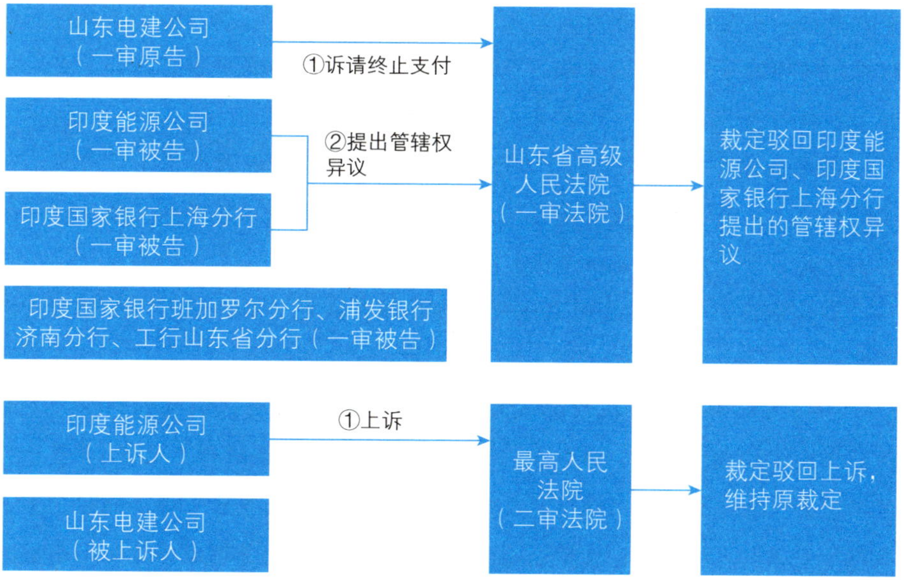

图 6-5　本案诉讼关系

（二）案情简介

申请人山东电力基本建设总公司（以下简称山东电建公司）通过上海浦东发展银行股份有限公司济南分行（以下简称浦发银行济南分行）向中国工商

银行股份有限公司山东省分行（以下简称工行山东省分行）开具《预付款反担保函1》《预付款反担保函2》、工行山东省分行向印度国家银行上海分行开具《预付款反担保函1》《预付款反担保函2》、印度国家银行上海分行向印度国家银行班加罗尔分行开具《预付款反担保函1》《预付款反担保函2》、印度国家银行班加罗尔分行向印度GMR卡玛朗加能源公司（以下简称印度能源公司）开具《预付款保函1》《预付款保函2》。

山东电建公司通过浦发银行济南分行向印度国家银行上海分行开具《预付款反担保函3》、印度国家银行上海分行向印度国家银行班加罗尔分行开具《预付款反担保函3》、印度国家银行班加罗尔分行向印度能源公司开具《预付款保函3》。

上诉人印度能源公司因与山东电建公司以及一审被告印度国家银行班加罗尔分行、印度国家银行上海分行、浦发银行济南分行、工行山东省分行涉外保函欺诈纠纷管辖权异议一案，不服一审山东省高级人民法院（2014）鲁民四初字第9-9号民事裁定，向最高人民法院提起上诉。

山东电建公司以保函欺诈为由向一审法院起诉，请求判令印度国家银行上海分行终止向印度能源公司支付三份《预付款保函》项下款项，各反担保人终止支付三份《预付款反担保函》项下款项。

印度能源公司和印度国家银行上海分行在提交答辩状期间，对管辖权提出异议。

一审山东省高级人民法院认为，本案属于涉外独立保函欺诈纠纷。案涉保函均约定适用URDG458规则。依据《独立保函司法解释》第21条第2款规定，山东电建公司请求止付的反担保函的开立人系浦发银行济南分行，其住所地位于山东省济南市，且被告之一工行山东省分行的住所地亦位于山东省济南市，属一审法院辖区，一审法院作为独立保函开立人住所地及被告住所地法院对本案享有管辖权。本案系保函欺诈纠纷，不是因基础交易合同引发的纠纷，故不受基础交易合同条款的约束。基础交易合同中是否存在仲裁条款对本案没有约束力。境外法院是否受理同一争议，不影响本案管辖权的确定。一审法院裁定：驳回能源公司、印度国家银行上海分行提出的管辖权异议。

印度能源公司不服一审裁定，向最高人民法院提起上诉，主张如果欺诈情形存在，只能存在于印度国家银行班加罗尔分行开立的保函下，而非针对各国内银行开立的反担保保函。一审法院不应以其为国内银行所在地的法院为由，建立对本案的管辖权。而且如果保函下的欺诈成立，则反担保保函自然可以不予给付。山东电建公司在印度已经采取针对保函的止付法律行动且获得救济，一审法院应遵循国际通行的“先受理法院规则”，不宜在印度法院已经受理的情况下再受理本案，以避免重复诉讼。

最高人民法院认为，案涉保函均载明适用 URDG458 规则。一审法院据此认定本案为涉外保函欺诈纠纷，依据《独立保函司法解释》确定本案的管辖权是正确的。浦发银行济南分行及工行山东省分行既是本案的被告，亦是山东电建公司请求止付的案涉相关保函的开立人，浦发银行济南分行及工行山东省分行的住所地均位于山东省济南市，属于一审法院辖区。依照上述规定，一审法院对本案具有管辖权。印度法院是否受理有关案件，并不对一审法院对本案的管辖权产生影响。二审裁定：驳回上诉，维持原裁定。

【案例 6–17】芬兰瓦锡兰有限公司、西特福船运公司、颖勤发动机（上海）有限公司与荣成市西霞船业有限公司其他合同纠纷案[1]

（一）关系图

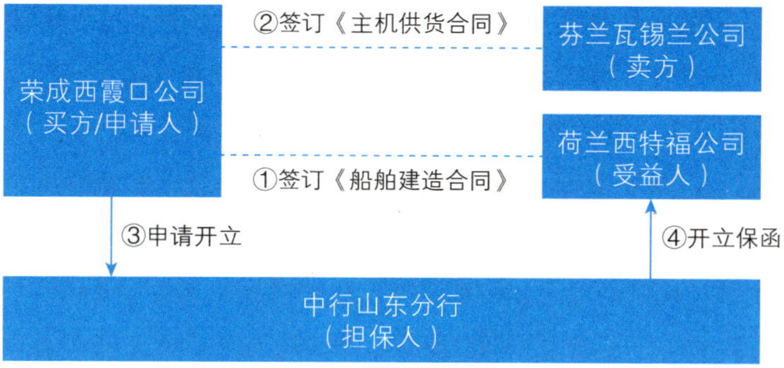

图 6–6　本案法律关系

1　参见最高人民法院 (2016) 最高法民再 16 号民事判决书。

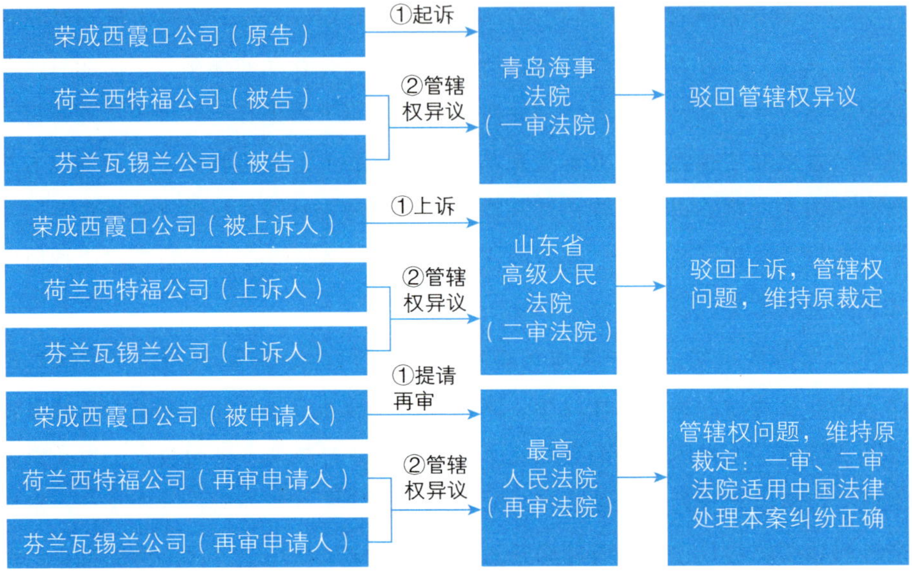

图 6–7　本案诉讼关系

（二）案情简介

再审被申请人荣成市西霞口船业有限公司（以下简称荣成西霞口公司）与再审申请人西特福船运公司（以下简称荷兰西特福公司）于 2006 年 6 月 3 日签订两份《船舶建造合同》，该两份合同均约定与合同有关的争议应提交伦敦仲裁委员会仲裁。

荣成西霞口公司与再审申请人瓦锡兰芬兰有限公司（以下简称芬兰瓦锡兰公司）于 2007 年 1 月 17 日签订两份《主机及推进系统购买协议》（以下简称《主机供货合同》），约定与该合同有关的争议应提交国际商会进行仲裁。

卖方芬兰瓦锡兰公司申请中国银行股份有限公司山东省分行（以下简称中行山东分行）向买方荣成西霞口公司开具《预付款还款保函》，保函约定如果因卖方原因导致船舶建造合同被解除，买方有权要求卖方返还已经支付的分期船价款及其利息。如果卖方拒绝返还，买方有权凭卖方银行开具的还款保函要求银行付款。造船合同约定发生争议在伦敦仲裁，适用英国法。还款保函约定发生争议在英国法院诉讼，适用英国法。[1] 如表 6-2 所示。

表 6-2 案涉文件及争议解决约定

案涉文件	争议解决方式	适用法律（准据法）/ 规则
《船舶建造合同》	仲裁—仲裁地为英国伦敦	适用英国法
《主机供货合同》	仲裁—仲裁地为英国伦敦	适用英国法
《预付款还款保函》	仲裁—仲裁地为英国伦敦	适用英国法

2009 年 8 月底，案涉船舶建造合同约定的最后期限将至，荣成西霞口公司仍未能够交付相关船舶。荷兰西特福公司于 2010 年 11 月 11 日指定仲裁员，启动英国仲裁的程序。荷兰西特福公司获得了对荣成西霞口公司的胜诉裁决。因荣成西霞口公司未履行仲裁裁决书，荷兰西福特公司转而凭保函要求中行山东分行付款，中行山东分行拒绝。

荣成西霞口公司以芬兰瓦锡兰公司、荷兰西特福公司等在交易过程中故意隐瞒事实、以旧机器冒充新机器的相关行为已构成商业欺诈为由，于 2011 年 7 月 26 日诉至青岛海事法院，请求法院判令荷兰西特福公司等按合同约定提供同样的主发动机、推进系统，并赔偿荣成西霞口公司相关损失。

一审法院受理本案后，颖勤发动机（上海）有限公司［原瓦锡兰发动机（上海）有限公司，以下简称上海颖勤公司］、芬兰瓦锡兰公司、荷兰西特福公司在提交答辩状期间以荣成西霞口公司与其之间的《船舶建造合同》《主机供货合同》均载有仲裁条款为由提出管辖权异议。一审法院经审查于 2011 年 11 月 21 日作出（2011）青海法海商初字第 361-2 号民事裁定，驳回其管辖权异议。为了应对荣成西霞口公司向中国法院起诉，荷兰西特福公司向英国法院申请禁诉令。2012 年 2 月 9 日，荷兰西特福公司在仲裁程序中胜诉并要求西霞口公司履行仲裁裁决。在遭到拒绝后，荷兰西特福公司转而要求担保人承担预付款保函项下的付款责任。为了阻止担保人支付保函项下款项，荣成西霞口公司向青岛海事法院提出申请，要求禁止担保人向境外买方支付保函项下的款项。

当事人不服该裁定向山东省高级人民法院提起上诉，二审法院认为本案

1 参见裘红伟：《银行能否根据中国法院止付令解脱保函项下付款责任——对荷兰西特福船运公司诉中国银行案的分析》，载微信公众号“海商法资讯”，2016 年 10 月 7 日推送。

系船舶设备买卖侵权纠纷，侵权行为地在中国境内，依照《涉外民事关系法律适用法》第 44 条的规定，应适用中国法律处理本案实体争议。遂于 2012 年 3 月 13 日作出（2012）鲁民辖终字第 56 号民事裁定：驳回上诉，维持原裁定。后当事人仍不服，向最高人民法院申请再审。最高人民法院认为，案涉两份仲裁协议均不能约束本案共同侵权纠纷的所有当事人，遂于 2012 年 11 月 30 日作出（2012）民提字第 131 号民事裁定：维持原裁定。

最高人民法院于 2015 年 12 月 14 日作出（2014）民申字第 1723 号民事裁定，提审本案。并于 2016 年 3 月 2 日公开开庭审理了本案。最高人民法院认为，本案具有涉外因素，侵权行为地在中国境内，依照《涉外民事关系法律适用法》第 44 条关于侵权责任适用侵权行为地法律的规定，一审、二审法院适用中国法律处理本案纠纷正确。

第二节 | 法律问题分析

一、独立保函司法管辖及法律适用概述

（一）独立保函的司法管辖

独立保函的司法管辖，是指独立保函法律关系的当事人对已经产生或将来可能产生的纠纷由哪个国家或地区的哪个法院管辖的问题。可以分为以下几种情形：

1. 地域管辖

（1）一般地域管辖。URDG758 第 35 条规定："a. 除非保函另有约定，担保人与受益人之间有关保函的任何争议应由担保人开立保函的分支机构或营业场所所在地有管辖权的法院专属管辖。b. 除非反担保函另有约定，反担保人与担保人之间有关反担保函的任何争议应由反担保人开立反担保函的分支机构或营业场所所在地有管辖权的法院专属管辖。"我国《独立保函司法解释》第 21 条规定："受益人和开立人之间因独立保函而产生的纠纷案件，由开立人住所地或被告住所地人民法院管辖，独立保函载明由其他法院管辖或提交仲裁的除外。当事人主张根据基础交易合同争议解决条款确定管辖法院或

提交仲裁的，人民法院不予支持。独立保函欺诈纠纷案件由被请求止付的独立保函的开立人住所地或被告住所地人民法院管辖，当事人书面协议由其他法院管辖或提交仲裁的除外。当事人主张根据基础交易合同或独立保函的争议解决条款确定管辖法院或提交仲裁的，人民法院不予支持。”我国《民事诉讼法》第28条规定：“因侵权行为提起的诉讼，由侵权行为地或者被告住所地人民法院管辖。”

（2）特殊地域管辖。最高人民法院《关于上海金融法院案件管辖的规定》第1条规定：“上海金融法院管辖上海市辖区内应由中级人民法院受理的下列第一审金融民商事案件：（一）证券、期货交易、信托、保险、票据、信用证、金融借款合同、银行卡、融资租赁合同、委托理财合同、典当等纠纷；（二）独立保函、保理、私募基金、非银行支付机构网络支付、网络借贷、互联网股权众筹等新型金融民商事纠纷；（三）以金融机构为债务人的破产纠纷；（四）金融民商事纠纷的仲裁司法审查案件；（五）申请承认和执行外国法院金融民商事纠纷的判决、裁定案件。”

2. 协议管辖

协议管辖是基于当事人的约定而产生的管辖权，即有效的管辖协议赋予了相关法院有效的管辖权。最高人民法院《关于适用〈中华人民共和国民事诉讼法〉的解释》（以下简称《民事诉讼法司法解释》）第531条第1款规定：“涉外合同或者其他财产权益纠纷的当事人，可以书面协议选择被告住所地、合同履行地、合同签订地、原告住所地、标的物所在地、侵权行为地等与争议有实际联系地点的外国法院管辖。”

3. 专属管辖

法律规定专属于某法院管辖的情形。我国《民事诉讼法》第33条规定：“下列案件，由本条规定的人民法院专属管辖：（一）因不动产纠纷提起的诉讼，由不动产所在地人民法院管辖；（二）因港口作业中发生纠纷提起的诉讼，由港口所在地人民法院管辖；（三）因继承遗产纠纷提起的诉讼，由被继承人死亡时住所地或者主要遗产所在地人民法院管辖。”《民事诉讼法》第266条规定：“因在中华人民共和国履行中外合资经营企业合同、中外合作经营企业合同、中外合作勘探开发自然资源合同发生纠纷提起的诉讼，由中华人民共和国人民法院管辖。”

4. 级别管辖

根据最高人民法院《关于调整高级人民法院和中级人民法院管辖第一审民商事案件标准的通知》（法发〔2015〕7 号）、最高人民法院《关于明确第一审涉外民商事案件级别管辖标准以及归口办理有关问题的通知》（法〔2017〕359 号）、最高人民法院《关于调整部分高级人民法院和中级人民法院管辖第一审民商事案件标准的通知》（法发〔2018〕13 号）、最高人民法院《关于调整高级人民法院和中级人民法院管辖第一审民事案件标准的通知》（法发〔2019〕14 号），将管辖标准梳理如下：[1]

（1）普通一审民商事案件

不同区域高级人民法院的管辖标准均为人民币 50 亿元以上。此处需要说明的是，本部分的“以上”包括本数，“不足”不包括本数。中级人民法院及基层人民法院根据当事人所在地的不同分为以下情形，参见表 6–3、表 6–4。

表 6–3 普通一审民商事案件的管辖标准

区 域	当事人均在省高级人民法院辖区范围内	当事人有一方不在省高级人民法院辖区范围内
北京、上海、江苏、浙江、广东	中级人民法院：1 亿元以上，不足 50 亿元； 基层人民法院：不足 1 亿元	中级人民法院：5000 万元以上，不足 50 亿元； 基层人民法院：不足 5000 万元
天津、重庆、河北、河南、山东、山西、湖北、湖南、安徽、福建、四川、广西、海南、辽宁、贵州、陕西、内蒙古、新疆	中级人民法院：3000 万元以上，不足 50 亿元； 基层人民法院：不足 3000 万元	中级人民法院：2000 万元以上，不足 50 亿元； 基层人民法院：不足 3000 万元
黑龙江、吉林、江西、云南、甘肃、青海、宁夏	中级人民法院：1000 万元以上，不足 50 亿元； 基层人民法院：不足 1000 万元	
西藏	中级人民法院：500 万元以上，不足 50 亿元； 基层人民法院：不足 500 万元	

1 参见华邦金融证券法律服务中心：《最高人民法院级别管辖新规定》（2019），载 https://www.ynxexd.org/article/newsVivew.do?id=268，最后访问日期：2020 年 3 月 2 日。

（2）涉外案件

表 6-4　涉外案件的管辖标准

区　域	高级人民法院	中级人民法院
北京、上海、江苏、浙江、广东	诉讼标的额 50 亿元（人民币）以上或者其他在本辖区有重大影响的第一审涉外民商事案件	直辖市、省会城市、计划单列市、经济特区：2000 万元以上； 其他：1000 万元以上
天津、重庆、河北、河南、山东、山西、湖北、湖南、安徽、福建、四川、广西、海南、辽宁、内蒙古	诉讼标的额 50 亿元（人民币）以上或者其他在本辖区有重大影响的第一审涉外民商事案件	直辖市、省会城市、计划单列市、经济特区：1000 万元以上； 其他：500 万元以上
黑龙江、吉林、江西、云南、陕西、新疆	诉讼标的额 50 亿元（人民币）以上或者其他在本辖区有重大影响的第一审涉外民商事案件	省会城市、计划单列市：500 万元以上； 其他：200 万元以上
甘肃、青海、宁夏、贵州、西藏	诉讼标的额 50 亿元（人民币）以上或者其他在本辖区有重大影响的第一审涉外民商事案件	省会城市、计划单列市：200 万元以上； 其他：100 万元以上

（二）独立保函的法律适用

独立保函的法律适用，是指依据冲突规范指定援用来具体确定独立保函法律关系当事人权利义务的特定的实体法律或规则，即根据哪一国家或地区的法律或规则来审理或裁判该独立保函的相关法律问题。

冲突规范的识别，是指依据一定的法律观念，对有关的事实构成作出定性或分类，将其归入一定的法律范畴，或对有关的冲突规范所使用的法律名词进行解释，从而确定应援用哪一种冲突规范的认识过程。[1] 识别是为了解决法律适用而存在，但其自身亦涉及法律适用问题。我国《涉外民事关系法律适用法》第 8 条规定：“涉外民事关系的定性，适用法院地法律。”因此，保函的性质以及纠纷的性质应当适用法院地法律进行识别。

独立保函的法律适用一般分为以下情形：

1　参见韩德培：《国际私法新论》，武汉大学出版社 2009 年版，第 160 页。

1. 约定适用担保人所在国家或地区的法律

独立保函的申请人和担保人通常在同一国家或地区，选择适用担保人即保函开立银行所在国家或地区的法律对申请人和担保人均有优势。需要注意的是，在一些国家如沙特阿拉伯，一般不允许外国银行直接给本国受益人开具独立保函，须经本国商业银行转开；而在允许外国银行直开的情况下，必须采用沙特阿拉伯财政部规定的独立保函格式，这种标准格式明确规定了独立保函适用沙特阿拉伯王国本国法律。[1]

2. 约定适用第三国或地区的法律

独立保函的当事人可以选择适用第三国或地区的法律；尤其是在载明提交仲裁的独立保函中，约定适用仲裁机构所在地的法律或规则更具有现实可操作性。

3. 未约定适用法律的情形

《独立保函司法解释》第 22 条第 1 款规定："涉外独立保函未载明适用法律，开立人和受益人在一审法庭辩论终结前亦未就适用法律达成一致的，开立人和受益人之间因涉外独立保函而产生的纠纷适用开立人经常居所地法律；独立保函由金融机构依法登记设立的分支机构开立的，适用分支机构登记地法律。" URDG758 第 34 条规定："a. 除非保函另有约定，保函的适用法律应为担保人开立保函的分支机构或营业场所所在地的法律。b. 除非反担保函另有约定，反担保函的适用法律应为反担保人开立反担保函的分支机构或营业场所所在地的法律。"

二、独立保函司法管辖及法律适用的基本原则

（一）意思自治原则

意思自治原则即协议管辖原则，是指诉讼双方当事人在纠纷发生之前或之后，以协议的方式确定纠纷由哪个国家或地区的法院管辖及选择哪个国家或地区的法律、国际惯例或国际条约。

1　参见尤栋：《独立保函基础知识（二）》，载微信公众号"工保网"，2017 年 11 月 15 日推送。

URDG758 第 34 条 “a. 除非保函另有约定，保函的适用法律应为担保人开立保函的分支机构或营业场所所在地的法律。b. 除非反担保函另有约定，反担保函的适用法律应为反担保人开立反担保函的分支机构或营业场所所在地的法律”和第 35 条 “a. 除非保函另有约定，担保人与受益人之间有关保函的任何争议应由担保人开立保函的分支机构或营业场所所在地有管辖权的法院专属管辖。b. 除非反担保函另有约定，反担保人与担保人之间有关反担保函的任何争议应由反担保人开立反担保函的分支机构或营业场所所在地有管辖权的法院专属管辖”明确规定了当事人意思自治原则。

我国《独立保函司法解释》第 5 条规定：“独立保函载明适用《见索即付保函统一规则》等独立保函交易示范规则，或开立人和受益人在一审法庭辩论终结前一致援引的，人民法院应当认定交易示范规则的内容构成独立保函条款的组成部分。不具有前款情形，当事人主张独立保函适用相关交易示范规则的，人民法院不予支持。”例如，在中国葛洲坝集团股份有限公司与意大利裕信银行股份有限公司上海分行其他合同纠纷案[1]中，上海金融法院认为，双方当事人在案涉保函中明确选择适用 URDG758，从而将 URDG758 各条款纳入保函，成为保函的约定内容，对保函当事人具有约束力。对此，原告、被告双方在庭审中亦再次进行了确认，故 URDG758 应作为该案争议处理的依据之一。保函对 URDG758 之外的法律选择未另作约定，因此，该案适用被告营业场所所在地法律——中国法律。

（二）最密切联系原则

最密切联系原则，是指当事人为了确保法院判决得到顺利执行，侵权行为能够得到有效制止，会选择在与案件具有密切联系的地方，比如侵权行为地、可供扣押财产所在地或者诉讼标的物所在地提起诉讼。如果法院认为与案件有密切联系，可依此确定具有管辖权。在法律适用中，最密切联系原则指的是合同在经济意义上或其他社会意义上集中定位于某一国家的法律。法院将权衡一个或多个与合同密切相关的联系因素，包括当事人的住所地、合同签订地、侵

1　参见上海金融法院（2018）沪 74 民初 1419 号民事判决书。

权行为地、可供扣押财产所在地、诉讼标的物所在地、行使政治权利或从事业务活动的场所等，来确定合同本质和争议集中指向的地点，并以此为标志，使用该地的法律。该原则赋予了法官自由裁量权。为避免不同法官在联系因素选择上的随意性导致不可控局面，多个国家采用了“特征履行”的标准，即以合同履行特征当事人的住所地、惯常居住地或营业所在地法作为准据法。[1]

我国《涉外民事关系法律适用法》第 41 条规定：“当事人可以协议选择合同适用的法律。当事人没有选择的，适用履行义务最能体现该合同特征的一方当事人经常居所地法律或者其他与该合同有最密切联系的法律。”《民事诉讼法》第 265 条规定：“因合同纠纷或者其他财产权益纠纷，对在中华人民共和国领域内没有住所的被告提起的诉讼，如果合同在中华人民共和国领域内签订或者履行，或者诉讼标的物在中华人民共和国领域内，或者被告在中华人民共和国领域内有可供扣押的财产，或者被告在中华人民共和国领域内设有代表机构，可以由合同签订地、合同履行地、诉讼标的物所在地、可供扣押财产所在地、侵权行为地或者代表机构住所地人民法院管辖。”《民事诉讼法司法解释》第 531 条第 1 款规定：“涉外合同或者其他财产权益纠纷的当事人，可以书面协议选择被告住所地、合同履行地、合同签订地、原告住所地、标的物所在地、侵权行为地等与争议有实际联系地点的外国法院管辖。”可见，我国在管辖权和准据法的选择上，首先依照了当事人意思自治原则，有约定的从其约定，在当事人没有约定的情况下，则选择与合同具有最密切联系的法律。此标准同样适用于独立保函。

在案例 6–15 中，大连华锐公司、中行辽宁省分行、中行大连市分行都是在中国登记设立的法人。大连华锐公司的诉讼请求是确认澳大利亚杜罗公司在该案所涉保函项下的索款过程中存在欺诈，判决银行终止向澳大利亚杜罗公司支付保函项下款项。在管辖权异议二审中，最高人民法院认为，该案的审理涉及大连华锐公司和中行辽宁省分行、中行大连市分行的利益，因该案独立保函欺诈纠纷当事人之间并不存在将纠纷交由其他法院管辖或提交仲裁的合意，依照《独立保函司法解释》第 21 条第 2 款的规定，该案应由被请求止付的独立

1 参见章印：《独立保函法律适用及管辖权问题》，载《中国外汇》2017 年第 24 期。

保函担保人住所地或被告住所地法院管辖，且诉争标的额在1亿元以上，原审法院作为被请求止付的独立保函担保人住所地法院对该案享有管辖权。

（三）不方便法院原则

不方便法院原则，是指在法院依法受理案件后，在审理过程中发现案件存在诸多“不方便管辖”的因素，认为当事人可以向域外更方便的法院提起诉讼，因此放弃对案件的管辖权。不方便法院原则源于英美法系，以美国最为完善和发达。

我国对不方便法院原则的有关规定见于《民事诉讼法司法解释》第532条。《民事诉讼法司法解释》第532条规定：“涉外民事案件同时符合下列情形的，人民法院可以裁定驳回原告的起诉，告知其向更方便的外国法院提起诉讼：（一）被告提出案件应由更方便外国法院管辖的请求，或者提出管辖异议；（二）当事人之间不存在选择中华人民共和国法院管辖的协议；（三）案件不属于中华人民共和国法院专属管辖；（四）案件不涉及中华人民共和国国家、公民、法人或者其他组织的利益；（五）案件争议的主要事实不是发生在中华人民共和国境内，且案件不适用中华人民共和国法律，人民法院审理案件在认定事实和适用法律方面存在重大困难；（六）外国法院对案件享有管辖权，且审理该案件更加方便。”

我国不方便法院原则的适用主要有如下特点：一是适用于国际民事纠纷案中，且本院具有管辖权；二是不方便的考虑因素是主要争议事实未发生在我国境内及合同约定适用外国法。[1]

在案例6-15中，最高人民法院认为，大连华锐公司、中行辽宁省分行、中行大连市分行都是在中国登记设立的法人。大连华锐公司的诉讼请求是确认澳大利亚杜罗公司在该案所涉保函项下的索款过程中存在欺诈，判决银行终止向澳大利亚杜罗公司支付保函项下款项。该案的审理涉及大连华锐公司和中行辽宁省分行、中行大连市分行的利益，该案情形显然不符合《民事诉讼法司法

1 参见王燕：《不方便法院原则在我国的适用：从美国法院一起承认和执行仲裁裁决案展开》，载微信公众号“审判研究”，2017年12月12日推送。

解释》第 532 条规定的条件。因此，澳大利亚杜罗公司关于该案应适用不方便法院原则的上诉理由不能成立，最高人民法院不予支持。

三、独立保函的法律适用问题

（一）保函欺诈的法律适用问题

独立保函欺诈纠纷案件中，在独立保函担保人与受益人之间因独立保函的理解与适用等问题出现纠纷时，该保函中载明的法律当然适用。但是，独立保函申请人要求确认受益人存在欺诈性索款的目的是终止保函项下款项的支付，从而防止合法权益被侵害，因此，独立保函欺诈性索款纠纷，本质上应为侵权纠纷。[1]

我国《独立保函司法解释》第 22 条第 2 款规定："涉外独立保函欺诈纠纷，当事人就适用法律不能达成一致的，适用被请求止付的独立保函的开立人经常居所地法律；独立保函由金融机构依法登记设立的分支机构开立的，适用分支机构登记地法律；当事人有共同经常居所地的，适用共同经常居所地法律。"《独立保函司法解释》第 22 条第 3 款规定："涉外独立保函止付保全程序，适用中华人民共和国法律。"《涉外民事关系法律适用法》第 44 条规定："侵权责任，适用侵权行为地法律，但当事人有共同经常居所地的，适用共同经常居所地法律。侵权行为发生后，当事人协议选择适用法律的，按照其协议。"在涉外独立保函实务中，由于受益人处于相对强势的地位，多倾向于选择适用境外法律或国际惯例，在独立保函欺诈纠纷的情形下，可适用中国的法律保护自身权益。

在案例 6-16 中，印度能源公司主张一审法院依据《独立保函司法解释》的规定确定其对该案享有管辖权存在事实和法律上的错误。最高人民法院认为，案涉保函均载明适用 URDG458 规则。山东电建公司起诉认为印度能源公司索赔全部保函项下的全部金额，属于欺诈性的恶意索赔。鉴于能源公司的索赔，印度国家银行班加罗尔分行、印度国家银行上海分行、工行山东省分行和浦发

1 参见翟红、杨泽宇：《独立保函欺诈例外的分析与认定》，载《人民司法》2015 年第 13 期。

银行济南分行会顺序向反担保函的申请人山东电建公司索款，一旦各反担保函对外支付，山东电建公司将遭受不可挽回的损失。一审法院据此认定该案为涉外保函欺诈纠纷，适用我国《独立保函司法解释》第21条第2款确定管辖权是正确的。

在最高人民法院发布的109号指导案例，即安徽省外经建设（集团）有限公司诉东方置业房地产有限公司保函欺诈纠纷案[1]（以下简称109号指导案例）中，最高人民法院认为，案件属于独立保函欺诈纠纷，适用侵权纠纷的法律适用规则。因案涉保函载明适用URDG，应当认定上述规则的内容构成争议保函的组成部分。根据《涉外民事关系法律适用法》第44条“侵权责任，适用侵权行为地法律”的规定，URDG未予涉及的保函欺诈之认定标准应适用中国法律。

在中电电气（南京）光伏有限公司诉阿尔法公司侵权责任纠纷案[2]中，法院认为案涉保函明确适用URDG758，而URDG758第34条规定除非保函另有约定，保函的适用法律应为担保人开立保函的分支机构或营业场所所在地法律，故案涉保函有关的争议应适用保函开立机构交行江苏分行所在地法律——中国法律。有关见索即付保函欺诈争议的性质依据我国法律应识别为侵权纠纷，根据《涉外民事关系法律适用法》第44条“侵权责任，适用侵权行为地法律”的规定，该案的侵权行为地为中国，故应适用中国法律作为准据法。

（二）独立保函适用国际惯例的问题

1. 外国保函司法判例与国际惯例相矛盾的问题

由于并非各国均适用URDG758，同时有些国家并未实施统一的独立保函法律，在处理涉及涉外保函问题纠纷时会援引其国内相关法律，从而容易导致在涉外保函实务中，各国保函司法判例与国际惯例相矛盾的现象。比如，在URDG758和UCP600等国际惯例中，均有关于“保函（备用信用证）条款必须单据化”“未有效单据化的条件将被无视”的规定。但在这一问题上，各国

1 参见安徽省合肥市中级人民法院（2012）合民四初字第00005号民事判决书。
2 参见江苏省南京市中级人民法院(2014)宁商外初字第2号民事判决书。

具体实践却不一致。巴基斯坦国内没有针对独立保函的专门立法，主要援引该国《合同法》的条款进行解释。巴基斯坦认为“合同条款是当事人意思的自治”，列入合同条款的“条件”即使是“非单据化”条件，也应该得到尊重，将被视为是“有效条件”。再如，在关于涉外独立保函是否可撤销方面，URDG758 第 25 条规定保函只有在以下三种情况下可以撤销：一是因为保函到期；二是因受益人签署文件放弃保函所含权利；三是保函项下的担保金额已经付清。而在少数国家，独立保函在未作任何约定时即可以撤销。[1]

2. 适用 URDG458 的问题

作为 URDG758 的前身，URDG458 还没有退出历史舞台。虽然 URDG458 与 URDG758 均为国际商会公开出版物，实际上二者在审单拒付时间、非单据化条件、失效日期、不可抗力等方面存在较大差异。在审理适用 URDG458 的保函时，需要关注 URDG 两个版本的不同之处可能引发的相关风险。[2]

表 6–5　URDG758 与 URDG458 的区别

	URDG758	URDG458	URDG458 风险点
审单拒付时间	明确担保行应从交单翌日起 5 个营业日内审核该索赔并确定该索赔是否相符，银行必须在 5 个营业日内完成对保函索赔的审核	URDG458 表述为“合理时间”，但没有明确具体时间期限	多久才算“合理时间”，难以量化统一，给担保人在审单、展期及赔付过程中造成困扰
非单据化条件	单列了非单据条件，明确要求保函不应包含非单据条件	虽然以单据化为基本特征，但对非单据化条件没有明文规定	一旦发生纠纷，法院很有可能认为该保函属于从属性保函而非独立保函，即使保函文本中有独立性保函的相关表述
保函失效	仅仅将保函文本退回给担保人而不随附解除担保人责任的说明不会构成保函效力的终止。保函终止需满足下列条件之一：保函失效；保函项下已没有可付金额；受益人签署的解除保函责任的文件提交给担保人	当保函本身被提交或受益人的解除保函责任的书面声明退还给担保人时，该保函被撤销	URDG458 未考虑到保函未经受益人许可及业务操作失误的情况

1　参见董思雁：《涉外保函实务风险及缓释措施》，载《对外经贸实务》2018 年第 12 期。
2　参见李永勇：《独立保函适用 URDG458 之风险剖析》，载《中国城市金融》2017 年第 12 期。

续表

	URDG758	URDG458	URDG458 风险点
不可抗力	根据不可抗力发生时交单所处的不同阶段，并引入反担保环节，从阻止交单、阻止审单、阻止赔付三个维度提供了不同的解决方案	单一处理方式，即担保人或指示方无需因不可抗力原因产生的后果承担任何责任或义务	若保函失效发生在因不可抗力造成担保行营业中断期间，受益人就失去了对保函的追索权，因此丧失了从担保行获得赔付的权利，这打破了 URDG 作为当事人各方利益的平衡的初衷，将会引起各方利益冲突

依据表 6–5 可见，URDG458 存在审单拒付时间不明确、非单据化条件不明确、保函失效的情形不完善、对于不可抗力的处理单一化等问题，因此在选择适用的时候需要谨慎考虑。

四、独立保函的司法管辖问题

（一）受益人和担保人因独立保函产生纠纷案件的管辖问题

《独立保函司法解释》第 21 条第 1 款规定："受益人和开立人之间因独立保函而产生的纠纷案件，由开立人住所地或被告住所地人民法院管辖，独立保函载明由其他法院管辖或提交仲裁的除外。当事人主张根据基础交易合同争议解决条款确定管辖法院或提交仲裁的，人民法院不予支持。"可见，除非独立保函载明由其他法院管辖或提交仲裁，独立保函受益人和担保人因独立保函产生争议的，由担保人住所地或被告住所地法院管辖。对涉外独立保函而言，若作为保函担保人的国内银行希望将与境外保函受益人产生的争议交由国内银行住所地法院管辖，在独立保函中就不宜另行约定争议解决的管辖。

（二）独立保函欺诈纠纷案件的管辖问题

1. 独立保函欺诈纠纷适用侵权纠纷的管辖

《独立保函司法解释》第 21 条第 2 款规定："独立保函欺诈纠纷案件由被请求止付的独立保函的开立人住所地或被告住所地人民法院管辖，当事人书面协议由其他法院管辖或提交仲裁的除外。当事人主张根据基础交易合同或独立保函的争议解决条款确定管辖法院或提交仲裁的，人民法院不予支持。”

在实务中，关于将独立保函欺诈定性为合同纠纷还是侵权纠纷，存在两种不同的观点。一种观点认为，独立保函欺诈纠纷是独立保函合同履行纠纷的特殊形态，实质是在担保人不愿行使抗辩权的情形下由止付申请人代位行使担保人的权利，故应按合同纠纷确定管辖并且受独立保函争议解决条款的约束。另一种观点认为，独立保函欺诈纠纷案件是在履行独立保函合同过程中发生的侵权纠纷，应按侵权纠纷确定管辖。[1]在中国，法院通常将保函欺诈案件归为侵权纠纷，申请人、保函开立人和受益人之间的侵权纠纷与独立保函纠纷以及基础交易合同纠纷均不相同，不受基础交易合同和独立保函关系适用法律和司法管辖的约束，按照侵权纠纷确定管辖权。根据《民事诉讼法》第 28 条，因侵权行为提起的诉讼，由侵权行为地或者被告住所地人民法院管辖。这里的侵权行为地既包括侵权行为实施地，也包括侵权行为结果发生地。在案例 6–16 中，一审法院认定该案为涉外保函欺诈纠纷，依据《独立保函司法解释》第 21 条第 2 款确定该案的管辖权是正确的。浦发银行济南分行及工行山东省分行既是该案的被告，也是山东电建公司请求止付的案涉相关保函的开立人，浦发银行济南分行及工行山东省分行的住所地均位于山东省济南市，属于一审法院辖区。依照上述规定，一审法院对该案具有管辖权，且印度法院是否受理同一争议，不影响该案管辖权的确定。山东电建公司请求止付的浦发银行济南分行，其住所地位于山东省济南市，被告之一工行山东省分行的住所地亦位于山东省济南市，属一审法院辖区，一审法院作为独立担保人住所地及被告住所地人民法院对该案享有管辖权。

在实务中，独立保函的担保人所在地或申请人所在地均可作为“侵权结果发生地”。在 109 号指导案例中，最高人民法院认为，安徽省外经建设（集团）有限公司以独立保函欺诈为由向一审法院提起诉讼，该案性质为独立保函欺诈纠纷。被请求止付的反担保函由建设银行股份有限公司安徽省分行开具，该分行所在地应当认定为安徽省外经建设（集团）有限公司主张的侵权结果发生地。一审法院作为侵权行为地法院对该案具有管辖权。

1 参见张勇健、沈红雨：《最高法院：独立保函最新司法解释有关的 11 个重要问题详解（理解适用 2017）》，载《人民司法》(应用)2017 年第 1 期。

在乌兹特拉斯加斯股份有限公司、上海贝尔股份有限公司、中国进出口银行上海分行独立保函纠纷案[1]中，最高人民法院认为，关于该案纠纷的性质及管辖权的认定。根据上海贝尔股份有限公司确定的主张，其是以乌兹特拉斯加斯股份有限公司保函欺诈致其受损为由而提起的诉讼，故纠纷的性质为独立保函侵权纠纷。依据我国《民事诉讼法》的相关规定，侵权行为地法院有权管辖，因此，独立保函开立人住所地作为侵权结果发生地，该地法院有管辖权。

在中国水利水电第四工程局有限公司与中工国际工程股份有限公司管辖纠纷案[2]中，最高人民法院认为，独立保函申请人中国水利水电第四工程局有限公司所在地为侵权结果发生地，可视为侵权行为地。

2. 独立保函欺诈纠纷案件管辖不受基础合同或独立保函中条款的约束

由于独立保函欺诈纠纷案件属于侵权之诉，原告、被告之间形成的是侵权之债，并非合同之债。因此，无论是独立保函受益人和申请人之间关于基础合同纠纷的争议解决约定，还是受益人和担保人之间关于独立保函纠纷的争议解决约定，在相关各方当事人未明确约定适用的情况下，都无法直接适用于独立保函欺诈纠纷案件。

案例 6–15 中，最高人民法院认为，基础合同仲裁条款解决的事项是基础合同的当事方大连华锐公司及澳大利亚杜罗公司因基础合同履行产生的争议。而独立保函侵权争议产生于大连华锐公司、澳大利亚杜罗公司及担保人之间，基础合同纠纷与独立保函欺诈纠纷所争议的法律关系性质、当事人范围均不相同。此外，将争议提交仲裁解决的意思表示是当事人受仲裁条款约束的前提。基础合同仲裁条款是大连华锐公司及澳大利亚杜罗公司的合意，其不能约束基础合同以外的第三人。担保人作为基础合同之外的第三人，不受基础合同仲裁条款的约束。独立保函欺诈纠纷虽与基础合同相关联，但因涉及担保人，而担保人中行大连市分行未与大连华锐公司及澳大利亚杜罗公司之间达成仲裁协议，因此，不受基础合同中仲裁条款的约束。澳大利亚杜罗公司主张，按照西澳大利亚法律，在银行保函中无管辖权条款的情况下，基础合同项下的仲裁约

1 参见最高人民法院（2014）民申字第 64 号民事裁定书。
2 参见最高人民法院（2016）最高法民辖终 64 号管辖裁定书。

定可延伸适用于银行保函。该案中，独立保函未约定管辖或仲裁条款，仅约定“此无条件履约保函受西澳大利亚法律管辖并据其解释”。上述约定属于当事人之间对案涉独立保函实体问题准据法的约定，而涉及独立保函欺诈侵权纠纷的管辖问题作为程序性事项，应当适用法院地法律判断，不能适用西澳大利亚法律解决该案管辖权争议。澳大利亚杜罗公司关于基础合同存在仲裁条款，大连华锐公司就独立保函欺诈纠纷以侵权为由提起诉讼，应当受基础合同仲裁条款约束的上诉理由不能成立，法院不予支持。

最高人民法院认为，独立保函欺诈法律关系表现为受益人违反诚信原则，滥用独立保函项下权利进行索款，其不仅损害担保人的利益，亦损害保函申请人的利益。独立保函欺诈法律关系的当事人为三方，即保函申请人、保函担保人（包括反担保人）和保函受益人。而基础交易法律关系的当事人是申请人和受益人，独立保函申请法律关系的当事人是申请人和担保人，独立保函法律关系的当事人是担保人和受益人。因此，当基础合同或者独立保函中存在仲裁条款，当事人就独立保函欺诈纠纷以侵权为由提起诉讼，应当受基础合同或者独立保函仲裁条款约束的主张，不能获得法院支持。

3. 独立保函欺诈纠纷不受保函的附录文件条款约束

案例 6–15 中，试图解决担保事项争议的仲裁条款存在于大连华锐公司与澳大利亚杜罗公司作为当事方的《担保和赔偿契约》之中，独立保函担保人没有以书面形式将上述仲裁条款记载于保函之中，亦未以明示方式并入保函，澳大利亚杜罗公司未能提交证据证明担保人以其他形式表示受上述仲裁条款约束，因此不能认定申请人、受益人和担保人三方当事人就独立保函欺诈纠纷提交仲裁达成了一致。该案独立保函申请人和受益人之间虽然就基础合同担保事宜单独订立仲裁条款，但不构成《独立保函司法解释》第 21 条第 2 款规定的例外情形。澳大利亚杜罗公司关于附录《担保和赔偿契约》中仲裁条款应适用于该案的上诉理由不能成立，法院未予以支持。

（三）平行程序问题

平行程序是指当事人就同一争议、基于相同事实同时或者先后在两个或者以上不同国家或地区提起仲裁或者诉讼，且均被受理的现象。通常可体现为多个国家或地区内多个诉讼程序并存的平行诉讼程序、诉讼与仲裁混合并存的平行诉讼仲裁程序以及多个仲裁并存的平行仲裁程序。[1]平行诉讼分为两种情况：一是同一原告先后在两个或两个以上的法院提起诉讼，称为“重复诉讼”；二是双方当事人在不同法院进行反向诉讼，原告成为被告，被告成为原告，称为“一事互诉”或“对抗诉讼”。独立保函业务项下涉及一系列交易关系，包括但不限于当事人之间的基础交易合同（如国际货物买卖）、申请人与担保人之间的委托担保合同、担保人与收益人之间的独立保函。参与交易的主体通常来自不同国家和地区。此类交易结构下若产生纠纷，当事人很大概率会选择在其所在国家或地区寻求救济措施。正因为本国法院和外国法院均主张对同一争议具有管辖权，当事人可任意选择其中法院起诉，这便导致了平行诉讼的产生。

根据《民事诉讼法司法解释》第533条的规定，“中华人民共和国法院和外国法院都有管辖权的案件，一方当事人向外国法院起诉，而另一方当事人向中华人民共和国法院起诉的，人民法院可予受理。判决后，外国法院申请或者当事人请求人民法院承认和执行外国法院对本案作出的判决、裁定的，不予准许；但双方共同缔结或者参加的国际条约另有规定的除外。外国法院判决、裁定已经被人民法院承认，当事人就同一争议向人民法院起诉的，人民法院不予受理”。可见，我国允许平行诉讼的存在。

1. 管辖权争议

案例6–16中，印度能源公司称，山东电建公司在印度已经采取针对独立保函的止付法律行动且获得救济，一审法院应遵循国际通行的“先受理法院规则”，不宜在印度法院已经受理的情况下再受理该案，以避免重复诉讼的结果。据此可知，此案已在印度法院受理，同时又向我国法院提起诉讼，由此引发了管辖权争议。目前我国法律体系中并没有专门的法律针对国际民事诉讼管辖权的冲突问题进行规定，同时我国与印度并未缔结或参加可判断印度法院在此种情形下有无管辖权的国际条约。从司法实践来看，法院在案件审理过程中秉持

1　参见刘炯、汤旻利：《中国法院对域外平行诉讼的态度》，载微信公众号“仲裁研究智库”，2018年5月23日推送。

国家主权原则，坚持我国法院对涉外民事案件的司法管辖权。综上所述，印度法院是否受理有关案件，并不对一审法院对该案的管辖权产生影响。[1]

案例6–17中，先后在中国和英国形成了多个仲裁、诉讼，从管辖权的角度出发，伦敦仲裁委根据荣成西霞口公司与荷兰西特福公司签署的船舶建造合同中的仲裁条款享有管辖权。伦敦仲裁委员会也基于该船舶建造合同享有的管辖权以及相关事实裁决了西霞口公司应向荷兰西特福公司返还预付款。而在中国进行的诉讼程序中，虽然荷兰西特福公司与芬兰瓦锡兰公司提出了管辖权异议，但是一审、二审法院以及最高人民法院再审均裁定“根据荣成西霞口公司的主张及诉讼请求，可以认定，荣成西霞口公司以上海颖勤公司、芬兰瓦锡兰公司、荷兰西特福公司为共同被告提起的诉讼系必要的共同诉讼。由于荣成西霞口公司与芬兰瓦锡兰公司签订的供货合同项下的仲裁条款不能约束荷兰西特福公司，荣成西霞口公司与荷兰西特福公司签订的船舶建造合同项下的仲裁条款不能约束芬兰瓦锡兰公司，且作为共同被告之一的上海颖勤公司既非主机供货合同当事人，也非船舶建造合同当事人，案涉两份仲裁协议对其亦不具有约束力。据此，案涉两份仲裁协议均不能约束该案共同侵权纠纷的所有当事人。涉外船舶设备买卖欺诈侵权纠纷，应依照侵权行为地即中国法律处理该案实体争议”。[2]基于此，最高人民法院裁定青岛海事法院对该案有管辖权。在此案中，荣成西霞口公司是以共同侵权突破了船舶建造合同中的仲裁条款，并获得最高人民法院管辖权裁定，从而使争议在荣成西霞口公司更为熟悉的司法管辖内得以解决。

2. 境外禁诉令在我国的效力

禁诉令是指在一定条件下，由本国法院签发的、限制在本国的原告在某一外国法院实施相应的法律救济措施的一项强制令，是英美法系国家常用的一种对抗挑选法院和协调国际平行诉讼的措施，禁诉令制度在英美法系国家的司法实践中已经存在了很长的时间。[3]英国的禁诉令制度最初源于衡平法院，是出于良心和正义而作出的禁止当事人在普通法院起诉或继续诉讼的衡平救济措

1 参见付裕：《案例 | 关于涉外反担保保函管辖权的思考》，载微信公众号“深圳国际商会”，2019年8月5日推送。
2 参见最高人民法院（2012）民提字第131号民事裁定书。
3 参见雷荣飞：《中国企业如何应对禁诉令（anti suit injunction）》，载微信公众号“海商法资讯”，2017年11月30日推送。

施。禁诉令的目的是防止不正义。随着禁诉令适用范围的对外扩张以及伦敦涉外仲裁业务的繁荣，为了保护伦敦仲裁的优势地位及其相关的商业利益，目前，英国法院所签发的禁诉令已经成为维护当事方仲裁协议效力，防止一方当事人在外国法院发起平行诉讼的有力武器。英国法院一旦做出禁诉令，理论上，被申请人一方就不得再参与外国法院诉讼程序。[1]

在实践中，因为司法主权问题，禁诉令的跨境执行效力很低。我国法院历来倾向于对外国或地区法院的禁诉令持置之不理的态度。例如，2017 年 7 月，我国法院首次对来自我国香港特别行政区高等法院的禁诉令予以官方回击，在认定我国法院对案件具有管辖权的基础上，责令外方当事人立即向香港特别行政区高等法院申请撤回案涉禁诉令。[2] 在案例 6–17 中，荷兰西特福公司为了应对荣成西霞口公司向中国法院提起的诉讼，向英国法院申请了禁诉令。英国法院也随即签发了禁诉令。但我国法院也并未就该禁诉令予以回应或者承认。在深圳市粮食集团有限公司与美景伊恩伊公司（FUTUREE.N.E）公司提单运输货损案[3]、轩辉国际物流有限公司与智利南美轮船有限公司海上货物运输合同案[4]中，结果也是我国对禁诉令未予以承认。这种做法除了基于我国法院对该案的共同侵权之诉有管辖权的考虑外，可能还出于对司法主权保护的考虑，以及中国与英国之间目前未签订民商事司法协助的双边协定，双方欠缺进行双边互相承认和执行对方民商事判决、裁定等法律文书的官方途径的原因。[5] 但是，消极处理不能避免承担违反禁诉令处罚的风险，尤其是出现在作出禁诉令法院所在国家 / 地区的领土时。禁诉令直接针对已经或将要在英国以外的他国法院提起诉讼的权利人，禁止权利人在他国法院开始或继续诉讼。不承认并不代表禁诉令对当事人不具有效力，如果当事人在英国无利益可言，那么可以忽略禁诉令的存在，反之，则需要认真对待。因此，我国当事人仍会面临英国禁诉令的威胁。违反禁诉令将被视为藐视英国法庭，违反者将面临严重惩罚，包括监

1 参见潘辉文：《中国企业或个人收到英国法院的禁诉令该如何应对》，载微信公众号“英国法那些事儿”，2016 年 10 月 19 日推送。
2 参见刘炯、汤旻利：《中国法院对域外平行诉讼的态度》，载微信公众号“仲裁研究智库”，2018 年 5 月 23 日推送。
3 参见青岛海事法院（2004）青海法海商初字第 245 号民事裁定书。
4 参见宁波海事法院（2013）甬海法商初字第 513 号民事裁定书。
5 参见赵景顺、周兢：《对英国禁诉令制度的思考》，载《人民司法》2015 年第 17 期。

禁或在英国的财产被扣押等。且违反者将会承担所获得的外国判决在英国得不到承认和执行的不利后果。此外，由于我国不少大型企业在海外有分支机构，如中国银行在英国就有分支机构，如果不理会英国法院发布的禁诉令，则英国法院可能对其分支机构采取强制措施。[1]

3. 利用平行程序规避境外败诉后果的可行性

案例 6–17 中，在中国进行的诉讼程序中，青岛海事法院以欺诈侵权为由，不仅行使了管辖权，并且根据荣成西霞口公司的申请，签发了“保全裁定”并向担保人签发了“协助执行通知书”，要求在荷兰西特福公司等未提供担保的情况下，担保人不得向其支付预付款保函项下的款项，这在一定程度上产生了“止付令”的法律效果。但是，由于担保人中行山东分行并不是该案的当事人，且银行保函约定的管辖法院是英国法院，法律适用是英国法，笔者认为，青岛海事法院对其发出止付令的做法值得商榷。

该案的实体审理程序中，一审、二审法院均认定荷兰西特福公司与芬兰瓦锡兰公司等构成共同侵权，判令其赔偿荣成西霞口公司的相关损失。但在再审程序中，最高人民法院认为境内卖方应当寻求合同法上的救济，而不是侵权救济，因此撤销了一审和二审判决，驳回了荣成西霞口公司的诉讼请求。[2]

在境外方面，荷兰西特福公司向英国高等法院商事法庭提起诉讼，要求担保人根据预付款保函支付款项，英国高等法院商事法庭认定案涉保函为“见索即付保函”且选择适用英国法。根据英国法，中国银行应当承担还款保函的付款义务。在中国法律程序中被指称的欺诈，不能代表在履行地法律（不在中国）环境下也是非法，或者成为英国法院认为可以拒绝付款的理由。荣成西霞口公司在伦敦进行的造船合同仲裁全部败诉，两份造船合同被取消，预付款和利息被裁决返还荷兰西特福公司。同时，因该案中国银行败诉，西特福公司可以毫不费力地凭英国法院判决从中国银行得到这笔钱的支付，因为中国银行在英国伦敦有分支机构，中国银行必须执行该判决。中国青岛海事法院的止付令

1 参见雷荣飞：《中国企业如何应对禁诉令（anti suit injunction）》，载微信公众号“海商法资讯”，2017 年 11 月 30 日推送。

2 参见最高人民法院 (2016) 最高法民再 16 号民事判决书。

没能阻止中国银行在还款保函项下的对外付款。[1]

（四）争议解决方式的选择问题

仲裁与诉讼均是争议解决的有效方式。仲裁是指当事人根据订立的仲裁协议，自愿将纠纷提交仲裁机构进行审理裁判，并受该裁判约束的争议解决方式。诉讼是指法院根据纠纷当事人的请求，依据法定的权限和程序，解决具体案件的争议解决方式。

表 6-6　仲裁与诉讼的区别

	仲　裁	诉　讼
程序介入方式	仲裁机构以当事人之间自愿达成的有效的仲裁协议为受理案件的先决条件。无仲裁协议，一方申请仲裁的，仲裁机构不予受理	法院是根据国家法律的授权独立行使审判权。只要一方当事人向有管辖权的法院提起诉讼，法院就可以依法受理案件。无需前置性安排或条款设置
审理形式及裁判结果是否公开	一般不公开进行，非代理人不可列席旁听，双方当事人、仲裁员等与案件有关的人员均不得对外透漏案件的任何情况，仲裁的保密性较强，且生效裁决不公开	以公开审理为普遍适用原则，以不公开审理为特例，除涉及国家秘密、个人隐私或者法律另有规定的以外，应当公开审理。生效裁判可公开查询
审理层级	一裁终局制；仲裁机构开庭审理后作出的裁决是最终的裁决，立即生效	两审终审制；当事人对一审法院判决不服的，可依法向上一级法院提起上诉
保全措施	向仲裁委员会提出申请，仲裁委员会再向法院转递保全申请，并由法院最终完成保全措施	可直接向受理案件的法院提起保全申请，由法院采取保全措施
举证方式	仲裁庭相对被动，当事人需要承担较多的举证义务，仲裁庭不轻易介入证据搜集及举证工作	当事人如果因为己方客观原因导致举证困难或举证不能的，可以依法向法院申请证据保全或申请调查令等救济措施
证据要求	可直接向仲裁庭提供外文证据资料，由仲裁庭判断是否可以采纳	证据资料的原件为英文的，需向法院提交有资质机构的对应翻译件。如果证据形成于境外，需经有权机构公证认证
第三人制度设置	限于缔结仲裁协议的案件当事人，即便是部分案件事实与案外人有关，仲裁庭不可追加，当事人也无权申请追加	为了查明案件事实或者案件裁决结果涉及第三人权益的，法院可以在诉讼程序进行过程中追加案外人作为第三人

1　参见裘红伟：《银行能否根据中国法院止付令解脱保函项下付款责任——对荷兰西特福船运公司诉中国银行案的分析》，载微信公众号“海商法资讯”，2016 年 10 月 7 日推送。

续表

	仲　裁	诉　讼
裁判结果在外国的承认与执行	我国国内仲裁机构作出的仲裁裁决，能够在联合国《承认及执行外国仲裁裁决公约》（以下简称《纽约公约》）的其他缔约国之间直接得到承认与执行	国内法院的判决在生效后能否在国外申请执行，取决于判决作出的国家和申请执行地的国家之间有没有司法协助或互惠原则
受理案件的费用问题	仲裁费用一般比诉讼费用高，具体以实际发生为准，具有一定的不可预测性	诉讼费用一般较仲裁低，收费标准是明确的，可预测

根据表 6–6，对独立保函纠纷中选择仲裁和诉讼两种争议解决方式的优势作如下分析：

1. 选择仲裁的优势[1]

（1）灵活性。在仲裁中，当事人可以根据自身的情况选择利于己方的仲裁地点、仲裁机构、适用的实体法、仲裁语言、仲裁员组成等。

（2）保密性。仲裁“不公开审理、不公开裁决”这一保密特性更有利于保护当事人之间的商业秘密和维护其商业信誉。同时也有利于当事人在小范围内平和地解决争议，为下次合作留有余地。

（3）高效性。仲裁的“一裁终局制”及仲裁裁决的立即生效，相比较诉讼所耗费的时间和精力大大减少。同时，在举证方面，仲裁当事人可直接向仲裁庭提供外文证据资料，比诉讼便捷快速。

（4）执行性。我国于 1987 年加入了《纽约公约》，各国约定了互相承认和执行在缔约国国家领土内作出的仲裁裁决。仲裁的这一特性也是大多数当事人选择仲裁作为争议解决方式的最关键因素。一国法院的判决，原则上只在该国领域内有法律效力，要对国外的当事人生效，必须得到该当事人所在国家的承认，才有可能在该外国强制执行。通常有两种做法：一是国家之间共同签订国际司法协助条约或协定，请求缔约国给予协助；二是通过外交途径达成临时协议，请求有关当局给予协助。

1　参见张保生：《诉讼还是仲裁？跨国公司争议解决方式的选择》，载 https://www.chinalawinsight.com/2012/10/articles/corporate-ma/ 诉讼还是仲裁 %ef%bc%9f- 跨国公司争议解决方式的选择 / ，最后访问日期：2020 年 3 月 14 日。

仲裁裁决是终局的，对双方当事人均有约束力。当事人应依照裁决书写明的期限自动履行裁决；仲裁裁决书未写明期限的，应当立即履行。一方当事人不履行的，另一方当事人可根据中国法律的规定，向中国法院申请执行，或根据《纽约公约》或中国缔结或参加的其他国际条约，向外国有管辖权的法院申请执行。[1]

（5）专业性。仲裁机构由一些既有社会威望又具备权威的相关专业知识且熟悉法律规范的专家仲裁人员组成，因而审理案件更具有权威性和说服力，有利于专业度较高的疑难纠纷的解决。

2. 选择诉讼的优势

（1）财产保全方面，在起诉前和诉讼过程中，当事人可以申请法院采取财产保全和证据保全措施。与信用不好或经营状况不佳的公司发生纠纷时，及时保全其有效资产具有重要意义，决定了最终的判决或裁决是否能够得到执行。同时，一旦通过法院查封了对方的核心资产或重要资产，往往能迫使对方主动和解，从而达到争议解决的目的。对境外仲裁机构受理的案件，在仲裁过程中，申请人无权要求中国法院对被申请人采取财产保全措施。境外仲裁机构做出的临时禁令，一般也得不到中国法院的承认和执行。

（2）和法官相比，仲裁员的权力是有限的，如果当事人选择通过诉讼方式解决争议，对于当事人无法自行获取的与案件相关的关键证据，当事人可以申请法院依职权调查取证。

（3）诉讼费用的低廉和可预测性。以在国内仲裁为例，对同样标的的案件，仲裁机构收取的案件受理费和处理费大致相当于中国法院受理费的两倍。此外，由于仲裁案件的处理费一般以实际发生为准，具有一定的不可预测性。而诉讼案件的收费标准是明确的，当事人完全可以预计。

（4）对生效判决的救济手段的广泛性。诉讼具有二审监督作用，对于已生效的判决不服的，当事人可以向上级法院上诉，如一审裁判错误，在二审阶段能够得到救济。对于法律适用错误的已生效案件，当事人甚至还可以通过再审审查与审判监督程序获得救济。

---

1 参见陈樱琳：《仲裁与诉讼的区别 | 涉外组》，载微信公众号“律动法证”，2018 年 1 月 8 日推送。

第三节 | 法律风险提示

一、在独立保函中载明适用法律及管辖

独立保函中应载明纠纷发生时适用的争议解决方式、适用法律、法规、国际惯例等，以避免出现适用法律和管辖权归属方面的争议。

首先，在法律适用方面，站在我国当事人的角度，为更好地保障权益，节约诉讼成本，应尽可能争取适用我国法律。例如，在独立保函中载明适用中国法律并由担保人所在地有管辖权的法院管辖。其次，应尽量争取适用国际通用的统一惯例如 URDG758、UCP600、ISP98 等，这些惯例较为成熟，规则较为清晰，对独立保函业务的整个流程的各个环节都有较为详细的规定，一旦发生纠纷可参照惯例规定的条款解决，避免各方当事人为保护本方利益而产生纠纷和分歧。最后，鉴于上文中对 URDG758 和 URDG458 相关条款的比较分析，笔者建议在国际惯例中优先选择适用 URDG758，同时尽可能不要选择适用 URDG458。需要注意的是，根据 URDG758 第 35 条，如果独立保函没有

明确约定纠纷管辖地，则由开立独立保函的担保人的分支机构所在地法院专属管辖。因此，如果国内银行的境外分支机构开立独立保函，需注意所在国家或地区的司法环境是否有利于公正审理，顺利执行，能够充分保护当事人的合法权益。如果当地司法环境不佳，笔者建议在独立保函中载明排除 URDG758 第 35 条的适用。如果必须适用其他国家或地区法律，笔者建议尽量选择适用接受度较高，较为成熟的法律，如英国法、我国香港特别行政区法等。

二、选择有利的争议解决方式

独立保函法律关系中的各方当事人，在选择争议解决方式之前，应对仲裁和诉讼这两种争议解决手段的基本情况、优势与弊端进行充分的了解，依据自身的情况及偏好进行分析，合理地选择有利于己方的争议解决方式。目前知名的国际常设仲裁机构包括：国际商会下设独立仲裁机构——国际仲裁院（International Court of Arbitration，ICA）、伦敦国际仲裁院（London Court of International Arbitration, LCIA）、斯德哥尔摩商会仲裁院（Arbitration Institute of the Stockholm Chamber of Commerce, SCC）、新加坡国际仲裁中心（Singapore International Arbitration Center, SIAC）、香港国际仲裁中心（Hong Kong International Arbitration Centre, HKIAC）、中国国际经济贸易仲裁委员会（China International Economic and Trade Arbitration Commission, CIETAC）等。另外，近几年国际商事法庭也逐步发展起来，荷兰、新加坡等国都设立了国际商事法庭，中国最高人民法院也于 2018 年设立国际商事法庭，并分别在深圳和西安设立了第一国际商事法庭和第二国际商事法庭。[1]

三、各方当事人共同订立书面协议约定管辖

根据《独立保函司法解释》第 21 条第 2 款“当事人书面协议由其他法院管辖或提交仲裁的除外”的规定，即允许各方当事人约定由独立保函开立地以

1 参见唐功远、谭洁：《国际商事仲裁机构比较》，载微信公众号“君泽君律师”，2018 年 10 月 30 日推送。

外的其他地方法院或由仲裁机构解决独立保函欺诈争议。结合我国的司法实践，如果当事人对管辖法院或者仲裁有特别的需求，需注意：该条款须得到争议各方当事人一致同意，且该条款明确规定是针对独立保函欺诈争议订立的。此外，务必由申请人、担保人和受益人共同订立一个书面协议，共同选定管辖的法院或者仲裁机构。注意将条款写入基础交易合同以及独立保函文本，仅在独立保函的附录文件中进行约定对申请人没有法律约束力。

对于独立保函担保人而言，为了避免因侵权而适用中国法律与独立保函适用境外法律之间的冲突，可以选择对独立保函不同的纠纷类型选择适用不同的法律或国际惯例。比如，当事人可以在独立保函中载明适用某一境外法律，同时排除该境外法律对独立保函欺诈情形的适用，同时载明在未来产生独立保函欺诈纠纷时，适用中国法律。

四、深入研究与保函业务相关国家或地区的独立保函相关法规

国内企业、办理涉外保函业务的银行及金融机构应主动学习和研究与我国独立保函业务相对密切的国家或地区的独立保函相关法律法规、司法判例和实践。例如，英国法律、新加坡法律，不断积累涉外独立保函业务的经验。与此同时，通过搭建国际合作交流平台等渠道，增进相关国家和地区对我国独立保函法律制度的了解。目前，我国对涉外独立保函业务的法律法规和司法实践已经相对完善，基本实现与国际通行惯例和公约的对接，能够为独立保函在涉外经济活动中的更广泛应用起到有效保障作用。[1]

五、平行程序法律风险的防范及应对措施

在独立保函的开立方式上，建议尽量选择国内银行直开保函。转开保函通常会涉及多个境内外主体，较直开保函增加了反担保的法律关系。而转开保函交易架构下多个法律关系选择适用的法律以及争议解决方式可能并不相同，

1 参见董思雁：《涉外保函实务风险及缓释措施》，载《对外经贸实务》2018 年第 12 期。

因此在争议发生时，产生平行程序的概率会更高。

为防范该类风险，对我国境内银行开立的保函或反担保函，比较理想的做法是当事人在独立保函或反担保函中，约定适用中国法律及由中国司法管辖，或约定适用URDG758，尽量避免适用境外法律，由境外司法管辖。为谨慎起见，应要求保函申请人承诺知悉独立保函或反担保函适用境外法律或境外司法管辖的风险，承诺赔偿担保人因适用境外法律或由境外司法管辖而可能承担的风险和损失，承担境外法律和司法机构加诸担保人的法律后果。如果申请人以独立保函欺诈为由在境内采取司法救济措施止付保函，申请人仍应偿付担保人因保函适用境外法律承担的责任。反担保函可能适用境外法律或由境外司法管辖的，反担保函开立人应采取同样的法律措施。[1]

在独立保函广泛应用的今天，为有效规避潜在法律风险，申请人及担保人在签订基础交易合同及开立独立保函时，针对争议解决条款应仔细斟酌，比如在协议中明确约定适用法律及管辖法院或仲裁机构，尽量约定适用URDG758等独立保函国际交易惯例。在法律审查阶段，应对独立保函中所涉及的法律风险逐一排查，比如选择适用的法律或惯例的条款中是否存在审单拒付时间不明确、非单据化条件不明确、独立保函失效的情形不完善、对于不可抗力的处理单一化等问题，管辖方面是否容易引发平行诉讼，所选择的管辖地的法院或仲裁机构对独立保函出现的争议可能持有的态度等，尽可能全面地了解法律适用及管辖的利弊及可能涉及的风险，谨慎拟定对己方有利的条款，避免因境内外平行管辖造成的矛盾判决，及因法律适用问题对申请人及担保人的权益造成不利的影响。

1　参见朱宏生：《〈最高人民法院关于审理独立保函纠纷案件若干问题的规定〉实施两年来案例回顾与分析（二）》，载微信公众号“国际金融法律与实务”，2019年8月21日推送。

附：

还款保函范例

（英文版）

REFUND GUARANTEE

To：[Name and Address of Beneficiary]　　　[Date of Issuance]

Dear sirs,

At the request of "Company A" and in consideration of your agreeing to pay "Company B" （called "the SELLER"） the installments before delivery of the Contract concluded by and amongst you,and the SELLER dated （　　） for the construction of one oil tanker,subject to the following，we[name and address of Issuer at place of Issuance]（"Issuer"），the undersigned, do hereby irrevocably guarantee repayment to you of an amount up to but not exceeding a total amount of United States Dollars only（USD）.

Representing the first instalment of the Contact Price of the VESSEL,United States Dollars only（USD）,the second instalment of the Contact Price of the VESSEL,United States Dollars only（USD）,as you may have paid to and received by the SELLER under the Contact prior to the delivery of the VESSEL,if and when the same or any part thereof becomes repayable to you from the SELLER in accordance with the Contract.

Should the SELLER fail to repay within （　　） days from the time of its receipt（as provided for in Paragraph [　　]of Article[　　]of the Contract）of the written notice of the Contract from you,we shall pay you the amount of such repayment together with interest calculated at the rate of percent（　%）per annum if the cancellation of the Contract is exercised by you in accordance with any provision in Paragraph [　　]of Article[　　]of the Contract or at the rate of percent(　%)per annum if the cancellation of the Contract is exercised by you in accordance with any provision in Paragraph [ ]of Article[ ]within [ ]days after our reciept of the relevant written demand from you for repayment.

At the request of the principal,______________, we,_____ Bank/ company, hereby irrevocably undertake to pay you any sum or sums not exceeding in total an amount of __________________ (say:______________________________) upon receipt by us of your demand for payment in writing. The demand for payment should be signed by your authorized staff. The demand for payment document includes the notice of claim and the following documents:

☐ i) Declaration of breach of contract;

☐ ii) third party documents;

☐ iii) judicial decisions / arbitral awards;

☐ iv) Other documents.

If the SELLER fails to honour the decisions/award within [ ]days after the decisions / award has been published ,then we shall refund to you to the extent the judicial decisions / arbitration award orders but not exceeding the aggregate amount available under this Letter of Guarantee plus the interest described above.

For the avoidance of doubt,your written demand for repayment of the proceeds available hereunder shall not be issued unless and until the aforesaid [ ]days has expired witch demand can nevertheless be made notwithstanding the commencement of judgement / arbitration as aforesaid.

The said repayment shall be made by us in United States Dollars.Repayment shall be effected by wire transfer to your account [as following:Name,Routing No.of Beneficiary' s Bank and Beneficiary' s account number or to another Beneficiary account]as you directs in writing.

This Letter of Guarantee shall become effective from the time of the actual reciept of the first installment by the SELLER from you and the amounts effective under this Letter of Guarantee shall correspond to the total payment actually made by you from time to time under the Contract prior to the delivery of the VESSEL.However,the available amount under this Letter of Guarantee shall in no event exceed above mentioned amount actually paid to the SELLER,together with interest calculated,as described above for the period commencing with the date of receipt by the SELLER of the respective instalment to the date of repayments thereof.

This Letter of guarantee shall remain in force until the earliest of:

The date on which the VESSEL has been delivered to and accepted by you;or

The date on which refund has been made by the SELLER or ourselves in the maximum amount under this Letter of Guarantee;or being the date calendar days after the Delivery Date as defined in Article [ ]of the Contract,provided that if before that date is dispute has been submitted either by the SELLER or by you in accordance with Article [ ]of the Contract,then this Letter of Guarantee shall automatically be extended and shall continue in force until the date falling on the [ ]calendar day after arbitration award is published.

Upon its expiration,this Letter of Guarantee shall be null and void,and shall be immediately returned to us for cancellation,any action of maintaining the original of this Letter of Guarantee or any of its amendment shall then give no right to Beneficiary for lodging any more claim hereunder.

This guarantee is non-transferable without the written consent of our bank/ company.

This guarantee is subject to ☐ URDG 458 ☐ URDG 758 ☐ ISP98.

This guarantee shall be settled by final and binding arbitration.The appointing authority shall be__________ (Arbitration Commission).The place of arbitration shall be in __________. Any such arbitration shall be administered by __________in accordance with the arbitration rules of __________ in effect at the time of arbitration .The dispute shall be adjudicated by three (3) arbitrators, one of whom shall be appointed by Beneficiary and one of whom by our bank/company. The third arbitrator shall be appointed by both parties through negotiation, provided however that if the parties cannot decide upon the selection of the third arbitrator ,then the third arbitrator shall be appointed by__________ in accordance with the arbitration rules of __________. The arbitration proceedings shall be conducted in __________(language). The arbitral award shall be final and binding upon the parties.

[Issuer' s name]

[By its undersigned officer]

[Date]

（中文版）

还款保函

日期：

致（受益人姓名及住址）

敬启者：

根据A公司的请求，并且考虑到贵方已同意依各方制定的合同于船舶交付之前向A公司和B公司（A、B公司以下称为“卖方”）付款，在________协议中约定该款项用于卖方建造一艘根据________合同指定的________邮轮，依照下文，本行/公司（担保人名称及开具地）在共计______美元（USD______）的限额内开立经本行/公司签署的不可撤销的保函担保向贵方还款，具体约定如下：

一、该款项包括作为船的合同价款的第一笔分期款________美元（USD______），第二笔分期款________美元（USD______），当贵方于船舶交付之前依合同已经向卖方付款而卖方已接受该款项，且如果根据合同的规定，前述总款项或任何一分期款项应当由卖方向贵方偿还之时，本行/公司担保向贵方还款。

二、假设贵方未能于收到贵方撤销合同的书面通知（根据合同______的规定）后____日内还款，在本行/公司收到贵方还款的书面请求后的第____日内，本行/公司将向贵方支付应还款项及利息，如贵方依照合同______的规定行使合同撤销权，则利率为年化____%，而如贵方依照合同______的规定行使合同撤销权则利率为年化____%。

三、本保函项下任何付款请求均以书面形式提交，付款请求应经由贵方授权的工作人员签字，付款请求单据包括索赔通知以及以下单据：

☐（一）违约声明；

☐（二）第三方单据；

☐（三）司法判决/仲裁裁决；

□（四）其他单据。

四、如果卖方在司法判决 / 仲裁裁决颁布后____日内，未能履行判决 / 裁决，本行 / 公司将在司法判决 / 仲裁裁决的限额内向贵方还款，但该款项数额不得超过本保函项下可支付金额总额及其利息。

出于释疑的目的，在上述____日的期限届满前，贵方不应出具可用于收益项下的书面还款请求，而当该期限届满后，则即使在已经提起诉讼 / 提起仲裁的情况下贵方仍可出具书面还款请求。

五、本行 / 公司将以美元的形式支付上述款项。还款应依贵方的书面指示电汇至贵方账户（格式为：名称，受益人指定银行编号，受益人账号，或至其他受益人账户）。

六、本保函自卖方实际收到贵方的首笔付款之日起生效，且本保函项下的有效金额应一直与交付船舶之前贵方根据合同多次付款的金额总额相等。然而，本保函项下的可用金额绝不能超过上述提到的实际支付给卖方的款项及利息的总额，付款期间如上所述，从卖方接收单笔款项之日起至其还款之日。

七、本保函到期日以以下日期中先到期者为准：船舶已交付至贵方，且为贵方所接收之日；或卖方已完成还款或本行 / 公司已依本保函项下最大金额支付还款；或根据合同第____条规定的交付日后的第____日，而如果在该日期之前，卖方或贵方根据合同第____条的规定已将争议提交仲裁庭，则本还款保函将自动展期并持续有效直至仲裁判决颁布后的第____日。

八、本还款保函逾期失效，并应被立即返还给我方进行注销。任何的继续持有本还款保函原件及其修订文本的行为都不能赋予受益人任何主张本保函项下索款权的权利。

九、本保函未经我行 / 公司书面同意不得转让。

十、本保函适用于□ URDG 458 □ URDG 758 □ ISP98。

十一、本保函项下及与本保函有关的一切争议，提交__________（仲裁机构全称）仲裁，仲裁地为__________，适用__________仲裁规则，仲裁程序使用语言为__________。

__________银行 / 公司

负责人或授权代表（签字）：

________年____月____日

07 第七章

分离式保函的追偿问题

分离式保函是近年兴起的一项保函业务，多适用于独立保函，核心特点在于保函申请人与被担保人身份的分离，将原先的三角关系变为四角关系，常见于建设工程领域与内保外贷领域。在建设工程领域，由于担保人对建筑行业缺乏专业性了解，出于审慎考虑，往往对被担保人的申请资格设定了较高的门槛，且通常会要求被担保人提供一定的反担保措施。在内保外贷领域，由于境外的担保人不了解境内被担保人的资信状况，因此开立保函时也会比较慎重。分离式保函为被担保人在担保人处资信不足的难题提供了解决方法，具有蓬勃的生机与活力。但保函申请人与被担保人的身份分离，导致法律关系相对复杂，最终垫款人既可能是担保人，也可能是保函申请人，其应当向谁追偿、如何追偿成为分离式保函纠纷中的焦点问题。本章节将围绕分离式保函中法律关系的厘清，普通保证中与独立保函中追偿权的差异，以及可能的法律风险进行分析。

由于分离式保函中同时存在两个“担保人”——保函担保人和名义保函申请人，以及两个“申请人”——名义保函申请人和实际保函申请人。为避免主体混淆，未特别说明时，本章节的担保人指保函开立人，申请人指名义保函申请人，被担保人指实际保函申请人。

本章要点

实际保函申请人、名义保函申请人、追偿权、格式条款、告知义务

第一节 | 典型案例

【案例 7-18】平安银行股份有限公司中山分行与深圳市协昇实业有限公司追偿权纠纷案[1]

（一）关系图

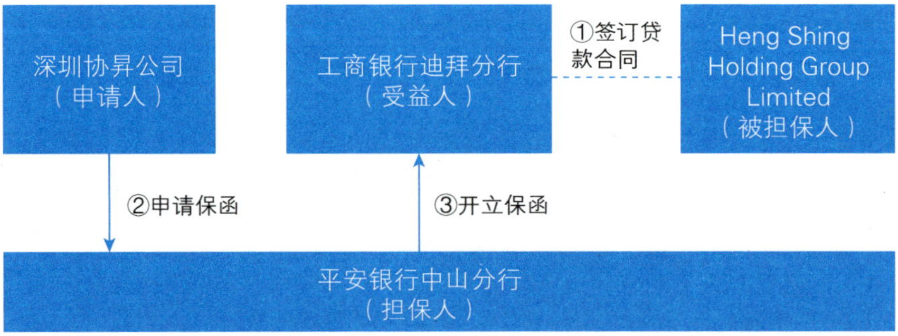

图 7-1　本案法律关系

1　参见广东省中山市第一人民法院（2016）粤 2071 民初 2609 号民事判决书。

图 7–2　本案诉讼关系

（二）案情简介

深圳市协昇实业有限公司（以下简称深圳协昇公司）以其在平安银行股份有限公司中山分行（以下简称平安银行中山分行）的授信额度，为 Heng Shing Holding Group Limited 公司在中国工商银行迪拜国际金融中心分行（以下简称工商银行迪拜分行）的贷款开立融资性保函。保函受益人及通知行均为工商银行迪拜分行，该保函属无条件见索即付保函，保函有效期内，平安银行中山分行收到保函受益人提交的符合保函正本要求的索赔文件后，无需征得深圳协昇公司或保证金出质人同意即可向受益人付款；深圳协昇公司无条件承认平安银行中山分行代为偿付引起的债务；深圳协昇公司账户资金不足以支付保函项下债务时，不足部分由平安银行中山分行垫付。后工商银行迪拜分行通知平安银行中山分行，借款方没有支付贷款协议规定的款项及履行还款义务，要求平安银行中山分行支付保函金额合计 198,625,000 元。平安银行中山分行向工商银行迪拜分行支付款项后，直接在深圳协昇公司银行账户扣划相关款项；扣划后，深圳协昇公司仍欠平安银行中山分行部分垫款，因此平安银行中山分行向中山市第一人民法院起诉。深圳协昇公司未提交书面答辩状，亦未到庭应诉、质证及抗辩。

中山市第一人民法院认为案涉保函合法有效，平安银行中山分行已经依照保函的约定向受益人赔付，根据《独立保函司法解释》第 9 条规定，有权向深圳协昇公司追偿。

【案例 7-19】上海银行股份有限公司深圳分行与广州绿谷进出口贸易有限公司等追偿权纠纷案[1]

（一）关系图

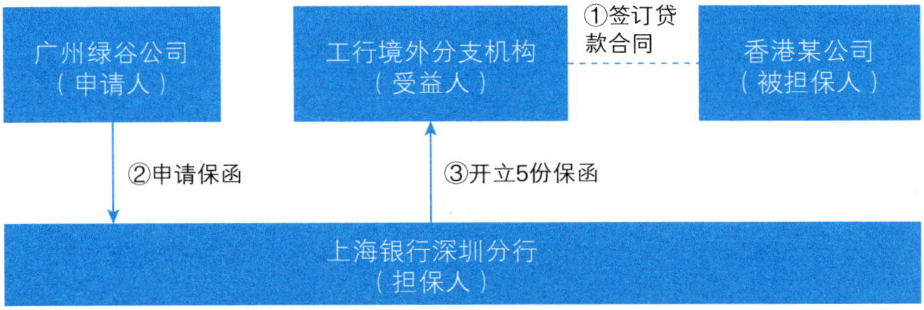

图 7-3　本案法律关系

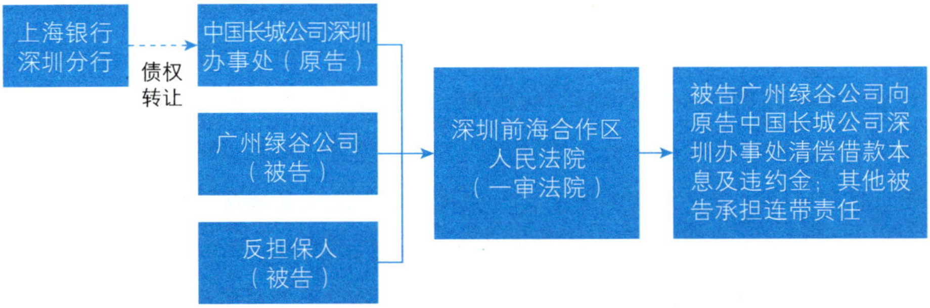

图 7-4　本案诉讼关系

（二）案情简介

广州绿谷进出口贸易有限公司（以下简称广州绿谷公司）与上海银行股份有限公司深圳分行（以下简称上海银行深圳分行）签订《保函授信合同》，

1　参见深圳前海合作区人民法院（2016）粤 0391 民初 1147 号民事判决书。该案判决书将当事人信息做了隐名处理，如借款人显示为“XXXX（H.K）CO.，LIMITED”，为方便读者理解，笔者将其表述为“香港某公司”。此外，本案中独立保函有多个，受益人分别为中国工商银行在境外各地的分支机构，文中统一表述为“工商银行境外机构”。

申请为其开立以中国工商银行不同境外机构（以下简称工商银行境外机构）为受益人的共计5份融资性保函，用于担保香港某公司的商业贷款。上海银行深圳分行依约向工商银行境外机构开立共计5份备用信用证。后因借款人香港某公司未能履行还款义务，工商银行境外机构向上海银行深圳分行发出保函索赔函。在上述5个备用信用证赔付后，上海银行深圳分行扣划了广州绿谷公司定期存单本金加利息以及广州绿谷公司其他账户的金额，广州绿谷公司仍欠上海银行深圳分行垫付款项共计20,831,975.17元。上海银行深圳分行向法院起诉广州绿谷公司索赔垫款，之后将案涉债权转让给中国长城资产管理公司深圳办事处（以下简称中国长城公司深圳办事处），一审法院准许中国长城公司深圳办事处替代上海银行深圳分行作为本案原告参加诉讼，上海银行深圳分行退出诉讼。

深圳前海合作区人民法院认为，案涉保函属于独立保函，上海银行深圳分行依照保函约定实际履行了担保义务，且在履行担保义务的过程中不具有过错，有权向申请人追偿。

【案例 7-20】江西中联建设集团有限公司与深圳市中合银融资担保有限公司保证合同纠纷案 [1]

（一）关系图

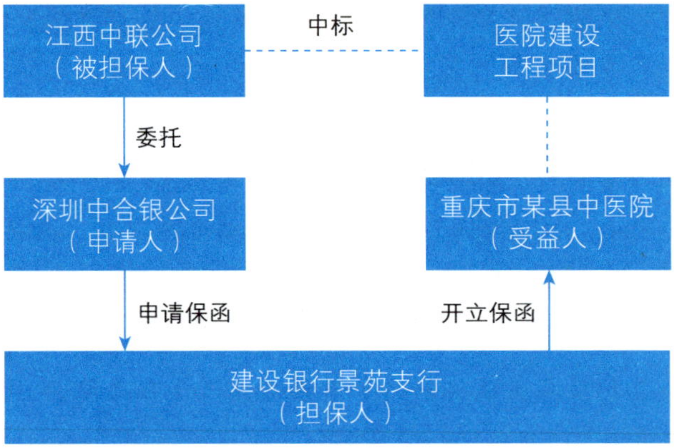

图 7-5　本案法律关系

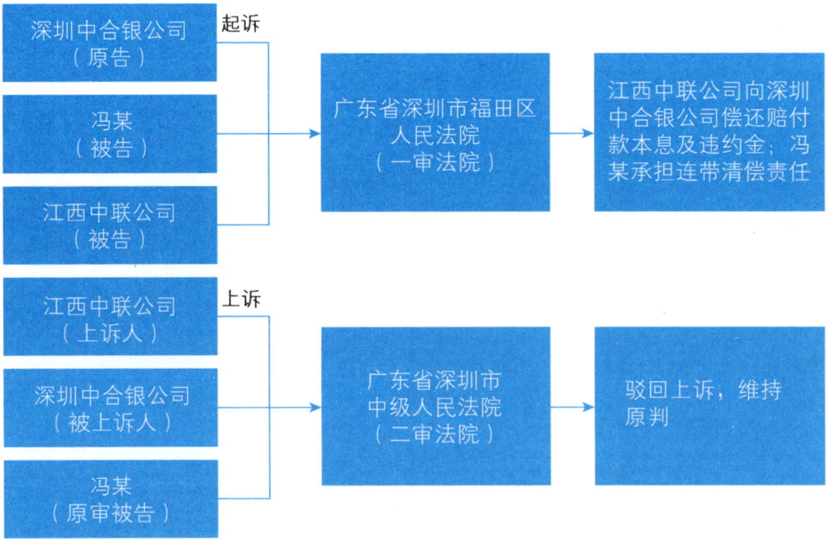

图 7-6　本案诉讼关系

1　参见广东省深圳市中级人民法院（2017）粤 03 民终 2926 号民事判决书。本书根据该案判决书的表述，将受益人称为“重庆市某县中医院”。

（二）案情简介

为投标重庆市某县中医院的工程项目，被告江西中联建设集团有限公司（以下简称江西中联公司）委托原告深圳市中合银融资担保有限公司（以下简称深圳中合银公司）向中国建设银行股份有限公司深圳景苑支行（以下简称建设银行景苑支行）申请开具银行投标保证金保函，保证金为 150 万元，保函担保人为建设银行景苑支行，受益人为重庆市某县中医院。后重庆市某县中医院向建设银行景苑支行发函称江西中联公司未能按照招标文件及时提交履约保证金并签订合同，要求建设银行景苑支行依据案涉保函支付相关款项。建设银行景苑支行向深圳中合银公司发出《索赔通知书》，深圳中合银公司向重庆市某县中医院付款。重庆市某县中医院收到款项后，向建设银行景苑支行发出《担保责任解除的函》确认其担保责任解除。随后建设银行景苑支行向深圳中合银公司发出《保函代偿证明》，确认深圳中合银公司代其履行了案涉保函赔偿责任，自该行收到受益人出具的《担保责任解除的函》之日起，深圳中合银公司在该笔保函业务项下的保证责任自动解除。深圳中合银公司起诉向江西中联公司索赔已代偿款项。

一审法院认为，案涉《投标保函》及深圳中合银公司与江西中联公司之间的《投标保函申请合同》合法有效，深圳中合银公司已经按照《投标保函申请合同》的约定向受益人代偿，因此江西中联公司应当向深圳中合银公司赔付垫款。江西中联公司认为在基础合同有瑕疵的情况下，深圳中合银公司的擅自赔付行为损害其权益而上诉。二审法院认定案涉保函为独立保函，深圳中合银公司向受益人赔付的行为符合案涉保函的约定，合法有效，根据《独立保函司法解释》第 9 条的规定，有权向江西中联公司追偿。

第二节 | 法律问题分析

一、分离式保函的四方法律关系

在分离式保函业务中，由被担保人向提供代开独立保函业务的机构（目前以担保公司为主）提交相关准入材料，经该机构审批通过后，以自己的名义申请保函，银行或者非银行金融机构再决定是否接受其申请开立保函。

传统独立保函是银行或非银行金融机构为其客户（保函申请人）就某一事项向受益人提供担保。银行[1]根据保函申请人提供的保证金，或者其授信额度，决定是否提供相关保函服务。在这种情况下，保函申请人与被担保人是同一主体。但是在依据授信额度申请保函的情况下，并非所有企业的资信都能够支持其获得足够的授信，或交易中出现的特殊状况限制其申请授信的资格或额度。担保公司作为专业的担保机构，在银行的资信情况更为良好，而且比起对担保业务了解较少的普通保函

1 考虑到实践中以银行保函较多，本章暂不分析非银行金融机构开立保函的情形。

申请人，沟通效率也更高。此外，在跨地区的交易中，银行更为信任本地企业提供的担保。基于以上因素，银行更青睐本地资信良好的企业，或者专业的担保公司，分离式保函由此应运而生，将保函申请人与被担保人割裂，保函申请人为他人交易中的债务而向金融机构申请担保。[1]

通俗地说，分离式保函是由“有授信额度”的保函申请人向银行申请为“没有授信额度”或身处异地的被担保人开立保函。在分离式保函结构中，共有四方主体：银行（保函担保人）、第三方担保人（保函申请人）、被担保人和受益人。由于分离式保函较普通保函多了“第四角”，即扮演中介角色的第三方担保人，法律关系变得相对复杂，四方权利义务的分担也难以界定，导致最突出的问题就是付款责任应由谁承担。因此，对于分离式保函，核心问题是法律关系的厘清。

分离式保函包含以下四层法律关系：

1. 被担保人与受益人之间的基础合同法律关系，通常为建设工程施工法律关系或借贷法律关系；

2. 被担保人和第三方担保人之间的担保法律关系，即被担保人同第三方担保人之间签订担保合同，通常以《保函开立申请书》的形式；

3. 第三方担保人和银行之间的保函申请法律关系，依据被担保人和第三方担保人之间的担保合同，第三方担保人向银行申请向受益人开立保函；

4. 银行和受益人（即基础交易法律关系中的债权人）之间的保函法律关系。银行在被担保人无法履行基础合同时，依受益人的请求承担保函项下的付款责任。在银行依保函向受益人承担付款责任的情况下，有权向代为申请开立保函的第三方担保人索偿。

1 参见蒋琪、邵晶晶：《分离式保函前沿法律问题研究》，北京市法学会国际经济法学研究会 2019 年度优秀论文参评论文。

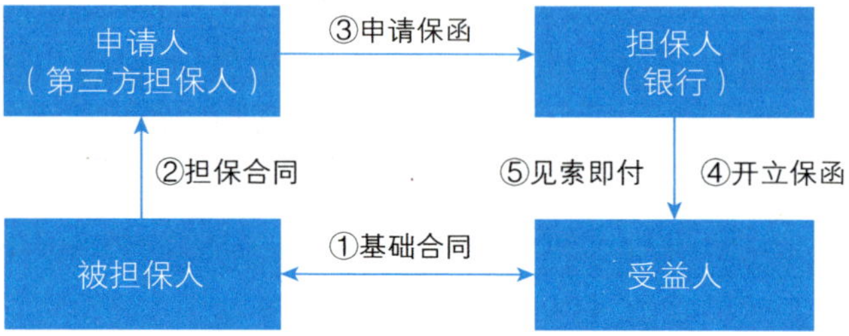

图 7–7　分离式保函法律关系

从法律关系来看，银行与被担保人没有直接的法律关系，但被担保人违约会触发保函赔付条件，导致银行向受益人实际赔付。此时，银行无法突破合同相对性向被担保人追偿，只能向第三方担保人追偿。在第三方担保人为担保公司的情况下，银行的追偿权比较容易顺利实现；而在第三方担保人为被担保人的关联公司的情况下，两者可能同时违约，甚至共谋欺诈，导致银行无处追偿。

二、追偿权概念的厘清

在保证担保法律关系中，追偿权指的是保证人的追偿权。保证人的追偿权又称为求偿权，指保证人在履行保证责任后，有向主债务人请求偿还的权利。《担保法》第 31 条规定：“保证人承担保证责任后，有权向债务人追偿。”即是保证人对主债务人追偿权的立法体现。[1] 保证又分为一般保证和连带责任保证。一般保证是指当事人在保证合同中约定，债务人不能履行债务时，由保证人承担保证责任。一般保证的保证人在主合同纠纷未经审判或者仲裁，并就债务人财产依法强制执行仍不能履行债务前，对债权人可以拒绝承担保证责任。连带责任保证指当事人在保证合同中约定保证人与债务人对债务承担连带责任的保证。连带责任保证的债务人在主合同规定的债务履行期届满没有履行债务的，债权人可以要求债务人履行债务，也可以要求保证人在其保证范围内承担保证责任。

1　参见徐瑶：《连带共同保证人的追偿权应如何确定？》，载中国法院网：www.chinacourt.org/article/detail/2018/08/id/3469762.shtml，最后访问日期：2020 年 6 月 23 日。

独立保函是狭义的独立保证。URDG758 第 2 条将独立保证定义为："'见索即付保函'或'保函'，无论其如何命名或描述，指根据提交的相符索赔进行付款的任何签署的承诺。"通过本书第一章相关概念的厘清不难看出，独立保函是一种特殊的保证，与上述普通保证有相似之处，均因基础合同而产生，目的是为基础合同债务的履行提供担保，均具有单务性和无偿性，即担保人对受益人负有赔付义务，而受益人对担保人除了交单之外没有义务，且受益人不会对担保人支付任何对价。但是独立保函又与普通保证截然不同，因为它突破了普通保证的从属性，作为一项独立的付款承诺，构成了担保人和受益人之间的一项独立债务，担保人只受其在独立保证中的允诺内容所约束，[1]而不受基础合同的约束，这是与普通保证最突出的不同之处，由此导致了独立保函与普通保证中对追偿权理解的不同。

追偿权系除债权人和债务人之外的第三人向债权人履行债务后，依照法律规定，以代债务人向债权人履行债务一事为债权，向债务人请求赔偿的权利。保证人的追偿权，指按照保证合同的约定，在债务人（被保证人）不履行到期债务时，保证人向债权人代为履行或承担连带责任后，向债务人（被保证人）追偿的权利。[2]在保证人履行保证债务之后，保证人可以向主债务人行使代位权或追偿权，如保证债务被认定无效或撤销，保证人还可向债权人主张不当得利返还请求权，以此形成较好的利益平衡机制。在独立保函中，基于保证债务的独立性，担保人不能对受益人主张被担保人基于基础法律关系所产生的抗辩权，也不能基于与申请人之间的关系来抗辩受益人。具体而言，在一般保证中，保证人可以行使先诉抗辩权，即在主合同纠纷未经审判或者仲裁，并就债务人财产依法强制执行仍不能履行债务前，对债权人拒绝承担保证责任；而在见索即付的独立担保中，担保人甚至不能主张自己在保证合同中所本应享有的抗辩权。实际上，当事人之所以将保证交易安排为独立保函的形式，主要是为了利用保证交易的独立性而降低基础交易事由对偿付的阻碍，以高效便捷地实现担

1 参见刘斌：《独立担保的独立性：法理内涵与制度效力——兼评最高人民法院独立保函司法解释》，载《比较法研究》2017 年第 5 期。

2 参见李德平、杨成哲：《浅析保证人追偿权实现的理论和实践》，载《法律适用》1995 年第 11 期。

保权益。[1]

《独立保函司法解释》第9条规定："开立人依据独立保函付款后向保函申请人追偿的，人民法院应予支持，但受益人提交的单据存在不符点的除外。"其法理依据在于，尽管担保人基于独立的合同建立担保关系，向受益人承担责任，但该担保关系的前提是申请人的委托。因此，担保人由于独立保函所承受的损失，自然应向申请人追偿。也就是说，在独立保函中，担保人的追偿权是以其与申请人之间的保函申请关系为基础的。就此而言，独立保函与具有从属性的普通保证并无不同。但在普通保证中，基于保证债务的从属性，保证人的求偿权受到主债务范围或强度的限制，针对保证人承担的保证责任超过主债务人得以免责的部分，主债务人享有抗辩权。与普通保证不同的是，独立保函中的保证债务独立于主债务，担保人的追偿权的范围也就不受主债务范围或强度的限制，而仅根据保函载明的事项。担保人行使求偿权时，被担保人不得以其与受益人之间的抗辩事由向担保人主张，亦不得以其对受益人享有的到期债权而主张抵销。这也是为什么在本章节的三个案例中，法院均支持了担保人或保函申请人的追偿权。

三、"银行—保函申请人"法律关系对银行追偿权的影响[2]

由于在分离式保函中，保函申请人和被担保人身份的割裂，银行与保函申请人之间存在直接的法律关系，而与被担保人之间不存在直接的法律关系；但保函申请人只是承担一个类似"中介"的角色，最终的担保责任应由谁承担，影响着保函申请人是否有权向被担保人追偿的问题。

在案例7–18中，由于被告深圳协昇公司未出庭参加诉讼，审理法院仅从合同真实意思表示与独立保函独立性的角度进行简单分析。首先，平安银行中山分行与深圳协昇公司就开立保函事项签订合同。其次，平安银行中山分行根据合同约定向工商银行迪拜分行开立独立保函，并在接到受益人工商银行迪拜

1 参见高圣平、何颖来：《论独立保证中保证人的权利保护体系——兼评独立保函司法解释征求意见稿》，载《社会科学》2016年第4期。

2 由于在这一部分需要讨论保函申请人在银行的授信额度的问题，因此此处担保人特指银行。——笔者注

分行的付款通知后，根据保函的约定向工商银行迪拜分行支付了保函金额，平安银行中山分行已履行其付款义务。最后，根据《独立保函司法解释》第 9 条的规定，“开立人依据独立保函付款后向保函申请人追偿的，人民法院应予支持，但受益人提交的单据存在不符点的除外”。平安银行中山分行有权向保函申请人深圳协昇公司追偿，并有权要求深圳协昇公司按《开立保函合同》的约定承担罚息及复利。

案例 7–19 的审理逻辑与案例 7–18 基本相同，审理法院从保函的性质、担保人是否履行了相应义务以及担保人在履行保证义务的过程中是否有过错三个角度进行了分析。

案例 7–18 与案例 7–19 均为内保外贷，保函申请人没有向被担保人追偿，笔者推测这两起案件中保函申请人与被担保人之间存在关联关系。加之《独立保函司法解释》第 9 条的支持，案件审理思路比较简单。而案例 7–20 中，深圳中合银公司作为银行与被担保人的“中介”，与被担保人之间产生了追偿权纠纷。

按授信逻辑，银行开立保函是占用保函申请人的授信额度，自然将其视为责任承担主体，相应的法律关系设计也应使银行取得对保函申请人的债权。对此，实务中存在两种做法：一是在开立保函合同或保函申请书中与保函申请人约定，因银行开立保函所产生的债务，由保函申请人承担；二是选择将被担保人作为实际保函申请人，由其承担债务，将名义保函申请人（担保公司）作为其代理人，代其向银行申请保函，并为其提供保证。两相比较，前者简单直接，法律逻辑与授信逻辑完全一致，且符合合同相对性原则；后者逻辑严谨、环环相扣，也能实现银行的目标。但是，对于后一种观点，由于实务中普遍存在银行与保函申请人同处一地，却与被担保人分处两地，甚至不同国家或地区（这也是分离式保函产生的原因之一），若将被担保人作为“保函申请人—银行”法律关系之间的一环，会对交易的时效性、便利性产生不利影响。[1]

《独立保函司法解释》第 9 条并未明确提及保函申请人与被担保人不一

1 参见吴鑫磊：《分离式银行保函如何构造“银行—保函申请人”的法律关系》，载微信公众号“银法茶歇”，2018 年 4 月 13 日推送。

致的问题，但是在第 5 条第 1 款规定“独立保函载明适用《见索即付保函统一规则》等独立保函交易示范规则，或开立人和受益人在一审法庭辩论终结前一致援引的，人民法院应当认定交易示范规则的内容构成独立保函条款的组成部分”，而根据 URDG758 第 2 条的定义，“‘申请人’，指保函中表明的、保证其承担基础关系项下义务的一方”“‘指示方’，指反担保人之外的，发出开立保函或反担保函指示并向担保人（或者反担保函情况下向反担保人）承担赔偿责任的一方。指示方可以是申请人，也可以不是申请人”，对此，笔者认为，在“指示方可以是申请人，也可以不是申请人”的语境下，有可能出现不同于常见三角担保关系的“四角担保关系”，所谓“指示人”即分离式保函法律关系中的保函申请人的“幕后控制人”——被担保人。

综上所述，笔者认为，在《独立保函司法解释》对于保函申请人与被担保人不一致时的责任承担问题没有明确规定的情况下，可以由当事人自行约定，而且司法实践中已有支持担保公司在对银行垫款后，向被担保人追偿的案例。只要保函申请人与银行约定由其承担责任，则无论保函申请人是否为被担保人，银行均可在赔付后直接向保函申请人追索。而这一结论如果是正确的，将使“保函申请人—银行”间的法律关系构造与银行授信逻辑完全合拍，对于提升分离式保函交易的便捷性有较大帮助。此外，为防止保函申请人与被担保人存在关联关系，共谋违约，导致银行无处追偿的情况，除了加强对保函申请人和被担保人的审查，银行还可以要求被担保人针对保函提供连带保证，即反担保，这样银行在将来实现债权时会更有保障。

四、“名义保函申请人—被担保人”法律关系对名义保函申请人追偿权的影响

本章节前面提到，由于分离式保函法律关系较为复杂，各方主体的权利义务难以厘清。在案例 7–20 中，江西中联公司为保函的被担保人，深圳中合银公司为保函的名义申请人；江西中联公司与重庆市某县中医院是投标法律关系，即该案的基础法律关系；江西中联公司委托深圳中合银公司向建设银行景

苑支行申请开立保函，建设银行景苑支行向重庆市某县中医院开具保函，四者构成担保法律关系。与普通的担保关系不同的是，该案担保权人/受益人为重庆市某县中医院，担保人为建设银行景苑支行，被担保人为江西中联公司；深圳中合银公司既在其与建设银行景苑支行和重庆市某县中医院的法律关系中作为名义上的保函申请人，又在其与建设银行景苑支行和江西中联公司的法律关系中作为担保人。此案还需要注意的是，深圳中合银公司向建设银行景苑支行申请开立的是独立保函，即建设银行景苑支行“无条件地和不可撤销地”向受益人重庆市某县中医院保证，在受益人向建设银行景苑支行出具符合约定条件的书面说明时，建设银行景苑支行应立即支付。

在诉讼中，被告江西中联公司将独立保函与一般的担保关系等同，认为主合同效力决定从合同的法律效力，以投标合同存在瑕疵为由，对抗深圳中合银公司的索赔请求。江西中联公司主张：第一，江西中联公司与案外人重庆市某县中医院的投标合同系主合同，重庆市某县中医院与深圳中合银公司的保证合同系从合同，江西中联公司同重庆市某县中医院投标合同的效力、履行问题与本案的保证合同纠纷存在法律关联性，因此要求追加重庆市某县中医院为第三人。第二，江西中联公司对于案涉保函的性质为独立保函的事实并不知情，深圳中合银公司未向江西中联公司提供过保函样式，或告知过江西中联公司相关事实，因此江西中联公司不应受该保函约束，深圳中合银公司擅自承担本不需承担的保证责任的行为明显违法和不当。

该案中有三个焦点法律问题需要厘清：

首先，案涉保函是独立保函还是普通保函。依照《独立保函司法解释》第3条以及司法实践，案涉保函明确载明“建设银行景苑支行在此无条件地和不可撤销地保证，在收到贵方书面要求后即向你方支付无追索权的人民币壹佰伍拾万元。该保证对本行、本行的继任人、受让人都具有拘束力”。因此案涉保函为独立保函。

其次，保函中约定受益人向银行索赔时应达到何种证明程度。案涉保函载明，受益人索赔时应说明以下事项：（1）投标人（江西中联公司）在其投标函所述的投标有效期内撤回了其投标文件；或（2）投标人在其投标函所述的投标有效期内收到业主发出的中标通知书后，未能与业主签订合同，或未能按照“投标人须知”的规定提交履约保证金。江西中联公司在诉讼中主张，其未能按照招标文件的规定提交履约保证金并签订合同的原因是重庆市某县中医院将履约保证金比例由招标文件约定的10%提高至总报价的30%，已构成违约。而案涉保函并未在受益人索赔条件中约定投标人应当缴纳的保证金的标准，在案涉保函已被确定为独立保函的前提下，江西中联公司在上述主张中仅以基础交易关系提出抗辩，不能证明受益人提交的单据存在不符点，因此该主张不能得到支持。

最后，《投标保函开立申请书》是否能充分证明江西中联公司应知案涉保函的性质。江西中联公司在其向深圳中合银公司提交的《投标保函开立申请书》中承诺：“遵守深圳中合银公司或保函开立银行建设银行景苑支行的开立保函营业规划，并完全认可所开保函格式……”根据诚实信用原则，合同当事人应当遵循自己的承诺，故据此可认定江西中联公司应知悉案涉保函的相关情况，其关于对案涉保函并不知情的主张与该申请书所显示的事实相悖。江西中联公司在诉讼中以《投标保函开立申请书》为格式条款进行抗辩，但审理法院未就此问题进行具体分析，笔者认为，审理法院可能是出于对独立保函这一特殊担保关系的保护，以及对交易习惯的尊重。但是考虑到《合同法》对格式合同的规定，尤其是《九民纪要》中的相关规定越发严厉，江西中联公司关于格式条款的主张可能会在司法实践中得到支持。

笔者曾做过法律检索，检索结果显示，在分离式保函中，法院通常认为保函申请人与被担保人之间的担保协议意思表示真实且合法有效，保函申请人已经承担了担保责任，因此支持保函申请人对被担保人的追偿权。但是，考虑到保函申请人与被担保人身份的分离，即将一个担保关系分裂为两个担保关系，根据合同的相对性，被担保人可能会抗辩其对银行与保函申请人的具体约定不知情，后二者之间的法律关系无法对其产生充分的约束力；或者保函内容超越了被担保人与保函申请人的约定。通过前文对三个焦点法律问题的分析，在保函申请人与被担保人的担保合同中，双方权利义务的约定应当尽量契合保函申请人申请开立的银行保函中约定的权利义务，才能尽量避免潜在纠纷。

第三节 | 法律风险提示

分离式保函中，风险最大的是担保人和保函申请人，因为他们最可能承担赔付责任。在赔付发生时，担保人应当向保函申请人追偿，保函申请人应当向被担保人追偿。

一、担保人在分离式保函中的法律风险

对于担保人即银行来说，首先，由于其严格的风控系统和审批程序，对保函申请人的资信能力要求比较高，需在银行处有大额存款，所以保函申请人多为资信较高的企业，或者专业的担保公司。其次，银行大都会与保函申请人签订《综合授信额度合同》或《最高额授信额度合同》（如案例 7-18），以便为保函申请人开通保函申请服务；银行在赔付保函受益人之后，可以在授信额度内直接扣划保函申请人的存款。这种方法实际上是以保函申请人的银行存款作为开立保函的担保。存款通常是足额的，如果不足额，银行再通过仲裁、诉讼等途径向保函申请人追偿。在诉讼中，由于保函业务已经是一

种常见的成熟的商业模式，事实清楚，法律关系明晰，法院通常会支持银行的追偿权，判令保函申请人赔付银行（如案例 7–18 和案例 7–19）。最后，保函申请人通常会在银行赔付受益人后，按时还款给银行，以避免影响其在银行的基本业务正常进行。需要提示的是，在内保外贷中，扮演保函申请人角色的是中国的银行，代中国企业向境外银行申请开立保函（如案例 7–18 和案例 7–19）。由于跨境纠纷的解决成本较高，因此垫付了款项的中国银行多会向身处中国境内的被担保人追偿。

二、名义保函申请人在分离式保函中的法律风险

如上所述，在分离式保函中，担保人的风险相对较小，因为其将风险转移给了名义保函申请人——无论是担保公司还是内保外贷中的中国银行。而名义保函申请人面对有着资金需求的被担保人，即实际保函申请人，其追偿权的实现具有不确定性。首先，分离式保函的产生原因之一就是被担保人无法在银行申请到足额的授信。换句话说，被担保人本身资信能力较弱，才需要名义保函申请人代为申请保函。其次，在分离式保函业务中，被担保人通常会与名义保函申请人签订《开立保函申请书》，缴纳手续费，而没有其他的担保措施。在案例 7–20 中，被担保人江西中联公司与名义保函申请人深圳中合银公司之间的《投标保函开立申请书》中约定，“在中合银公司向保函受益人或保函开立银行支付索赔款后 5 天内向中合银公司支付代偿款并承担代偿款 30% 的代偿费用”，且江西中联公司为此向深圳中合银公司缴纳了 12,000 元担保费。此处的“担保费”可以视为深圳中合银公司为申请保函而支付的手续费；“代偿费用”的性质被审理该案的法院认定为违约金，并按照最高人民法院《关于审理民间借贷案件适用法律若干问题的规定》第 30 条关于违约金计算标准的相关规定调整为 24%。同时，此案中由自然人冯某提供反担保，对于江西中联公司因开立投标保函事宜而对深圳中合银公司产生的债务承担无限连带保证责任。在实践中，自然人提供的保证效力是比较弱的，因为通过自然人保证的方式实现债权的前提是自然人名下有可供执行的财产。换句话说，如果自然

人没有财产，又下落不明，不在中国境内，即使名义保函申请人得到了胜诉的判决，到了执行阶段，因为没有可供执行的财产，也无法通过列入失信被执行人名单、限制被执行人高消费等手段限制该自然人，最终的结果就是很难实现债权。最后，作为一种商业模式，分离式保函业务本身就有风险，名义保函申请人接受了被担保人以各种形式支付的手续费，即视为名义保函申请人对承担风险的认可。比如在案例 7–20 中，深圳中合银公司在与江西中联公司签订《投标保函开立申请书》时即收取了 12,000 元作为担保费，同时约定如果深圳中合银公司承担了赔付责任，可以在向江西中联公司追偿的同时，要求其支付代偿款的 30% 作为代偿费用，如果深圳中合银公司追偿成功，这将是一笔可观的费用。

在这种情况下，名义保函申请人还可以通过如下几种手段降低追偿权实现不能的风险：

第一，由被担保人提供应收账款质押。尤其是针对根据基础合同受益人应当向被担保人支付对价的情况。如在建设施工合同或买卖合同中，有时需要承包人或卖方出具预付款保函、履约保函，此时被担保人为承包人或卖方，受益人为发包人或买方，受益人对被担保人有支付预付款或阶段性付款的义务，因此形成了应收账款。名义保函申请人可以在《保函开立申请书》中约定设立共管账户，受益人将的预付款或阶段性付款支付至此共管账户中，名义保函申请人截留一定比例的预付款或每阶段的付款作为质押，余款付给被担保人。如果将来发生赔付，名义保函申请人向被担保人追偿成功，则归还质押款项；如果追偿失败，则可以扣划该款项作为损失的弥补。此处不建议截留全部款项，因为被担保人通常有现金流的需求，或者希望能够尽快回款，而不同意质押全部款项。当然，如果保函申请人在合同谈判中非常强势，可以考虑提高质押款项的比例。

第二，要求被担保人提供实物抵押或质押。在名义保函申请人向被担保人追偿失败时，可以执行抵押物或质押物以弥补损失。抵押物可以是不动产，质押物可以是机动车、生产设备、财产性权利（如证券、票据，以及前面提到的应收账款）等；其中，不动产抵押比较保值，而动产质押在执行程序上更加便捷。但是这种方法实现追偿权的可能性比较低，首先是由于被担保人能够提供担保物的可能性较低，因为如果被担保人能够提供有价值的担保物，其可以直接向银行申请保函，而不用大费周折地委托名义保函申请人作为“中介”申请分离式保函。当然也可能银行只愿意接受便于执行或实现债权的担保物（比如前文提到的存款质押），从而导致被担保人难以直接向银行申请保函。此外，需要考虑到担保物在执行程序中的便捷程度，如果担保物难以执行，则名义保函申请人依然难以回款。

第三，被担保人或第三人提供连带责任保证。这种方法的可操作性最低，因为被担保人或第三人名下可能没有可供执行的财产，从而导致名义保函申请人执行不能。比如在案例7–20中，被告之一冯某为案涉保函向名义保函申请人深圳中合银公司提供了反担保，提供连带责任保证。但是在诉讼中，冯某经法院传唤，无正当理由拒不到庭应诉，亦未发表答辩意见，即便法院最终判决其对被担保人江西中联公司的债务承担连带清偿责任，因其下落不明，也无法执行。

第四，公证债权文书。公证债权文书是指对经公证的以给付为内容并载明债务人愿意接受强制执行承诺的债权文书，债务人不履行或者履行不适当的，债权人可以依法向有管辖权的法院申请执行，而无需经过漫长而烦琐的诉讼程序。即名义保函申请人与被担保人可以在《保函开立申请书》中约定，“被担保人同意，如果保函申请人垫付了保函项下的款项，而被担保人不能向保函申请人赔付，则保函申请人可以直接向人民法院申请强制执行”。同时，保函申请人与被担保人应当就此申请书向公证处申请公证。在实践中，公证债权文书的运用越来越广泛，由于其不必经过诉讼程序直接具有强制执行力，程序简便、快捷高效，能够促进债权人较为快速地实现债权，因此广受欢迎。

分离式保函在司法理论与实践中是受到认可的，法院通常认为名义保函申请人与实质保函申请人之间的担保协议意思表示真实且合法有效，支持名义保函申请人对实质保函申请人行使追偿权。作为新类型保函业务，

“分离”加上“独立保函”的特点，分离式保函为商事主体降低了资金压力，创造了更多的交易机会；法院对名义保函申请人追偿权的支持，也使得作为名义保函申请人的担保公司能够放心地提供担保。

但考虑到多重法律关系导致的风险，银行与担保公司仍应在交易中严格把控合规关，通过对保函文件设计的完善，避免潜在法律纠纷。尤其是银行作为独立保函的担保人，能够出具独立保函的专业金融机构，务必用清楚明了的语言出具独立保函，否则在出现歧义的情况下，法院倾向于支持受益人的主张。如在中国工商银行股份有限公司义乌分行与中国技术进出口总公司信用证欺诈纠纷案[1]中，审理法院认为，案涉独立保函担保人作为专业的金融机构，开立独立保函是其一项专门业务，其完全可以自行决定保函的文本内容。由于担保人是保函的实际出具人，因此在保函条款出现歧义的情况下，应当按照不利于担保人的解释进行认定。从实际操作的层面，可以根据基础合同的特点，在保函中对审单义务进行更针对性的约定，以防过于概括式的约定与基础交易的需求相差甚远，或者使审单过于简单，而不能防范风险。此外，名义保函申请人可尽量使其与银行之间的合同和其与申请人之间的合同权利义务相对应，形成类似于“背靠背合同”的模式，以防两层法律关系无法衔接，使得保函偏离其开立目的，从而导致纠纷的产生。但是这种操作需要名义保函申请人对每一单业务进行详细审查，考虑到名义保函申请人日常业务繁杂，需要其在效率与风控之间做取舍。

1 参见浙江省高级人民法院（2016）浙民终 922 号民事判决书。

附：

借款保函范例

（英文版）

Loan Guarantee Format

To: (Beneficiary' s name and address)

Date:______________________

Loan Guarantee No.

Dear Sirs,

Whereas ____________ (hereinafter called the "Principal"[1]) has entered into contract No. ____________ dated [DD/MM/YY] (hereinafter called the "Contract")with you, with due date of [DD/MM/YY], pursuant to the contract conditions, a loan in the sum of ____________ is to be made against a loan guarantee.

At the request of the Applicant[2],______________, we, ______ Bank/company, hereby irrevocably undertake to pay you any sum or sums not exceeding in total an amount of ________________ (including principal money, interest and penalty) upon receipt by us of your demand for payment in writing. The demand for payment should be signed by your authorized staff. The demand for payment document includes the notice of claim and the following documents:

☐ i) Declaration of breach of contract (quotation of related terms in the Contract is required);

☐ ii) third party documents;

1 "债务人"，即基础合同中的债务人，分离式保函中的实际保函申请人。

2 即分离式保函中的名义保函申请人。

☐ iii) judicial decisions / arbitral awards;

☐ iv) Other documents.

and your notice of claim indicating our guarantee No.__________ stating:

i) that the Principal is in breach of his obligation(s) under the Contract; and

ii) the respect in which the Principal is in breach.

Special conditions:

☐ Partial drawing is allowed. ☐ Multiple drawings are allowed.

☐ All bank/company charges relating to this guarantee are for Applicant' s account.

☐ All bank/company charges outside China are for account of the Beneficiary.

☐ This guarantee is non-transferable.

For the purpose of authentication, your written demand for payment must be presented to us through a bank/company confirming that the signature(s) thereon are legally binding upon you.

This guarantee shall be valid from [DD/MM/YY] and shall expire on [DD/MM/YY] at the latest, unless it can be extended to the required period with the written consent of the Beneficiary and us. Consequently, any demand for payment under it must be received by us at this office on or before that date. Otherwise, any obligations or liabilities there under shall be fully and automatically discharged or released regardless of original guarantee being retained or returned to us.

The Beneficiary is entitled to exempt us from all or part of liabilities under this guarantee by notifying us in writing or returning the original copy of this guarantee.

If the Principal can fulfill the above-mentioned obligations in the Contract as scheduled or ahead of time, both the Applicant and the Beneficiary are entitled to terminate the Loan Guarantee.

This guarantee is subject to □ URDG 458 □ URDG 758 □ ISP98.

This guarantee shall be settled by final and binding arbitration. The appointing authority shall be __________ (Arbitration Commission). The place of arbitration shall be in __________. Any such arbitration shall be administered by __________in accordance with the arbitration rules of __________ in effect at the time of arbitration .The dispute shall be adjudicated by three (3) arbitrators, one of whom shall be appointed by Beneficiary and one of whom by our bank/company. The third arbitrator shall be appointed by both parties through negotiation, provided however that if the parties cannot decide upon the selection of the third arbitrator ,then the third arbitrator shall be appointed by__________ in accordance with the arbitration rules of __________. The arbitration proceedings shall be conducted in __________(language). The arbitral award shall be final and binding upon the parties.

[Issuer' s name]

[By its undersigned officer]

[Date]

（中文版）

保函编号：

借款保函

__________：

鉴于本保函被担保人[1]__________________（简称被担保人）与贵方于________年____月____日签订了编号为__________的《__________》（简称借款合同），贵方同意根据借款额合同向被担保人提供币种：__________、金额：__________、借款到期日：________年____月____日的贷款；贵方为此要求被担保人向贵方提供与借款金额相等的保函。

为了保证被担保人充分履行相关义务，应申请人[2]__________的申请和指示，特以贵方为受益人开具编号__________不可撤销的、无条件的、见索即付的、独立的借款保函，为__________担保。具体约定如下：

一、本保函项下的担保总金额最高不超过人民币________元（此数额为本保函的担保限额，担保范围包括借款合同下的贷款本金、贷款利息、罚息及其他银行费用）。

二、本保函自________之日生效，到期日以下述情形发生孰早为准：

（一）本保函担保金额递减完为止；

（二）__________________止。

所有索赔不得迟于上述到期日到达我行 / 公司，并且在到期日后本保函自动变为无效。我行 / 公司在此同意并承诺您，在本保函有效期内，（提交）符合本保函条款及条件的索赔，我行 / 公司将按贵方要求的方式向贵方支付累计不超过上述担保金额的任何款项。

三、本保函项下任何付款请求均以书面形式提交，索赔请求应经由贵方授权的工作人员签字，索赔请求单据包括索赔通知（注明索赔金额、借款合同的编号和名称及本保函的编号）以及以下单据：

1 即分离式保函中的实际保函申请人。

2 即分离式保函中的名义保函申请人。

□（一）违约声明（被担保人未能完全适当地履行借款合同项下的相关义务及/或责任，并引述被担保人所违反的借款合同条款原文）；

□（二）第三方单据；

□（三）司法判决/仲裁裁决；

□（四）其他单据。

四、担保金额经贵方书面同意递减后递减，或担保金额随我行/公司对受益人的支付而相应递减。

五、如果贵方与被担保人协商变更合同且涉及我行/公司担保责任的，应事先书面通知我行/公司，如加重我行/公司担保责任的还应事先征得我行/公司书面认可，否则，我行/公司对加重我行/公司担保责任的部分不承担责任。

六、贵方有权以书面通知我行/公司或将本保函正本退回本行的方式解除我行/公司在本保函项下的全部/部分的义务和责任。该等通知或退回的本保函正本一经我行/公司收到即发生解除本行义务和责任的效力。

七、在本保函有效期内，如合同未履行完毕、担保金额未递减完，我行/公司收到被担保人的延期申请后，经我行/公司书面同意可将保函延期至要求的期限。

八、如发生本保函项下的索赔。索赔金额按所载明的人民币进行赔付。贵方需一并提交索赔通知、本保函第三项载明单据以及本保函正本并在保函有效期内送达我行/公司。索赔资料送到我行/公司地址：__________，并注明“保函索赔”字样。

九、如被担保人能如期或提前完成上述合同或协议约定的义务，则申请人和受益人双方带保函原件一齐到我行/公司解除本保函。我行/公司同时收回受益人所持本保函原件，本保函终止。

十、在本保函项下的任何赔付款须结清，不因任何现有或未来各种税率、责任、费用、佣金而减除，也不因任何事件或任何人导致扣款。

十一、本保函未经我行/公司书面同意不得转让。

十二、本保函适用于☐ URDG 458 ☐ URDG 758 ☐ ISP98。

十三、本保函项下及与本保函有关的一切争议，提交__________（仲裁机构全称）仲裁，仲裁地为__________，适用__________仲裁规则，仲裁程序使用语言为__________。

__________银行 / 公司

负责人或授权代表（签字）：

________年____月____日

08 第八章

转开保函的相关法律问题

随着中国经济与世界经济的融合，以及推动共建“一带一路”倡议的提出，越来越多的中国企业积极拓展对外承包工程业务，参与到境外工程建设中，独立保函的运用也越来越普遍。但是在这类项目中，各方当事人通常位于不同的国家或者地区，境外的合作方、业主和买方由于对他国境内银行资信的不了解或不信任，或者由于其所在国家或地区在法律上有一定限制等，通常会要求境内企业通过受益人所在地的银行以“转开”的方式开立保函。因此，申请人通常委托其所在地银行作为反担保人向受益人所在地银行出具反担保函，以担保该银行向受益人开立保函。此类保函被称为转开保函。当申请人不履行合同项下的义务时，受益人可当即向转开行索赔，转开行赔付之后可要求反担保人根据反担保函支付款项，而反担保人则依据其与申请人签订的委托协议或者反补偿协议向申请人索赔。

由此可见，转开保函较直开保函而言，开立程序和索赔流程都更为复杂，再结合独立保函的“独立性”以及境内外主体之间信息上的不对称性等特点，转开保函业务下更容易发生欺诈性索赔的情形。而在发生欺诈时，又会涉及主保函以及反担保函的止付问题。所以在实务中，转开保函业务下遇到的法律问题更加复杂，需要考量的因素以及平衡的利益更多。在本章节中，笔者将通过多起境内外案例探讨目前转开保函实务中存在的主要法律问题。

本章要点

转开保函、保函欺诈、善意兑付、平行程序

第一节 | 典型案例

【案例 8–21】沈阳远大铝业工程有限公司与建设信贷银行股份公司 ESENTEPE 企业银行业务中心分行保函欺诈纠纷案[1]

（一）关系图

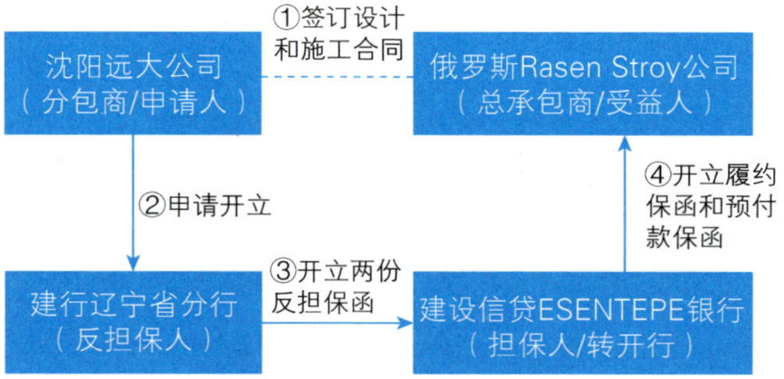

图 8–1　本案法律关系

1　辽宁省高级人民法院（2018）辽民终 471 号民事判决书。

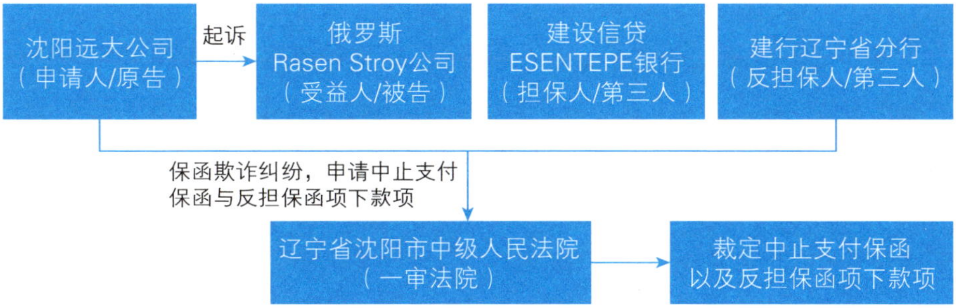

图 8–2　本案境内诉讼关系 1

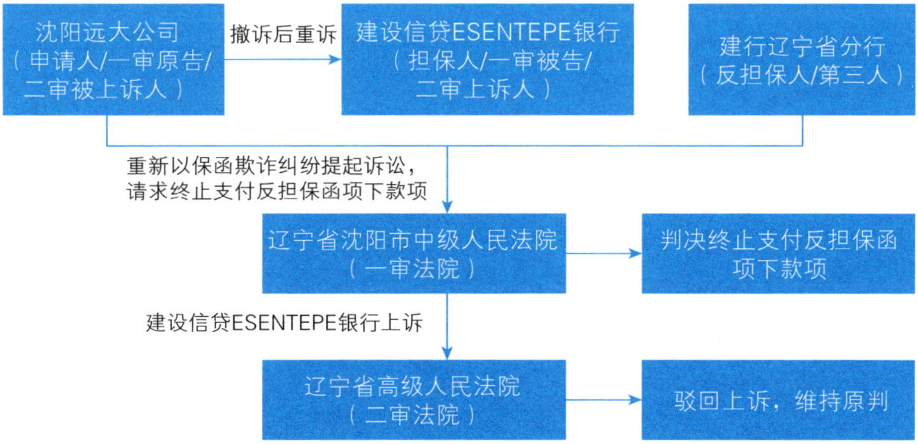

图 8–3　本案境内诉讼关系 2

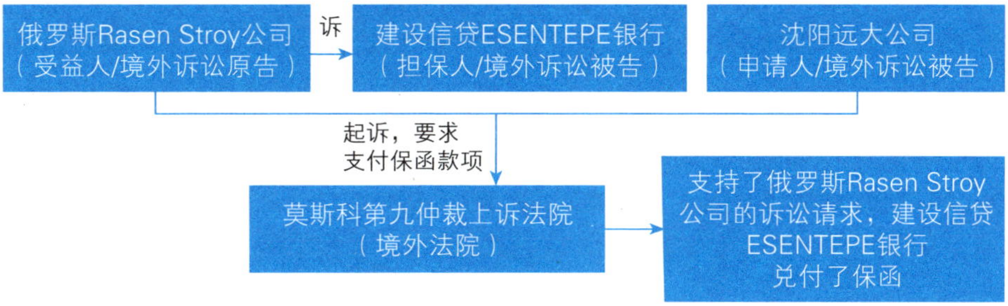

图 8–4　本案境外诉讼关系

（二）案情简介

沈阳远大铝业工程有限公司（申请人，以下简称沈阳远大公司）的子公司俄罗斯远大幕墙公司（分包商，其母公司沈阳远大公司系案涉保函的开立申请人）与 LLC Rasen Stroy（总承包商 / 受益人，以下简称俄罗斯 Rasen Stroy 公司）于 2008 年 1 月 30 日签订了《设计和施工合同》，沈阳远大公司申请中国建设银行股份有限公司辽宁省分行（反担保人，以下简称建行辽宁省分行）指示建设信贷银行股份公司 ESENTEPE 企业银行业务中心分行（担保人 / 转开行，以下简称建设信贷 ESENTEPE 银行）向受益人俄罗斯 Rasen Stroy 公司开立履约银行保函以及预付款银行保函（以下统称为银行保函）。同时，反担保人建行辽宁省分行为担保人建设信贷 ESENTEPE 银行开立了上述银行保函的反担保函。

2016 年 4 月 15 日，受益人俄罗斯 Rasen Stroy 公司向担保人建设信贷 ESENTEPE 银行首次书面提出付款请求，请求支付银行保函项下款项。2016 年 4 月 20 日，反担保人建行辽宁省分行收到担保人建设信贷 ESENTEPE 银行索赔通知，担保人建设信贷 ESENTEPE 银行要求反担保人建行辽宁省分行支付相应的反担保函项下的款项。2016 年 4 月 22 日，申请人沈阳远大公司以独立保函欺诈为由，以受益人俄罗斯 Rasen Stroy 公司为被告，担保人以及反担保人为第三人，向沈阳市中级人民法院提起诉讼并申请中止支付案涉银行保函及相应的反担保函项下款项。2016 年 4 月 25 日，沈阳市中级人民法院依法裁定中止支付银行保函项下款项及相应的反担保函项下款项，并向担保人建设信贷 ESENTEPE 银行和反担保人建行辽宁省分行送达。反担保人建行辽宁省分行在收到一审法院的止付裁定后以电文的方式通知担保人建设信贷 ESENTEPE 银行在法定期限内不得兑付保函。然而，担保人建设信贷 ESENTEPE 银行于 2016 年 10 月 17 日向受益人俄罗斯 Rasen Stroy 公司支付履约银行保函项下款项，其付款理由是莫斯科第九仲裁上诉法院作出了支持俄罗斯 Rasen Stroy 公司诉讼请求的判决。

因此，申请人沈阳远大公司于 2017 年 8 月 29 日撤回起诉，并同时重新以担保人建设信贷 ESENTEPE 银行为被告、反担保人建行辽宁省分行为第三人，以保函欺诈为由向沈阳市中级人民法院提起诉讼，请求法院判令终止支付案涉反担保函项下的款项。沈阳远大公司提出，根据基础合同，俄罗斯 Rasen Stroy 公司在 2016 年 4 月 15 日向建设信贷银行提出书面付款请求时保函已经失效，其行为构成独立保函欺诈。一审法院支持了上述诉讼请求，同时对建设信贷 ESENTEPE 银行提出的“其属于善意兑付”的抗辩理由不予支持，一审法院认为，在法院止付裁定并未解除的情况下向受益人付款的行为不构成“善意”。因此，一审判决终止反担保人建行辽宁省分行向担保人建设信贷 ESENTEPE 银行支付反担保函项下的款项。

担保人建设信贷 ESENTEPE 银行不服一审判决，向辽宁省高级人民法院提出上诉。担保人建设信贷 ESENTEPE 银行主要提出以下抗辩理由：（1）保函止付裁定因沈阳远大公司撤诉依法被解除，其根据受益人的请求支付保函项下的款项正当合法；（2）基于独立保函“见索即付”的性质，只要受益人俄罗斯 Rasen Stroy 公司的付款请求符合保函的要求，作为保函开立人的建设信贷银行即应当付款，而无须审查其是否违反了基础合同的约定，因此担保人建设信贷 ESENTEPE 银行认为其行为属于“善意”。

辽宁省高级人民法院二审判决判定建设信贷 ESENTEPE 银行在 2016 年 10 月 17 日擅自向受益人支付保函项下款项的行为，主观上存在过错，不构成“善意”，最终维持了一审判决。

【案例 8-22】中国水电建设集团国际工程有限公司与埃塞俄比亚公路局侵权责任纠纷案[1]

（一）关系图

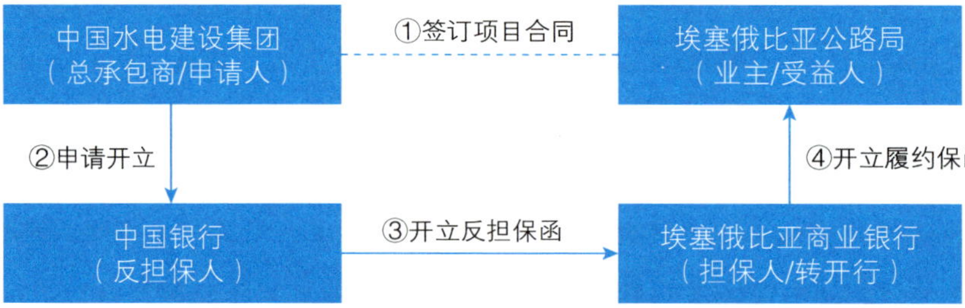

图 8-5　本案法律关系

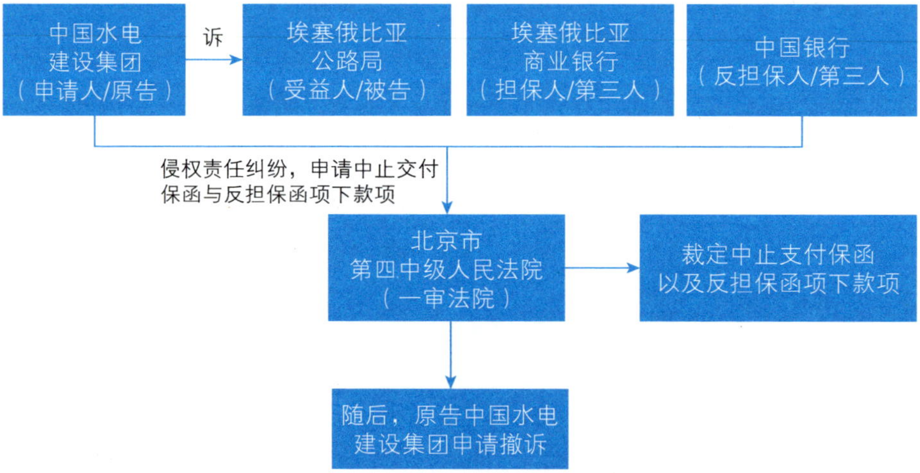

图 8-6　本案诉讼关系

（二）案情简介

中国水电建设集团国际工程有限公司（总承包商/申请人，以下简称中国水电建设集团）与埃塞俄比亚公路局（业主/受益人）签署了《施工总承包合同》。中国水电建设集团作为申请人委托中国银行股份有限公司（反担保人，

1　参见北京市第四中级人民法院 (2019) 京 04 民初 225 号民事裁定书。

以下简称中国银行）向 Abeba 埃塞俄比亚商业银行（担保人 / 转开行，以下简称埃塞俄比亚商业银行）开具反担保函，从而担保埃塞俄比亚商业银行向受益人埃塞俄比亚公路局开立履约保函。

受益人埃塞俄比亚公路局向埃塞俄比亚商业银行申请兑付履约保函项下的款项。申请人中国水电建设集团则以受益人没有履约保函项下的付款请求权却滥用请求权、存在欺诈性索兑履约保函的高度可能性为由，于 2019 年 2 月 19 日向北京市第四中级人民法院提出诉讼。申请人中国水电建设集团以受益人埃塞俄比亚公路局为被告，反担保人中国银行以及担保人埃塞俄比亚商业银行为第三人，侵权责任纠纷为案由，请求法院判令终止中国银行向埃塞俄比亚商业银行支付反担保函项下的款项以及埃塞俄比亚商业银行向受益人支付履约保函项下的款项。在提起诉讼的同时，申请人向法院申请保全措施，要求中止支付保函以及反担保函项下款项。

2019 年 2 月 20 日，北京市第四中级人民法院作出裁定，中止支付上述反担保函以及履约保函项下的款项。随后，中国水电建设集团以通过另外途径解决纠纷为由，于 2019 年 2 月 21 日向法院申请解除上述保全措施并撤诉。2019 年 2 月 22 日，法院裁定准许原告撤诉。

第二节 | 法律问题分析

一、直开、转递与转开保函的法律关系问题

独立保函有多种分类方法，其中因开立方式的不同可分为直开保函、转递保函以及转开保函。下文将简要介绍以上三类保函的开立方式以及其所涉及的法律关系。

（一）直开保函

直开保函是指担保银行或非银行金融机构应基础合同中一方当事人的申请，向合同另一方开立以其为受益人的保函，并凭此直接向受益人承担支付责任的保函开立方式。这种担保形式通常涉及担保人（银行或非银行金融机构）、受益人（债权人）以及申请人（债务人）三方当事人。（见图 8–7）

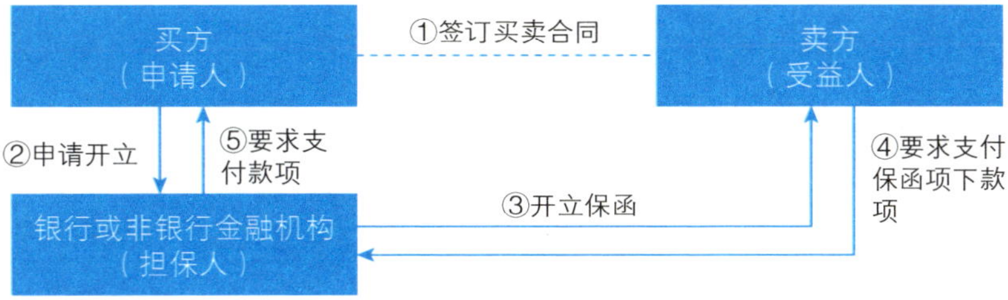

图 8-7　直开保函法律关系

以买卖合同为基础交易的直开保函为例，直开保函下通常会涉及以下几种法律关系：（1）申请人和受益人作为买卖双方之间的买卖合同关系，约束买卖双方的权利义务；（2）买方作为申请人与担保人之间的委托开立保函的法律关系，通常是开立保函的直接依据与指引；（3）银行与受益人之间的独立保函担保法律关系，虽然这个法律关系是以前两个法律关系为前提、指引，但保函一经开立，即独立于前述两个法律关系。

（二）转递保函

转递保函业务中受益人所在地银行只起联络、传递信息作用，不承担直接赔付责任。如果有发生索赔的情形，“转递”银行仅起到向担保人传递信息的作用，关于是否支付款项则由担保人进一步决定。在直开保函与转递保函项下，受益人的索赔主体均为受申请人委托开立保函的担保人，转递保函仅在直开保函的基础上多了一个“联络人”的角色。（见图 8-8）

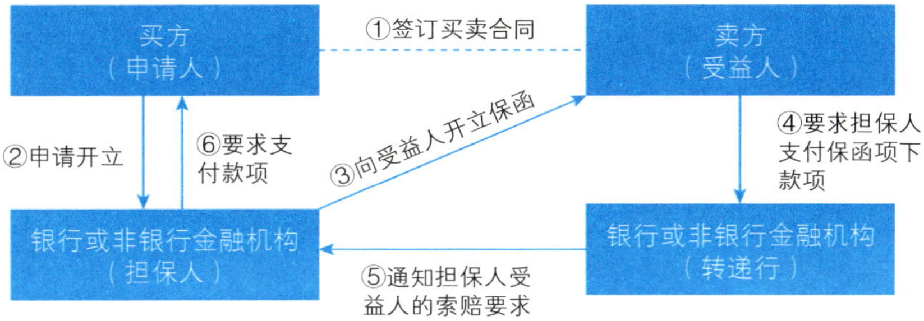

图 8-8　转递保函法律关系

（三）转开保函

转开保函是指申请人所在地银行应申请人要求，以提供反担保的形式委托一家受益人所在地银行作为担保人代其开立保函，并由该担保人向受益人承担付款责任。在转开保函发生索赔时，受益人可以凭担保人（转开行）开立的保函向其索偿，担保人（转开行）赔付受益人之后，凭借反担保函向反担保人索偿。（见图 8–9）

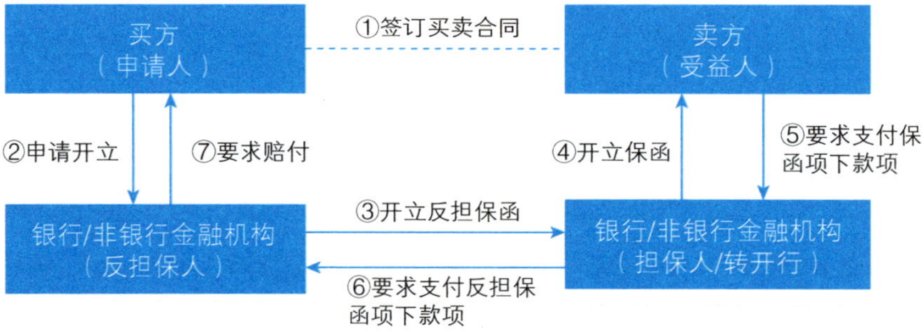

图 8–9　转开保函法律关系

以买卖合同为基础交易的转开保函为例，转开保函业务下通常会产生以下四种法律关系：（1）买卖合同双方之间的买卖合同关系，通常会在协议中约定买方作为申请人应提交一份卖方所在地银行开立的保函来担保这份合同；（2）买方作为申请人委托其所在地银行开具反担保函，从而担保担保人（转开行）向受益人卖方开立保函，形成买方与反担保人之间的委托关系；（3）反担保人向担保人开立反担保函，双方之间为反担保关系；（4）担保人（转开行）向受益人开立独立保函，属于担保法律关系。以上提及的保函，笔者均假定属于见索即付的独立保函，则上述四个法律关系相互独立。那么转开保函下的索赔流程是怎样的呢？当买方（申请人）在基础合同即买卖合同项下违约，卖方（受益人）可以直接根据担保人（转开行）开立的保函进行索赔，担保人在审查单据后认定单据形式与保函一致的情况下，则可向卖方（受益人）支付款项。同时，担保人（转开行）可以根据反担保人开立的反担保函要求索赔，反担保人则可以根据其与申请人签订的委托协议或反补偿协议等要求赔付。

以上三种保函开立方式中，转开保函的开立方式以及索赔流程都最为复杂。同时，由于申请人与担保人（转开行）往往处于不同国家或地区，通常没有直接联系，所以一旦出现受益人索赔的情形，转开行可以根据独立保函约定当即向受益人兑现、赔付，随后转开行会要求反担保人支付反担保函项下款项。由此可见，转开保函较直开保函与转递保函而言，其法律风险也更高。

二、反担保函与其本质属性

什么是反担保函？权威的表述为 URDG758 第 2 条：“‘反担保函’，无论其如何命名或描述，指由反担保人提供给另一方，以便该另一方开立保函或另一反担保函的任何签署的承诺，反担保人承诺在其开立的反担保函项下，根据该受益人提交的相符索赔进行付款”。此外，联合国《独立担保与备用信用证公约》第 6 条第 c 款也指明：“‘反担保’意指：保证人的指示人向另一保证的保证人所作的保证，承诺：一经请求或一经附其他单据的请求，即行以符合保函的条款和任何单据条件、指示或可推知的条件的方式付款。其他保证项下的款项系由作出该其他保证的人支付或可向该人提出请求。”从上述概念可以看出，首先，反担保函是一种信用担保方式；其次，只要担保人（转开行）提交了符合反担保函规定的单据，反担保人就必须承担付款责任。简单地说，反担保函是反担保人签发的具有一定法律效力的独立性付款承诺保证。

反担保函属于独立保函，其本质属性为“独立性”，这主要体现在“独立于其所相关的保函、基础关系、申请及其他任何反担保函，反担保人完全不受这些关系的影响或约束。反担保函中为了指明所对应的基础关系而予以引述，并不改变反担保函的独立性。反担保人在反担保函项下的付款义务，不受任何关系项下产生的请求或抗辩的影响，但反担保人与担保人或该反担保函向其开立的其他反担保人之间的关系除外”。[1]

保函的“独立性”是保函纠纷中常见的争议焦点问题之一。现以我国的法律规定为基础，结合相关判例进一步解释保函与反担保函“独立性”的判定

1 URDG758 第 5 条 b 款。

依据。根据我国《独立保函司法解释》第 1 条第 1 款规定，"本规定所称的独立保函，是指银行或非银行金融机构作为开立人，以书面形式向受益人出具的，同意在受益人请求付款并提交符合保函要求的单据时，向其支付特定款项或在保函最高金额内付款的承诺"，可见独立保函本质上是银行或非银行金融机构作出的一种附条件的书面承诺。[1] 我国对保函的"独立性"的判定依据主要基于《独立保函司法解释》第 3 条第 1 款的规定："保函具有下列情形之一，当事人主张保函性质为独立保函的，人民法院应予支持，但保函未载明据以付款的单据和最高金额的除外：(一) 保函载明见索即付；(二) 保函载明适用国际商会《见索即付保函统一规则》等独立保函交易示范规则；(三) 根据保函文本内容，开立人的付款义务独立于基础交易关系及保函申请法律关系，其仅承担相符交单的付款责任"。而对于反担保函而言，若当事人对其是否属于独立保函产生争议，法院通常也会援引上述规定加以认定并解决争议。例如，在案例 8–21 中，为保障担保人建设信贷 ESENTEPE 银行的追偿权，在担保人建设信贷 ESENTEPE 银行向受益人开立银行保函后，反担保人建行辽宁省分行向担保人建设信贷 ESENTEPE 银行开立了相应金额的反担保函，反担保函载明："付款的前提是我方已经收到了贵方经由通过鉴定的 SWIFT 代码信息（或加押电传）给出的第一份书面请求，其中需要引用保函档号和我方反担保函签发的日期，说明贵方依据条款已在你方保函下收到了付款要求。"一审法院基于《独立保函司法解释》第 3 条判定案涉反担保函为独立保函，并强调了案涉反担保函的独立性，即受益人根据独立保函索赔过程中是否存在欺诈不应影响对独立的反担保函的审查与判断，各方当事人的权利义务应依照反担保函确定。

三、转开保函中的法律适用问题

独立保函纠纷的法律适用问题有一定的特殊性，应明确独立保函开立、

1 参见孙巍：《最高院独立保函规定评述》，载北大法宝网：https://www.pkulaw.com/lawfirmarticles/a87c044367daf51e79ea456d855d024cbdfb.html，最后访问日期：2020 年 6 月 25 日。

流转、付款关系等与独立保函纠纷有关的法律关系所适用的法律。[1]对此，URDG758 第 34 条，联合国《独立担保与备用信用证公约》第 21 条、第 22 条，以及我国《独立保函司法解释》中的相关规定基本一致，可概括为若案涉保函或者当事人协商约定了适用法律，则从其约定；若无约定，则适用保函开立人所在地法律。其中我国对保函纠纷的法律适用问题判定的主要依据是《独立保函司法解释》第 22 条，可简要概括为：在当事人对因涉外独立保函而产生的纠纷的法律适用问题有争议时，应优先适用保函载明适用的法律或开立人与受益人在一审法庭辩论终结前共同选择适用的法律。在当事人未选择适用或者未就适用法律达成一致时，则适用保函开立人住所地或登记地法律。这在一定程度上体现了尊重当事人意思自治的原则。

通常情况下，各方当事人会对独立保函业务中涉及的多个法律关系的法律适用问题在基础合同或者保函中进行约定。但是在产生争议时，由于多种法律关系的重叠，当事人仍会对法律适用问题产生争议。尤其是转开保函业务涉及多种法律关系，包括申请人和受益人之间的关于基础合同的法律关系、申请人和反担保人之间的独立保函申请法律关系、反担保人和担保人（转开行）之间的独立反担保法律关系以及担保人（转开行）和受益人之间的独立保函法律关系，四种法律关系下通常会约定所适用的法律，但由于各个主体位于不同国家和地区，通常各个法律关系所选择适用的法律不同。然而，在我国的司法实践中，很多转开保函相关的争议都是以中国法为准据法进行审理的，这是出于何种原因呢？

笔者认为，主要有以下两种情形：其中一种情形是根据《独立保函司法解释》第 22 条中尊重当事人意思自治的原则，当事人均同意选择适用中国法律的。例如案例 8–21 中，二审法院判决说明："上诉人建设信贷银行系境外公司，本案系涉外独立保函纠纷，各方当事人在诉讼中均同意适用中华人民共和国法律"。另一种情形则是由于保函欺诈纠纷具有一定的特殊性。除了前文提及的保函关系外，在发生保函欺诈的情形下，在各方之间还会存在独立保函欺诈法律关系。关于独立保函欺诈纠纷案件，保函申请人并非独立保函的一方

1 参见杨弘磊、许英林：《独立保函欺诈的认定规则》，载《人民司法》2019 年第 29 期。

当事人，无法当然适用保函中所约定适用的法律。此时，当事人若无法就适用法律问题达成一致，则应适用被请求止付的独立保函的开立人经常居所地或登记地的法律。在多数情况下，申请人会同时申请止付保函以及反担保函，那么保函和反担保函的开立人通常位于不同国家，是否应当适用不同的法律呢？对于这个问题，我国司法实践中认为申请人要求确认受益人存在欺诈性索款的目的并申请终止支付保函项下款项的行为，是为了防止其合法权益被侵害，本质上为侵权纠纷，应当适用侵权行为地法律。[1] 而侵权行为地通常包括侵权行为实施地和侵权结果发生地。

例如，本书第五章案例 5-10 是涉及转开保函欺诈的典型案例。该案涉及多个争议焦点，除了有关独立保函欺诈的判定标准等问题外，还包括转开保函下相关法律适用问题。该案件中，保函法律关系涉及四方主体，安徽外经公司作为安徽外经中美洲公司在国内的母公司，是案涉保函的开立申请人，其申请反担保人建行安徽省分行向担保人（转开行）哥斯达黎加银行开立见索即付的反担保函，由担保人（转开行）哥斯达黎加银行向受益人江苏东方置业公司转开履约保函。受益人江苏东方置业公司以及担保人（转开行）哥斯达黎加银行在二审以及再审中均提出了该案适用法律错误的抗辩。主要的抗辩理由是案涉保函以及反担保函均约定遵守 URDG458。就该案的法律适用问题，最高人民法院在再审判决书中首先根据《涉外民事关系法律适用法》第 8 条“涉外民事关系的定性，适用法院地法律”的规定以及案涉保函和反担保函均属于“见索即付”的独立保函，认定该案性质为保函欺诈纠纷。被请求止付的反担保函由反担保人建行安徽省分行开具，该分行所在地应当认定为安徽外经公司主张的侵权结果发生地。根据《涉外民事关系法律适用法》第 44 条“侵权责任，适用侵权行为地法律”的规定，《见索即付保函统一规则》未予涉及的保函欺诈的认定标准应适用中国法律。[2] 由此可见，我国法院通常在判定独立保函纠纷的法律适用问题时，首先会对独立保函纠纷案件进行识别、定性，在判定该案件属于何种独立保函纠纷之后再进一步对法律适用问题进行分析、判断。

1 参见杨弘磊、许英林：《独立保函欺诈的认定规则》，载《人民司法》2019 年第 29 期。
2 参见最高人民法院（2017）最高法民再 134 号民事判决书。

四、转开保函下法院的管辖权与平行程序问题

（一）转开保函欺诈纠纷案件的管辖权问题

在转开保函的情况下，由于涉及的交易主体比较多，信息不对称性更加严重，再加上独立保函的单据性特点，欺诈索赔屡见不鲜。案例 8–21 中，由于担保人（转开行）未能满足“善意兑付”的标准，申请人最终实现了反担保函终止支付。通常情况下，为了避免利益受到侵害，独立保函的申请人、开立人或指示人在发现独立保函欺诈行为的第一时间会向法院申请中止支付独立保函项下的款项。这作为一种临时的救济措施，在独立保函欺诈纠纷中屡见不鲜。本章典型案例中的申请人均成功向法院申请到了中止支付保函与反担保函的裁定（临时止付令）。例如，案例 8–21 中，申请人沈阳远大公司在 2016 年 4 月 22 日以独立保函欺诈为由，向沈阳市中级人民法院提起诉讼并申请中止支付案涉银行保函及相应的反担保函项下款项，2016 年 4 月 25 日便得到了法院同时中止支付银行保函以及反担保函项下款项的民事裁定书。案例 8–22 中，申请人中国水电建设集团以受益人埃塞俄比亚公路局没有履约保函项下的付款请求权却滥用请求权、存在欺诈性索兑履约保函的高度可能性为由向北京市第四中级人民法院申请反担保人中国银行股份有限公司中止向担保人（转开行）埃塞俄比亚商业银行支付反担保函项下款项，同时申请担保人（转开行）中止向受益人埃塞俄比亚公路局支付保函项下款项。最终，北京市第四中级人民法院裁定中止支付。[1] 笔者认为，此判决值得商榷，我国法院同时裁判中止支付或终止支付保函与反担保函项下款项的行为是否超越其管辖权范围？

根据我国《独立保函司法解释》第 13 条，独立保函的申请人、开立人或指示人发现有“欺诈”的，可以在提起诉讼或申请仲裁前，向开立人住所地或其他对独立保函欺诈纠纷案件具有管辖权的法院申请中止支付独立保函项下的款项。在我国司法实践中，大部分法院认为欺诈索赔已构成对申请人利益的侵害，故将保函欺诈案件归为侵权纠纷。按照我国法律，侵权纠纷由侵权行为地

1 参见北京市第四中级人民法院 (2019) 京 04 民初 225 号民事裁定书。

或者被告住所地法院管辖。这里的侵权行为地既包括侵权行为实施地，也包括侵权行为结果发生地。基于此，在案例8–22中，中国水电建设集团作为申请人，以“侵权责任纠纷”为由提起诉讼并申请止付，其所在地为侵权行为地（侵权行为结果发生地），而反担保函开立银行中国银行所在地为中国，中国法院可取得对该保函的中止支付申请案的管辖权，无论案涉保函或者反担保函约定的管辖法院是否为中国法院。

（二）管辖权重叠引起的平行程序问题

笔者注意到，在境外案例Zeeco, Inc. 与JPMorgan Chase Bank保函欺诈纠纷案[1]中，申请人美国Zeeco公司向美国法院以受益人欺诈性地索赔银行保函为由提起诉讼、申请止付令之外，还本着谨慎的原则，向受益人所在地印度孟买法院申请禁止担保人（转开行）Chase银行孟买分行向受益人兑付案涉保函。这主要是由于转开保函下多个法律关系分别约定适用不同法律、受不同的法院或者仲裁机构管辖。面对这种多个管辖权并存的情形，申请人和受益人通常会采取不同的措施，申请人为求万无一失通常会向受益人所在地法院提起平行诉讼或者仲裁，以保障其合法权益不受侵犯，属于平行程序中的重复诉讼/仲裁，上述案例中美国Zeeco公司向两地法院申请“止付禁令”的行为即属于这种情形；而受益人通常会根据保函约定在有管辖权的法院（通常是受益人所在地法院）提起诉讼要求兑付款项，这种情形则属于对抗性的平行程序。

本章案例8–21便包含了对抗性的平行程序。申请人沈阳远大公司以保函欺诈纠纷为由在沈阳市中级人民法院提起诉讼，并成功申请了中止支付保函以及反担保函项下款项的裁定，然而受益人俄罗斯Rasen Stroy公司同期在莫斯科第九仲裁上诉法院[2]提起诉讼，要求担保人建设信贷ESENTEPE银行兑付保

1　Zeeco, Inc. v. JPMorgan Chase Bank,N.A. Slip Op., 2018 WL 1414119 (N.D. Okla. Mar. 21, 2018) [USA]. 此案中，美国的反担保人向印度孟买的担保人开立了反担保备用信用证，担保人向受益人开立了保函。在美国，备用信用证是信用证的一个分支，又称担保信用证，是信用证的一种特殊形式。就法律意义而言，备用信用证是见索即付独立保函的另一种称谓。因为根据美国的相关法律规定，银行不能开立保函，为了避免使用“保函”字样，使用了“备用信用证”。因此，本书将该案案由概括为保函欺诈纠纷。

2　俄罗斯法院体系中的仲裁法院（арбитражныйсуд），其前身为苏联“国家仲裁”机关。当前俄罗斯仲裁法院作为一个法律概念而言，并不属于仲裁体系，而是国家法院体系的组成部分，主要负责审理民商事案件并作出司法判决。

函，并得到了法院的支持。这种情况下，担保人建设信贷 ESENTEPE 银行陷入一边被受益人起诉要求付款，另一边被境内法院裁定中止支付的两难境地。司法实践中，发生过类似情形的案件还有 Crescendo Maritime Co. 与中国船厂明德重工案，[1] 申请人在境内以保函欺诈为由向青岛海事法院成功申请到“临时止付令”，而受益人根据保函约定在伦敦海事仲裁委员会申请仲裁要求兑付保函并得到支持。笔者认为，平行程序的产生以及当事人最终可能面临多个不同的判决、裁决结果的主要原因在于当事人希望在更为熟悉的法律环境中解决问题，因此各方当事人会利用保函、基础合同中对其有利的约定进而寻求通过其所在地的法院 / 仲裁机构的管辖。同时，目前包括我国法院在内的境内外法院、仲裁机构对国际商事纠纷都有一定的“长臂管辖”倾向。若要避免平行程序产生，还需要通过国内立法以及国际惯例的完善来实现。

五、转开保函欺诈纠纷案件中当事人的诉讼主体地位问题

根据我国《独立保函司法解释》第 13 条的规定，独立保函的申请人、开立人或指示人在发现保函欺诈情形时，可以在提起诉讼或申请仲裁前，向开立人住所地或其他对独立保函欺诈纠纷案件具有管辖权的法院申请中止支付独立保函项下的款项，也可以在诉讼或仲裁过程中提出申请。由此可见，开立人有权利直接主张受益人的索赔存在欺诈从而拒绝付款，并可以作为保函欺诈纠纷案件中适格的原告提起诉讼。但是实践中，保函欺诈纠纷的原告通常为申请人，被告为受益人，担保人和反担保人通常作为第三人参与诉讼。这主要是由于担保人、反担保人大多为银行或非银行金融机构，若由其直接主张保函欺诈，则需要承担因此而带来的举证责任，然而担保人和反担保人并非基础合同的参与者，通常难以判断保函索赔是否属于欺诈并进行举证。[2] 同时，银行等也出于对自身声誉的考虑，不愿意主动提起诉讼。

1 Crescendo Maritime Co. Petitioner against Bank of Communications Company Ltd. Respondant, [2016] 15 Civ. 4481 (JFK).

2 参见朱晓东：《“独立日”——最高法院独立保函司法解释逐条解读》，载威科先行网：https://law.wkinfo.com.cn/focus/detail/NzEyNA%3D%3D，最后访问日期：2020 年 2 月 28 日。

这便在一定程度上解释了案例 8–21 中，为何是由申请人沈阳远大公司向法院提起诉讼要求反担保人建行辽宁省分行终止向担保人支付反担保函项下款项，而并非由反担保人建行辽宁省分行提起诉讼程序的问题。除了上述原因外，笔者认为，在我国司法实践中，法院通常认为独立保函欺诈纠纷本身属于侵权责任纠纷，而非合同纠纷，在受益人欺诈的情况下，如果申请人不能及时通过向法院请求中止或终止支付独立保函和反担保函项下的款项，申请人将是保函欺诈的最终受害人。保函和反担保函本质上都是为申请人和受益人之间的基础交易做担保，都是源于基础交易，无论是保函还是反担保函，其文本中都会提及其所担保的申请人和受益人之间的基础交易的相关信息。因此，在案例 8–21 中，申请人作为原告，反担保函受益人作为被告，反担保人作为第三人，申请人请求终止支付反担保函项下的款项并无不妥。

六、欺诈例外原则中的善意兑付标准

独立保函的“见索即付”体现在银行对受益人提供的单据符合保函要求的情况下，便会无条件向受益人支付保函项下款项。这种特性在为经济交易带来便利的同时，也在一定程度上为受益人进行欺诈性索款提供了方便。因此，国际惯例确立了“欺诈例外”的原则，即在申请人发现存在欺诈的情形下，可以向法院申请停止向受益人支付保函项下款项。在转开保函的情形下，反担保函的止付申请人不仅需要证明独立保函项下的受益人存在欺诈事实，还需要证明独立保函的开立人付款并非“善意”，即独立保函开立人明知受益人欺诈仍向受益人付款，并转而依据反担保函请求付款。[1] 本书第五章案例 5–10 以及本章案例 8–21 中均涉及反担保函的止付问题。

在第五章案例 5–10 中，申请人安徽外经公司以受益人江苏东方置业公司为被告向合肥市中级人民法院提起保函欺诈纠纷诉讼，同时申请中止支付履约保函以及反担保函项下款项，担保人哥斯达黎加银行以及反担保人建行安徽省分行作为第三人参加诉讼。一审法院安徽省合肥市中级人民法院首先认定江苏

1 参见杨弘磊、许英林：《独立保函欺诈的认定规则》，载《人民司法》2019 年第 29 期。

东方置业公司的索赔行为构成欺诈而无效，同时认为担保人哥斯达黎加银行在明知一审法院已作出保函止付裁定并已经向建行安徽省分行承诺中止支付直到中国法院解决纠纷的情况下，仍然违反上述中止支付裁定，擅自向江苏东方置业公司付款，明显违反诚实信用原则这一国际通行的惯例。因此，合肥市中级人民法院一审判令反担保人建行安徽省分行终止向担保人哥斯达黎加银行支付反担保函项下款项。受益人江苏东方置业公司不服一审判决，上诉至安徽省高级人民法院。安徽省高级人民法院驳回上诉，维持一审原判。随后，受益人江苏东方置业公司不服安徽省高级人民法院作出的二审判决，向最高人民法院申请再审。最高人民法院再审审理后认为，申请人安徽外经公司以保函欺诈为由提起该案诉讼要求终止支付保函以及反担保函项下款项，应当举证证明担保人哥斯达黎加银行明知受益人江苏东方置业公司存在独立保函欺诈情形，仍然违反诚信原则予以付款，并进而以受益人身份在见索即付反担保函项下提出索款请求并构成反担保函项下的欺诈性索款。然而，该案申请人安徽外经公司不仅不能证明担保人哥斯达黎加银行向受益人江苏东方置业公司支付独立保函项下款项存在欺诈，亦没有举证证明担保人哥斯达黎加银行在反担保函项下存在欺诈性索款情形。因此，其主张止付反担保函项下款项没有事实依据，最高人民法院撤销了一审以及二审判决，驳回了申请人安徽外经公司的诉讼请求。该案经历了一审、二审以及我国最高人民法院再审，相关判决确立的标准是，反担保函必须符合双重权利滥用标准才能构成欺诈例外情形。[1] 即申请人申请止付不仅需要证明主保函下受益人的欺诈事实，还要证明担保人/转开行在明知存在欺诈的情形下仍违反诚实信用原则向受益人付款，两个条件缺一不可。

案例 8-21 的争议焦点为担保人（转开行）建设信贷 ESENTEPE 银行的付款行为是否属于“善意”[2]，反担保人建行辽宁省分行是否应向其支付反担保函项下款项。对此，止付申请人沈阳远大公司认为俄罗斯 Rasen Stroy 公司在保函失效后向建设信贷 ESENTEPE 银行提出书面付款请求即构成独立保函欺诈，建设信贷 ESENTEPE 银行在收到沈阳市中级人民法院签发的中止支付

1 参见杨弘磊、许英林：《独立保函欺诈的认定规则》，载《人民司法》2019 年第 29 期。

2 辽宁省高级人民法院 (2018) 辽民终 471 号判决书。

的裁定后仍向受益人兑付了保函项下款项，则并非“善意”。沈阳市中级人民法院根据《独立保函司法解释》第12条第5款的相关规定认为，受益人俄罗斯Rasen Stroy公司在保函有效期已过的情况下申请兑付保函，属于明知没有付款请求权仍滥用该权利的情形，其行为构成独立保函欺诈。此外，建设信贷ESENTEPE银行在中止支付裁定生效的情况下仍兑付保函，则非“善意”。因此，沈阳市中级人民法院支持了沈阳远大公司的诉讼请求。建设信贷ESENTEPE银行不服沈阳市中级人民法院作出的一审判决，向辽宁省高级人民法院提出上诉，主要抗辩理由：基于独立保函“见索即付”的性质，只要俄罗斯Rasen Stroy公司的付款请求符合保函的要求，作为保函开立人的建设信贷ESENTEPE银行即应当付款，故其付款行为属于“善意”。辽宁省高级人民法院在二审中查明一审法院对案涉银行保函和反担保函有效期的认定错误，俄罗斯Rasen Stroy公司于2016年4月15日向建设信贷银行提出付款请求，符合保函的要求，案涉银行保函索赔过程中是否存在欺诈不应影响对独立的反担保函的审查与判断。然而，担保人在一审法院作出的止付裁定仍具有法律拘束力时仍擅自向受益人支付保函项下款项的行为，主观上存在过错，则不构成“善意”。最终，辽宁省高级人民法院维持了一审判决，判决反担保人建行辽宁省分行无需支付反担保函项下的款项。

我们暂不全面展开对案例8–21二审判决的讨论，仅讨论以上案例所体现的我国《独立保函司法解释》第14条第3款的内在原理，即在存在保函欺诈的情形下，独立保函开立人只有在“善意”付款前提下，才享有追偿权。然而，如何判断独立保函开立人（转开行/担保人）已经“善意”付款？“善意”的标准是什么？我国《独立保函司法解释》对此并没有进一步的解释。笔者通过查阅现有判例发现，在我国司法实践中，法院评判担保人向受益人兑付担保函的行为是否属于“善意付款”主要有以下两点考量：第一，担保人在兑付时应根据单据相符原则进行审查，并履行合理的注意义务，即审查受益人是否交单相符、是否享有索赔权、是否滥用索赔权；第二，在遇到高度可能性的欺诈性索赔或者申请人通过法律途径申请中止付款时，担保人是否遵循“合理审慎”“诚实信用”的原则行事。

第三节 | 法律风险提示

在“一带一路”倡议的指引下，中国企业越来越多地把目光投向海外，积极参与境外工程建设以及各类项目。转开保函的形式也越来越多地被企业所接受、使用。但是转开保函较直开保函增加了反担保的法律关系，从开立到索赔都相对更加复杂，风险也较高。结合转开保函实务中存在的相关法律问题，笔者提出以下风险提示：

一、加强对各方主体的审查，避免资信风险

转开保函涉及多方主体，各方的资信状况对业务风险有较大影响。首先，作为申请人，应当严格审查受益人（基础合同中的合作方）的资信状况，以降低受益人欺诈性索款情形发生的概率。所谓资信，指的是合作方的综合经济状况以及商业形象，包括但不限于公司的注册资本、业务范围、经营能力、履约能力、商业信誉、商业道德等。在国际商事活动中，通常可以通过国际专业资信机构、本国驻外领事馆的商业机构、当地的商会

或者同业协会等进行调查。其次，作为反担保人，一方面，应在开立保函前着重考察保函申请人的履约能力、提供的担保措施以及偿付保函、赔付款项的支付能力。另一方面，转开保函具备“独立性”特点，转开保函下多个法律关系之间相互独立，在发生索赔后，由于担保人（转开行）与申请人通常处于不同国家或地区，可能并没有直接关系，所以一旦出现受益人索赔的情形，担保人（转开行）可以当即根据保函兑现赔付。基于转开保函的这种特点，反担保人除了可能面临担保人（转开行）不按要求转开保函的风险，还可能会面临担保人（转开行）与受益人恶意串通索赔的情形。因此，作为反担保人，应选择业界认可、资信良好的担保人（转开行）开展合作。最后，作为担保人（转开行）而言，也应对反担保人的资信状况进行了解并保持良好沟通，避免在向受益人兑付保函项下款项后无法向反担保人兑付反担保函的情形发生。

二、注重审查基础合同以及保函文本，减少因条款设置不当而引发的风险

转开保函业务中涉及申请人和受益人之间的基础合同、申请人与反担保人之间的委托代理合同或反补偿协议、反担保人和担保人（转开行）之间的反担保函、担保人（转开行）与受益人之间的保函。各方均应当严格设置、审核影响自己权益的相关条款。

第一，建议尽量选择使用熟悉的语言起草相关文件，以避免因理解的歧义而产生不必要的纠纷。若没办法避免使用非母语语言起草相关文件，则应尽量选择适用英语，并参考使用 URDG758 等国际惯例中的专业术语。

第二，独立保函的措辞应尽量清晰明确，否则若产生争议，惯例是以有利于受益人的方式进行解释。金融机构开立的独立保函经常出现条款意思表示前后相互冲突的情形，例如，有的保函既约定适用 URDG758，又约定责任性质为连带责任保证，这便会给司法实践中的定性带来较大困难。我国司法实践中认为，“区分一份保函的性质是独立保函还是担保法规定的保证，关键在于考察保函文本是否为开立人设定了相符交单情形下的独立付款义务，而不在于是否其使用关于

保证责任的个别措辞。保函开立人作为专业金融机构，其理应以条款清晰地表明保函的性质，故因保函条款理解而产生争议时，应作有利于受益人的解释”。[1]

第三，转开保函业务下，担保人向受益人开立的银行保函、反担保人与担保人之间的反担保函以及申请人与受益人之间的基础合同的相关条款应合理设置，避免产生“敞口”风险。例如，反担保函应有明确的生效日期且不应早于担保人向受益人开立的保函的生效日期、反担保函与保函均应有明确的有效期以防止无限期的索款风险、保函与反担保函赔付时所使用的货币应当一致从而避免汇率上的损失等。案例8–21中，担保人向受益人开立的担保函中约定保函的有效期至基础合同下的工程实际完工之日起第90天，可见案涉保函的有效期并不明确，需要以基础合同项下的工程进度为依据进一步判断。而该保函的有效期是该案判定受益人是否属于在明知没有付款请求权的情况下仍要求担保人（转开行）支付款项的主要依据。该案中，申请人试图以境外的判决文书作为证据证明相关工程的完工日期，并以此为依据证明受益人是在保函已经失效的情况下要求银行兑付。担保人以外国法院的判决未被我国法院承认等理由进行抗辩。上述案涉保函的有效期问题在二审中才进一步得以查明。由此可见，基础合同所涉及的系列工程、买卖关系等具有一定的不确定性，若保函中关于期限、金额等条款以此为依据或者相关联，可能会导致各方对相关条款的理解和解释不同，最终产生争议。

三、合理设置争议解决条款，预防平行程序风险

转开保函交易结构下若产生纠纷，当事人很大概率会选择在其所在国家或地区寻求救济措施，容易导致平行程序的产生。平行程序，是指当事人就同一争议、基于相同事实同时或者先后在两个或者以上不同国家或地区提起仲裁或者诉讼，且均被受理的情况。通常可体现为多个国家或地区内多个诉讼程序并存的平行诉讼程序、诉讼与仲裁混合并存的平行诉讼仲裁程序以及多个仲

1 参见张勇健、沈红雨：《〈关于审理独立保函纠纷案件若干问题的规定〉的理解和适用》，载《人民司法》（应用）2017年第1期。

裁并存的平行仲裁程序。[1]若以原被告地位为标准将平行程序分类，大致可以分为两种情况：一是重复诉讼/仲裁，即同一原告对同一被告就同一诉由同时或者先后在两个国家或地区提起诉讼或仲裁。前文提及的境外参考案例 Zeeco, Inc. 与 JPMorgan Chase Bank 保函欺诈纠纷案件中，申请人美国 Zeeco 公司以受益人欺诈索赔银行保函而分别向美国法院和印度法院提起了两个平行的诉讼，这种“重复诉讼”主要是为了在境内外两个有管辖权的国家和地区争取自身的权益。二是对抗诉讼/仲裁，即相反当事人的一事两诉，指双方当事人就同一诉由以对方为被告或者被申请人分别在不同国家或地区提起诉讼或者仲裁。例如，案例 8–21 中，受益人俄罗斯 Rasen Stroy 公司在申请人沈阳远大公司已经在中国境内提起诉讼申请止付银行保函与反担保函的情况下，向俄罗斯法院提起“对抗式”的平行诉讼，要求担保人（转开行）向其支付保函项下款项，该案件得到了俄罗斯法院的受理，诉讼请求也得到了俄罗斯法院的支持。这种对抗诉讼/仲裁是各方当事人为争取时间、取得和解的优势地位而采取的手段之一。

平行程序的产生主要是由于独立保函纠纷与独立保函欺诈纠纷司法管辖通常尊重当事人协议管辖，实践中当事人通常会对基础合同、独立保函的司法管辖进行约定，极少数情况下会对独立保函欺诈纠纷的管辖问题进行约定，而各个国家对独立保函欺诈纠纷管辖的规定不同，因此易出现一个案件中多个管辖权重叠的情形，在产生争议时则会出现平行程序的问题。对于我国当事人从事保函业务而言，应在综合、全面审视整个交易架构的基础上对各个法律关系下（包括独立保函欺诈纠纷）的适用法律与管辖机构进行选择。在适用法律的选择方面，建议优先选择适用中国法律，在无法就适用中国法律达成一致的情况下可以选择适用国际惯例或者其他较为熟悉的国家或地区的法律；在管辖机构的选择方面，除了选择自身较为熟悉的国家和地区的机构外，还应考虑是选择诉讼还是仲裁。对于涉外的商事争议解决，仲裁有一定的优势，主要在于仲裁适用的程序法和实体法较诉讼更为灵活，且具有一定的保密性，对于当事人

1 参见刘炯、汤旻利：《中国法院对域外平行诉讼的态度》，载仲裁研究智库网：http://www.sohu.com/a/258603581_100194039，最后访问日期：2020 年 2 月 7 日。

的商誉有一定的保护。更重要的是，《纽约公约》为各国当事人提供了相互承认和执行裁决的制度，目前已有超过 140 个国家加入了该公约，仲裁裁决在他国的承认和执行较法院判决更简便。

当然，在争议产生时，也会出现各方当事人利用多个管辖权的重叠发起平行程序，从而为达成和解争取谈判的空间或者时间的情形。但这种对抗性的平行程序，若没有完善、严谨的策略安排以及预先论证，可能会引发裁决结果相互冲突从而难以执行，难以实现当事人的目的，同时也浪费了司法资源、耗费了当事人在争议解决方面大量的时间、金钱成本，最终弊大于利。因此，建议当事人对相关争议解决条款进行完善，减少平行程序的产生。

四、增强对相关国家保函法律的了解，减少法律“冲突”风险

转开保函下多个法律关系涉及处于不同国家和地区的多个主体，在法律适用与争议解决方面的选择也各有不同。除了包括政治风险、主权风险等在内的国别风险需要注意外，申请人等还应对各个国家和地区整体的法律环境，保函的法律规定、解释以及相关司法程序有所了解，以便在保函相关纠纷产生时向“东道国”申请寻求支持。例如，在上述境外参考案例 Zeeco, Inc. 与 JPMorgan Chase Bank 保函欺诈纠纷案件中，申请人美国 Zeeco 公司在已经获得美国法院的临时禁令后，向保函开立人所在地印度孟买法院提出了止付申请，以寻求当地法院的支持，从而保障自身权益。

国际上目前用于规范独立保函的惯例是 URDG758，但并非各国均选择适用该惯例。部分国家制定并实施了关于独立保函的法律法规，为法院在处理保函纠纷时提供依据，但是就目前而言大多数国家在独立保函方面的立法仍是空白，这便导致了各国司法实践中对于独立保函的观点不一致。例如，URDG758 等国际惯例都有无视非单据化条款的表述，但是巴基斯坦的做法与国际惯例有一定出入。巴基斯坦没有针对独立保函的专门立法，主要援引该国《合同法》当中的条款进行解释。巴基斯坦认为“合同条款是当事人意思的自治”，列入合同条款的“条件”即使是“非单据化”条件，也应该得到尊重，

将被视为“有效条件”，因此不能完全按照国际惯例而无视。[1]

增强对相关国家保函法律的了解，不仅包括对实体法律的了解，也包括对相关法律程序的认识。例如，在申请人与受益人分处英美法系国家和大陆法系国家或地区时，双方若分别在其所在国家或地区提起诉讼，各方也应积极地应对，以避免消极对待导致的败诉等不利后果。例如，本书第六章案例 6–17 芬兰瓦锡兰有限公司、西特福船运公司、颖勤发动机（上海）有限公司与荣成市西霞船业有限公司其他合同纠纷案中，申请人荣成西霞口公司收到了荷兰西特福公司在英国法庭申请的“禁诉令”。“禁诉令”是签发国法院对于自身管辖权的保护措施。虽然我国目前对他国的禁诉令没有承认的先例，但是这并不意味着该禁诉令对当事人本身没有效力。在英美法系国家，违反禁诉令可能会被判定藐视法庭罪并承担其他不利的法律后果，包括但不限于罚款、在签发国家拥有的资产遭受查封、限制入境等。因此，当事人也应适当了解相关国家的法律制度及司法程序，避免因忽视而导致自身承担不利的法律后果。

五、积极且审慎应对“欺诈”，避免利益受损

正如前文所述，转开保函交易结构下，更容易发生欺诈性索赔。各方主体在遭遇欺诈性索赔时，均应采取措施，避免利益受损。

作为申请人，如遇欺诈性索款，应及时向有管辖权的法院申请中止支付保函项下的款项，并与反担保人、担保人等进行沟通，告知欺诈行为的存在，说服银行配合法院的止付裁定暂不兑付保函。此外，在境内外法院有平行管辖权的情形下，本着谨慎的原则，建议申请人在境内外同步向有管辖权的法院申请裁定中止支付保函。在获得中止支付的临时禁令或裁定后，应及时提起诉讼，进一步请求法院判决终止保函的支付。

作为担保人或者反担保人的银行，应当尊重法院中止支付的裁定以及终止支付的判决。尤其是作为担保人的商业银行，只有在“善意”付款的情况下才有权根据反担保函向反担保人要求兑付，若在明知法院已裁定中止支付的情

1 参见董思雁：《涉外保函实务风险及缓释措施》，载《对外经贸实务》2018 年第 12 期。

况下向受益人兑付款项，则可能无法满足“善意兑付”的要求，因而可能丧失向反担保人追偿的权利。但是，若反担保人的确是出于“善意”已经兑付了款项，则应积极向法院申请复议，及时解除中止支付的裁定。另外，在转开保函情形下，通常受益人会在境外提起诉讼，要求兑付保函，在这种情况下，反担保人应积极作为第三人参与到境外诉讼中，以避免陷入境外法院判决要求兑付保函、境内法院裁定止付或判决止付的两难处境。

独立保函作为商事交易中重要的担保措施之一，由于其据以付款的单据相对简单、流程便捷，在商事领域格外受欢迎。随着中国企业“走出去”，在国际工程建设等领域日益活跃，转开保函成为企业在开立涉外保函时优先选择的开立方式。但是，转开保函涉及多个境内外主体及法律关系，从开具到索赔相较于直开保函而言更加复杂，欺诈性索赔也屡见不鲜。转开保函参与主体应当针对自己在交易中所处的地位不同，全面审视业务中的风险点，通过审查各方资信、了解各方所在地的政治及法律环境、严格设置保函条款等手段规避风险，或者减轻风险带来的不利影响。

附：

反担保函范例

（英文版）

COUNTER-GUARANTEE

To:

Date:

Ref. Number：________________

At the request of __________, please issue your guarantee on our responsibility in favour of __________ in the following wording:

（CONTENT OF A GUARANTEE TO BE ISSUED TO THE BENEFICIARY）

In consideration of your issuing your guarantee as above, we，______Bank/ Company, address __________,hereby establish our irrevocable counter-guarantee in favour of you and undertake to pay you any sum not exceeding in total an amount of __________. （say：__________） after receipt by us of your demand through authenticated swift message (or tested telex) quoting the guarantee reference number and issuing date of our counter guarantee and stating that you have received a demand for payment under your guarantee in accordance with its terms. The amount claimed shall be paid in the currency stated in the counter guarantee.

Your demand for payment must also be accompanied by the following document(s) :

☐ Declaration of breach of the contract(quotation of related terms in the Contract is required)；

☐ Documents issued by third party；

☐ Judicial Judgement / Arbitral Award;

☐ ______________ (Other).

This guarantee will come into effective since________.And it shall expire on ________ at the latest, unless it can be extended to the required period with the written consent of our bank / company. Any demand for payment and documents required under this guarantee must be received by us on or before that date at our address stated above. Upon expiry, please return the original guarantee to us. But this guarantee will become null and void upon expiry whether the original guarantee is returned to us or not.

Special conditions:

☐ Partial drawing prohibited. ☐ Multiple drawings prohibited.

☐ All bank/company charges relating to this guarantee are for the Beneficiary/Applicant/ (other)'s account.

This guarantee is subject to ☐ URDG 458 ☐ URDG 758 ☐ ____(Other)

Any dispute under the guarantee shall be submitted to the following institution:

☐ the court with jurisdiction in the place where we, ________ Bank / Company is located.

☐ either party may submit it to ______________ Arbitration Commission for arbitration in accordance with the arbitration rules of the Commission. The arbitration place is in ____(City), the arbitration language is ________, and the arbitration award is final, and the three parties shall abide by the execution.

This guarantee is non-transferable without our written consent.

Please confirm us the issuance of your guarantee by return SWIFT/TELEX. After you issuing the guarantee, please send us a copy of the guarantee you issued for record purposes.

[Issuer' s name]

[By its undersigned officer]

[Date]

（中文版）

反担保函

保函编号：

致：__________（担保人名称）

根据__________的指示，请贵方按照以下文本向______（受益人）开出保函，相关责任由我方承担：

—引述向收益人开立的各类保函—

鉴于贵方按照上述要求向受益人开立保函，我方，______银行/公司，地址为________________，兹开立以贵方为受益人的不可撤销的反担保保函，具体如下：

一、本保函项下的担保总金额最高不超过美元（或其他货币）______元［大写：美元（或其他货币）__________元］。

二、我方收到贵方通过经证实的SWIFT电文（或加押电传）传送的书面索赔通知后，向贵方支付累计不超过上述担保金额的款项，索赔款项应按反担保函载明的货币进行赔付。上述书面索赔通知需要附有贵方的书面声明文件说明贵方已经收到受益人提交的符合要求的书面索赔通知，并请注明我方开立的反担保保函的参考编号和签发日期。

索赔单据除上述书面索赔通知外还包括：

□ ____违约声明____；

□ ____第三方单据____；

□ ____司法判决/仲裁裁决____；

□ ____其他____。

三、本保函于__________生效。除非经我行/公司书面同意可将保函延期至要求的期限，本保函将于________年____月____日到期。本保函项下要求的任何付款要求和文件必须在该日期或之前送达我方的上述地址。在本保函到期后，请将本保函的原件退还我方。但无论保函原件是否退还我方，均不影响本保函在到期时失效。

四、特别要求：

□禁止部分索赔　　□禁止多次索赔

□开立本保函的相关费用应由申请人 / 受益人 / ___承担。

五、本保函未经我方书面同意不得转让。

六、本保函适用：□ URDG458　□ URDG758　□______（其他）

七、若各方因本保函而产生争议，则：

□应由__________所在地有管辖权的法院管辖；

□应提交至__________仲裁委员会依照该会现行有效的仲裁规则申请仲裁，仲裁地在__________，仲裁语言为__________，仲裁裁决为终审裁决，双方均应遵守执行。

八、请贵方使用 SWIFT/ 电传确认贵方保函的开立。在贵方向受益人开具保函后，请发送我方一份电子版文件以供存档。

__________银行 / 公司

负责人 / 授权代表：________（签字）

________年____月____日

09 第九章

担保人对保函申请人及反担保人的追偿问题

由于银行等金融机构作为独立保函的担保人，对保函项下的付款义务是“见索即付”，银行向受益人承担付款责任后积极向保函的申请人或反担保人行使追偿权就显得至关重要，否则银行等金融机构将遭受巨额损失。实践中，银行等金融机构往往会通过要求申请人及反担保人提供保证金质押、连带责任保证、物权担保等方式或者其他增信措施以实现资金安全。担保人追偿权的实现包含两个层面的实现，一是法律层面的实现，担保人行使追偿权能否得到法律上的支持，得到胜诉判决；二是实践层面的实现，担保人能否通过一系列追偿措施实现全额清偿，这取决于保证金是否充足、保证人能否履约、抵押物是否足值等。本章将结合法律法规及司法实践中存在的案例对上述问题进行分析，提出银行等金融机构应关注的法律风险和应对措施。

本章要点

追偿权、不符点、保证金质押、善意债权人、担保审查

第一节 | 典型案例

【案例 9-23】平安银行股份有限公司北京德胜门支行与中交隧道工程局有限公司合同纠纷案[1]

（一）关系图

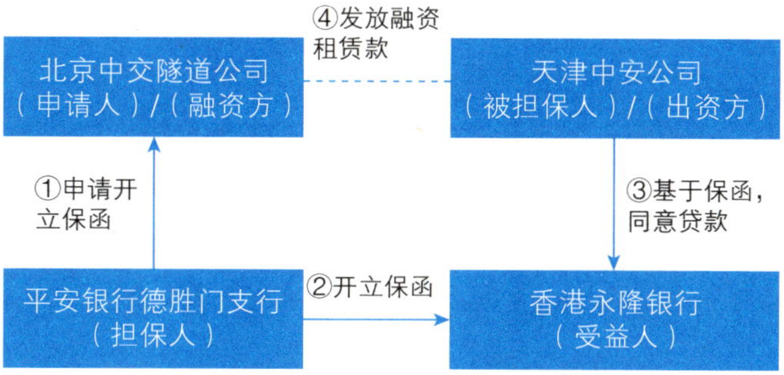

图 9-1　本案法律关系

1　参见北京市西城区人民法院（2017）京 0102 民初 13071 号民事判决书。

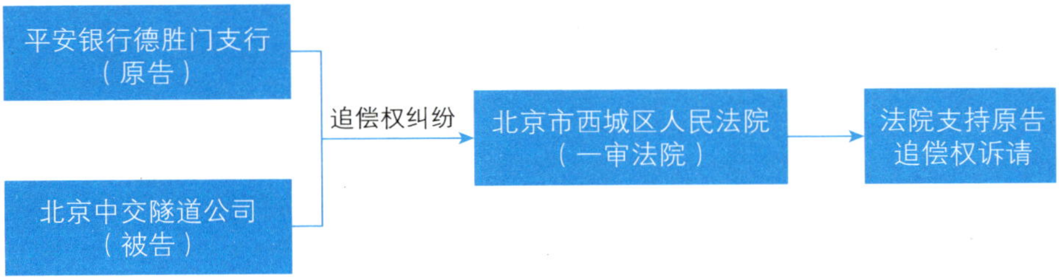

图 9–2　本案诉讼关系

（二）案情简介

2014年11月，平安银行股份有限公司北京德胜门支行（以下简称平安银行德胜门支行）应中交隧道工程局有限公司（以下简称北京中交隧道公司）的申请开立无条件见索即付保函，保函受益人为永隆银行有限公司（以下简称香港永隆银行），用于担保永隆银行向中安联合国际融资租赁有限公司（以下简称天津中安公司）提供融资便利。天津中安公司取得融资后向北京中交隧道公司发放融资租赁款。后因天津中安公司未及时归还贷款，香港永隆银行按照约定条款和声明向平安银行股份有限公司北京分行索偿。平安银行股份有限公司北京分行将案涉独立保函项下的索偿款项支付给香港永隆银行。垫付后，平安银行德胜门支行将保函申请人北京中交隧道公司诉至法院，行使追偿权。北京中交隧道公司称其申请开立保函是为了向天津中安公司融资，北京中交隧道公司已经提前还清了对天津中安公司的借款，现天津中安公司未及时向保函受益人香港永隆银行清偿贷款，是天津中安公司的违约，与北京中交隧道公司无关。

法院经审理认为，本案争议涉及的为见索即付的独立保函，担保人的付款义务独立于基础交易关系及保函申请法律关系，担保人依据独立保函付款后向保函申请人追偿的，除非受益人提交的单据存在不符点，法院应予支持。本案审查的重点应当在于平安银行德胜门支行向香港永隆银行付款是否符合合同约定，进而是否对北京中交隧道公司享有追偿权，至于北京中交隧道公司与天津中安公司的纠纷，可另行主张，其以与天津中安公司之间纠纷抗辩平安银行德胜门支行的追偿权不能成立。

【案例 9-24】广东弘益投资有限公司与渤海银行股份有限公司广州分行金融借款合同纠纷案[1]

（一）关系图

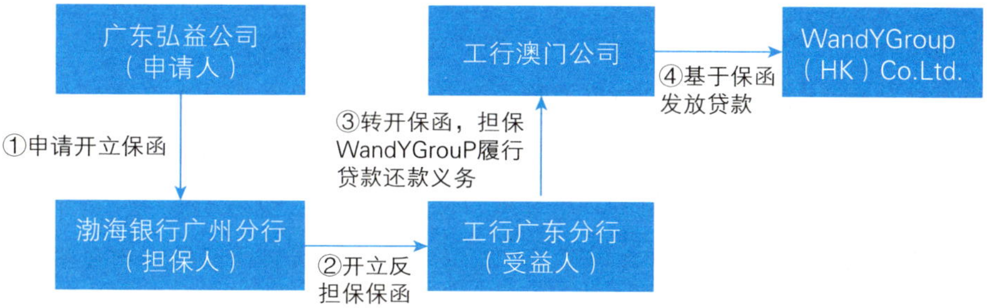

图 9-3　本案法律关系

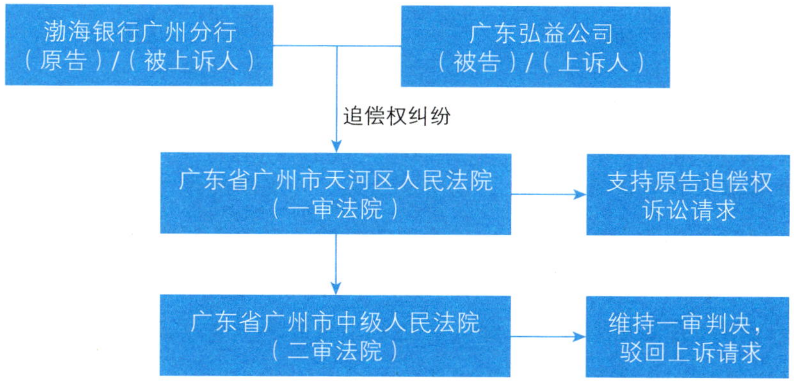

图 9-4　本案诉讼关系

（二）案情简介

2013 年 9 月 3 日，广东弘益投资有限公司（以下简称广东弘益公司）以 100% 保证金为反担保向渤海银行股份有限公司广州分行（以下简称渤海银行广州分行）申请开立独立保函，受益人为中国工商银行股份有限公司广东分行

1　参见广东省广州市中级人民法院（2017）粤 01 民终 24125 号民事判决书。

（以下简称工行广东分行）。2013年9月4日，渤海银行向工行广东分行发送报文，称经广东弘益公司要求，请工行广东分行向中国工商银行（澳门）股份有限公司（以下简称工行澳门公司）以受益人的利益出具保函，用于担保贷款协议下WandYGroup（HK）Co.，Ltd.履行向工行澳门公司支付到期应付款项的义务，担保人提交合规索偿文件后，作为反担保人，渤海银行不可撤销地承诺向担保人工行广东分行付款。后基于WandYGroup（HK）Co.，Ltd.未履行到期付款义务，工行澳门公司索偿，工行广东分行要求渤海银行广州分行支付款项。渤海银行广州分行垫款后向申请人广东弘益公司追偿。广东弘益公司辩称，保证人承担保证责任后，才有权向债务人追偿。而渤海银行广州分行在2015年1月20日就先行擅自扣划了广东弘益公司的反担保定期质押存款，没有任何证据显示渤海银行广州分行此前实施了向工行广东分行垫付的行为。渤海银行广州分行提前擅自处分反担保人的质押存款，实际上剥夺了广东弘益公司作为反担保人所享有的抗辩权，侵吞了广东弘益公司的存款利息，对广东弘益公司造成了巨大损失。

法院经审理认为，本案并非传统意义上的保证合同纠纷，而是因融资性备用信用证的开立、议付等产生的纠纷，应依据双方合同约定进行处理。案涉《开立保函/备用信用证协议》已明确约定，一旦渤海银行广州分行根据保函的规定决定向受益人支付款项，广东弘益公司不可撤销地授权渤海银行广州分行可从广东弘益公司在渤海银行广州分行开立的任何账户中扣划前述金额。以上约定并未违反我国法律、行政法规的禁止性规定，依法应属有效。案涉保证金是以定期存款的形式存入专门账户，但其实质仍然是担保债权实现的保证金，符合“债务人将其金钱以特户、封金、保证金等形式特定化后，移交债权人占有作为债权的担保，债务人不履行债务时，债权人可以以该金钱优先受偿”的规定。

【案例 9-25】交通银行股份有限公司十堰分行与武汉力通达贸易有限公司执行异议案[1]

（一）关系图

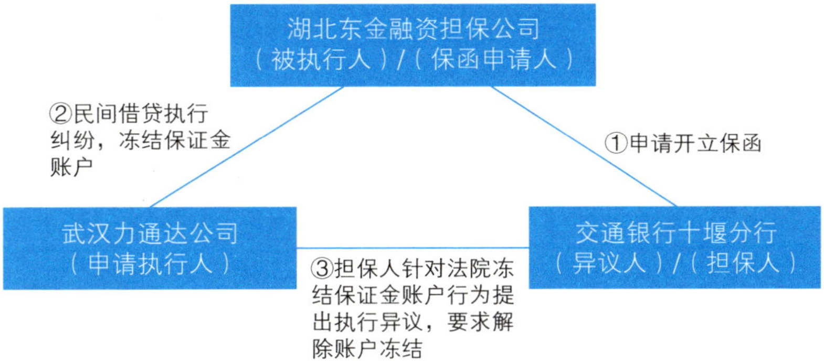

图 9-5　本案法律关系

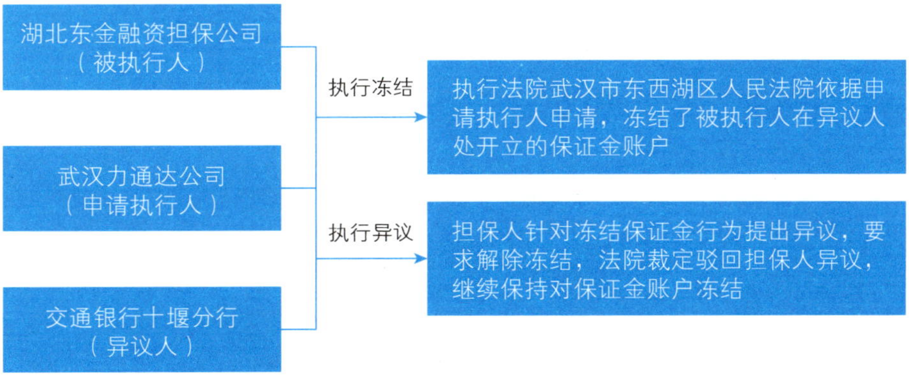

图 9-6　本案诉讼关系

（二）案情简介

武汉力通达贸易有限公司（以下简称武汉力通达公司）与湖北东金融资担保有限责任公司（以下简称湖北东金融资担保公司）民间借贷纠纷执行案中，

1　参见湖北省武汉市东西湖区人民法院（2019）鄂 0112 执异 68 号执行裁定书。

执行法院依据申请人武汉力通达公司申请，冻结了湖北金融资担保公司在交通银行股份有限公司十堰分行（以下简称交通银行十堰分行）开立的保证金账户，该保证金账户系湖北东金融资担保公司向交通银行十堰分行申请开立独立保函反担保措施。交通银行十堰分行认为，贷款保证金账户的款项已特定化，专用于贷款质押担保，构成动产质押，异议人就该账户内的保证金享有优先受偿权，请求解除保证金账户的冻结。法院经审查认为，根据《独立保函司法解释》第24条规定，对于按照特户管理并移交开立人占有的独立保函开立保证金，法院可以采取冻结措施。异议人（案外人）交通银行十堰分行的异议申请不成立，法院不予支持。

【案例 9-26】太原重工股份有限公司与渤海银行股份有限公司天津分行执行异议之诉案[1]

（一）关系图

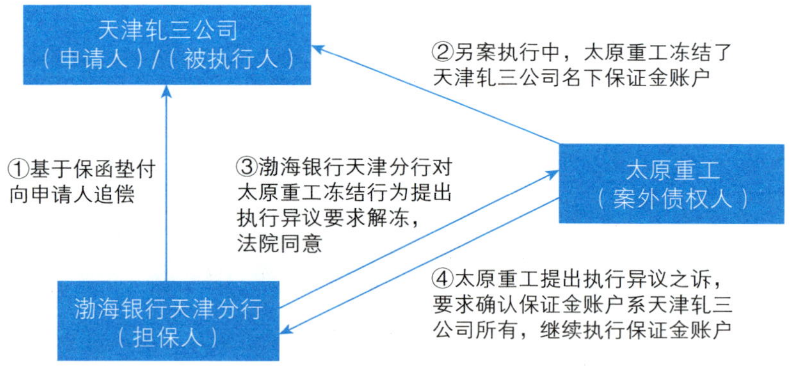

图 9-7　本案法律关系

1　参见天津市静海区人民法院（2016）津 0118 民初 7180 号民事判决书。

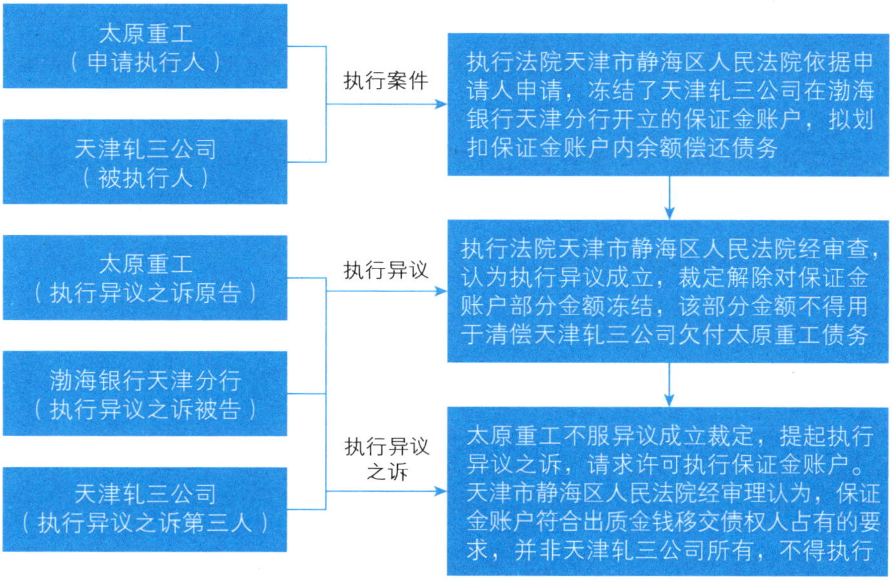

图 9–8　本案诉讼关系

（二）案情简介

2014 年 6 月，渤海银行股份有限公司天津分行（以下简称渤海银行天津分行）为天津冶金集团轧三钢铁有限公司（以下简称天津轧三公司）开立独立保函，采用保证金作为反担保措施，天津轧三公司为此开立保证金账户（涉诉账户），并交纳保证金 1.4 亿元。同日，渤海银行天津分行向中国邮政储蓄银行股份有限公司天津分行（以下简称邮储银行）出具《借款保函》，为天津轧三公司向邮储银行借款 1.23 亿元提供担保。2016 年 4 月 25 日，因天津轧三公司出现逾期利息，邮储银行向渤海银行天津分行发出索赔通知书，经天津轧三公司同意，渤海银行天津分行将保证金进行解押，并扣划支付至邮储银行，用于归还逾期利息及罚息 2,022,945.7 元。同日，因天津轧三公司未能履行还款义务，法院依太原重工股份有限公司（以下简称太原重工）等共 35 名申请执行人的申请，在执行天津轧三公司财产时，冻结了涉诉账户中的存款 65,440,000 元。渤海银行天津分行对冻结行为提出执行异议，经审理认定异议成立，法院裁定解除 52,110,058.23 元的冻结，余款 13,329,941.77 元不予解除冻结。太原重工不服该裁定，提出执行异议之诉。

法院经审理认为《保证金质押协议》已明确将诉争账户确定为“保证金专户”，具有公示性。该保证金账户由渤海银行天津分行实际控制和管理，符合出质金钱移交债权人占有的要求，诉争账户具有保证金的特户性质，裁定解除冻结的52,110,058.23元非天津轧三公司自有资金，天津轧三公司不履行债务时，渤海银行可以就该金钱优先受偿。

第二节 | 法律问题分析

《独立保函司法解释》第9条规定："开立人依据独立保函付款后向保函申请人追偿的，人民法院应予支持，但受益人提交的单据存在不符点的除外。"根据该条规定，在受益人提交的单据存在不符点时，担保人（开立人）付款后的追偿权将无法得到法院的支持。同时，《独立保函司法解释》第7条规定："人民法院在认定是否构成表面相符时，应当根据独立保函载明的审单标准进行审查；独立保函未载明的，可以参照适用国际商会确定的相关审单标准。单据与独立保函条款之间、单据与单据之间表面上不完全一致，但并不导致相互之间产生歧义的，人民法院应当认定构成表面相符。"担保人在审单时将按照保函约定的标准或者国际惯例标准对单据是否表面一致进行审查。实践中，审单的主动权往往掌握在担保人手中，当单据表面不符时，担保人完全可以拒付，并且法律也明确地规定单据表面不完全一致，但是并不导致相互之间产生歧义的，应认定构成表面相符。笔者通过对《独立保函司法解释》颁布以来所有涉及担保人对申请人及反担保人追偿案件进行检索，尚未发现申请人或反担保人以受益人提供的单据存在不符点为由提出抗辩。正如本章案例9–23和案例9–24，实践中申请人或反担保人提出的抗辩主要包括两个方面：一是以基础法律关系提出抗辩，如案例9–23平安银行股份有限公司北京德胜门支行与中交隧道工程局有限公司合同纠纷案，该案中北京中交隧道公司抗辩《开立保函合同》是为了向天津中安公司融资，北京中交隧道公司已经提前还清了对天津中安公司的借款，现天津中安公司未及时向保函受益人香港永隆银行清偿贷款，是天津中安公司的违约，与北京中交隧道公司无关。二是基于传统担保法的从属性，担保人只有在履行担保责任后才能享有追偿权，《独立保函司法解释》第9条也明确规定担保人在依据独立保函付款后才享有追偿权。实践中存在担保人先从保证金账户或申请人开立的其他账户划款后再进行垫付的情形，尤其是在扣划行为和垫付行为存在较长时间差时，确实会给申请人或反担保人造成较大的利益损失或其他间接损失，此时申请人或反担保人会以此提出抗辩，对抗担保人的追偿权。

一、基础法律关系能否对抗追偿权

对于基础法律关系能否对抗追偿权问题，立法及司法实践争议不大，独立保函的生命力就在于其独立于基础交易，虽然独立保函的开立依托于基础法律关系，但是独立保函一旦开出，即独立于基础法律关系，只要受益人提出符合独立保函规定的单据，担保人就承担付款义务，除非受益人提交的单据存在不符点或者存在保函欺诈。同样，对于申请人来说，在担保人承担付款责任后，其再以基础法律关系存在争议对担保人提出抗辩以免除追偿责任，银行等金融机构无疑会遭受巨大的损失，成为最终的埋单者。因此，除非存在不符点，担保人的追偿权不会因基础法律关系出现争议而丧失。

二、担保人未垫付是否具有追偿权

根据《独立保函司法解释》第9条的规定，“开立人依据独立保函付款后向保函申请人追偿的，人民法院应予支持”，对该条进行文义解释，担保人（开立人）确实需要在付款后才享有追偿权。追偿权本身也隐含着先垫付后索赔的意思表示。因此，如果担保人没有垫付款项，其自然无权向申请人追偿。在该点上，独立保函与传统意义上的担保并无区别。但是，与之相关的一个问题是，在银行开具独立保函实践中，银行作为担保人往往会要求申请人预先存入一定比例的保证金，保证金比例取决于申请人资信和银行风控，保证金比例越高，银行风险越小。当担保人收到受益人索赔文件决定付款时，其往往会扣划该保证金，甚至如果申请人在担保人处存在其他一般结算账户，担保人也会依照其与申请人的相关约定自动进行扣划。根据《独立保函司法解释》第9条，担保人只有在付款后才能追偿。此时，担保人并未进行垫付，其扣划申请人或反担保人账户款项的行为是否具有依据？对此，笔者认为，这取决于申请人和担保人之间的特殊约定。在独立保函法律关系项下，担保人的付款义务是独立的，对于受益人来说，其看重的是银行信用，只要其提交了符合约定的单据，银行就承担付款义务，但是受益人并不关注银行付款款项来源，其究竟是银行自有资金还是第三方资金，并不是独立保函付款义务项下需考虑的问题。银行是通过自有资金垫付还是先扣划申请人账户余额再垫付，完全取决于独立保函申请人和担保人双方私下约定，法律不加以干涉。在这种情况下，担保人能否扣划保证金账户及其他一般账户，取决于开立保函合同约定。如果合同中明确约定“担保人决定向相符交单的受益人支付独立保函项下的款项，申请人即有义务向担保人偿付；申请人不可撤销的授权担保人可从申请人在担保人开立的任何账户中扣划前述金额”，基于该授权，担保人可以扣划申请人保证金账户或其他账户。如果双方并无如此约定，笔者认为，担保人无权直接扣划申请人保证金账户，而只能在垫付后才享有追偿权。但是需要担保人关注的是，基于该扣划的目的在于向受益人付款，担保人扣划后应及时向受益人付款，如果扣划后担保人未及时向受益人付款，则扣划期间的孳息应归申请人所有，并且如果扣划后长时间未向受益人支付，而给申请人造成其他损失，担保人存在被申请人诉请赔偿的风险。

三、追偿权实现的几种途径及常见的法律问题

结合上述分析，笔者认为，鉴于担保人和申请人、反担保人追偿权法律关系较为简单，法律规定也比较明确，只要不存在不符点情形，担保人的追偿权得到法律的支持和认可并不是难点问题。笔者对《独立保函司法解释》实施以来担保人追偿权案件进行检索发现，担保人的追偿权均得到法院的支持。实践中，担保人追偿权的实现难点和关键点在于如何通过有效的追偿途径实现债权清收。下面笔者将结合实务中常见的几种反担保方式进行分析。

（一）保证金

保证金是确保担保人能够顺利实现追偿权最常见也是最有效的方法。实践中，几乎所有的担保人都要求申请人提供一定比例的保证金，当受益人索赔时，担保人可以直接扣划该保证金，保证金的比例越高银行风险越低，如果保证金的比例为100%，则担保人几乎无风险。担保人采取保证金作为风控手段的优点非常明显：一是无需变现，只要双方在合同中约定担保人决定付款时，担保人直接扣划即可，便于操作。二是法律明确规定保证金账户无法扣划，担保人可以有效对抗其他债权人。《独立保函司法解释》第24条规定："对于按照特户管理并移交开立人占有的独立保函开立保证金，人民法院可以采取冻结措施，但不得扣划。保证金账户内的款项丧失开立保证金的功能时，人民法院可以依法采取扣划措施。开立人已履行对外支付义务的，根据该开立人的申请，人民法院应当解除对开立保证金相应部分的冻结措施。"由此可知，保证金在未丧失反担保功能时是不能被其他债权人扣划的。三是担保人可就该保证金优先受偿。《物权法》第208条规定："为担保债务的履行，债务人或者第三人将其动产出质给债权人占有的，债务人不履行到期债务或者发生当事人约定的实现质权的情形，债权人有权就该动产优先受偿。前款规定的债务人或者第三人为出质人，债权人为质权人，交付的动产为质押财产。"最高人民法院《关于适用〈中华人民共和国担保法〉若干问题的解释》（以下简称《担保法

司法解释》）第 85 条规定：“债务人或者第三人将其金钱以特户、封金、保证金等形式特定化后，移交债权人占有作为债权的担保，债务人不履行债务时，债权人可以以该金钱优先受偿。”由于该保证金账户一般由担保人实际控制和管理，符合出质金钱移交债权人占有的要求，保证金实质上是金钱质押，担保人享有优先受偿的权利。基于上述优点，笔者建议担保人尽量提高保证金的比例。但值得注意的是，鉴于保证金具有质押的法律性质，本质上还是担保法律关系，建议担保人应接受申请人的保证金质押，避免第三人提供保证金，防止第三人以各种理由主张担保无效，从而规避担保责任，具体理由将在下文详述。

保证金账户冻结问题是司法实践中应该关注的问题。结合上述案例 9-25 和案例 9-26 也可看出，司法实践中，法院对保证金账户冻结问题的处理也存在很大差异。首先，需要明确的是，根据目前法律规定，虽然保证金交由担保人实际控制和管理，但该保证金的所有权并未发生变更，仍归属申请人或反担保人所有。根据最高人民法院《关于人民法院民事执行中查封、扣押、冻结财产的规定》第 2 条第 3 款的规定，“对于第三人占有的动产或者登记在第三人名下的不动产、特定动产及其他财产权，第三人书面确认该财产属于被执行人的，人民法院可以查封、扣押、冻结”，《独立保函司法解释》第 24 条也延续了上述司法解释的精神，规定独立保函保证金可以冻结，但是在未丧失保证金功能前不得扣划。另外，最高人民法院《关于人民法院能否对信用证开证保证金采取冻结和扣划措施问题的规定》也明确“人民法院在审理或执行案件时，依法可以对信用证开证保证金采取冻结措施，但不得扣划。如果当事人认为人民法院冻结和扣划的某项资金属于信用证开证保证金的，应当提供有关证据予以证明。人民法院审查后，可按以下原则处理：对于确系信用证开证保证金的，不得采取扣划措施；如果开证银行履行了对外支付义务，根据该银行的申请，人民法院应当立即解除对信用证开证保证金相应部分的冻结措施；如果申请开证人提供的开证保证金是外汇，当事人又举证证明信用证的受益人提供的单据与信用证条款相符时，人民法院应当立即解除冻结措施”，可见无论是信用证保证金还是独立保函保证金，法律都明确规定可因其他债权人的申请进行冻结。但保证金毕竟具有反担保功能，为了保证担保人的利益，法律同时规定不能扣划。那么实践中，一旦发生保证金冻结情况，担保人如何维护自己的权利？结合上文提供的案例可以看出，此时担保人往往会针对执行法院的冻结行为提出执行异议，要求解除账户冻结。但实践中法院对担保人提出异议的处理结果并不相同。案例 9–25 中，担保人交通银行十堰分行提出执行异议后，法院认为法律明确规定保证金账户可以冻结，交通银行十堰分行要求解除账户冻结行为无法律依据，应予以驳回。而案例 9–26 中，担保人渤海银行天津分行要求解除账户冻结行为则得到法院的支持，裁定解除账户冻结。案外债权人太原重工对解除账户冻结裁定又提起执行异议之诉，要求法院许可执行保证金账户，法院驳回该诉请。另外，笔者对司法实践中类似案例进行检索，也发现在担保人对保证金账户冻结提出执行异议时，部分法院裁定中止保证金账户执行。对此，笔者认为，《独立保函司法解释》第 24 条第 2 款只是规定“开立人已履行对外支付义务的，根据该开立人的申请，人民法院应当解除对开立保证金相应部分的冻结措施”，在担保人未履行对外付款义务时，其要求解除保证金账户冻结的请求确实较难得到法院的支持，法院有权继续保持对账户的冻结，但由于此时保证金账户并未丧失担保功能，法院不能扣划保证金账户，裁定中止对保证金账户执行是比较稳妥的办法。如果保证金在确保担保人在垫付金额范围内受偿后仍有余额供其他债权人受偿，则可恢复对保证金账户的执行。如果保证金账户余额不足以清偿担保人垫付金额，即使保持对保证金账户的冻结也无实际意义。

关于保证金账户另一个需要关注的问题是保证金账户的特定化。关于特定化，《担保法司法解释》第 85 条规定金钱只有在特定化并且在移交担保人占有的情况下才构成金钱质押，担保人才享有优先受偿权利。实践中，存在大量案外债权人认为保证金账户并未满足特定化、保证金也未交由担保人实际控制而提出执行异议之诉案件，要求将保证金认定为一般财产而要求执行。因此，保证金账户的特定化就显得尤为重要。司法实践中，认定一个银行账户是否为保证金账户，并不取决于账户名称为“保证金账户”这一形式要求，而是要满足保证金账户特定化的实质要求：一是保证金账户能否与一般结算账户相区分，确保保证金账户的独立性，以满足专款专用；二是出质人是否将保证金存入保证金账户，以满足动产质权占有质物的生效要件；三是保证金账户是否由质权人实际管理和控制，如果出质人还能自由支配保证金账户，保证金账户内的资金仍可自由进出，或担保人处置该资金仍需经过出质人的同意，则保证金并未特定化，其与一般资金仍处于混同的状态。结合上述要求，担保人在设立保证金账户时应注意满足特定化的要求，否则即使账户名称为保证金账户，仍有可能被扣划。

（二）第三人提供反担保的特殊审查

常见的第三人提供反担保包括第三人提供的连带责任保证以及第三人提供的物权担保。在此模式下，除了申请人外，担保人还可以向提供反担保的第三人进行追偿，扩大了担保人行使追偿权的外延，无疑对担保人有利。担保人在确定反担保人时主要应考虑其履约能力，是否有充足的财产。但值得注意的是，发生争议后，反担保人往往会以各种理由免除担保责任，这里着重揭示公司作为第三人对外提供反担保的法律风险。

根据我国《公司法》第 16 条的规定，公司对外提供一般担保和关联担保均应当由公司有权决议机关依法定程序作出决议。但是，对于公司的法定代表人或者其他人员违反法定程序即未经股东会或董事会决议而擅自实施的对外反担保行为效力如何认定问题，《公司法》却并未予以规定，由此产生了争议。司法实践中，既有司法判例认定《公司法》第 16 条为管理性强制性规范，不影响公司违反决策机制对外提供担保的效力，从而认定该担保有效的案例，也有认定《公司法》第 16 条为效力性强制性规范，从而认定公司违反决策机制对外提供担保无效的案例，当然其中也涉及债权人是否为善意第三人、是否履行必要审查义务等因素，使各地法院对此类公司为他人提供担保的案件处理不一。经最高人民法院对 2006 年至 2015 年全国法院审结的 455 件公司未经法定程序对外担保的商事案件进行统计分析：认定担保合同有效的判决占 49.8 %，而认定担保合同无效的判决占 50.2%；在担保合同被认定无效的案件中，判令公司对担保相对人承担部分责任的占 67.4%，承担连带责任的占 23.6%，公司不承担责任的占 9%。[1]

为统一裁判尺度，做到类案类判，提高司法公信力，2019 年 11 月 8 日最高人民法院下发《九民纪要》，虽然《九民纪要》不是司法解释，不能作为裁判依据进行援引，但是法院尚未审结的一审、二审案件，在裁判文书“本院认为”部分具体分析法律适用的理由时，可以根据《九民纪要》的相关规定进行说理，这意味着《九民纪要》将统一该问题的法律适用。《九民纪要》第 17 条规定：“为防止法定代表人随意代表公司为他人提供担保给公司造成损失，损害中小股东利益，《公司法》第 16 条对法定代表人的代表权进行了限制。根据该条规定，担保行为不是法定代表人所能单独决定的事项，而必须以公司股东（大）会、董事会等公司机关的决议作为授权的基础和来源。法定代表人未经授权擅自为他人提供担保的，构成越权代表，人民法院应当根据《合同法》第 50 条关于法定代表人越权代表的规定，区分订立合同时债权人是否善意分别认定合同效力：债权人善意的，合同有效；反之，合同无效。”根据该条规定，独立保函担保人在审查第三人提供反担保时应尽以下三项义务：一是先看有无同意提供反担保的公司决议。公司对外提供反担保必须经决议机关决议，否则构成越权代表，相对人未审查公司决议，就直接与公司签订担保合同，表明其并非善意相对人，因而公司不承担反担保责任。当然，并非所有情形下都需要公司决议机关决议。《九民纪要》第 19 条便规定四种推定担保成立例外情形。具体包括“（1）公司是以为他人提供担保为主营业务的担保公司，或者是开展保函业务的银行或者非银行金融机构；（2）公司为其直接或者间接控制的公司开展经营活动向债权人提供担保；（3）公司与主债务人之间存在相互担保等商业合作关系；（4）担保合同系由单独或者共同持有公司三分之二以上有表决权的股东签字同意”。另外，公司不承担担保责任，并不意味着无须承担任何责任。担保合同被认定为无效后，独立保函担保人可根据《担保法》及其司法解释关于担保无效责任的相关规定要求公司承担相应责任，即“主合同有效而担保合同无效，债权人无过错的，担保人与债务人对主合同

1 参见最高人民法院民事审判第二庭编著：《〈全国法院民商事审判工作会议纪要〉理解与适用》，人民法院出版社 2019 年版，第 179 页。

债权人的经济损失，承担连带赔偿责任；债权人、担保人有过错的，担保人承担民事责任的部分，不应超过债务人不能清偿部分的二分之一”。二是有决议的要看是否为适格决议。可根据《九民纪要》第18条的规定，区别关联担保和非关联担保：前者必须要是股东会或股东大会决议，这是《公司法》的强制性规定；后者看董事会决议或股东会决议，要结合公司章程进行审查，关键要看公司章程对该类型担保的特别规定。三是尽管有决议，但在决议伪造、变造等情况下，已经尽了必要形式审查义务的善意相对人，可根据表见代表规则请求公司承担反担保责任。

何为善意？债权人的审查标准为何？审查边界为何？这些都是司法实践的难点问题。对此，《九民纪要》第18条规定，“善意，是指债权人不知道或者不应当知道法定代表人超越权限订立反担保合同”。《公司法》第16条对关联担保和非关联担保的决议机关作出了区别规定，相应地，在善意的判断标准上也应当有所区别。一种情形是，为公司股东或者实际控制人提供关联担保，《公司法》第16条明确规定必须由股东(大)会决议，未经股东(大)会决议，构成越权代表。在此情况下，债权人主张担保合同有效，应当提供证据证明其在订立合同时对股东(大)会决议进行了审查，决议的表决程序符合《公司法》第16条的规定，即在排除被担保股东表决权的情况下，该项表决由出席会议的其他股东所持表决权的过半数通过，签字人员也符合公司章程的规定。另一种情形是，公司为公司股东或者实际控制人以外的人提供非关联担保，根据《公司法》第16条的规定，此时由公司章程规定是由董事会决议还是股东(大)会决议。无论章程是否对决议机关作出规定，也无论章程规定决议机关为董事会还是股东(大)会，根据《民法总则》第61条第3款关于“法人章程或者法人权力机构对法定代表人代表权的限制，不得对抗善意相对人”的规定，只要债权人能够证明其在订立担保合同时对董事会决议或者股东(大)会决议进行了审查，同意决议的人数及签字人员符合公司章程的规定，就应当认定其构成善意，但公司能够证明债权人明知公司章程对决议机关有明确规定的除外。债权人对公司机关决议内容的审查一般限于形式审查，只要求尽到必要的注意义务即可，标准不宜太过严苛。公司以机关决议系法定代表人伪造或者变造、决议程序违法、签章（名）不实、担保金额超过法定限额等事由抗辩债权人非善意的，法院一般不予支持。但是，公司有证据证明债权人明知决议系伪造或者变造的除外。根据该条规定，善意担保人是指不知道或者不应当知道法定代表人超越权限订立担保合同，体现对决议的审查分为关联担保和非关联担保，对于关联担保必须按照《公司法》第16条规定由股东会决议，并且有利害关系的股东不得参与表决，以维护小股东利益；对于非关联担保，只需按照公司章程审查即可；审查内容主要为决议的人数及签字人员是否符合法律规定及章程规定；审查标准为形式审查，无需对签字的真实性进行核查，除非担保人明知该决议或签字系伪造的。

但需要注意的是，在非关联担保中，担保人审查义务在于根据公司章程规定的决议机关及表决机制进行审查。实践中往往会出现一种情况，即反担保人系申请人指定，担保人与反担保人并不熟悉，签署反担保合同以及提供公司章程等事宜往往是担保人直接与申请人对接。如果在反担保人不知情的情况下，申请人向担保人提供了虚假的反担保人的公司章程，从而使反担保人内部决议机关和表决机制符合虚假的公司章程，比如反担保人真实公司章程规定非关联担保需要召开股东（大）会会议，并且经过5名以上股东表决过半数同意有效，但申请人提供的虚假的公司章程规定非关联担保仅需要董事会决议，并且经过3名以上董事表决过半数同意即有效，申请人提供了虚假的公司章程和符合章程的决议，从形式看担保人已经履行必要的审查义务。但是如果反担保人提出抗辩："担保人虽无义务也无能力审查决议的真实性，但是对于每个公司来讲，公司章程都在工商登记备案，只要担保人履行必要的尽职调查就可以审查出该章程系虚假的，担保决议也系虚假，由此主张担保人没有履行必要的审查义务，担保不成立。尤其是担保人作为专业的金融机构，其审查义务更应高于一般的商事主体"，笔者认为，上述抗辩存在一定的合理性，建议担保人在审查担保时，应直接与反担保人进行沟通，并保存其提交的各项文件的原始证据，对于公司章程或者决议签字，应与工商备案登记的章程与签字一致。

另外需要关注的一个问题，对于某些特定的企业决策机关及表决机制有明确法律法规规定，如《中外合作经营企业法实施细则》[1]第28条第2款规定："董事会会议或者联合管理委员会会议应当有2/3以上董事或者委员出席方能举行，不能出席董事会会议或者联合管理委员会会议的董事或者委员应当书面委托他人代表其出席和表决。董事会会议或者联合管理委员会会议作出决议，须经全体董事或者委员的过半数通过"。该行政法规规定中外合作企业董事会或者联合管理委员会应当有2/3以上董事或委员出席方能举行。如果一反担保人为中外合作企业，其有董事7名，为免除担保责任其恶意向担保人提供一份虚假的公司章程，该虚假章程规定"公司董事会设董事7名，4名董事出席即可召开董事会决定对外担保事宜"，并向担保人提供了4名董事签字同意对外提供反担保的董事会决议。从形式上，担保人已经履行了必要审查义务并且该决议完全符合公司章程，但是《中外合作经营企业法实施细则》属于行政法规，其明确规定董事会决议必须由2/3以上董事会参加方能举行，即至少有5名董事参会方能召开会议。该决议符合虚假的章程，但是违反法律规定，虽然在此过程中，反担保人存在明显的过错，但是担保人以对该法律法规不知情主张其为善意债权人，要求反担保人承担全部担保责任也很难得到法院的支持。因此，担保人对特殊反担保人要进行特别审查，要了解该特定行业所有法律法规，明确该类型企业对外提供反担保是否有特别的法律规定，防止反担保人以此为由免除担保责任。这也是上文中提及的保证金质押应尽量要求申请人提供的缘由。

（三）抵押权审查的注意事项

结合司法实践，担保人对抵押人的追偿主要涉及抵押物未办理登记、人保与物保混合时的实现顺序、土地使用权与地上建筑物分开抵押等问题。关于抵押物未办理登记问题，《物权法》第180条规定："债务人或者第三人有权处分的下列财产可以抵押：（一）建筑物和其他土地附着物；（二）建设用地使用权；（三）以招标、拍卖、公开协商等方式取得的荒地等土地承包经营权；（四）生产设备、原材料、半成品、产品；（五）正在建造的建筑物、船舶、

1　2020年1月1日起实施的《外商投资法实施条例》已经废止了《中外合作经营企业法实施细则》，新实施的《外商投资法实施条例》并无类似规定，但司法实践中往往依据当时生效的法律法规评判抵押合同效力，故此处仍援引《中外合作经营企业法实施细则》第28条规定。

航空器；（六）交通运输工具；（七）法律、行政法规未禁止抵押的其他财产。抵押人可以将前款所列财产一并抵押。”第1项至第3项规定的财产或者第5项规定的正在建造的建筑物抵押的，应当办理抵押登记，抵押权自登记时设立。第4项、第6项规定的财产或者第5项规定的正在建造的船舶、航空器抵押的，抵押权自抵押合同生效时设立；未经登记，不得对抗善意第三人。不动产抵押权自登记时设立，未登记不产生抵押权；但是不影响抵押合同的效力。在实践中可能出现双方就某一不动产签订抵押合同但未办理登记的情形，根据《物权法》规定，该抵押权显然未生效，那么对于债权人来说，能否依据合同就该抵押物要求赔偿？《九民纪要》第60条规定：“不动产抵押合同依法成立，但未办理抵押登记手续，债权人请求抵押人办理抵押登记手续的，人民法院依法予以支持。因抵押物灭失以及抵押物转让他人等原因不能办理抵押登记，债权人请求抵押人以抵押物的价值为限承担责任的，人民法院依法予以支持，但其范围不得超过抵押权有效设立时抵押人所应当承担的责任。”根据该规定，以登记作为抵押权生效要件的抵押物未办理登记，债权人对抵押物不享有优先受偿权，但是不动产抵押合同有效，抵押人应继续办理抵押登记以及承担不能办理抵押登记情况下的损害赔偿责任，但是该责任不能超过抵押物担保所承担的责任，即抵押人不承担抵押担保责任，但是承担违约损害赔偿责任，担保人可就该抵押物通过拍卖、变卖等方式实现求偿权。但是，如果该抵押物已经转让给第三人或者已经为其他债权人办理抵押登记而抵押人无其他财产可供执行，则担保人无疑遭受巨大损失。另外，《民法总则》第178条第3款明确规定：“连带责任，由法律规定或者当事人约定。”据此，未办理不动产抵押登记情形，法律对抵押人的责任形态未作规定，如当事人未约定承担连带责任的，认定抵押人承担连带责任缺乏法律依据。就此而言，除非抵押合同明确约定抵押人承担连带责任，否则其仅在债务人不能清偿时承担补充责任。因此，笔者建议对应当办理抵押登记的抵押物必须及时办理登记，如果担保人与抵押人签订抵押担保合同后，抵押人以各种理由拒不办理登记，担保人应第一时间起诉抵押人要求办理抵押登记。为避免其转移抵押物或设置新的抵押担保，担保人应第一时间保全抵押物，确保首封权。

关于人保与物保混合的情形，实践中担保人为了实现利益最大化往往会要求申请人及反担保人提供多种担保方式，既有连带责任担保的人保又包含抵押权等物保，出现人保与物保的混同，并且通常是申请人（债务人）提供了不动产抵押担保，第三人提供了连带责任担保，但是抵押物变现较慢，保证人又有充足的履约能力，担保人希望能够先向保证人行使追偿权。但是根据《物权法》第 176 条的规定，“被担保的债权既有物的担保又有人的担保的，债务人不履行到期债务或者发生当事人约定的实现担保物权的情形，债权人应当按照约定实现债权；没有约定或者约定不明确，债务人自己提供物的担保的，债权人应当先就该物的担保实现债权；第三人提供物的担保的，债权人可以就物的担保实现债权，也可以要求保证人承担保证责任。提供担保的第三人承担担保责任后，有权向债务人追偿”。如果担保人和申请人及反担保人无特别约定时，担保人应优先行使申请人提供的物的担保，则上文提及的要求反担保人先履行保证责任的情形就无法实现。因此，为掌握主动权，担保人与申请人及反担保人签订担保合同时，无论是抵押合同还是保证合同，都应在协议里约定“担保人有权选择债权实现担保顺序”。

关于土地使用权和地上建筑物分别抵押问题，《物权法》第 182 条规定：“以建筑物抵押的，该建筑物占用范围内的建设用地使用权一并抵押。以建设用地使用权抵押的，该土地上的建筑物一并抵押。抵押人未依照前款规定一并抵押的，未抵押的财产视为一并抵押。”但由于历史上土地和房产分属两个部门登记，确实存在土地和房产分开抵押的情形，《九民纪要》第 61 条规定：“根据《物权法》第 182 条之规定，仅以建筑物设定抵押的，抵押权的效力及于占用范围内的土地；仅以建设用地使用权抵押的，抵押权的效力亦及于其上的建筑物。在房地分别抵押，即建设用地使用权抵押给一个债权人，而其上的建筑物又抵押给另一个人的情况下，可能产生两个抵押权的冲突问题。基于‘房地一体’规则，此时应当将建筑物和建设用地使用权视为同一财产，从而依照《物权法》第 199 条的规定确定清偿顺序：登记在先的先清偿；同时登记的，按照债权比例清偿。同一天登记的，视为同时登记”。而《物权法》第 199 条规定：“同一财产向两个以上债权人抵押的，拍卖、变卖抵押财产所得的价款依照下列规定清偿：（一）抵押权已登记的，按照登记的先后顺序清偿；顺序相同的，按照债权比例清偿；（二）抵押权已登记的先于未登记的受偿；（三）抵押权未登记的，按照债权比例清偿。”因此，担保人决定采用土地或者房产抵押时，一定要核查是否已经办理抵押登记，并且房地一体办理抵押登记，否则就要承担劣后抵押甚至是按照债权比例清偿的不利后果。

（四）动产质押应注意的问题

银行开具独立保函最初应用在国际商事合同中，在国际货物买卖过程中，银行往往依据买方申请开具保函，以卖方作为受益人，向卖方提供银行信用。银行为控制风险，除了常规的保证金等风控措施外，往往会要求国内买方以购买到的货物提供质押担保，由于该国际贸易大多涉及大宗商品，银行作为专业金融机构，不具备监管能力，其往往会委托专门的监管机构进行监管。但根据《物权法》的要求，动产质押以动产交付为条件，由于担保人并不直接控制货物，而是由监管方控制货物，监管方是接受担保人的委托占有货物还是接受申请人的委托占有货物，决定着担保人是否已实际占有货物，从而影响质权是否生效。一旦法院认定质物并未通过指示交付交由银行等金融机构实际占有，则质权并未成立，从而对银行造成重大风险。《九民纪要》第63条对此有明确规定：“在流动质押中，经常由债权人、出质人与监管人订立三方监管协议，此时应当查明监管人究竟是受债权人的委托还是受出质人的委任监管质物，确定质物是否已经交付债权人，从而判断质权是否有效设立。如果监管人系受债权人的委托监管质物，则其是债权人的直接占有人，应当认定完成了质物交付，质权有效设立。监管人违反监管协议约定，违规向出质人放货、因保管不善导致质物毁损灭失，债权人请求监管人承担违约责任的，人民法院依法予以支持。如果监管人系受出质人委托监管质物，表明质物并未交付债权人，应当认定质权未有效设立。尽管监管协议约定监管人系受债权人的委托监管质物，但有证据证明其并未履行监管职责，质物实际上仍由出质人管领控制的，也应当认定质物并未实际交付，质权未有效设立。此时，债权人可以基于质押合同的约定请求质押人承担违约责任， 但其范围不得超过质权有效设立时质押人所应当承担的责任。监管人未履行监管职责的，债权人也可以请求监管人承担违约责任。”因此，对于该类型质押，应明确监管人是接受债权人的委托进行监管，并且该种监管必须监管方实质上履行了监管义务，而不能仅仅依据合同条款进行确定。对此，建议担保人也应履行必要监督的义务，如要求监管人提供仓储场所、监管人实际到岗、实行每日报告制度、定期进行巡查等，以确保监管人是在债权人的委托下进行监管。

另外需要关注的一个问题是，针对同一批动产，既可不以交付为条件设置动产抵押，又可以交付为条件设置动产质押，担保人采取哪种担保措施更为有利？《九民纪要》第 65 条第 1 款规定：“同一动产上同时设立质权和抵押权的，应当参照适用《物权法》第 199 条的规定，根据是否完成公示以及公示先后情况来确定清偿顺序：质权有效设立、抵押权办理了抵押登记的，按照公示先后确定清偿；顺序相同的，按照债权比例清偿；质权有效设立，抵押权未办理抵押登记的，质权优先于抵押权；质权未有效设立，抵押权未办理抵押登记的，因此时抵押权已经有效设立，故抵押权优先受偿。”在同一动产上同时存在抵押权和动产质权，在确立清偿顺序时，既要考察是否完成了公示，也要考察公示的先后顺序。具体来说分为以下三种情况：一是质权有效设立、抵押权也办理了登记的，此时应当参照适用《物权法》第 199 条的规定，根据公示先后来确定清偿顺序，即质权设立在先的，质权人先受偿；抵押权登记在先的，抵押权人先受偿；抵押权和质权同一天设立的，视为顺序相同，按照债权比例清偿。二是质权有效设立，抵押权未办理抵押登记的情况下，有效设立的质权优先于抵押权。三是质权未有效设立，抵押权未办理抵押登记的，因此时抵押权已经有效设立，故抵押权人优先受偿。

第三节 | 法律风险提示

针对上述法律问题分析，在担保人针对申请人及反担保人的追偿权问题上笔者提出以下风险提示。

一、担保人在交单存在不符点时慎重付款

根据目前法律规定及司法实践，担保人追偿权无法得到法院支持的情形是单据存在不符点，但担保人却向受益人付款。因此，当担保人发现受益人提交的单据存在不符点时，拒绝付款是最为稳妥的办法。但是根据《独立保函司法解释》第8条规定："开立人有独立审查单据的权利与义务，有权自行决定单据与独立保函条款之间、单据与单据之间是否表面相符，并自行决定接受或拒绝接受不符点。担保人已向受益人明确表示接受不符点，受益人请求担保人承担付款责任的，人民法院应予支持。担保人拒绝接受不符点，受益人以保函申请人已接受不符点为由请求担保人承担付款责任的，人民法院不予支持。"担保人有独立审查单据是否表面相符的权利，并自主决定是否向受益人付款，并且《独立保函司

法解释》第7条第2款也明确规定：“单据与独立保函条款之间、单据与单据之间表面上不完全一致，但并不导致相互之间产生歧义的，人民法院应当认定构成表面相符。”为保持独立保函的生命力，担保人在审查单据时，若发现单据之间表面上不完全一致，但不导致发生歧义时，应防止拒付的滥用，第一时间通知申请人。虽然申请人的意见并不影响担保人是否付款，但是笔者认为，如果申请人明确表示接受不符点，是其对自己权利的处置，也构成对不符点的自认，担保人在付款后向申请人行使追偿权时，因其已自认接受不符点，其再以不符点提出抗辩将难以得到法院的支持和认可；相反，如果申请人在得知不符点后明确表示不接受不符点，则担保人在自主决定付款时则应慎重，以考虑不符点是否能构成追偿权的抗辩。

二、提高保证金比例并明确约定担保人有权扣划保证金

保证金是实现追偿权最有效的手段，担保人应尽量提高保证金比例。为防止申请人以担保人应先垫付后追偿为由提出抗辩，担保人应在保函开立合同以及保证金质押合同中明确约定：“一旦担保人根据保函的规定决定向受益人支付保函项下的款项，申请人/反担保人即有义务向担保人偿付；申请人/反担保人不可撤销的授权担保人可从申请人/反担保人在担保人开立的任何账户中扣划前述金额。”在实际操作过程中，该保证金账户应满足以下条件，以防止其他债权人主张保证金与一般资金混同而要求执行：一是账户名称为保证金账户，符合保证金账户外观要求；二是该保证金账户不同于一般结算账户，保证金应存入保证金账户，做到专款专用，非保证金性质的一般资金不要汇入该账户；三是该保证金账户应由担保人管理和控制，在保证金账户开户协议中应明确约定限制开户人资金自由流动，当发生担保人垫付情形，担保人有权直接扣划该保证金账户内余额，无须经过开户人同意。

如果其他债权人针对保证金账户进行冻结，担保人作为利害关系人应及时提出执行异议或保全异议。在申请异议的法律依据上，《民事诉讼法》第225条规定：“当事人、利害关系人认为执行行为违反法律规定的，可以向负

责执行的人民法院提出书面异议。当事人、利害关系人提出书面异议的，人民法院应当自收到书面异议之日起十五日内审查，理由成立的，裁定撤销或者改正；理由不成立的，裁定驳回。当事人、利害关系人对裁定不服的，可以自裁定送达之日起十日内向上一级人民法院申请复议。”《民事诉讼法》第227条规定：“执行过程中，案外人对执行标的提出书面异议的，人民法院应当自收到书面异议之日起十五日内审查，理由成立的，裁定中止对该标的的执行；理由不成立的，裁定驳回。案外人、当事人对裁定不服，认为原判决、裁定错误的，依照审判监督程序办理；与原判决、裁定无关的，可以自裁定送达之日起十五日内向人民法院提起诉讼。”笔者认为担保人应依据《民事诉讼法》第227条规定提出执行异议，理由如下：第一，《民事诉讼法》第225条是针对具体的执行行为提出异议，而第227条是针对执行标的提出异议，担保人提出异议虽指向冻结保证金的行为，但实质上是针对保证金这一执行标的本身提出的异议，其目的在于排除对保证金的强制执行；第二，现行法律明确规定保证金账户可以冻结，针对该冻结行为提出执行异议，要求解除冻结存在一定的法律障碍，法院完全可以驳回担保人要求解冻的异议，而依据《民事诉讼法》第227条针对执行标的提出异议，如果异议成立，法院会裁定中止对该标的的执行，处理结果更符合实际；第三，针对执行行为提出异议被法院驳回后，担保人仅能向上级法院提出复议；而针对执行标的提出异议被驳回后，当事人可以提起执行异议之诉，通过实体审判以决定是否排除强制执行，并且执行异议之诉审理适用普通程序，实行两审终审制，同样可以向上级法院申请权利救济，对于担保人来讲，更能保证其异议行为得到法院的支持，从而中止执行并最终排除对保证金账户的执行。因此，在实践操作中，一旦保证金账户被其他债权人申请冻结，担保人应依据《民事诉讼法》第227条规定向执行/保全法院提出异议，要求中止对保证金账户的执行并解除账户冻结。一般来讲，只要担保人能够举证证明该保证金账户确系为申请独立保函而提供的反担保，法院一般会中止对保证金账户的执行并解除账户冻结，如果法院驳回担保人的执行异议申请，则担保人应在收到驳回裁定之日起15日内向作出该裁定的法院提起执行异议之诉，要求确认担保人对该保证金享有优先受偿权利，并排除对保证金账户的强制执行。

三、严格审查反担保事项符合法律及公司章程规定

随着《九民纪要》的颁布实施，公司对外提供担保须经公司内部决策机构通过决议已经是强制性审查义务，以确保公司对外提供反担保是公司真实意思表示，防止法定代表人或部分股东损害公司及其他股东利益。在以往的实践中，担保人作为金融机构，更多的是将注意力放在反担保合同面签以及审查反担保是否具有决议，通过公章的真实性以及具有决议来证明反担保事项是公司真实意思表示。但随着《九民纪要》的颁布以及实践中发生越来越多的担保合同纠纷，担保人除了做好面签确保公章的真实性以及审查决议两大事项外，还应关注审查决议的表决方式是否符合法律规定及公司章程。此处的法律不仅包括《公司法》对担保的特别规定，还包含《证券法》《外商投资法》等专门法律对上市公司、中外合作企业等特殊法律关于担保、决策表决机制的特别规定。如果该法律法规对担保事项有特别规定，则担保人应注意审查该类特殊企业的内部表决机制是否符合特别法律规定，以确保担保人履行合理、必要的审查义务。对于反担保人提供的公司章程，担保人应注意核查是否与工商备案登记版本一致。对于第三人提供的反担保，为保证反担保人提供材料的真实性，担保人要避开申请人，直接与反担保人进行沟通并做好各类文件收取的证据留存工作，要注意审查及留存具体经办人的授权手续，确保即使公章、文件以及决议存在虚假情形，担保人也有充分证据证明该文件系反担保人提供，担保人已经履行必要的审查义务。

四、严格办理担保物权登记，明确约定债权的实现顺序和方式

对于反担保人以土地使用权或建筑物等不动产提供抵押，担保人应及时前往不动产登记中心办理抵押登记，确保取得第一顺位抵押权。如果抵押合同签订后，无法办理抵押登记，则应分以下两种情形处理：第一，如果当事人办理抵押物登记手续时，因登记部门的原因致使无法办理抵押物登记，则应保留

不动产登记部门不予办理抵押登记的证据，并要求反担保抵押人向担保人交付权利凭证。依据《担保法司法解释》第59条的规定，“当事人办理抵押物登记手续时，因登记部门的原因致使其无法办理抵押物登记，抵押人向债权人交付权利凭证的，可以认定债权人对该财产有优先受偿权。但是，未办理抵押物登记的，不得对抗第三人”。第二，如果无法办理抵押登记，系抵押人拒不配合导致，担保人应第一时间起诉抵押人，要求办理抵押登记或要求抵押人在抵押担保责任范围内承担损害赔偿责任，为避免其转移抵押物或设置新的抵押担保，担保人应第一时间保全抵押物，确保首封权。

结合担保人开具独立保函实践，常见的物权担保登记办理部门如下：土地使用权、房产、建筑物等不动产登记部门为不动产登记中心；企业设备、原辅材料、产品或商品等登记部门为市场监督管理局；有限责任公司和股份有限公司股权登记部门为市场监督管理局，上市公司的股份、股票登记部门为中国证券登记结算有限责任公司深圳分公司、上海分公司；应收账款质押登记部门为中国人民银行征信中心。

对于抵押人以动产提供反担保，担保人应办理抵押登记取得公示效力，以对抗第三人。对于出质人以动产提供质押，担保人委托专门机构进行监管，要明确监管机构接受担保人委托占有处置物，以保证质权有效设立，同时该监管应是监管人实际履行监管义务，而并非只是签订书面的监管协议。根据质押监管的实践，监管人的监管义务一般包括以下内容：第一，审查核验义务。在接受出质人交付时对其实际交付的质物品名、数量、质量等进行具体的查验，确保与质物清单以及监管协议上的质物相符。第二，保存保管义务。对于由监管人实际占有的质物，监管人应当尽到一般善良管理人的注意程度， 如选择合适的保管场所，提供适当的保管条件等。第三，监管义务。监管义务是监管人最重要的义务，要求监管人在监管期间要监控质物的数量和质量，防止质物随意出库或脱离其实际占有。监管人在质物入库后，即应当严密监控，防止质物出库，并定期进行查验，当质物有毁损灭失风险时，应当及时采取必要的措施等。[1]对于监管期间造成质物灭失的，担保人应及时提起诉讼，要求监管人承担违约赔偿责任。对于同一批动产，既设定动产抵押又设定动产质押，担保人应在保证权利设定的同时进行登记公示，以保证优先受偿。

本章从法律法规以及司法实践中存在的案例分析了担保人对申请人以及反担保人追偿权问题，鉴于追偿权的法律关系较为简单，法律规定较为明确，在担保人垫付后，除非存在单据不符仍付款的情形，申请人的抗辩一般不会得到法院的支持。担保人关键应注意通过合理的追偿途径，包括但不限于做好反担保合同订立前的尽职调查、合规审查、合同条款具体拟定、担保事项的必要审查以及担保物权登记、公示等，通过多种反担保措施进行风险控制，最终实现追偿权。

1 参见最高人民法院民事审判第二庭编著：《〈全国法院民商事审判工作会议与纪要〉理解与适用》，人民法院出版社 2019 年版，第 377 页。

附：

融资性保函范例

（英文版）

Standby Letter of Credit Form

To: (Beneficiary' s name and address)

Date:____________________

Advance Payment Guarantee No.

Dear Sirs,

At the request of____________("applicant"), we hereby issue our irrevocable standby letter of credit no__________in favour of ________ bank/ company for facilities under loan agreement No. _________ granted to__________("borrower")and for up to the aggregate amount of u.s. Dollars (in word) ________(usd) available for payment against your tested telex or authenticated swift to us stating as follows: The amount of such claim(s) represents and covers the unpaid indebtedness (inclusive of accrued interests, charges and other expenses) due to us by __________ ("borrower") under the loan agreement no ________ in respect of loan facility granted by us to the borrower.

we hereby certify that the selling rate of u.s. Dollars to RMB quoted by ______Bank/ company on the date of your drawing shall be used for the calculation of your drawing amount.

All banking charges relating to this standby letter of credit are for applicant account.

Partial drawings are acceptable.

This standby letter of credit is non-transferable.

This standby letter of credit is effective from ___________and expire on _______________at the counter of ______ Bank/ company, all claims here under must reach to us not later than the above mentioned expiry date and after the expiry date this standby letter of credit automatically becomes null.

We hereby agree and undertake that your claim(s) under and in compliance with the terms and conditions of this credit will be duly honoured upon presentation.

This standby letter of credit is subject to □ UCP600 □ ISP98.

This standby letter of credit shall be settled by final and binding arbitration. The appointing authority shall be_________ (Arbitration Commission).The place of arbitration shall be in ___________. Any such arbitration shall be administered by _________ in accordance with the arbitration rules of _________ in effect at the time of arbitration. The arbitration proceedings shall be conducted in _________(language). The arbitral award shall be final and binding upon the parties.

[Issuer’ s name]

[By its undersigned officer]

[Date]

（中文版）

融资性保函（备用信用证）

__________：

根据申请人__________的要求，我们在此开立不可撤销备用信用证，编号：________________，以__________银行为受益人，根据贵行与借款人__________的贷款协议，编号：________________，最高总额为U.S.__________(大写)美元(USD__________)，凭贵行通过加押电传或经证实的SWIFT向我行提交的索赔函支付，索赔函内容如下：我们在此特证明，根据借款人__________与我方之间的借款协议，编号：______________，该索赔金额代表且涵盖借款人欠我方的未付债务（包括应计的利息、手续费及其他费用）。

按照我行/公司在你方索赔日当天所报美元与人民币的卖出价计算你方支款金额。

与该备用信用证有关的所有银行手续费由申请人承担。

允许分批支款。

该备用信用证不可转让。

该备用信用证将在我行/公司柜台自________生效，并于________到期，所有索赔不得迟于上述到期日到达我方，并且在到期日后该备用信用证将自动变为无效。

我们在此同意并承诺您，符合该备用信用证的条款及条件的索赔会正式地凭单据得到承付。付款请求单据包括索赔通知以及以下单据：

□（一）违约声明；

□（二）第三方单据；

□（三）司法判决/仲裁裁决；

□（四）其他单据。

该备用信用证适用□ 国际商会《跟单信用证统一惯例》（2007 年修订版），国际商会出版号 NO.600 □ ISP98。

该备用信用证下及与该备用信用证有关的一切争议，提交______（仲裁机构全称）仲裁，仲裁地为__________，适用________仲裁规则，仲裁程序使用语言为__________。

__________银行 / 公司

负责人或授权代表（签字）：

________年____月____日

10

第十章

独立保函的解除、转让、终止和不可抗力问题

独立保函的解除、转让和终止决定了保函项下权利义务的状态，终止是解除的必然结果，对保函当事人的权利行使有着重要的影响。对于申请人来说，由于独立保函法律关系主体是担保人和受益人，其不具有独立保函项下的权利和义务，独立保函的解除和终止反而可以使其对担保人的债务消灭，有所增益。对于担保人来说，如果没有发现解除、转让和终止的情形而错误地支付，在向申请人追偿时会导致纠纷，最终影响申请人是否需要承担偿付义务，这也是申请人极为关注并可能因此参与到独立保函纠纷中的原因。对于受益人来说，如果独立保函的解除、转让和终止未经其知晓或同意，将会影响其债权的保护。不可抗力则是引起保函状态改变的一个特殊原因，具体而言影响的是保函的有效期，可能会导致保函延期及解除两种后果。类似地，对于担保人来说，保函解除对其更有利，因为这意味其担保责任的解除；对于申请人和受益人来说，不可抗力发生的时间节点会对其在保函项下的权利义务产生不同的影响。该影

响与基础合同的状态可能有关，但无论如何，不会被基础合同的状态所改变。

本章通过四个案例分别对独立保函的解除、转让、终止以及不可抗力问题进行介绍，分析担保人、受益人和申请人在这四种情况下如何实现利益最大化。

本章要点

法定解除、约定解除、保函有效期、介入权、保函欺诈、不可抗力

第一节 | 典型案例

【案例10-27】邯郸建工集团有限公司与福州市市政建设开发有限公司建设工程施工合同纠纷案[1]

（一）关系图

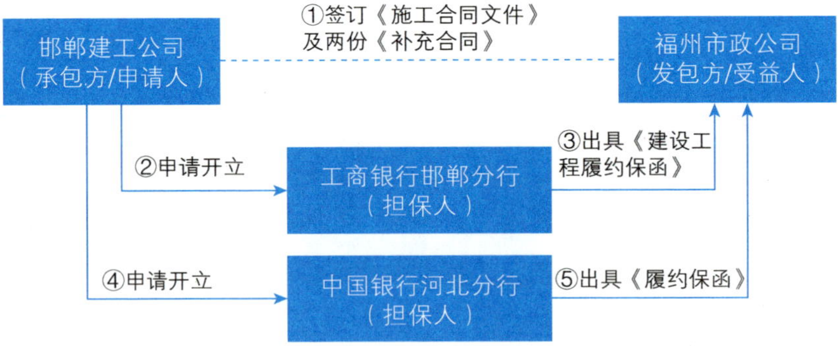

图10-1 本案法律关系

1 参见福建省福州市中级人民法院（2017）闽01民初444号民事判决书。

图 10-2　本案诉讼关系

（二）案情简介

2010 年 7 月 5 日，发包人福州市市政建设开发有限公司（以下简称福州市政公司）与承包人邯郸建工集团有限公司（以下简称邯郸建工公司）就某道路施工工程签订《建设工程施工合同》，合同总价为 67,898,856 元。后因部分路段需调整为隧道从铁路下方穿越的方式，且因隧道部分由铁路部门代建，造价减少。各方为了协商解决这一系列问题，暂停工程进展。2014 年 12 月 3 日，邯郸建工公司向福州市政公司发出《退场报告》，称待报告中所提问题解决并签订补充合同后，邯郸建工公司愿意继续按补充合同约定的内容履约。福州市政公司认为邯郸建工公司未经批准，擅自停工、退场，并提出合同外的不合理条件作为复工的前提，已构成违约，双方间相关合同目的不能实现，提出解除《建设工程施工合同》。

就此道路施工工程项目，中国工商银行股份有限公司邯郸分行（以下简称工商银行邯郸分行）和中国银行股份有限公司河北省分行（以下简称中国银行河北分行）分别向福州市政公司出具《履约保函》，承诺如果承包人邯郸建工公司未按照主合同的约定按期完工，该行将在收到福州市政公司提交书面索赔通知和该项目监理工程师的书面证明文件后，向福州市政公司承担担保责任。

因双方就各问题一直无法达成一致，邯郸建工公司起诉请求解除《建设工程施工合同》和《履约保函》。福州市政公司抗辩，《履约保函》是中国银行河北分行作为担保人，同意在收到福州市政公司签署的书面索赔通知后，向福州市政公司支付担保金额的承诺，邯郸建工公司不是该《履约保函》的一方当事人，无权要求解除《履约保函》。同时，因邯郸建工公司在履行施工合同过程中违约，福州市政公司有权依据《履约保函》要求银行在上述担保金额范围内付款。

福州市中级人民法院判决《建设工程施工合同》解除，但是没有支持邯郸建工公司关于解除保函的请求。

【案例 10–28】中机新能源开发有限公司与华西能源工业股份有限公司保函欺诈纠纷案[1]

（一）关系图

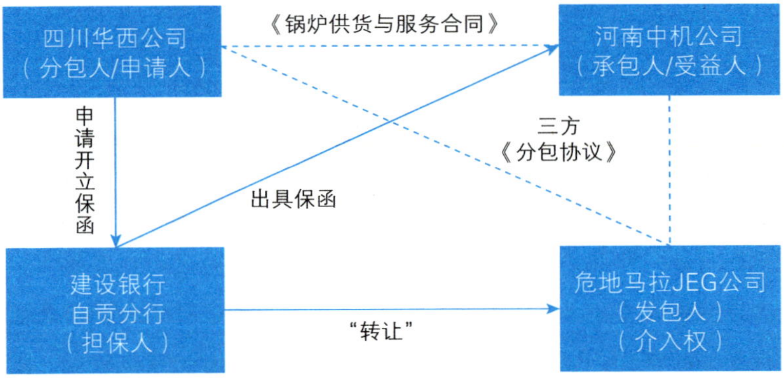

图 10–3　本案法律关系

1　参见四川省高级人民法院（2017）川民终 72 号民事判决书。

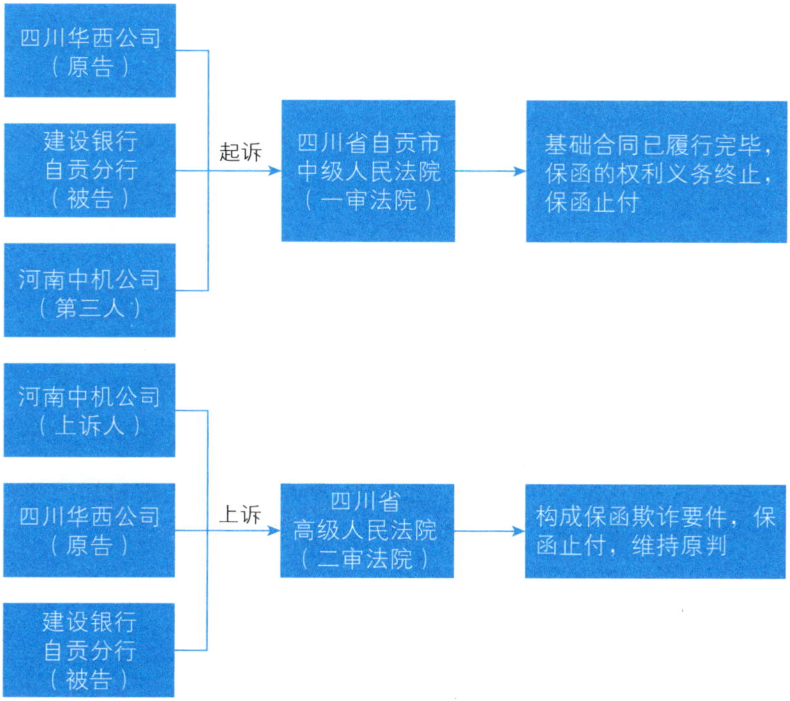

图 10-4　本案诉讼关系

（二）案情简介

中机新能源开发有限公司（以下简称河南中机公司）作为总承包人承建了发包人 Jaguar Energy Guatemala LLC（以下简称危地马拉 JEG 公司）的危地马拉电站项目，并与华西能源工业股份有限公司（以下简称四川华西公司）签订《锅炉供货和服务合同》，将锅炉部分分包给四川华西公司。同时三方签订《分包商承诺协议》，其中约定，如承包人（河南中机公司）违约，则发包人（危地马拉 JEG 公司）有权介入分包合同（《锅炉供货和服务合同》）并代替承包人在分包合同中的地位；一旦发出介入通知，分包人（四川华西公司）应全力执行，并对发包人或其指定人履行责任，以替代原本对承包人的责任。四川华西公司向中国建设银行股份有限公司自贡分行（以下简称建设银行自贡分行）针对《锅炉供货和服务合同》申请履约保函，约定受益人为河南中机公司。后发包人危地马拉JEG公司向分包人四川华西公司发出发包人行使介入权通知，称承包人河南中机公司违约，发包人行使介入权的条件达成，介入成为承包人并且承担分包合同转让的权利，四川华西公司应当向发包人承担责任以代替向承包人的责任。2013年12月27日，建设银行自贡分行收到河南中机公司因四川华西公司未能完全履行合同约定发出的索赔通知。而四川华西公司主张，根据发包人危地马拉JEG公司向其发出的发包人行使介入权通知，已向发包人危地马拉JEG公司交付全部货物并提供了技术资料和技术服务，合同项下发包人危地马拉JEG公司应支付给四川华西公司的货款已全部付清。

四川华西公司向四川省自贡市中级人民法院起诉建设银行自贡分行，请求止付履约保函，一审法院认为案涉基础合同已履行完毕，保函的权利义务终止，保函止付。原审第三人河南中机公司不服原判决，向四川省高级人民法院上诉，请求撤回原判决，改判驳回四川华西公司的诉讼请求。二审法院认为河南中机公司索赔构成保函欺诈要件，保函应当止付，因此驳回上诉，维持原判。

【案例 10-29】莫某伟、莫某耀等与中国建设银行股份有限公司佛山市分行保证合同纠纷案[1]

（一）关系图

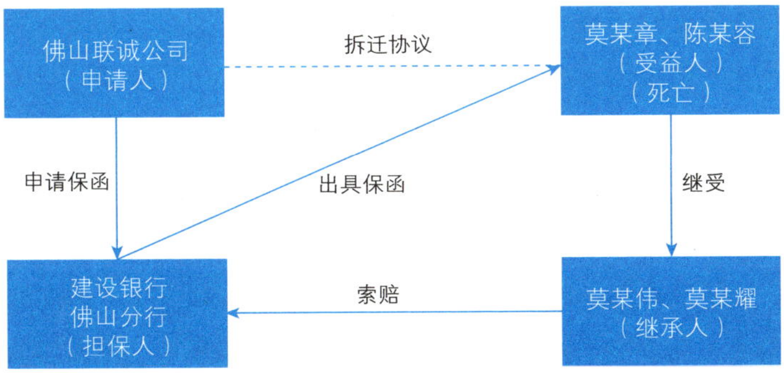

图 10-5　本案法律关系

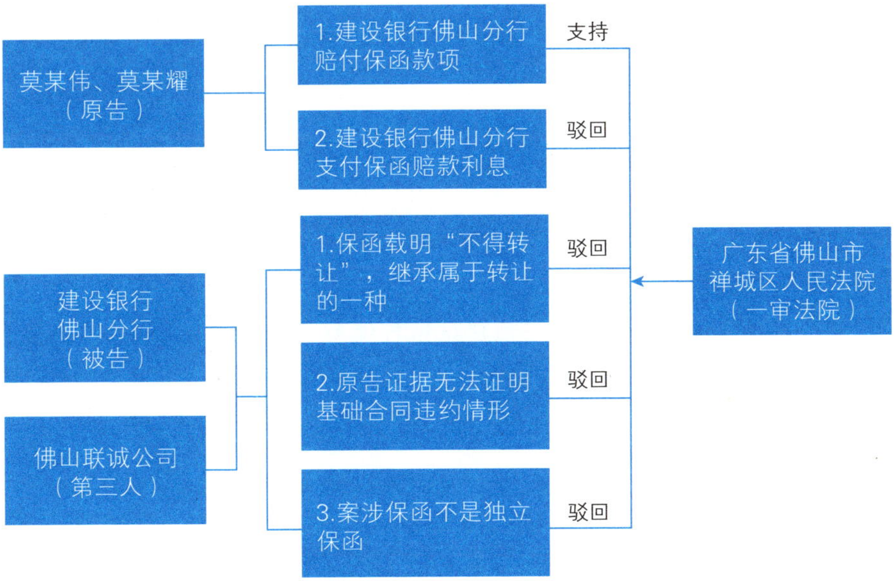

图 10-6　本案诉讼关系

1　参见广东省佛山市禅城区人民法院（2018）粤 0604 民初 13518 号民事判决书。

（二）案情简介

莫某章、陈某容为原告莫某伟、莫某耀的父母，莫某章名下房屋被划入当地旧房改造项目，莫某伟作为莫某章的委托代理人，与第三人佛山市联诚投资发展集团有限公司（以下简称佛山联诚公司）签订《大沥镇横江富华村三旧改造拆迁补偿安置补充协议》（以下简称《拆迁协议》），协议中约定佛山联诚公司就拆迁补偿保证金申请履约保函。佛山联诚公司向中国建设银行股份有限公司佛山市分行（以下简称建设银行佛山分行）申请开立履约保函，保证金额为150万元，以莫某章为受益人。保函中载明：建设银行佛山分行提供的保证为连带责任保证；保函有效期；在本保函的有效期内，保函申请人或受益人都不能单方面解除本保函；本保函项下的权利不得转让，不得设定担保。

后莫某章、陈某容死亡，莫某伟、莫某耀作为莫某章、陈某容的继承人，依据佛山市南海区人民法院（2017）粤0605民初5518号《民事调解书》，依法共同继承了莫某章在本案《拆迁协议》的合同权利以及《履约保函》的受益权。因案涉地块一直未开工建设回迁房，佛山联诚公司违反《拆迁协议》的相关约定，莫某伟、莫某耀向建设银行佛山分行索赔，遭到拒绝，遂向佛山市禅城区人民法院起诉。

建设银行佛山分行认为，首先，保函载明“不得转让”，而继承属于转让的一种；其次，原告提供的证据无法证实佛山联诚公司存在违约；最后，案涉保函不属于独立保函。

佛山市禅城区人民法院未采纳建设银行佛山分行的抗辩，判决其向莫某伟、莫某耀赔付案涉保函项下款项。

【案例 10–30】中国银行股份有限公司乐山分行与东方电气集团东风电机有限公司破产债权确认纠纷案[1]

（一）关系图

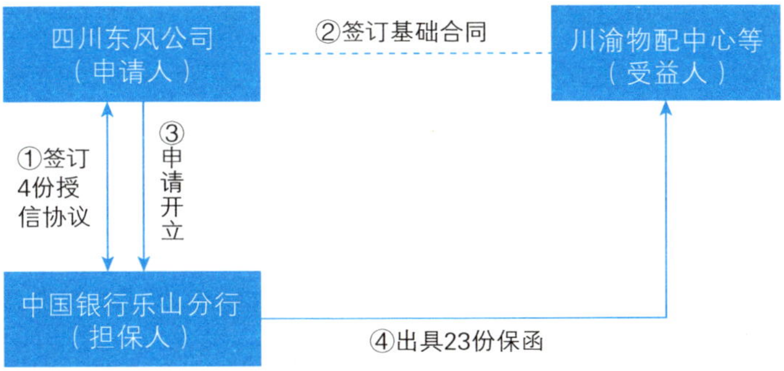

图 10–7　本案法律关系

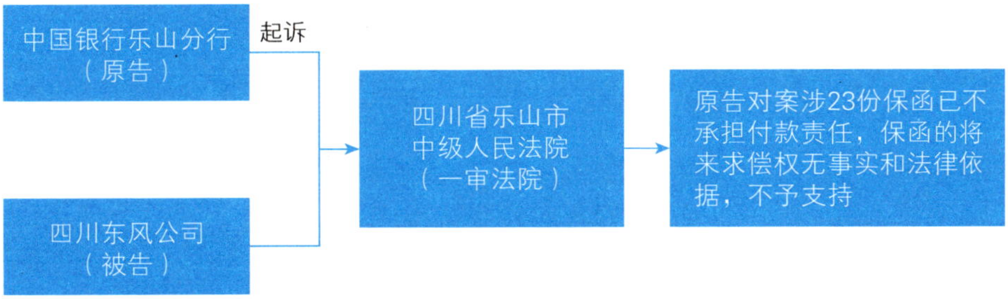

图 10–8　本案诉讼关系

（二）案情简介

中国银行股份有限公司乐山分行（以下简称中国银行乐山分行）应东方电气集团东风电机有限公司（以下简称四川东风公司）申请，先后为其开具23份履约保函，受益人均为基础合同中的买方。23份保函均明确表明，中国银行乐山分行在收到受益人提供符合保函要求的单据后向其支付累计总额不超过保函担保的金额，其承担责任独立于基础交易关系及保函申请法律关系，且

1　参见广东省乐山市中级人民法院（2017）川11民初106号民事判决书。

仅在受益人提供相应的单据时具有付款责任。其中有一份受益人为国电物资集团有限公司川渝物资配送中心（以下简称川渝物配中心）的保函，因基础合同已经履约完毕，且不存在任何经济和法律纠纷，但保函原件遗失，故川渝物配中心向中国银行乐山分行出函确认解除其在该笔保函项下的担保责任。

后东风机电公司被本案审理法院裁定破产重整，中国银行乐山分行针对前述23份履约保函申报债权。四川东风公司管理人认为前述23份保函已到期，东风机电公司的债权人（中国银行乐山分行）并未承担保证责任，或保证责任已经解除，不应作为将来付款请求权申报债权，中国银行乐山分行因此向四川省乐山市中级人民法院起诉。

乐山市中级人民法院判决案涉履约保函已到期终止，驳回中国银行乐山分行的诉讼请求。

第二节 | 法律问题分析

一、保函申请人是否可以申请解除独立保函

对于一般的担保合同，其解除分为两种情况：一种是担保合同本身的解除，另一种是因为主合同解除而解除。

在第一种情况下，按照《合同法》关于合同解除条款的规定，分为约定解除和法定解除。约定解除即当事人协商一致，或在担保合同中约定解除合同的条件，当条件成就时，解除权人可以解除合同。法定解除即《合同法》第 94 条规定的当事人可以解除合同的几种情形，主要是不可抗力、一方不履行主要债务或迟延履行债务等。

第二种情况则需要明确担保合同中是否约定“主合同解除时，担保合同一并解除”。根据《担保法司法解释》第 10 条规定，“主合同解除后，担保人对债务人应当承担的民事责任仍应承担担保责任。但是，担保合同另有约定的除外”。此处对担保合同从属性突破的原因，在于合同解除后产生的民事责任仍为主合同债务，如违

约金、损害赔偿金、解除合同的返还财产、恢复原状或者采取其他补救措施的民事责任，在债权债务关系上并不丧失同一性，故担保该债权债务关系的担保合同效力不因此受影响。[1]所以，在主合同解除后，担保人仍需对主合同解除后债务人应承担的民事责任承担担保责任，除非通过约定予以排除。

由此可见，一般担保合同的解除原则上不受主合同解除的影响，但例外情况下会受到影响，且没有限定解除人的身份。而对于独立保函，则具有诸多特殊性。

其一，从法律关系来看，独立保函经受益人接受，构成担保人和受益人之间的担保合同法律关系，[2]因此保函的合同主体为担保人和受益人，即有可能行使解除权的主体。而申请人分别与担保人之间存在担保合同法律关系、与受益人之间存在基础合同法律关系，唯独不是独立保函的合同主体，根据合同相对性原则，其没有解除权。

其二，虽然独立保函是基于基础合同开具的，但一经开立便独立于基础合同项下法律关系，且不受基础合同项下抗辩权影响。受益人无需举证基础合同存在违约行为，仅需提交保函项下单据便可得到索赔。[3]因此，从独立保函独立性的角度考虑，申请人无权以基础合同的瑕疵要求解除已经开立的保函。在案例 10–27 中，审理法院认为“独立保函基础交易法律关系项下债务人向债权人发出律师函，要求解除独立保函基础交易法律关系，同时要求解除独立保函。……但是由于独立保函申请人并非独立保函的当事方，因此本案中对独立保函不予处理”。审理法院没有从独立保函的独立性角度进行分析，而仅以申请人并非独立保函的当事方为由驳回申请人解除保函的请求，其背后逻辑其实也是认为独立保函基础交易法律关系的解除并不导致独立保函的解除。

其三，关于独立保函是否可以解除，没有明确的法律规定，司法实践中也缺乏统一的审判标准。《独立保函司法解释》仅对独立保函终止的情形进行

1 参见唐青林、李舒、李元元：《最高法院：主合同被解除，担保人是否即可免责 | 附 5 个相关案例深度解读》，载微信公众号“民商事裁判规则”，2017 年 6 月 5 日推送。

2 参见张勇健、沈红雨：《〈关于审理独立保函纠纷案件若干问题的规定〉的理解和适用》，载《人民司法》（司法）2017 年第 1 期。

3 参见蒋琪、金李：《独立性 or 从属性——从中国司法判例析保函性质》，载微信公众号“中国国际商会”，2019 年 2 月 2 日推送。

了规定，即第 11 条的终止事由和第 12 条的欺诈事由，实践中也是将解除和终止的概念混淆使用。比如，在安徽博微长安电子有限公司、中国工商银行股份有限公司南京军管支行合同纠纷案[1]中，审理法院认为："案涉保函亦载明，书面索赔通知和有关证明材料必须在保函有效期内送达银行，否则银行在本保函项下的责任自动解除。据此，独立保函的索赔要求受益人必须在保函载明的到期日或到期事件届至前提交符合保函约定的单据。"又如在特变电工衡阳变压器有限公司与浙江石油化工有限公司及第三人中国银行股份有限公司衡阳分行信用证欺诈纠纷案[2]中，审理法院认为独立保函项下的应付款项已经全部支付，案涉预付款保函的权利义务已经终止，保函项下已无可付金额，案涉保函的保证责任解除。申请人与担保人中国银行衡阳分行之间的委托担保关系及中国银行衡阳分行与受益人之间的保证合同关系已无履行内容，权利义务消灭，因此无须解除。再如在广州天俞电梯有限公司、中远海运（广州）有限公司合同纠纷案[3]中，担保人交通银行海珠支行主张保函中约定受益人提前退回保函原件的，视为受益人同意提前终止或解除保函，保函亦同时失效，因此其不应当再承担保函项下的责任。审理法院支持了交通银行海珠支行的抗辩意见，驳回了受益人关于担保人承担连带赔偿责任的主张。前述三起案件的分析理由分别是《独立保函司法解释》第 11 条第 1 款第 1 项、第 2 项和第 4 项规定的独立保函权利义务终止的情形。

综上所述，实务中对保函解除与终止的认定边界并不明晰，但可以确定的是，由于申请人不是保函当事人，无权解除保函；而考虑到独立保函的独立性，申请人更不能根据基础合同的瑕疵主张解除保函。

二、基础合同权利义务的转让是否导致独立保函的转让

对于一般的担保合同，依照《合同法》及《担保法》规定，合同权利转移的，与该合同有关的从权利一并转移，而担保合同作为从合同，因其从属性，在无

1　参见最高人民法院（2019）最高法民申 396 号民事裁定书。
2　参见湖南省衡阳市雁峰区人民法院（2018）湘 0406 民初 1152 号民事判决书。
3　参见广东省广州市中级人民法院（2019）粤 01 民终 20865 号民事判决书。

其他约定下，应当随主合同一并转移。因此，从合同不能独立于主合同而存在，债权人、债务人与担保人三方关系密切，难以分离，债权人对担保合同的影响程度也很大。而对于独立保函，独立性决定其不受基础合同的影响，担保人和受益人是独立保函的当事人，除非在欺诈的情况下，申请人及任何第三方都难以影响独立保函的履行。依照《独立保函司法解释》第10条的规定，“独立保函未同时载明可转让和据以确定新受益人的单据，开立人主张受益人付款请求权的转让对其不发生效力的，人民法院应予支持。独立保函对受益人付款请求权的转让有特别约定的，从其约定。”由此可见，独立保函在明确载有可转让和据以确定新受益人的单据时，转让才对担保人产生法律效力。

在案例10–28中，独立保函的转让能否参照普通担保合同的转让进行认定，是该案的焦点。

首先需要说明一点，该案极具特殊性，因为发包人危地马拉JEG公司在与承包人河南中机公司及分包人四川华西公司签订的三方《分包商承诺协议》中约定了极为强势的介入权，即如果河南中机公司违约，则危地马拉JEG公司有权介入河南中机公司与四川华西公司之间的《锅炉供货和服务合同》，取代河南中机公司成为该合同新的承包人，即产生基础合同权利义务的转让。《分包商承诺协议》中约定危地马拉JEG公司行使介入权的方式是单方向四川华西公司发出通知，而没有更加明确的约定，比如通知的格式、内容，是否应当取得河南中机公司的认可等，四川华西公司也无权审查危地马拉JEG公司的介入权是否正当。此外，从《分包商承诺协议》的约定来看，河南中机公司对于危地马拉JEG公司通过书面通知的方式行使介入权并无抗辩权，一旦危地马拉JEG公司行使了介入权，河南中机公司的权利即被危地马拉JEG公司取代。这一点也是二审法院判定河南中机公司败诉的关键点之一。

一审法院认为该案争议的《履约保函》是一种合同，是建设银行自贡分行应四川华西公司请求为担保《锅炉供货和服务合同》的按约履行而出具，系《锅炉供货和服务合同》的从合同。根据《合同法》及《担保法》的相关规定，从合同跟随主合同的转移而一并转移。因此，一审法院认为，在危地马拉JEG公司行使介入权之后，《履约保函》的基础合同《锅炉供货和服务合同》中承包人的权利义务由河南中机公司转让给危地马拉 JEG 公司，《履约保函》中受益人享有的权利也由此转让给危地马拉 JEG 公司。担保债权依法律规定转移后，河南中机公司向建设银行自贡分行发出索赔通知时已不是主合同的权利主体，也不应是从合同《履约保函》的权利人，无权要求建设银行自贡分行履行保证责任。一审法院以《合同法》《担保法》的规定将独立保函认定为普通的保证合同，明显适用法律错误，但考虑到一审判决作出时间是 2016 年 6 月 2 日，在《独立保函司法解释》通过日期（2016 年 7 月 11 日）之前，难免对《履约保函》存在定性不当的情况。

二审法院对适用法律进行了调整，认可了独立保函的独立性，即受益人无需证明债务人在基础交易中的违约事实，担保人不享有传统保证所具有的主债务人抗辩权以及先诉抗辩权，独立保函独立于基础交易关系和开立申请关系。但是对于转让的问题，或许因为河南中机公司提出依据《独立保函司法解释》第 12 条，欺诈是中止付款的唯一例外，使二审法院没有直接审理基础合同的转让是否导致独立保函转让的问题，重点从欺诈的角度认定案涉保函是否应当止付。二审法院认为，河南中机公司作为三方签订的《分包商承诺协议》的当事人之一，应当明知《分包商承诺协议》明确约定了发包人行使介入权的情形及后果，而河南中机公司仍主张四川华西公司直接向危地马拉 JEG 公司履行《锅炉供货和服务合同》义务的行为构成违约，该主张明显与其认可的《分包商承诺协议》的约定相矛盾，有违诚信原则。故河南中机公司据此提出的独立保函索赔请求，属于滥用权利，依照《独立保函司法解释》第 12 条第 5 款的规定，构成独立保函欺诈。

表面上，二审法院没有分析独立保函转让的问题，但通过其上述分析过程可知，其实际上已经认定案涉基础合同的转让导致独立保函的受益人（河南中机公司）的请求权丧失了存在的依据。《独立保函司法解释》第 12 条第 5 款其实是一个兜底性条款，没有实质性规定。所谓“河南中机公司明知《锅炉供货和服务合同》项下的权利已经由危地马拉 JEG 公司实际行使，四川华西公司已经实际向危地马拉 JEG 公司履行义务，向建设银行自贡分行提出独立保函索赔请求的行为有违诚实信用原则”的分析，实际上还是认定独立保函随着基础合同中权利行使方的代位而受到影响，这也直接导致河南中机公司丧失了独立保函项下的付款请求权。

对于二审法院的这种推理，笔者持保留态度。笔者认为，这种认定违背了独立保函的目的、性质和实践。担保人只对受益人提交的书面文件是否表面相符进行审查，也只对独立保函上载明的某个受益人负责，而不是对受益人这个身份负责。这体现了合同的相对性，也体现了独立保函的独立性，正是因为这样的审查程度，才能提高交易的效率，实现独立保函的目的之一。如果独立保函的申请人认为保函受益人的付款请求权根据基础合同而丧失，则可以通过另行诉讼的方式向行权后的保函受益人追索，而不能直接因为基础合同项下的权利义务变化情况而起诉独立保函的担保人。《独立保函司法解释》第 12 条第 5 款中“其他情形”兜底性条款不应轻易被使用，否则，必然损害独立保函的效率性及独立性，使得独立保函受益人缺乏安全感，影响市场交易行为的效率和安全。

另外一个值得探讨但未在二审判决中明确阐述的问题是基础合同中受益人权利主体的变更能否导致独立保函受益人的转变。二审法院对于基础合同中危地马拉 JEC 公司取代了河南中机公司的权利进行了确认，但对于《履约保函》的受益人是否因此发生变动并未认定，或许是因为危地马拉 JEC 公司并非该案的诉讼主体。

《独立保函司法解释》第 10 条规定，“独立保函未同时载明可转让和据以确定新受益人的单据，开立人主张受益人付款请求权的转让对其不发生效力的，人民法院应予支持。独立保函对受益人付款请求权的转让有特别约定的，从其约定”，从此规定来看，除非有特别约定，否则并不因为基础合同权利人的变更而自动导致原保函权利人的变更，这也正体现了独立保函的独立性。因此，如果危地马拉 JEG 公司主张替代行使河南中机公司在《履约保函》项下的权利，则很可能得不到支持。

三、独立保函的继承是否属于转让

独立保函的继承仅发生在保函的受益人为自然人的情况下，但受益人为自然人的情况比较少见。在案例 10–29 中，担保人建设银行佛山分行开立的就是一个少见的受益人为自然人的独立保函。该案与独立保函相关的焦点问题有两点：一是受益人的继承人莫某伟、莫某耀是否有权向担保人建设银行佛山分行主张保函项下的权利；二是建设银行佛山分行出具的《履约保函》是否为独立保函。

由于案涉保函的表述符合《独立保函司法解释》第 1 条对于独立保函的定义，可以确定其性质为独立保函，在此不做赘述。关于受益人的继承人是否有权向担保人主张保函项下的权利，建设银行佛山分行的抗辩是，案涉保函已明确载明“本保函项下的权利不得转让”，此处所指的转让既包括权利的流转也包括继承等情形，所以履约保函的权利行使人只能是受益人莫某章本人，履约保函权利的任何形式的流转都将导致履约保函的失效。

这里就引发出一个问题：继承是否属于《独立保函司法解释》第 10 条中规定的“转让”。需要补充一项事实，在与该案有关的另一起诉讼中，审理法院通过《民事调解书》确认了莫某伟、莫某耀依法共同继承了莫某章在该案《拆迁协议》中的所有合同权益（包括财产性权利和所有合同权利义务）。因此，案例 10–29 中的审理法院认为，《履约保函》属于上述《拆迁协议》的合同权益，莫某伟、莫某耀因继承继受了该合同权益，故其有权向建设银行佛山分行主张权利。

该案审理法院没有就“继承”是否属于“转让”，即受益人在独立保函项下的权利是否可以继承作出明确认定。从法院的审理思路来看，其将案涉保函视为《拆迁协议》合同权益的一部分，实际上是认为案涉保函具有“从属性”，这与其关于案涉保函的独立性认定是相冲突的，笔者认为，审理法院的逻辑推理值得商榷。

再回到继承是否属于《独立保函司法解释》第 10 条中规定的“转让”这一问题。转让是一种法律行为，其产生法律关系改变的法律效果，属于《民法总则》第 133 条规定的设立、变更、终止三种法律行为中的“变更”。法律行为的特点在于其基于当事人的意思表示而产生。而继承是由死亡产生的一种法律效果，死亡是一种法律事实。法律事实就是法律规定的，能够引起法律关系产生、变更和消灭的现象也可以说是直接原因。如结婚产生夫妻间权利和义务关系，结婚即为法律事实；死亡引起婚姻法律关系的消亡、继承法律关系的产生，死亡即为法律事实。自然人死亡后引起继承法律关系当然地发生，并不受当事人意思表示的影响。换言之，受益人死亡后，其继承人当然地继承其遗产，由于保函付款请求权是一种预期利益，也是一种合法的遗产，所以案例 10–29 中的莫某伟、莫某耀可以继承，并向建设银行佛山分行主张。

从另一个角度分析，建设银行佛山分行在为佛山联诚公司开立保函时，要求后者支付了申请费用。如果如建设银行佛山分行所主张，继承是一种“转让”，由于案涉保函载明了不可转让，因而莫某伟、莫某耀不能向其主张付款请求权，那么案涉保函是否因为受益人死亡而自然终止？受益人死亡是一种法律事实，保函终止和继承的发生均是其当然导致的法律效果，为何前一种法律效果被认可，而后一种不被认可？建设银行佛山分行收取了佛山联诚公司的申请费用，却因受益人死亡而导致保函不能履行，建设银行佛山分行收取的申请费用是否应该归还？不归还的话是否构成不当得利？此外，独立保函中通常会载明“担保人及其继承人、受让人不可撤销地担保，在本保函有效期内受益人提出书面索赔通知时，担保人保证……”如果担保人可以有继承人，那受益人为何不可呢？由此一系列问题可以看出，将继承认定为“转让”，从而否定继承人可以行使保函付款请求权的主张，会导致诸多悖论。

其实，自然人死亡与法人的“死亡”——破产具有相似之处。在企业破产的情形中，由破产管理人对破产企业的资产进行评估、保管和处理。破产管理人既不是破产企业的代理人，也不是破产企业债权人或债务人的代理人，而是以其中立的身份对破产企业的资产进行管理。如果破产企业享有独立保函的预期付款请求权，破产管理人会将其备案，并在保函约定的付款条件达成时向担保人求偿。在英美法系国家以及法国、日本、德国等大陆法系国家中，存在遗产管理人的概念。不同于遗嘱执行人和遗产保管人，遗产管理人是指继承开始后遗产分割前，有关主体依据法律的规定或有权机关的指定，以维护遗产价值和遗产权利人合法利益为宗旨，对被继承人的遗产实施管理、清算的行为。[1]

1　参见李子瑾、张志媛、任丁：《遗产管理人制度研究》，载《法制与社会》2013 年第 36 期。

该概念与破产管理人非常类似，其存在填补了被继承人死亡至遗产分割这段时间内遗产权属的“真空”状态，避免遗产债权人、遗产取得人及继承人的权益受到侵害。由于我国尚未建立遗产管理人的制度，在被继承人死亡后，只有等待继承人自行发现继承开始，才能行使自己的相关权利。如果我国存在遗产管理人制度，由遗产管理人向担保人主张保函付款请求权，类似于案例 10–29 的纠纷将会减少很多。

此外，还有一种法人的“死亡”，即法人的合并或分立。法人合并的，其权利和义务由合并后的法人享有和承担；法人分立的，其权利和义务由分立后的法人享有连带债权，承担连带债务，但是债权人和债务人另有约定的除外。笔者认为，法人的合并和分立并不属于上述法律事实导致的法律后果，而是各并购方通过合意，由法律行为产生的，因此不能如同自然人死亡和法人破产一般，产生受益人付款请求权继承的效果。

四、独立保函的终止问题

（一）独立保函终止的原因及后果

根据《独立保函司法解释》第 11 条的规定，在四种情况下（该条第 1 款第 5 项是兜底性条款）当事人可以主张独立保函权利义务的终止，这四种情况为：（1）独立保函载明的到期日或到期事件届至，受益人未提交符合独立保函要求的单据；（2）独立保函项下的应付款项已经全部支付；（3）独立保函的金额已减额至零；（4）担保人收到受益人出具的免除独立保函项下付款义务的文件。通过案例检索，笔者共检索到 11 起援引该条款的案例，其中，第 1 项相关的案例有 6 起，第 2 项有 1 起，第 3 项、第 4 项各有 2 起。法院的裁判思路均为首先认定案涉保函是否属于独立保函，然后依据当事人的主张，对照第 11 条各款项分析是否构成终止的情形。

独立保函项下的权利义务终止后，担保人的担保责任消灭；而根据第 11 条第 2 款的规定，受益人的付款请求权也消灭，因为“受益人以其持有独立保函文本为由主张享有付款请求权的，人民法院不予支持”。在案例 10–30 中，申请人四川东风公司申请破产，担保人中国银行乐山分行欲以其开立的独立保函申报债权，主张依据案涉保函载明的内容及金融机构办理保函业务的基本规则，在收到保函受益人的书面索赔声明及保函正本原件后，无论保函是否约定到期日，中国银行乐山分行均应无条件支付保函载明的应向受益人支付的金额。而根据案涉23份保函的内容显示，并没有“无论保函是否约定到期日，中国银行乐山分行均应无条件支付保函载明的应向受益人支付的金额”这样的约定。银行的这种主张可能是出于风险合规的考虑，而案涉保函均在该案立案之日前到期，银行完全可以保函到期、权利义务终止为由拒绝赔付受益人，并无承担担保责任之虞。该案法院判决也体现了这一点，认定案涉保函均已到期，保函项下权利义务终止，中国银行乐山分行的担保责任已解除；即使受益人持有已到期且权利义务已终止的保函请求付款也得不到法院的支持。

（二）独立保函中关于终止的文义表述

由于《独立保函司法解释》第11条规定了四种情形，笔者在此分别举例说明。

1. 独立保函载明的到期日或到期事件届至，受益人未提交符合独立保函要求的单据

即案例10-30中争议的情形。在该案中，案涉保函对于期限的表述分为三种，第一种是在担保人收到受益人提交的相关书面文件后支付款项，款项支付后，保函终止；同时约定保函最迟不晚于某个日期失效。第二种是合同项下的义务和责任得到充分履行且被受益人彻底解除义务后失效，同时约定保函最迟不晚于某个日期失效。第三种没有约定保函期限；同时由于申请人向担保人提交了履约保证金，因此约定“履约保证金在合同条款规定的质量保证期满后不迟于30天内退还；但如果此时存在合同争端并且未能解决，那么履约保证金的有效期应延长到上述争端最终解决且理赔完毕后”。第三种没有约定保函期限的情形对于担保人和申请人来说明显风险最大。若考虑到担保人的责任有申请人提交的履约保证金作为反担保，风险较小，那么在该保函中，风险最大的就是申请人。因为根据该保函对于履约保证金的相关约定，合同争端的解决

没有一个固定的或者可以预测的期限，而且会导致当事人主张基础合同中的抗辩事由，从而导致申请人反担保责任的解除没有期限，履约保证金退回申请人的期限也难以保障。

在笔者检索到的其他案例中，相关保函也明确约定了“有效期至某年某月某日”，并且得到了法院的支持。由此可见，约定到期日是常见的符合第11条第1款第1项的情形。

2. 独立保函项下的应付款项已经全部支付

在特变电工衡阳变压器有限公司与浙江石油化工有限公司及第三人中国银行股份有限公司衡阳分行信用证欺诈纠纷案[1]中，特变电工衡阳变压器有限公司（以下简称特变电工）为保函申请人，浙江石油化工有限公司（以下简称浙石化公司）为受益人，中国银行股份有限公司衡阳分行（以下简称中国银行衡阳分行）为担保人，案涉保函为预付款保函，载明“卖方（申请人）需向贵方（受益人）提交一笔担保金额为CNY2000000.00即合同金额20%的预付款保函”。特变电工已向浙石化公司全额退还合同预付款200万元，案涉预付款保函项下应付款项已全部支付，因此向法院申请了止付令。浙石化公司以特变电工存在违约行为，而案涉保函是保证特变电工正确履行供货合同项下规定义务为由，主张其仍有权索赔保函项下款项以冲抵违约金和损害赔偿金。法院认为，浙石化公司混淆了预付款保函和履约保函的概念，错误地将案涉保函理解为履约保函。而根据案涉保函载明的内容，应当为预付款保函，由于特变电工已将合同预付款全额返还，案涉预付款保函的权利义务已经终止，保函项下已无可付金额，案涉保函的保证责任解除，浙石化公司无权继续向中国银行衡阳分行索赔。关于违约争议，浙石化公司可依据合同约定另行主张权利，不在该案中解决。

预付款保函因其担保内容的特点，保函项下的应付款项是否已经全部支付通过转账凭证等就可以判断，争议较小。而对于其他几种保函，尤其是通常使用在建设工程合同中的履约保函，因其担保的是履约行为，而履约行为不一定是支付款项，因此很难适用于该情形。对于申请人来说，如果出现了《独立

1 参见湖南省衡阳市雁峰区人民法院（2018）湘0406民初1152号民事判决书。

保函司法解释》第 11 条第 1 款第 2 项规定的情形，应当及时向法院申请止付，以防受益人提前向担保人申请偿付，造成损失。

3. 独立保函的金额已减额至零

在本书案例 3–2 中，江苏熔盛公司为申请人，上海北海公司为受益人，光大银行南京分行为担保人。案涉保函为预付款保函，担保范围为上海北海公司已支付给江苏熔盛公司的造船预付款范围，载明“本保函将一直有效直至船舶交付给贵公司并被接受，或者直至熔盛公司或我行已向贵公司全额退款，或者直至 2014 年 5 月 28 日（造船合同规定的弃船期加 30 天）止，上述情形中取其发生在前者作为终止日期”。其中，“直至熔盛公司或我行已向贵公司全额退款”即为对独立保函的金额已减额至零的情形的约定，在此情况下，保函项下的权利义务已经履行完毕，独立保函自然终止。

4. 担保人收到受益人出具的免除独立保函项下付款义务的文件

在鄂尔多斯市上海庙鹰骏环保科技有限公司与长沙农村商业银行股份有限公司金霞支行合同纠纷案[1]中，投标人为申请人，招标人为受益人，银行为担保人。案涉保函为投标保函，投标人以保函的方式向招标人缴纳投标保证金。因投标人的投标保函和其他投标文件封存在同一个信封内，招标代理机构误将投标保函退还。法院认为，该行为不构成免除投标人及担保人关于投标保证金的责任，因为独立保函项下付款义务的免除应以明示的意思表示作出。《独立保函司法解释》第 11 条第 1 款第 4 项中的“出具”二字表明受益人免除独立保函项下付款义务应该以书面的、明示的意思表示作出，而该案中仅为投标保函原件的退回，缺失招标人（受益人）明确免除投标人及担保人的付款责任。

而在广州天俞电梯有限公司、中远海运（广州）有限公司合同纠纷案[2]中，案涉保函载明“本保函自签发日起开始生效，有效期为签发之日起直到全部电梯验收合格且全部电梯实物移交甲方后失效，但最迟不超过 2018 年 12 月 31 日止。届时，保函自动失效，我行将不再承担任何的责任和义务。贵方提前退回保函原件的，视为贵方同意提前终止或解除保函，保函亦同时失效”。该保

1　内蒙古自治区鄂尔多斯市鄂托克前旗人民法院（2019）内 0623 民初 249 号民事判决书。
2　广东省广州市中级人民法院（2019）粤 01 民终 20865 号民事判决书。

函设置了三个保函终止的情形：第一，基础合同项下义务履行完毕；第二，保函到期；第三，受益人退回保函原件。第三种为《独立保函司法解释》第11条第1款第4项规定的情形。

由此可见，在司法实践中，《独立保函司法解释》第11条第1款第4项规定的情形可以两种方式体现：一是保函中载明受益人免除独立保函项下付款义务的方式，比如广州天俞电梯有限公司、中远海运（广州）有限公司合同纠纷中约定的“受益人退回保函原件”；二是受益人单独出具明确的书面文件，表示其愿意免除独立保函项下付款义务。

五、破产程序中独立保函担保人的债权申报

在申请人被裁定破产，进入破产程序后，担保人追偿权的保护主要是通过申报债权的方式。鉴于在通常情况下担保人就是保函开立银行，所以此问题其实是银行类债权在破产程序中的申报。

银行破产债权是指银行在债务人破产程序开始前成立，基于借贷合同（广义）产生，通过破产程序受偿的财产请求权。银行破产债权有如下特点：（1）是一种财产请求权，直接以金钱为给付内容；（2）必须在破产宣告前成立，但不强调借贷合同在破产宣告之前具备一切要件，因而未到期的债权与保证担保之债权等，均属于银行破产债权；（3）该债权不是优先受偿权，银行有担保物的债权不属于破产债权，因为这种债权享有针对债务人特定物品的优先受偿权，可以不受破产程序限制优先受偿。[1] 可申报的银行债权包括但不限于综合授信合同、流动资金借款合同、支付票据、保函申请合同、信用证申请合同、保证合同、法院文书等。其中，保函申请合同需要明确受益人身份、金额、期限、利率等。[2] 此外，《担保法》第32条规定：“人民法院受理债务人破产案件后，债权人未申报债权的，保证人可以参加破产财产分配，预先行使追偿权。”独立保函是一种保证担保，受益人为该条款中规定的债权人，银行

1　参见刘明尧：《银行破产债权研究》，载《湖北农村金融研究》2005年第8期。

2　参见《破产程序中银行类债权》，载微信公众号“上海不良资产”，2017年12月7日推送。

作为独立保函的保证人，在受益人未申报债权的情况下，可以申报债权。由此可见，独立保函项下的担保人追偿权是可以作为破产债权进行申报的。

（一）已到期的独立保函

在案例10–30中，中国银行乐山分行为四川东风公司开立的23份保函均已到期，已经不符合前述银行破产债权的第二个特点，即破产债权应当尚未到期。对于独立保函，如果保函有效期已届满，根据《独立保函司法解释》第11条，保函已经终止，则担保人无需再承担保证责任。这也是四川东风公司管理人不予确认中山银行乐山分行债权申报的理由。

中国银行乐山分行，认为根据案涉保函载明的内容及金融机构办理保函业务的基本规则，其在收到保函受益人的书面索赔声明及保函正本原件后，无论保函是否约定到期日，均应无条件支付保函载明的应向受益人支付的金额。但事实是，中国银行乐山分行开立的22份保函均有类似“本保函自开立之日起生效，并于合同项下的义务和责任得到充分履行且被受益人彻底解除义务后失效，但最迟不晚于某年某月某日止失效”的表述，即明确载明有效期，并且声明在有效期届满后其不再承担保证责任；第23份保函被受益人书面通知解除，并声明中国银行乐山分行不再承担保函项下的责任。中国银行乐山分行主张“金融机构办理保函业务的基本规则”，却没有提供证据，可能是银行办理保函业务的不成文管理，也可能是出于风控的考虑，即如果将来受益人在保函有效期届满后要求其赔付，其将可能面临纠纷。

笔者认为，该案中中国银行乐山分行不会承担因受益人在有效期届满后索赔而产生的法律责任。参考该案法院的裁判观点，首先，案涉23份保函中，22份均已到期，受益人均未在到期日届满前提交符合独立保函要求的单据，根据《独立保函司法解释》第11条第1款第1项的规定，保函权利义务终止。其次，中国银行乐山分行业尚未向受益人实际承担保函责任，因此也没有产生损失。最后，即便受益人持有已到期且权利义务已终止的保函请求主张付款请求也得不到法院的支持，因此，中国银行乐山分行对上述22份到期且受益人未提交符合付款要求的保函不承担付款责任，其关于将来付款请求权的主张无事实和法律依据。审理法院的裁判理由中，最重要的是最后一点：“即便受益人持有已到期且权利义务已终止的保函请求主张付款请求也得不到人民法院的支持”，该观点明确地表示在这种情况下，担保人不会就该债务承担法律责任，借此可以消除银行的顾虑。

（二）已解除的独立保函

案例 10–30 中，对于向受益人川渝物配中心开立的履约保函，受益人已书面解除中国银行乐山分行在该保函项下的担保责任，属于《独立保函司法解释》第 11 条第 1 款第 4 项的情形。审理法院认为，中国银行乐山分行对此保函已不承担付款责任，也不存在将来付款请求权的问题。

（三）独立保函相关的质押担保金

案例 10–30 中，申请人四川东风公司为申请案涉 23 份保函向中国银行乐山分行缴纳了质押担保金，中国银行乐山分行针对该质保金主张优先受偿全。该笔担保金的性质是反担保，即“担保的担保”。审理法院认为，该质保金所担保的 23 份保函的权利义务已终止，即主债务已消灭，属于《物权法》第 177 条第 1 项规定的“主债权消灭”情形，中国银行乐山分行对该案所涉 23 份保函质保金的担保物权消灭，因此不享有优先受偿权。

综上所述，在尚有承担保函支付、赔付责任可能性的情形下，即便担保人尚未承担赔付责任，仍可以针对独立保函项下的追偿权申报破产债权，要求进入破产程序的保函申请人、反担保人承担偿付责任。如果担保人已经承担了赔付责任，则更可以申报债权。但前提是保函项下的权利义务未发生《独立保函司法解释》第 11 条规定的终止情形。

六、不可抗力对独立保函效力的影响

“不可抗力是指合同订立时不能预见、不能避免并不能克服的客观情况。”[1]其包含的范围也比较广，通常不可抗力事故包含以下两种情况：一种是由于自然原因引起的事件，比如水灾、旱灾、冰灾、雪灾、雷电、火灾、暴风雨、地震、海啸等；另一种是社会原因造成的，比如战争、政府禁令、罢工、暴动、骚乱、政变、起义、革命等。[2]不可抗力事件可能会导致合同不能履行，从而引起合同当事人之间的纠纷。我国《民法总则》对不可抗力的定义及其后果进行了明确的规定，“因不可抗力不能履行民事义务的，不承担民事责任”，或者导致诉讼时效中止。

在独立保函的法律关系中，受益人的权利是在申请人违约时要求担保人承担担保责任，其义务是按时向担保人提供符合保函载明条件的索赔文件（交单）；相对应地，担保人的义务是向受益人赔偿，权利是要求受益人在保函载明的有效期内交单，并且审核索赔文件是否符合保函载明的条件。所以如果发生不可抗力事件，将会影响受益人能否成功索赔。此外，申请人违约后，受益人需要向担保人交单，担保人受理后需要对受益人提交的索赔文件进行审核，再决定是否偿付（见图 10-9），每个环节均需要耗费一定的时间，因此不可抗力事件发生的时间节点，影响着受益人和担保人的权利义务，也影响着保函的效力。具体而言，不可抗力事件能够产生影响的是“交单—受理”以及“受理—偿付”两个时间段，从而导致保函到期而受益人不能得到偿付，因此产生受益人与担保人之间的法律纠纷。URDG758 对此进行了明确规定。

违约事件发生 ⇨ 交单（受益人）⇨ 受理（担保人）⇨ 审核（担保人）⇨ 偿付（担保人）

图 10-9　独立保函索赔流程

URDG758 在第 26 条规定不可抗力指的是天灾、暴动、骚动、叛乱、战争、恐怖主义行为或者其他担保人或反担保人不能控制的原因而导致的其营业中断，无法继续其在本惯例规定的行为。

1　《民法总则》第 180 条规定：“因不可抗力不能履行民事义务的，不承担民事责任。法律另有规定的，依照其规定。不可抗力是指不能预见、不能避免且不能克服的客观情况。”

2　参见王腾：《解惑：不可抗力对信用证业务的影响》，载《中国外汇管理》2005 年第 3 期。

同时，URDG758 对不可抗力的后果进行了详细规定，见表 10–1。

表 10–1 URDG758 关于不可抗力后果的规定

第一阶段	第二阶段	第三阶段	第四阶段
如果保函项下的交单或付款无法履行，导致保函可能失效[1]	保函从原到期日起，延长 30 天，而且，担保人应尽可能快地将不可抗力及延期的情况通知指示人或者反担保人（如果是有反担保函的话），反担保人则应该相应地通知指示人	受益人已经完成交单，但是担保人尚未审核	担保人审单时间的计算将暂停，直到担保人恢复营业
		受益人在不可抗力发生前已合格交单，担保人由于不可抗力的原因尚未偿付	不可抗力停止后，即便保函过期，担保人也应该偿付；即使反担保函已过期，担保人有权从不可抗力停止后 30 天内提交反担保函项下的索偿
注：担保人和反担保人对不可抗力不承担其他另外的责任			

由此可见，如果不可抗力事件发生在受益人交单之前，即不可抗力事件导致受益人无法在保函有效期内交单，该后果由受益人自己承担，保函到期后自动解除，担保人不承担保函项下的担保义务；当且仅当不可抗力事件发生在“交单—受理”以及“受理—偿付”两个时间段，才可能导致保函延期。相对于其他关于金融信用工具的国际惯例（如 UCP600 及 ISP98），URDG758 对担保人承担的后果规定得更为详细。UCP600 主要适用于商业信用证，也可适用于备用信用证；ISP98 专门适用于备用信用证。UCP600 在第 36 条规定银行对不可抗力事件导致的营业中断的后果，概不负责；银行恢复营业后，对于在营业中断期间已逾期的信用证，不再进行承付或议付。ISP98 没有关于不可抗力的规定，但是在第 3.14 条规定，如果交单的最后营业日，备用信用证规定的交单地点因任何原因关门并导致受益人无法交单时，除备用信用证另有规定，最后的交单日可以自动延长到交单地点开门营业后的第 30 日。而 URDG758 明确表示担保人在不可抗力结束后，即使保函已过期，仍然必须对在不可抗力发生前的合格交单进行偿付。这是一种相对合理平衡的规则，避免受益人的利益因为担保人所在地发生不可抗力而变成一张废纸。

1 反担保函的规定相同，此处不再重复。——笔者注不可抗力对独立保函的影响后果主要分为两种：一是独立保函解除，二是独立保函延期履行。不可抗力导致的独立保函解除在URDG758第26条中有规定，并区分了多种情况，这种做法主要出于对受益人的保护，同时也给担保人、申请人带来了难以控制的风险，因此担保人要注意这一规定，可以在独立保函中约定排除适用此条。独立保函的延期履行分为URDG758第26条中规定的担保人的延期审核和偿付，以及申请人或受益人要求延期履行两种情形。前者在前文中已经详细分析，此处不再赘述。后者其实是对独立保函的修改，根据URDG758第11条，修改的指示由申请人发出，担保人接受，但是必须经过受益人的同意。但在国际货物买卖中，实际发出修改指示的主体可能会根据不可抗力事件发生的时间节点而不同。如果不可抗力事件发生在货物装船前且在保函的有效期之内，导致货物迟迟不能发出，此时风险由受益人承担，受益人更有独立保函延期的需求；如果不可抗力事件发生在卸货之后但仍在有效期内，申请人当地的不可抗力事件导致申请人无法收货，由于风险已经转移至申请人，该不可抗力事由不影响受益人索赔，因此申请人更有独立保函延期的意愿。货物装船后、卸货前的风险通常由保险覆盖，在此不做分析。但无论如何，虽然受益人和申请人可以自由合意修改独立保函，甚至重新开立，却并不意味着独立保函的独立性受到挑战，任何一方不能以基础合同的履行不能向担保人要求保函延期。

第三节 | 法律风险提示

一、在无法解除保函的情况下，保函申请人对保函履行的抗辩

如前所述，由于合同相对性及独立保函从属性，保函申请人不能解除保函。在这种情况下，只有存在独立保函欺诈时，即《独立保函司法解释》第12条规定的情形，申请人可以向法院申请禁止银行支付保函项下款项。具体可参见本书第五章对独立保函欺诈纠纷的分析。

二、受益人应当关注基础合同转让可能对独立保函产生的影响

依据《独立保函司法解释》第10条的规定，建议受益人关注独立保函中是否对付款请求权的转让有特别约定。不过考虑到银行保函多为格式合同，此种条款出现的概率较小，更应当注意的是基础合同中对于权利转让条款的设计。比如案例10–28中，发包人危地马拉JEG公司规定了所谓的介入权，也就是基础合同权利转

让的条件及后果，对危地马拉JEG公司如何行使介入权却约定得十分简单，向分包人四川华西公司发出书面通知即可，这其实架空了承包人河南中机公司的抗辩权。如果可能，河南中机公司可以尽量争取约定合同的转让应当由其与危地马拉JEG公司达成合意，或者危地马拉JEG公司应当向四川华西公司和河南中机公司两方发出介入的书面通知，这样将会掌握更多的主动权，从而避免危地马拉JEG公司通过一纸文书即能将河南中机公司替代的可能性。

另一点应当注意的是，受益人在独立保函付款请求权条件达成时，应当及时行权，要求担保人赔款，而不是像案例10–28中给予保函申请人向法院申请止付的机会，错失良机。如果发现独立保函的申请人四川华西公司存在违约风险时，河南中机公司能及时向银行通过发出付款通知，则虽然仍有可能被独立保函的申请人抗辩止付，但至少不至于等到关于基础合同权利义务的仲裁案件尘埃落定之后，被法院认定为受益人是明知其没有付款请求权的情况下滥用权利的欺诈情形。

假设河南中机公司在关于基础合同的争议提交第三方仲裁之前就行使权利，案件的结果可能会有区别。法院可能不至于轻易引用欺诈情形的兜底条款。当然，如果是独立保函的受益人过早行权而最后被法院或仲裁机构认定是在行权不成就的条件下错误行权，可能要承担赔偿损失的责任。这是预先评估风险的问题，需要结合具体情况进行个案分析。

最后需要提示的一点是保函内容的设定，对于保函的受益人而言，尽量在独立保函中明确表示受益人行权的条件仅仅是向保函担保人发出付款通知等能够由保函受益人单方控制的文件，而保函的受益人一旦提交了申请文书，保函的担保人即需要付款，不管保函的申请人是否反对。这样的约定会增加保函的担保人履行支付义务的责任，更加强调独立保函的独立性，不至于因为基础合同项下的争议而被法院认定为独立保函受益人滥用付款请求权的其他情形。可能的情况下，下面的示例独立保函内容对于独立保函受益人行权而言是有利的：【担保人】接受【申请人】的请求，愿出具担保金额为【额度】元的担保作为预付款保函。在本保函有效期内，只要【受益人】确认【申请人】违反合同规定，【担保人】保证在收到【受益人】签署的声明【申请人】违约的书面索赔通知纸质原件及本保函正本原件，就不可抗辩地向【受益人】支付累计总额不超过上述担保金额的款项。[1]

三、明确独立保函的有效期

在上述案例 10–30 中，其中一份独立保函关于有效期的表述为“本保函自开立之日起生效。履约保证金在合同条款规定的质量保证期满后不迟于 30 天内退还；但如果此时存在合同争端并且未能解决，那么履约保证金的有效期应延长到上述争端最终解决且理赔完毕后”，这对于独立保函申请人而言风险较大，因为基础合同的争端持续的时间并不确定，而需要等到“争端最终解决且理赔完毕后”保函的效力才终止，使独立保函申请人持续地面临保函担保人向保函受益人付款的可能性。但就另一方面而言，这种不确定的保函有效期却能够为保函受益人提供尽可能长期的保护。

相反，如果是独立保函中约定了特定的有效日期，在独立保函即将到期而保函受益人不确定是否有行权必要的情况下，可能导致因为时间的延误而无法享受独立保函受益人的权益，则需要通过诉讼等方式向独立保函的申请人主张权利。在此情况下，独立保函受益人需要做出选择：一种选择是保函受益人先行权，日后可能因被认定为属于错误的行权而返还保函项下的利益并额外支付利息或违约金等；另一种选择是放弃行权等保函自动失效，待将来如果发现保函的申请人存在违约等行为再通过诉讼等方式向保函申请人索赔。对于第一种选择，决定因素是错误行权可能性大小的评估，以及将来因被认定为错误行权而需要支付的违约金额度的评估；对于第二种选择则要分析保函申请人的资金实力及公司声誉等，如果保函申请人的资金实力较弱，则保函受益人先行权从保函担保人取得利益，对于保函受益人来说是更好的风控手段。

当然，从保函申请人的角度而言，则应尽可能与保函的受益人约定因保函受益人在行权条件不成就的情况下过早行权或错误行权而需要承担保函申请人的损失（例如，以违约金的方式进行约定）。这种约定一方面可以防止保函

1　鱼尾括号内为独立保函当事人在实践中应当填入的内容。

的受益人任意行权，另一方面也可以在保函受益人出现任意行权的情况后有效维护保函申请人的权利。由于保函申请人并非独立保函的一方当事人，前述的约定不必出现在独立保函中，而应通过在基础合同中增加一个条款的方式进行约定。

四、通过不同手段降低不可抗力对保函效力的不利影响

对于担保人而言，不可抗力事件导致受益人无法按时索赔，保函到期失效，担保人在保函项下的担保责任解除，是有益于担保人的。但URDG758第26条为平衡担保人与受益人之间的权益而规定的几种延期情形，对担保人来说较为不利。由于URDG758这种国际惯例是选择适用的，因此担保人可以在独立保函中排除适用第26条："本保函不受URDG758第26条的制约，如果担保人因为不可抗力的原因停业导致保函过期，担保人概不负责。担保人恢复营业时，对于在营业中断期间已逾期的保函，不再进行偿付。"如果担保人比较强势，甚至可以直接排除适用URDG758。但URDG758在国际商事活动中适用较为广泛，担保人还是需要根据具体情况进行抉择。

对于受益人而言，URDG758第26条的延期规定对其有利，自然是选择适用为佳。在不可抗力事件发生在违约事由产生前时，受益人可与申请人协商，申请修改独立保函的有效期。此外，对于国际货物买卖中的不同情形，其应对措施还应当具体分析。其一，如果发生在货物装船前且在保函的有效期内，受益人可以要求申请人修改保函，延长有效期。如果不能预见不可抗力事件结束的时间，干脆解除基础合同，等待不可抗力事件结束后再进行交易。受益人最好不要贸然发货。其二，如果不可抗力事件发生在装船之后的海运途中，应该由保险公司负责。保险具体的涵盖时间范围（比如，卸货后是否在保险期内）应当根据险种确定。其三，如果发生在卸货之后但仍在有效期之内，因为申请人当地的不可抗力事件导致申请人无法收货（比如，因突发疫情，受益人所在地海关封关或海关加大审查力度导致通关时间延长），由于风险已经转移至申

请人，该不可抗力事由不影响受益人索赔。但如果影响的时间较短，申请人可以与受益人商量修改保函条款，延长期限。

独立保函的解除、转让和终止是独立保函生命的最后一个章节。通过本章节的几个案例可以看出，独立保函中的解除和终止的概念经常被混淆使用，难以辨别。保函的解除对于担保人来说是个伪命题，除非保函有特别约定，否则不仅申请人不享有保函解除权，担保人也很难行使。但如果终止的情形发生，则可以认为保函达到解除的实际效果。关于保函的转让，除非保函中有特别的约定，否则独立保函不因为基础合同权利义务的转让而发生转让，这也是独立保函独立性的体现。关于保函的终止，需要与《独立保函司法解释》的担保人不再承担支付义务的几种情形相对应，例如保函已经到期而保函受益人未行使权利，或者担保人已经向受益人全部支付保函项下的额度，这些属于法定终止的事由。另外，司法解释中关于欺诈的几种类型的规定也可能导致保函的受益人被拒绝行使权利，这也是可能导致保函终止的情况。关于不可抗力对保函的影响，虽然不可抗力事件“不能预见”“不能避免”“不能克服”，申请人、受益人和担保人各方还是可以通过各种手段尽量降低不可抗力导致的不利后果。

附：

付款保函范例

（英文版）

Payment Guarantee Format

To: [Beneficiary's name and address]

Date:____________________

Payment Guarantee No.

Dear Sirs,

Whereas ________________ (hereinafter called the "Applicant") has entered into contract No. __________ dated [DD/MM/YY] with you (hereinafter called the "Contract"), pursuant to the contract conditions, a payment in the sum of __________ by [DD/MM/YY] is to be made against a payment guarantee.

At the request of the Applicant, _______________, we, ______ Bank/ company, hereby irrevocably undertake to pay you any sum or sums not exceeding in total an amount of ________________upon receipt by us of your demand for payment in writing. The demand for payment should be signed by your authorized staff. The demand for payment document includes the notice of claim and the following documents:

□ i) declaration of breach of contract(quotation of related terms in the Contract is required);

□ ii) third party documents;

□ iii) judicial decisions / arbitral awards;

□ iv) Other documents.

and your notice of claim indicating our guarantee No.__________stating:

i) that the Applicant is in breach of his obligation(s) under the Contract; and

ii) the respect in which the Applicant is in breach.

Special conditions:

☐ Partial drawing is allowed. ☐ Multiple drawings are allowed.

☐ All bank/company charges relating to this guarantee are for Applicant's account.

☐ All bank/company charges outside China are for account of the Beneficiary.

☐ This guarantee is non-transferable.

For the purpose of authentication, your written demand for payment must be presented to us through a bank/company confirming that the signature(s) thereon are legally binding upon you.

This guarantee shall be valid from [DD/MM/YY] and shall expire on [DD/MM/YY] at the latest, unless it can be extended to the required period with the written consent of the Beneficiary and us. Consequently, any demand for payment under it must be received by us at this office on or before that date. Otherwise, any obligations or liabilities there under shall be fully and automatically discharged or released regardless of original guarantee being retained or returned to us.

The Beneficiary is entitled to exempt us from all or part of liabilities under this guarantee by notifying us in writing or returning the original copy of this guarantee. We will pay______[amount of money] under this guarantee to the Applicant within 7 working days after receiving the original copy of this guarantee and acknowledging that both of the Beneficiary and the Applicant agree to terminate this guarantee.

If the Applicant can fulfill the above-mentioned obligations in the Contract as scheduled or ahead of time, both the Applicant and the Beneficiary are entitled to terminate the Payment Guarantee.

This guarantee is subject to □ URDG 458 □ URDG 758 □ ISP98.

This guarantee shall be settled by final and binding arbitration. The appointing authority shall be__________ [Arbitration Commission]. The place of arbitration shall be in __________. Any such arbitration shall be administered by __________in accordance with the arbitration rules of __________ in effect at the time of arbitration .The dispute shall be adjudicated by three (3) arbitrators, one of whom shall be appointed by Beneficiary and one of whom by our bank/company. The third arbitrator shall be appointed by both parties through negotiation, provided however that if the parties cannot decide upon the selection of the third arbitrator ,then the third arbitrator shall be appointed by__________ in accordance with the arbitration rules of __________. The arbitration proceedings shall be conducted in __________(language). The arbitral award shall be final and binding upon the parties.

[Issuer' s name]

[By its undersigned officer]

[Date]

（中文版）

保函编号：

付款保函

____________：

鉴于本保函申请人________与贵方于________年____月____日达成______________________（协议名称），根据该协议，申请人须在________年____月____日前向贵方付款________元。根据申请人的要求，特以贵方为受益人开具编号______________不可撤销的、无条件的、见索即付的、独立的付款保函，为____________担保。具体约定如下：

一、本保函项下的担保总金额最高不超过人民币________元。

二、本保函自__________之日生效，到期日以下述情形发生孰早为准：

（一）本保函担保金额递减完为止；

（二）__________止。

所有索赔不得迟于上述到期日到达我方，并且在到期日后本保函自动变为无效。我行 / 公司在此同意并承诺您，在本保函有效期内，在您提交符合本保函的条款及条件的索赔后，我行 / 公司会按贵方要求的方式向贵方支付累计不超过上述担保金额的任何款项。

三、本保函项下任何付款请求均以书面形式提交，付款请求应经由贵方授权的工作人员签字，付款请求单据包括索赔通知（注明索赔金额、违约协议的编号和名称及本保函的编号）以及以下单据：

☐（一）违约声明（引述申请人所违反的协议条款原文）；

☐（二）第三方单据；

☐（三）司法判决 / 仲裁裁决；

☐（四）其他单据。

四、担保金额经贵方书面同意递减后递减，或担保金额随我行 / 公司对受益人的支付而相应递减。

五、如果贵方与被担保人协商变更合同且涉及我行/公司担保责任的，应事先书面通知我行/公司，如加重我行/公司担保责任的还应事先征得我行/公司书面认可，否则，我行/公司对加重我行/公司担保责任的部分不承担责任。

六、贵方有权以书面通知我行/公司或将本保函正本退回本行的方式解除我行/公司在本保函项下的全部/部分的义务和责任。贵方将本保函正本退回我行/公司的，视为贵方同意解除我行/公司在本保函项下的全部的义务和责任。该等通知或退回的本保函正本一经我行/公司收到即发生解除本行义务和责任的效力。

七、如果在本保函到期日前，申请人欲解除本保函，则须申请人和受益人双方带保函原件一齐到本行解除本保函，我行/公司将在收到你们双方提交的本保函原件并当面确认双方同意解除后于7个工作日内将本保函的________元支付给申请人。

八、在本保函有效期内，如合同未履行完毕、担保金额未递减完，我行/公司收到被担保人的延期申请后，经我行/公司书面同意可将保函延期至要求的期限。

九、如发生本保函项下的索赔，索赔金额按所载明的人民币进行赔付。贵方需一并提交索赔通知、本保函第三项载明单据以及本保函正本并在保函有效期内送达我行/公司。索赔资料送到我行/公司地址：__________，并注明“保函索赔”字样。

十、如被担保人能如期或提前完成上述合同或协议约定的义务，则申请人和受益人双方带保函原件一齐到我行/公司解除本保函，我行/公司将在收到你们双方提交的本保函原件并当面确认双方同意解除后于7个工作日内将本保函的________元支付给申请人。我行/公司同时收回受益人处本保函原件，本保函终止。

十一、在本保函项下的任何付款，不因任何现有或未来各种税率、责任、费用、佣金而减除，也不因任何事件或任何人导致扣款。

十二、本保函项下的任何权利、利益和收益未经我行 / 公司书面同意均不得转让也不得转移，不得设定担保。

十三、本保函适用于☐ URDG 458 ☐ URDG 758 ☐ ISP98。

十四、本保函项下及与本保函有关的一切争议，提交____________（仲裁机构全称）仲裁，仲裁地为____________，适用____________仲裁规则，仲裁程序使用语言为________。

__________银行 / 公司

负责人或授权代表（签字）：

________年____月____日

附录 1

本书涉及法律、法规、司法解释与惯例、公约相关重点条款梳理

一、法律

（一）《中华人民共和国民事诉讼法》

第二十八条 因侵权行为提起的诉讼，由侵权行为地或者被告住所地人民法院管辖。

第三十三条 下列案件，由本条规定的人民法院专属管辖：

（一）因不动产纠纷提起的诉讼，由不动产所在地人民法院管辖；

（二）因港口作业中发生纠纷提起的诉讼，由港口所在地人民法院管辖；

（三）因继承遗产纠纷提起的诉讼，由被继承人死亡时住所地或者主要遗产所在地人民法院管辖。

第二百二十五条 当事人、利害关系人认为执行行为违反法律规定的，可以向负责执行的人民法院提出书面异议。当事人、利害关系人提出书面异议的，人民法院应当自收到书面异议之日起十五日内审查，理由成立的，裁定撤销或者改正；理由不成立的，裁定驳回。当事人、利害关系人对裁定不服的，可以自裁定送达之日起十日内向上一级人民法院申请复议。

第二百二十七条 执行过程中，案外人对执行标的提出书面异议的，人民法院应当自收到书面异议之日起十五日内审查，理由成立的，裁定中止对该标的的执行；理由不成立的，裁定驳回。案外人、当事人对裁定不服，认为原判决、裁定错误的，依照审判监督程序办理；与原判决、裁定无关的，可以自

裁定送达之日起十五日内向人民法院提起诉讼。

第二百六十五条 因合同纠纷或者其他财产权益纠纷，对在中华人民共和国领域内没有住所的被告提起的诉讼，如果合同在中华人民共和国领域内签订或者履行，或者诉讼标的物在中华人民共和国领域内，或者被告在中华人民共和国领域内有可供扣押的财产，或者被告在中华人民共和国领域内设有代表机构，可以由合同签订地、合同履行地、诉讼标的物所在地、可供扣押财产所在地、侵权行为地或者代表机构住所地人民法院管辖。

第二百六十六条 因在中华人民共和国履行中外合资经营企业合同、中外合作经营企业合同、中外合作勘探开发自然资源合同发生纠纷提起的诉讼，由中华人民共和国人民法院管辖。

（二）《中华人民共和国民法总则》

第六十一条 依照法律或者法人章程的规定，代表法人从事民事活动的负责人，为法人的法定代表人。

法定代表人以法人名义从事的民事活动，其法律后果由法人承受。

法人章程或者法人权力机构对法定代表人代表权的限制，不得对抗善意相对人。

第一百三十三条 民事法律行为是民事主体通过意思表示设立、变更、终止民事法律关系的行为。

第一百七十八条 二人以上依法承担连带责任的，权利人有权请求部分或者全部连带责任人承担责任。

连带责任人的责任份额根据各自责任大小确定；难以确定责任大小的，平均承担责任。实际承担责任超过自己责任份额的连带责任人，有权向其他连带责任人追偿。

连带责任，由法律规定或者当事人约定。

第一百八十条 因不可抗力不能履行民事义务的，不承担民事责任。法律另有规定的，依照其规定。

不可抗力是指不能预见、不能避免且不能克服的客观情况。

（三）《中华人民共和国合同法》

第五十条 法人或者其他组织的法定代表人、负责人超越权限订立的合同，除相对人知道或者应当知道其超越权限的以外，该代表行为有效。

第九十四条 有下列情形之一的，当事人可以解除合同：

（一）因不可抗力致使不能实现合同目的；

（二）在履行期限届满之前，当事人一方明确表示或者以自己的行为表明不履行主要债务；

（三）当事人一方迟延履行主要债务，经催告后在合理期限内仍未履行；

（四）当事人一方迟延履行债务或者有其他违约行为致使不能实现合同目的；

（五）法律规定的其他情形。

第一百二十五条 当事人对合同条款的理解有争议的，应当按照合同所使用的词句、合同的有关条款、合同的目的、交易习惯以及诚实信用原则，确定该条款的真实意思。

合同文本采用两种以上文字订立并约定具有同等效力的，对各文本使用的词句推定具有相同含义。各文本使用的词句不一致的，应当根据合同的目的予以解释。

第三百九十九条 受托人应当按照委托人的指示处理委托事务。需要变更委托人指示的，应当经委托人同意；因情况紧急，难以和委托人取得联系的，受托人应当妥善处理委托事务，但事后应当将该情况及时报告委托人。

（四）《中华人民共和国担保法》

第五条 担保合同是主合同的从合同，主合同无效，担保合同无效。担保合同另有约定的，按照约定。

担保合同被确认无效后，债务人、担保人、债权人有过错的，应当根据其过错各自承担相应的民事责任。

第三十一条 保证人承担保证责任后，有权向债务人追偿。

第三十二条 人民法院受理债务人破产案件后，债权人未申报债权的，保证人可以参加破产财产分配，预先行使追偿权。

（五）《中华人民共和国物权法》

第一百七十六条 被担保的债权既有物的担保又有人的担保的，债务人不履行到期债务或者发生当事人约定的实现担保物权的情形，债权人应当按照约定实现债权；没有约定或者约定不明确，债务人自己提供物的担保的，债权人应当先就该物的担保实现债权；第三人提供物的担保的，债权人可以就物的担保实现债权，也可以要求保证人承担保证责任。提供担保的第三人承担担保责任后，有权向债务人追偿。

第一百七十七条 有下列情形之一的，担保物权消灭：

（一）主债权消灭；

（二）担保物权实现；

（三）债权人放弃担保物权；

（四）法律规定担保物权消灭的其他情形。

第一百八十条 债务人或者第三人有权处分的下列财产可以抵押：

（一）建筑物和其他土地附着物；

（二）建设用地使用权；

（三）以招标、拍卖、公开协商等方式取得的荒地等土地承包经营权；

（四）生产设备、原材料、半成品、产品；

（五）正在建造的建筑物、船舶、航空器；

（六）交通运输工具；

（七）法律、行政法规未禁止抵押的其他财产。

抵押人可以将前款所列财产一并抵押。

第一百八十二条 以建筑物抵押的，该建筑物占用范围内的建设用地使用权一并抵押。以建设用地使用权抵押的，该土地上的建筑物一并抵押。

抵押人未依照前款规定一并抵押的，未抵押的财产视为一并抵押。

第一百九十九条 同一财产向两个以上债权人抵押的，拍卖、变卖抵押财产所得的价款依照下列规定清偿：

（一）抵押权已登记的，按照登记的先后顺序清偿；顺序相同的，按照债权比例清偿；

（二）抵押权已登记的先于未登记的受偿；

（三）抵押权未登记的，按照债权比例清偿。

第二百零八条 为担保债务的履行，债务人或者第三人将其动产出质给债权人占有的，债务人不履行到期债务或者发生当事人约定的实现质权的情形，债权人有权就该动产优先受偿。

前款规定的债务人或者第三人为出质人，债权人为质权人，交付的动产为质押财产。

（六）《中华人民共和国涉外民事关系法律适用法》

第八条 涉外民事关系的定性，适用法院地法律。

第四十一条 当事人可以协议选择合同适用的法律。当事人没有选择的，适用履行义务最能体现该合同特征的一方当事人经常居所地法律或者其他与该合同有最密切联系的法律。

第四十四条 侵权责任，适用侵权行为地法律，但当事人有共同经常居所地的，适用共同经常居所地法律。侵权行为发生后，当事人协议选择适用法律的，按照其协议。

（七）《中华人民共和国公司法》

第十六条 公司向其他企业投资或者为他人提供担保，依照公司章程的规定，由董事会或者股东会、股东大会决议；公司章程对投资或者担保的总额及单项投资或者担保的数额有限额规定的，不得超过规定的限额。

公司为公司股东或者实际控制人提供担保的，必须经股东会或者股东大会决议。

前款规定的股东或者受前款规定的实际控制人支配的股东，不得参加前款规定事项的表决。该项表决由出席会议的其他股东所持表决权的过半数通过。

二、行政法规

《中华人民共和国中外合作经营企业法实施细则》

第二十八条 董事会会议或者联合管理委员会会议每年至少召开1次，由董事长或者主任召集并主持。董事长或者主任因特殊原因不能履行职务时，由董事长或者主任指定副董事长、副主任或者其他董事、委员召集并主持。1/3以上董事或者委员可以提议召开董事会会议或者联合管理委员会会议。

董事会会议或者联合管理委员会会议应当有2/3以上董事或者委员出席方能举行，不能出席董事会会议或者联合管理委员会会议的董事或者委员应当书面委托他人代表其出席和表决。董事会会议或者联合管理委员会会议作出决议，须经全体董事或者委员的过半数通过。董事或者委员无正当理由不参加又不委托他人代表其参加董事会会议或者联合管理委员会会议的，视为出席董事会会议或者联合管理委员会会议并在表决中弃权。

召开董事会会议或者联合管理委员会会议，应当在会议召开的10天前通知全体董事或者委员。

董事会或者联合管理委员会也可以用通讯的方式作出决议。

三、司法解释

（一）最高人民法院《关于审理独立保函纠纷案件若干问题的规定》（法释〔2016〕24号）

第一条 本规定所称的独立保函，是指银行或非银行金融机构作为开立人，以书面形式向受益人出具的，同意在受益人请求付款并提交符合保函要求的单据时，向其支付特定款项或在保函最高金额内付款的承诺。

前款所称的单据，是指独立保函载明的受益人应提交的付款请求书、违约声明、第三方签发的文件、法院判决、仲裁裁决、汇票、发票等表明发生付款到期事件的书面文件。

独立保函可以依保函申请人的申请而开立，也可以依另一金融机构的指示而开立。开立人依指示开立独立保函的，可以要求指示人向其开立用以保障追偿权的独立保函。

第二条 本规定所称的独立保函纠纷，是指在独立保函的开立、撤销、修改、转让、付款、追偿等环节产生的纠纷。

第三条 保函具有下列情形之一，当事人主张保函性质为独立保函的，人民法院应予支持，但保函未载明据以付款的单据和最高金额的除外：

（一）保函载明见索即付；

（二）保函载明适用国际商会《见索即付保函统一规则》等独立保函交易示范规则；

（三）根据保函文本内容，开立人的付款义务独立于基础交易关系及保函申请法律关系，其仅承担相符交单的付款责任。

当事人以独立保函记载了对应的基础交易为由，主张该保函性质为一般保证或连带保证的，人民法院不予支持。

当事人主张独立保函适用担保法关于一般保证或连带保证规定的，人民法院不予支持。

第四条 独立保函的开立时间为开立人发出独立保函的时间。

独立保函一经开立即生效，但独立保函载明生效日期或事件的除外。

独立保函未载明可撤销，当事人主张独立保函开立后不可撤销的，人民法院应予支持。

第五条 独立保函载明适用《见索即付保函统一规则》等独立保函交易示范规则，或开立人和受益人在一审法庭辩论终结前一致援引的，人民法院应当认定交易示范规则的内容构成独立保函条款的组成部分。

不具有前款情形，当事人主张独立保函适用相关交易示范规则的，人民法院不予支持。

第六条 受益人提交的单据与独立保函条款之间、单据与单据之间表面相符，受益人请求开立人依据独立保函承担付款责任的，人民法院应予支持。

开立人以基础交易关系或独立保函申请关系对付款义务提出抗辩的，人民法院不予支持，但有本规定第十二条情形的除外。

第七条 人民法院在认定是否构成表面相符时，应当根据独立保函载明的审单标准进行审查；独立保函未载明的，可以参照适用国际商会确定的相关审单标准。

单据与独立保函条款之间、单据与单据之间表面上不完全一致，但并不导致相互之间产生歧义的，人民法院应当认定构成表面相符。

第八条 开立人有独立审查单据的权利与义务，有权自行决定单据与独立保函条款之间、单据与单据之间是否表面相符，并自行决定接受或拒绝接受不符点。

开立人已向受益人明确表示接受不符点，受益人请求开立人承担付款责任的，人民法院应予支持。

开立人拒绝接受不符点，受益人以保函申请人已接受不符点为由请求开立人承担付款责任的，人民法院不予支持。

第九条 开立人依据独立保函付款后向保函申请人追偿的，人民法院应予支持，但受益人提交的单据存在不符点的除外。

第十条 独立保函未同时载明可转让和据以确定新受益人的单据，开立人主张受益人付款请求权的转让对其不发生效力的，人民法院应予支持。独立保函对受益人付款请求权的转让有特别约定的，从其约定。

第十一条 独立保函具有下列情形之一，当事人主张独立保函权利义务终止的，人民法院应予支持：

（一）独立保函载明的到期日或到期事件届至，受益人未提交符合独立保函要求的单据；

（二）独立保函项下的应付款项已经全部支付；

（三）独立保函的金额已减额至零；

（四）开立人收到受益人出具的免除独立保函项下付款义务的文件；

（五）法律规定或者当事人约定终止的其他情形。

独立保函具有前款权利义务终止的情形，受益人以其持有独立保函文本为由主张享有付款请求权的，人民法院不予支持。

第十二条 具有下列情形之一的，人民法院应当认定构成独立保函欺诈：

（一）受益人与保函申请人或其他人串通，虚构基础交易的；

（二）受益人提交的第三方单据系伪造或内容虚假的；

（三）法院判决或仲裁裁决认定基础交易债务人没有付款或赔偿责任的；

（四）受益人确认基础交易债务已得到完全履行或者确认独立保函载明的付款到期事件并未发生的；

（五）受益人明知其没有付款请求权仍滥用该权利的其他情形。

第十三条 独立保函的申请人、开立人或指示人发现有本规定第十二条情形的，可以在提起诉讼或申请仲裁前，向开立人住所地或其他对独立保函欺诈纠纷案件具有管辖权的人民法院申请中止支付独立保函项下的款项，也可以在诉讼或仲裁过程中提出申请。

第十四条 人民法院裁定中止支付独立保函项下的款项，必须同时具备下列条件：

（一）止付申请人提交的证据材料证明本规定第十二条情形的存在具有高度可能性；

（二）情况紧急，不立即采取止付措施，将给止付申请人的合法权益造成难以弥补的损害；

（三）止付申请人提供了足以弥补被申请人因止付可能遭受损失的担保。

止付申请人以受益人在基础交易中违约为由请求止付的，人民法院不予支持。

开立人在依指示开立的独立保函项下已经善意付款的，对保障该开立人追偿权的独立保函，人民法院不得裁定止付。

第十五条 因止付申请错误造成损失，当事人请求止付申请人赔偿的，人民法院应予支持。

第十六条 人民法院受理止付申请后，应当在四十八小时内作出书面裁定。裁定应当列明申请人、被申请人和第三人，并包括初步查明的事实和是否准许止付申请的理由。

裁定中止支付的，应当立即执行。

止付申请人在止付裁定作出后三十日内未依法提起独立保函欺诈纠纷诉讼或申请仲裁的，人民法院应当解除止付裁定。

第十七条 当事人对人民法院就止付申请作出的裁定有异议的，可以在裁定书送达之日起十日内向作出裁定的人民法院申请复议。复议期间不停止裁定的执行。

人民法院应当在收到复议申请后十日内审查，并询问当事人。

第十八条 人民法院审理独立保函欺诈纠纷案件或处理止付申请，可以就当事人主张的本规定第十二条的具体情形，审查认定基础交易的相关事实。

第十九条 保函申请人在独立保函欺诈诉讼中仅起诉受益人的，独立保函的开立人、指示人可以作为第三人申请参加，或由人民法院通知其参加。

第二十条 人民法院经审理独立保函欺诈纠纷案件，能够排除合理怀疑地认定构成独立保函欺诈，并且不存在本规定第十四条第三款情形的，应当判决开立人终止支付独立保函项下被请求的款项。

第二十一条 受益人和开立人之间因独立保函而产生的纠纷案件，由开立人住所地或被告住所地人民法院管辖，独立保函载明由其他法院管辖或提交仲裁的除外。当事人主张根据基础交易合同争议解决条款确定管辖法院或提交仲裁的，人民法院不予支持。

独立保函欺诈纠纷案件由被请求止付的独立保函的开立人住所地或被告住所地人民法院管辖，当事人书面协议由其他法院管辖或提交仲裁的除外。当事人主张根据基础交易合同或独立保函的争议解决条款确定管辖法院或提交仲裁的，人民法院不予支持。

第二十二条 涉外独立保函未载明适用法律，开立人和受益人在一审法庭辩论终结前亦未就适用法律达成一致的，开立人和受益人之间因涉外独立保函而产生的纠纷适用开立人经常居所地法律；独立保函由金融机构依法登记设立的分支机构开立的，适用分支机构登记地法律。

涉外独立保函欺诈纠纷，当事人就适用法律不能达成一致的，适用被请求止付的独立保函的开立人经常居所地法律；独立保函由金融机构依法登记设立的分支机构开立的，适用分支机构登记地法律；当事人有共同经常居所地的，适用共同经常居所地法律。

涉外独立保函止付保全程序，适用中华人民共和国法律。

第二十三条 当事人约定在国内交易中适用独立保函，一方当事人以独立保函不具有涉外因素为由，主张保函独立性的约定无效的，人民法院不予支持。

第二十四条 对于按照特户管理并移交开立人占有的独立保函开立保证金，人民法院可以采取冻结措施，但不得扣划。保证金账户内的款项丧失开立保证金的功能时，人民法院可以依法采取扣划措施。

开立人已履行对外支付义务的，根据该开立人的申请，人民法院应当解除对开立保证金相应部分的冻结措施。

第二十五条 本规定施行后尚未终审的案件，适用本规定；本规定施行前已经终审的案件，当事人申请再审或者人民法院按照审判监督程序再审的，不适用本规定。

（二）最高人民法院《关于适用〈中华人民共和国民事诉讼法〉的解释》（法释〔2015〕5号）

第五百三十一条 涉外合同或者其他财产权益纠纷的当事人，可以书面协议选择被告住所地、合同履行地、合同签订地、原告住所地、标的物所在地、侵权行为地等与争议有实际联系地点的外国法院管辖。

根据民事诉讼法第三十三条和第二百六十六条规定，属于中华人民共和国法院专属管辖的案件，当事人不得协议选择外国法院管辖，但协议选择仲裁的除外。

第五百三十二条 涉外民事案件同时符合下列情形的，人民法院可以裁定驳回原告的起诉，告知其向更方便的外国法院提起诉讼：

（一）被告提出案件应由更方便外国法院管辖的请求，或者提出管辖异议；

（二）当事人之间不存在选择中华人民共和国法院管辖的协议；

（三）案件不属于中华人民共和国法院专属管辖；

（四）案件不涉及中华人民共和国国家、公民、法人或者其他组织的利益；

（五）案件争议的主要事实不是发生在中华人民共和国境内，且案件不适用中华人民共和国法律，人民法院审理案件在认定事实和适用法律方面存在重大困难；

（六）外国法院对案件享有管辖权，且审理该案件更加方便。

第五百三十三条 中华人民共和国法院和外国法院都有管辖权的案件，一方当事人向外国法院起诉，而另一方当事人向中华人民共和国法院起诉的，人民法院可予受理。判决后，外国法院申请或者当事人请求人民法院承认和执行外国法院对本案作出的判决、裁定的，不予准许；但双方共同缔结或者参加的国际条约另有规定的除外。

外国法院判决、裁定已经被人民法院承认，当事人就同一争议向人民法院起诉的，人民法院不予受理。

（三）最高人民法院《关于适用〈中华人民共和国担保法〉若干问题的解释》（法释〔2000〕44号）

第十条 主合同解除后，担保人对债务人应当承担的民事责任仍应承担担保责任。但是，担保合同另有约定的除外。

第五十九条 当事人办理抵押物登记手续时，因登记部门的原因致使其无法办理抵押物登记，抵押人向债权人交付权利凭证的，可以认定债权人对该财产有优先受偿权。但是，未办理抵押物登记的，不得对抗第三人。

第八十五条 债务人或者第三人将其金钱以特户、封金、保证金等形式特定化后，移交债权人占有作为债权的担保，债务人不履行债务时，债权人可以以该金钱优先受偿。

（四）最高人民法院《关于审理民间借贷案件适用法律若干问题的规定》（法释〔2015〕18号）

第三十条 出借人与借款人既约定了逾期利率，又约定了违约金或者其他费用，出借人可以选择主张逾期利息、违约金或者其他费用，也可以一并主张，但总计超过年利率24%的部分，人民法院不予支持。

（五）最高人民法院《关于印发〈全国法院民商事审判工作会议纪要〉的通知》（法〔2019〕254号）

17.【违反《公司法》第16条构成越权代表】为防止法定代表人随意代表公司为他人提供担保给公司造成损失，损害中小股东利益，《公司法》第16条对法定代表人的代表权进行了限制。根据该条规定，担保行为不是法定代表人所能单独决定的事项，而必须以公司股东（大）会、董事会等公司机关的决议作为授权的基础和来源。法定代表人未经授权擅自为他人提供担保的，构成越权代表，人民法院应当根据《合同法》第50条关于法定代表人越权代表的规定，区分订立合同时债权人是否善意分别认定合同效力：债权人善意的，合同有效；反之，合同无效。

18.【善意的认定】前条所称的善意，是指债权人不知道或者不应当知道法定代表人超越权限订立担保合同。《公司法》第16条对关联担保和非关联担保的决议机关作出了区别规定，相应地，在善意的判断标准上也应当有所区别。一种情形是，为公司股东或者实际控制人提供关联担保，《公司法》第16条明确规定必须由股东（大）会决议，未经股东（大）会决议，构成越权代表。在此情况下，债权人主张担保合同有效，应当提供证据证明其在订立合同时对股东（大）会决议进行了审查，决议的表决程序符合《公司法》第16条的规定，即在排除被担保股东表决权的情况下，该项表决由出席会议的其他股东所持表决权的过半数通过，签字人员也符合公司章程的规定。另一种情形是，公司为公司股东或者实际控制人以外的人提供非关联担保，根据《公司法》第16条的规定，此时由公司章程规定是由董事会决议还是股东（大）会决议。无论章程是否对决议机关作出规定，也无论章程规定决议机关为董事会还是股东（大）会，根据《民法总则》第61条第3款关于“法人章程或者法人权力机构对法定代表人代表权的限制，不得对抗善意相对人”的规定，只要债权人能够证明其在订立担保合同时对董事会决议或者股东（大）会决议进行了审查，同意决议的人数及签字人员符合公司章程的规定，就应当认定其构成善意，但公司能够证明债权人明知公司章程对决议机关有明确规定的除外。

债权人对公司机关决议内容的审查一般限于形式审查，只要求尽到必要的注意义务即可，标准不宜太过严苛。公司以机关决议系法定代表人伪造或者变造、决议程序违法、签章（名）不实、担保金额超过法定限额等事由抗辩债权人非善意的，人民法院一般不予支持。但是，公司有证据证明债权人明知决议系伪造或者变造的除外。

19.【无须机关决议的例外情况】存在下列情形的，即便债权人知道或者应当知道没有公司机关决议，也应当认定担保合同符合公司的真实意思表示，合同有效：

（1）公司是以为他人提供担保为主营业务的担保公司，或者是开展保函业务的银行或者非银行金融机构；

（2）公司为其直接或者间接控制的公司开展经营活动向债权人提供担保；

（3）公司与主债务人之间存在相互担保等商业合作关系；

（4）担保合同系由单独或者共同持有公司三分之二以上有表决权的股东签字同意。

54.【独立担保】从属性是担保的基本属性，但由银行或者非银行金融机构开立的独立保函除外。独立保函纠纷案件依据《最高人民法院关于审理独立保函纠纷案件若干问题的规定》处理。需要进一步明确的是：凡是由银行或者非银行金融机构开立的符合该司法解释第1条、第3条规定情形的保函，无论是用于国际商事交易还是用于国内商事交易，均不影响保函的效力。银行或者非银行金融机构之外的当事人开立的独立保函，以及当事人有关排除担保从属性的约定，应当认定无效。但是，根据“无效法律行为的转换”原理，在否定其独立担保效力的同时，应当将其认定为从属性担保。此时，如果主合同有效，则担保合同有效，担保人与主债务人承担连带保证责任。主合同无效，则该所谓的独立担保也随之无效，担保人无过错的，不承担责任；担保人有过错的，其承担民事责任的部分，不应超过债务人不能清偿部分的三分之一。

60.【未办理登记的不动产抵押合同的效力】不动产抵押合同依法成立，但未办理抵押登记手续，债权人请求抵押人办理抵押登记手续的，人民法院依法予以支持。因抵押物灭失以及抵押物转让他人等原因不能办理抵押登记，债权人请求抵押人以抵押物的价值为限承担责任的，人民法院依法予以支持，但其范围不得超过抵押权有效设立时抵押人所应当承担的责任。

61.【房地分别抵押】根据《物权法》第182条之规定，仅以建筑物设定抵押的，抵押权的效力及于占用范围内的土地；仅以建设用地使用权抵押的，抵押权的效力亦及于其上的建筑物。在房地分别抵押，即建设用地使用权抵押给一个债权人，而其上的建筑物又抵押给另一个人的情况下，可能产生两个抵押权的冲突问题。基于“房地一体”规则，此时应当将建筑物和建设用地使用权视为同一财产，从而依照《物权法》第199条的规定确定清偿顺序：登记在先的先清偿；同时登记的，按照债权比例清偿。同一天登记的，视为同时登记。应予注意的是，根据《物权法》第200条的规定，建设用地使用权抵押后，该土地上新增的建筑物不属于抵押财产。

63.【流动质押的设立与监管人的责任】在流动质押中，经常由债权人、出质人与监管人订立三方监管协议，此时应当查明监管人究竟是受债权人的委托还是受出质人的委托监管质物，确定质物是否已经交付债权人，从而判断质权是否有效设立。如果监管人系受债权人的委托监管质物，则其是债权人的直接占有人，应当认定完成了质物交付，质权有效设立。监管人违反监管协议约定，违规向出质人放货、因保管不善导致质物毁损灭失，债权人请求监管人承担违约责任的，人民法院依法予以支持。

如果监管人系受出质人委托监管质物，表明质物并未交付债权人，应当认定质权未有效设立。尽管监管协议约定监管人系受债权人的委托监管质物，但有证据证明其并未履行监管职责，质物实际上仍由出质人管领控制的，也应当认定质物并未实际交付，质权未有效设立。此时，债权人可以基于质押合同的约定请求质押人承担违约责任，但其范围不得超过质权有效设立时质押人所应当承担的责任。监管人未履行监管职责的，债权人也可以请求监管人承担违约责任。

65.【动产抵押权与质权竞存】同一动产上同时设立质权和抵押权的，应当参照适用《物权法》第199条的规定，根据是否完成公示以及公示先后情况来确定清偿顺序：质权有效设立、抵押权办理了抵押登记的，按照公示先后确定清偿顺序；顺序相同的，按照债权比例清偿；质权有效设立，抵押权未办理抵押登记的，质权优先于抵押权；质权未有效设立，抵押权未办理抵押登记的，因此时抵押权已经有效设立，故抵押权优先受偿。

根据《物权法》第178条规定的精神，担保法司法解释第79条第1款不再适用。

（六）最高人民法院《关于上海金融法院案件管辖的规定》（法释〔2018〕14号）

第一条 上海金融法院管辖上海市辖区内应由中级人民法院受理的下列第一审金融民商事案件：

（一）证券、期货交易、信托、保险、票据、信用证、金融借款合同、银行卡、融资租赁合同、委托理财合同、典当等纠纷；

（二）独立保函、保理、私募基金、非银行支付机构网络支付、网络借贷、互联网股权众筹等新型金融民商事纠纷；

（三）以金融机构为债务人的破产纠纷；

（四）金融民商事纠纷的仲裁司法审查案件；

（五）申请承认和执行外国法院金融民商事纠纷的判决、裁定案件。

（七）最高人民法院《关于人民法院民事执行中查封、扣押、冻结财产的规定》（法释〔2004〕15号）

第二条 人民法院可以查封、扣押、冻结被执行人占有的动产、登记在被执行人名下的不动产、特定动产及其他财产权。

未登记的建筑物和土地使用权，依据土地使用权的审批文件和其他相关证据确定权属。

对于第三人占有的动产或者登记在第三人名下的不动产、特定动产及其他财产权，第三人书面确认该财产属于被执行人的，人民法院可以查封、扣押、冻结。

（八）最高人民法院《关于人民法院能否对信用证开证保证金采取冻结和扣划措施问题的规定》（法释〔1997〕4号）

一、人民法院在审理或执行案件时，依法可以对信用证开证保证金采取冻结措施，但不得扣划。如果当事人认为人民法院冻结和扣划的某项资金属于信用证开证保证金的，应当提供有关证据予以证明。人民法院审查后，可按以下原则处理：对于确系信用证开证保证金的，不得采取扣划措施；如果开证银行履行了对外支付义务，根据该银行的申请，人民法院应当立即解除对信用证开证保证金相应部分的冻结措施；如果申请开证人提供的开证保证金是外汇，当事人又举证证明信用证的受益人提供的单据与信用证条款相符时，人民法院应当立即解除冻结措施。

（九）最高人民法院《关于调整高级人民法院和中级人民法院管辖第一审民商事案件标准的通知》（法发〔2015〕7号）

一、当事人住所地均在受理法院所处省级行政辖区的第一审民商事案件

北京、上海、江苏、浙江、广东高级人民法院，管辖诉讼标的额5亿元以上一审民商事案件，所辖中级人民法院管辖诉讼标的额1亿元以上一审民商事案件。

天津、河北、山西、内蒙古、辽宁、安徽、福建、山东、河南、湖北、湖南、广西、海南、四川、重庆高级人民法院，管辖诉讼标的额3亿元以上一审民商事案件，所辖中级人民法院管辖诉讼标的额3000万元以上一审民商事案件。

吉林、黑龙江、江西、云南、陕西、新疆高级人民法院和新疆生产建设兵团分院，管辖诉讼标的额2亿元以上一审民商事案件，所辖中级人民法院管辖诉讼标的额1000万元以上一审民商事案件。

贵州、西藏、甘肃、青海、宁夏高级人民法院，管辖诉讼标的额1亿元以上一审民商事案件，所辖中级人民法院管辖诉讼标的额500万元以上一审民商事案件。

二、当事人一方住所地不在受理法院所处省级行政辖区的第一审民商事案件

北京、上海、江苏、浙江、广东高级人民法院，管辖诉讼标的额3亿元以上一审民商事案件，所辖中级人民法院管辖诉讼标的额5000万元以上一审民商事案件。

天津、河北、山西、内蒙古、辽宁、安徽、福建、山东、河南、湖北、湖南、广西、海南、四川、重庆高级人民法院，管辖诉讼标的额1亿元以上一审民商事案件，所辖中级人民法院管辖诉讼标的额2000万元以上一审民商事案件。

吉林、黑龙江、江西、云南、陕西、新疆高级人民法院和新疆生产建设兵团分院，管辖诉讼标的额5000万元以上一审民商事案件，所辖中级人民法院管辖诉讼标的额1000万元以上一审民商事案件。

贵州、西藏、甘肃、青海、宁夏高级人民法院，管辖诉讼标的额2000万元以上一审民商事案件，所辖中级人民法院管辖诉讼标的额500万元以上一审民商事案件。

（十）最高人民法院《关于明确第一审涉外民商事案件级别管辖标准以及归口办理有关问题的通知》（法〔2017〕359号）

一、关于第一审涉外民商事案件的级别管辖标准

北京、上海、江苏、浙江、广东高级人民法院管辖诉讼标的额人民币2亿元以上的第一审涉外民商事案件；直辖市中级人民法院以及省会城市、计划单列市、经济特区所在地的市中级人民法院管辖诉讼标的额人民币2000万元以上的第一审涉外民商事案件，其他中级人民法院管辖诉讼标的额人民币1000万元以上的第一审涉外民商事案件。

天津、河北、山西、内蒙古、辽宁、安徽、福建、山东、河南、湖北、湖南、广西、海南、四川、重庆高级人民法院管辖诉讼标的额人民币8000万元以上的第一审涉外民商事案件；直辖市中级人民法院以及省会城市、计划单列市、经济特区所在地的市中级人民法院管辖诉讼标的额人民币1000万元以上的第一审涉外民商事案件，其他中级人民法院管辖诉讼标的额人民币500万元以上的第一审涉外民商事案件。

吉林、黑龙江、江西、云南、陕西、新疆高级人民法院和新疆生产建设兵团分院管辖诉讼标的额人民币4000万元以上的第一审涉外民商事案件；省会城市、计划单列市中级人民法院，管辖诉讼标的额人民币500万元以上的第一审涉外民商事案件，其他中级人民法院管辖诉讼标的额人民币200万元以上

的第一审涉外民商事案件。

贵州、西藏、甘肃、青海、宁夏高级人民法院管辖诉讼标的额人民币2000万元以上的第一审涉外民商事案件；省会城市、计划单列市中级人民法院，管辖诉讼标的额人民币200万元以上的第一审涉外民商事案件，其他中级人民法院管辖诉讼标的额人民币100万元以上的第一审涉外民商事案件。

各高级人民法院发布的本辖区级别管辖标准，除于2011年1月后经我院批复同意的外，不再作为确定第一审涉外民商事案件级别管辖的依据。

（十一）最高人民法院《关于调整部分高级人民法院和中级人民法院管辖第一审民商事案件标准的通知》（法发〔2018〕13号）

一、当事人住所地均在受理法院所处省级行政辖区的第一审民商事案件

贵州省、陕西省、新疆维吾尔自治区高级人民法院和新疆维吾尔自治区高级人民法院生产建设兵团分院管辖诉讼标的额3亿元以上一审民商事案件，所辖中级人民法院管辖诉讼标的额3000万元以上一审民商事案件。

甘肃省、青海省、宁夏回族自治区高级人民法院管辖诉讼标的额2亿元以上一审民商事案件，所辖中级人民法院管辖诉讼标的额1000万元以上一审民商事案件。

二、当事人一方住所地不在受理法院所处省级行政辖区的第一审民商事案件

贵州省、陕西省、新疆维吾尔自治区高级人民法院和新疆维吾尔自治区高级人民法院生产建设兵团分院管辖诉讼标的额1亿元以上一审民商事案件，所辖中级人民法院管辖诉讼标的额2000万元以上一审民商事案件。

甘肃省、青海省、宁夏回族自治区高级人民法院管辖诉讼标的额5000万元以上一审民商事案件，所辖中级人民法院管辖诉讼标的额1000万元以上一审民商事案件。

三、本通知未作调整的，按照《最高人民法院关于调整高级人民法院和中级人民法院管辖第一审民商事案件标准的通知》（法发〔2015〕7号）执行。

（十二）最高人民法院《关于调整高级人民法院和中级人民法院管辖第一审民事案件标准的通知》（法发〔2019〕14号）

一、中级人民法院管辖第一审民事案件的诉讼标的额上限原则上为50亿元（人民币），诉讼标的额下限继续按照《最高人民法院关于调整地方各级人民法院管辖第一审知识产权民事案件标准的通知》（法发[2010]5号）、《最高人民法院关于调整高级人民法院和中级人民法院管辖第一审民商事案件标准的通知》（法发[2015]7号）、《最高人民法院关于明确第一审涉外民商事案件级别管辖标准以及归口办理有关问题的通知》（法[2017]359号）《最高人民法院关于调整部分高级人民法院和中级人民法院管辖第一审民商事案件标准的通知》（法发[2018]13号）等文件执行。

二、高级人民法院管辖诉讼标的额50亿元（人民币）以上（包含本数）或者其他在本辖区有重大影响的第一审民事案件。

三、海事海商案件、涉外民事案件的级别管辖标准按照本通知执行。

五、最高人民法院以前发布的关于第一审民事案件级别管辖标准的规定与本通知不一致的，不再适用。

四、国际惯例

（一）The Uniform Rules for Demand Guarantees (URDG758)

国际商会《见索即付保函统一规则》（2010年修订本）[1]

Article 1 Application of URDG

第1条 URDG的适用范围

a. The Uniform Rules for Demand Guarantees (“URDG”) apply to any demand guarantee or counter-guarantee that expressly indicates it is subject to them. They are binding on all parties to the demand guarantee or counter-guarantee except so far as the demand guarantee or counter-guarantee modifies or excludes them.

1 周学海主编：《国际商会见索即付保函统一规则》（2010年修订本），周红军、蔡俊锋译，张燕玲译审，中国民主法制出版社2010年版。

a. 见索即付保函统一规则（简称“URDG”）适用于任何明确表明适用本规则的见索即付保函或反担保函。除非见索即付保函或反担保函对本规则的内容进行了修改或排除，本规则对见索即付保函或反担保函的所有当事人均具约束力。

b. Where, at the request of a counter-guarantor, a demand guarantee is issued subject to the URDG, the counter-guarantee shall also be subject to the URDG, unless the counter-guarantee excludes the URDG. However, a demand guarantee does not become subject to the URDG merely because the counter-guarantee is subject to the URDG.

b. 如果应反担保人的请求，开立的见索即付保函适用 URDG，则反担保函也应适用 URDG，除非该反担保函明确排除适用 URDG。但是，见索即付保函并不仅因反担保函适用 URDG 而适用 URDG。

c. Where, at the request or with the agreement of the instructing party, a demand guarantee or counter-guarantee is issued subject to the URDG, the instructing party is deemed to have accepted the rights and obligations expressly ascribed to it in these rules.

c. 如果应指示方的请求或经其同意，见索即付保函或反担保函根据 URDG 开立，则视为指示方已经接受了本规则明确规定的归属于指示方的权利和义务。

d. Where a demand guarantee or counter-guarantee issued on or after 1 July 2010 states that it is subject to the URDG without stating whether the 1992 version or the 2010 revision is to apply or indicating the publication number, the demand guarantee or counter-guarantee shall be subject to the URDG 2010 revision.

d. 如果 2010 年 7 月 1 日或该日期之后开立的见索即付保函或反担保函声明其适用 URDG，但未声明是适用 1992 年本还是 2010 年修订本，亦未表明出版物编号，则该见索即付保函或反担保函应适用 URDG2010 年修订本。

Article 2　Definitions

第 2 条　定义

In these rules:

在本规则中：

advising party means the party that advises the guarantee at the request of the guarantor;

“通知方”，指应担保人的请求对保函进行通知的一方；

applicant means the party indicated in the guarantee as having its obligation under the underlying relationship supported by the guarantee. The applicant may or may not be the instructing party;

“申请人”，指保函中表明的、保证其承担基础关系项下义务的一方。申请人可以是指示方，也可以不是指示方；

beneficiary means the party in whose favour a guarantee is issued;

“受益人”指接受保函并享有其利益的一方；

complying presentation under a guarantee means a presentation that is in accordance with, first, the terms and conditions of that guarantee, second, these rules so far as consistent with those terms and conditions and, third, in the absence of a relevant provision in the guarantee or these rules, international standard demand guarantee practice;

“相符交单”，保函项下的相符交单，指所提交单据及其内容首先与该保函条款和条件相符，其次与该保函条款和条件一致的本规则有关内容相符，最后在保函及本规则均无相关规定的情况下，与见索即付保函国际标准实务相符；

counter-guarantee means any signed undertaking, however named or described, that is given by the counter-guarantor to another party to procure the issue by that other party of a guarantee or another counter-guarantee, and that provides for payment upon the presentation of a complying demand under the counter-guarantee issued in favour of that party;

“反担保函”，无论其如何命名或描述，指由反担保人提供给另一方，以便该另一方开立保函或另一反担保函的任何签署的承诺，反担保人承诺在其开立的反担保函项下，根据该受益人提交的相符索赔进行付款；

counter-guarantor means the party issuing a counter-guarantee, whether in favour of a guarantor or another counter-guarantor, and includes a party acting for its own account;

“反担保人”，指开立反担保函的一方，可以是以担保人为受益人或是以另一反担保人为受益人，也包括为自己开立反担保函的情况；

demand means a signed document by the beneficiary demanding payment under a guarantee;

“索赔”，指在保函项下受益人签署的要求付款的文件；

demand guarantee or **guarantee** means any signed undertaking, however named or described, providing for payment on presentation of a complying demand;

“见索即付保函”或“保函”，无论其如何命名或描述，指根据提交的相符索赔进行付款的任何签署的承诺；

guarantor means the party issuing a guarantee, and includes a party acting for its own account;

“担保人”，指开立保函的一方，包括为自己开立保函的情况；

instructing party means the party, other than the counter-guarantor, who gives instructions to issue a guarantee or counter-guarantee and is responsible for indemnifying the guarantor or, in the case of a counter-guarantee, the counter-guarantor. The instructing party may or may not be the applicant;

“指示方”，指反担保人之外的，发出开立保函或反担保函指示并向担保人（或者反担保函情况下向反担保人）承担赔偿责任的一方。指示方可以是申请人，也可以不是申请人；

presentation means the delivery of a document under a guarantee to the guarantor or the document so delivered. It includes a presentation other than for a demand, for example, a presentation for the purpose of triggering the expiry of the guarantee or a variation of its amount;

“交单”，指根据保函向担保人提交单据的行为或依此交付的单据。交单包括索赔目的之外的交单，例如，为了保函效期或金额变动的交单；

presenter means a person who makes a presentation as or on behalf of the beneficiary or the applicant, as the case may be;

“交单人”，指作为受益人或代表受益人进行交单的人，或在适用情况下，作为申请人或代表申请人进行交单的人；

Article 3 Interpretation

第 3 条 解释

In these rules:

就本规则而言：

a. Branches of a guarantor in different countries are considered to be separate entities.

担保人在不同国家的分支机构视为不同的实体。

Article 4 Issue and effectiveness

第 4 条 开立和生效

a. A guarantee is issued when it leaves the control of the guarantor.

a. 保函一旦脱离担保人的控制即为开立。

b. A guarantee is irrevocable on issue even if it does not state this.

b. 保函一旦开立即不可撤销，即使保函中并未声明其不可撤销。

c. The beneficiary may present a demand from the time of issue of the guarantee or such later time or event as the guarantee provides.

c. 受益人有权自保函开立之日或保函约定的开立之后的其他日期或事件之日起提交索赔。

Article 5 Independence of guarantee and counter-guarantee

第 5 条 保函和反担保函的独立性

a. A guarantee is by its nature independent of the underlying relationship and the application, and the guarantor is in no way concerned with or bound by such relationship. A reference in the guarantee to the underlying relationship for the purpose of identifying it does not change the independent nature of the guarantee. The undertaking of a guarantor to pay under the guarantee is not subject to claims or defences arising from any relationship other than a relationship between the guarantor and the beneficiary.

a. 保函就其性质而言，独立于基础关系和申请，担保人完全不受这些关系的影响或约束。保函中为了指明所对应的基础关系而予以引述，并不改变保函的独立性。担保人在保函项下的付款义务，不受任何关系项下产生的请求或抗辩的影响，但担保人与受益人之间的关系除外。

b. A counter-guarantee is by its nature independent of the guarantee, the underlying relationship, the application and any other counter-guarantee to which it relates, and the counter-guarantor is in no way concerned with or bound by such relationship. A reference in the counter-guarantee to the underlying relationship for the purpose of identifying it does not change the independent nature of the counter-guarantee. The undertaking of a counter-guarantor to pay under the counter-guarantee is not subject to claims or defences arising from any relationship other than a relationship between the counter-guarantor and the guarantor or other counter-guarantor to whom the counter-guarantee is issued.

b. 反担保函就其性质而言，独立于其所相关的保函、基础关系、申请及其他任何反担保函，反担保人完全不受这些关系的影响或约束。反担保函中为了指明所对应的基础关系而予以引述，并不改变反担保函的独立性。反担保人在反担保函项下的付款义务，不受任何关系项下产生的请求或抗辩的影响，但反担保人与担保人或该反担保函向其开立的其他反担保人之间的关系除外。

Article 7 Non-documentary conditions

第 7 条 非单据条件

A guarantee should not contain a condition other than a date or the lapse of a period without specifying a document to indicate compliance with that condition. If the guarantee does not specify any such document and the fulfilment of the condition cannot be determined from the guarantor's own records or from an index specified in the guarantee, then the guarantor will deem such condition as not stated and will disregard it except for the purpose of determining whether data that may appear in a document specified in and presented under the guarantee do not conflict with data in the guarantee.

除日期条件之外，保函中不应约定一项条件，却未规定表明满足该条件要求的单据。如果保函中未指明这样的单据，并且根据担保人自身记录或者保函中指明的指数也无法确定该条件是否满足，则担保人将视该条件未予要求并不予置理，除非为了确定保函中指明提交的某个单据中可能出现的信息是否与保函中的信息不存在矛盾。

Article 8 Content of instructions and guarantees

第 8 条 指示和保函的内容

All instructions for the issue of guarantees and guarantees themselves should be clear and precise and should avoid excessive detail. It is recommended that all guarantees specify:

开立保函的指示以及保函本身都应该清晰、准确，避免加列过多细节。建议保函明确如下内容：

a. the applicant;

a. 申请人；

b. the beneficiary;

b. 受益人；

c. the guarantor;

c. 担保人；

d. a reference number or other information identifying the underlying relationship;

d. 指明基础关系的编号或其他信息；

e. a reference number or other information identifying the issued guarantee or, in the case of a counter-guarantee, the issued counter-guarantee;

e. 指明所开立的保函，或者反担保函情况下所开立的反担保函的编号或其他信息；

f. the amount or maximum amount payable and the currency in which it is payable;

f. 赔付金额或最高赔付金额以及币种；

g. the expiry of the guarantee;

g. 保函的失效；

h. any terms for demanding payment;

h. 索赔条件；

i. whether a demand or other document shall be presented in paper and/or electronic form;

i. 索赔书或其他单据是否应以纸质和/或电子形式进行提交；

j. the language of any document specified in the guarantee; and

j. 保函中规定的单据所使用的语言；以及

k. the party liable for the payment of any charges.

k. 费用的承担方。

Article 10 Advising of guarantee or amendment

第 10 条 保函或保函修改书的通知

a. A guarantee may be advised to a beneficiary through an advising party. By advising a guarantee, whether directly or by utilizing the services of another party (“second advising party”), the advising party signifies to the beneficiary and, if applicable, to the second advising party, that it has satisfied itself as to the apparent authenticity of the guarantee and that the advice accurately reflects the terms and conditions of the guarantee as received by the advising party.

a. 保函可由通知方通知给受益人。无论是对保函直接进行通知，还是利用其他人（第二通知方）的服务进行通知，通知方都向受益人（以及适用情况下的第二通知方）表明，其确信保函的表面真实性，并且该通知准确反映了其所收到的保函条款。

f. A guarantor using the services of an advising party or a second advising party, as well as an advising party using the services of a second advising party, to advise a guarantee should whenever possible use the same party to advise any amendment to that guarantee.

f. 担保人利用通知方或第二通知方的服务对保函进行通知，以及通知方利用第二通知方的服务对保函进行通知的，在尽可能的情况下，应经由同一人对该保函的任何修改书进行通知。

Article 11 Amendments

第 11 条 修改

b. An amendment made without the agreement of the beneficiary is not binding on the beneficiary except where the guarantee otherwise provides. Nevertheless the guarantor is irrevocably bound by an amendment as from the time it issues the amendment and unless and until the beneficiary rejects the amendment.

b. 保函修改未经受益人同意，对受益人不具有约束力。但是，除非受益人拒绝该修改，担保人自修改书出具之时起即不可撤销地受其约束。

e. Partial acceptance of an amendment is not allowed and will be deemed to be notification of rejection of the amendment.

e. 对同一修改书的内容不允许部分接受，部分接受将视为拒绝该修改的通知。

Article 14 Presentation

第 14 条 交单

a. A presentation shall be made to the guarantor:

a. 向担保人交单应：

i. at the place of issue, or such other place as is specified in the guarantee and,

i. 在保函开立地点或保函中指明的其他地点，并且

ii. on or before expiry.

ii. 在保函失效当日或之前。

f. Each presentation shall identify the guarantee under which it is made, such as by stating the guarantor's reference number for the guarantee. If it does not, the time for examination indicated in article 20 shall start on the date of identification. Nothing in this paragraph shall result in an extension of the guarantee or limit the requirement in article 15 (a) or (b) for any separately presented documents also to identify the demand to which they relate.

f. 每次交单都应指明其所对应的保函，例如标明担保人的保函编号。否则，第 20 条中规定的审单时间应自该事项明确之日起开始计算。本款规定不应导

致保函的展期，也不对第 15 条 a 款或第 15 条 b 款关于任何单独提交的单据也要指明所对应的索赔书的要求构成限制。

Article 15 Requirements for demand

第 15 条 索赔要求

a. A demand under the guarantee shall be supported by such other documents as the guarantee specifies, and in any event by a statement, by the beneficiary, indicating in what respect the applicant is in breach of its obligations under the underlying relationship. This statement may be in the demand or in a separate signed document accompanying or identifying the demand.

a. 保函项下的索赔，应由保函所指明的其他单据所支持，并且在任何情况下均应辅之以一份受益人声明，表明申请人在哪些方面违反了基础关系项下的义务。该声明可以在索赔书中作出，也可以在一份单独签署的随附于该索赔书的单据中作出，或在一份单独签署的指明该索赔书的单据中作出。

b. A demand under the counter-guarantee shall in any event be supported by a statement, by the party to whom the counter-guarantee was issued, indicating that such party has received a complying demand under the guarantee or counter-guarantee issued by that party. This statement may be in the demand or in a separate signed document accompanying or identifying the demand.

b. 反担保函项下的索赔在任何情况下均应辅之以一份反担保函向其开立的一方的声明，表明在其开立的保函或反担保函项下收到了相符索赔。该声明可以在索赔书中作出，也可以在一份单独签署的随附于该索赔书的单据中作出，或在一份单独签署的指明该索赔书的单据中作出。

c. The requirement for a supporting statement in paragraph (a) or (b) of this article applies except to the extent the guarantee or counter-guarantee expressly excludes this requirement. Exclusion terms such as "The supporting statement under article 15[(a)] [(b)] is excluded" satisfy the requirement of this paragraph.

c. 本条 a 款或 b 款中有关支持声明的要求应予适用，除非保函或反担保函明确排除该要求。“第 15 条 a 款、b 款中的支持声明不予适用”等类似表述即满足本款要求。

d. Neither the demand nor the supporting statement may be dated before the date when the beneficiary is entitled to present a demand. Any other document may be dated before that date. Neither the demand, nor the supporting statement, nor any other document may be dated later than the date of its presentation.

d. 索赔书或支持声明的出单日期不能早于受益人有权提交索赔的日期。其他单据的出单日期可以早于该日期。索赔书或支持声明或其他单据的出单日期均不得迟于其提交日期。

Article 16 Information about demand

第 16 条 索赔通知

The guarantor shall without delay inform the instructing party or, where applicable, the counter-guarantor of any demand under the guarantee and of any request, as an alternative, to extend the expiry of the guarantee. The counter-guarantor shall without delay inform the instructing party of any demand under the counter-guarantee and of any request, as an alternative, to extend the expiry of the counter-guarantee.

担保人应毫不延迟地将保函项下的任何索赔和作为替代选择的任何展期请求通知指示方，或者适用情况下的反担保人。反担保人应毫不延迟地将反担保函项下的任何索赔和作为替代选择的任何展期请求通知指示方。

Article 19 Examination

第 19 条 审单

a. The guarantor shall determine, on the basis of a presentation alone, whether it appears on its face to be a complying presentation.

a. 担保人应仅基于交单本身确定其是否表面上构成相符交单。

b. Data in a document required by the guarantee shall be examined in context with that document, the guarantee and these rules. Data need not be identical to, but shall not conflict with, data in that document, any other required document or the guarantee.

b. 保函所要求的单据的内容应结合该单据本身、保函和本规则进行审核。

单据的内容无需与该单据的其他内容、其他要求的单据或保函中的内容等同一致，但不得矛盾。

Article 20 Time for examination of demand; payment

第 20 条 索赔的审核时间；付款

a. If a presentation of a demand does not indicate that it is to be completed later, the guarantor shall, within five business days following the day of presentation, examine that demand and determine if it is a complying demand. This period is not shortened or otherwise affected by the expiry of the guarantee on or after the date of presentation. However, if the presentation indicates that it is to be completed later, it need not be examined until it is completed.

a. 如果提交索赔时没有表明此后将补充其他单据，则担保人应从交单翌日起五个营业日内审核该索赔并确定该索赔是否相符。这一期限不因保函在交单日当日或之后失效而缩短或受影响。但是，如果提交索赔时表明此后将补充其他单据，则可以到单据补充完毕之后再进行审核。

b. When the guarantor determines that a demand is complying, it shall pay.

b. 一旦担保人确定索赔是相符的，就应当付款。

Article 21 Currency of payment

第 21 条 付款的货币

a. The guarantor shall pay a complying demand in the currency specified in the guarantee.

a. 担保人应按照保函中指明的货币对相符索赔进行付款。

Article 22 Transmission of copies of complying demand

第 22 条 相符索赔文件副本的传递

The guarantor shall without delay transmit a copy of the complying demand and of any related documents to the instructing party or, where applicable, to the counter-guarantor for transmission to the instructing party. However, neither the counter-guarantor nor the instructing party, as the case may be, may withhold payment or reimbursement pending such transmission.

担保人应将相符索赔书及其他任何有关单据的副本毫不延迟地传递给指示方，或者在适用的情况下，传递给反担保人以转交给指示方。但是，反担保人，或在适用情况下的指示方，都不应在此传递过程中制止付款或偿付。

Article 23 Extend or pay

第23条 展期或付款

a. Where a complying demand includes, as an alternative, a request to extend the expiry, the guarantor may suspend payment for a period not exceeding 30 calendar days following its receipt of the demand.

a. 当一项相符索赔中包含作为替代选择的展期请求时，担保人有权在收到索赔翌日起不超过三十个日历日的期间内中止付款。

b. Where, following such suspension, the guarantor makes a complying demand under the counter-guarantee that includes, as an alternative, a request to extend the expiry, the counter-guarantor may suspend payment for a period not exceeding four calendar days less than the period during which payment of the demand under the guarantee was suspended.

b. 当中止付款之后，担保人在反担保函项下提出一项相符索赔，其中包含作为替代选择的展期请求时，反担保人有权中止付款，该中止付款期间不超过保函项下的中止付款期间减四个日历日。

c. The guarantor shall without delay inform the instructing party or, in the case of a counter-guarantee, the counter-guarantor, of the period of suspension of payment under the guarantee. The counter-guarantor shall then inform the instructing party of such suspension and of any suspension of payment under the counter-guarantee. Complying with this article satisfies the information duty under article 16.

c. 担保人应毫不延迟地将保函项下的中止付款期间通知指示方，或者反担保函情况下的反担保人。反担保人即应将保函项下的该中止付款和反担保函项下的任何中止付款通知指示方。按本条规定行事即尽到了第16条规定的通知义务。

d. The demand for payment is deemed to be withdrawn if the period of extension requested in that demand or otherwise agreed by the party making that demand is granted within the time provided under paragraph (a) or (b) of this article. If no such period of extension is granted, the complying demand shall be paid without the need to present any further demand.

d. 在本条 a 款或 b 款规定的期限内，如果索赔中请求的展期期间或者索赔方同意的其他展期期间已获满足，则该索赔视为已被撤回。如果该展期期间未获满足，则应对该相符索赔予以付款，而无需再次索赔。

e. The guarantor or counter-guarantor may refuse to grant any extension even if instructed to do so and shall then pay.

e. 即使得到展期指示，担保人或反担保人仍可拒绝展期，并应当付款。

f. The guarantor or counter-guarantor shall without delay inform the party from whom it has received its instructions of its decision to extend under paragraph (d) or to pay.

f. 担保人或反担保人应将其在 d 款项下进行展期或付款的决定，毫不延迟地通知给予其指示的一方。

g. The guarantor and the counter-guarantor assume no liability for any payment suspended in accordance with this article.

g. 担保人和反担保人对根据本条中止付款均不承担任何责任。

Article 24 Non-complying demand, waiver and notice

第 24 条 不相符索赔，不符点的放弃及通知

a. When the guarantor determines that a demand under the guarantee is not a complying demand, it may reject that demand or, in its sole judgment, approach the instructing party, or in the case of a counter-guarantee, the counter-guarantor, for a waiver of the discrepancies.

a. 当担保人确定一项索赔不是相符索赔时，其可以拒绝该索赔，或者自行决定联系指示方，或者反担保函情况下的反担保人，放弃不符点。

b. When the counter-guarantor determines that a demand under the counter-guarantee is not a complying demand, it may reject that demand or, in its sole judgment, approach the instructing party for a waiver of the discrepancies.

b. 当反担保人确定反担保函项下的一项索赔不是相符索赔时，可以拒绝该索赔，或者自行决定联系指示方，放弃不符点。

c. Nothing in paragraphs (a) or (b) of this article shall extend the period mentioned in article 20 or dispense with the requirements of article 16. Obtaining the waiver of the counter-guarantor or of the instructing party does not oblige the guarantor or the counter-guarantor to waive any discrepancy.

c. 本条 a 款或 b 款的规定都不延长第 20 条中规定的期限，也不免除第 16 条中的要求。获得反担保人或指示方对不符点的放弃，并不意味着担保人或反担保人有义务放弃不符点。

d. When the guarantor rejects a demand, it shall give a single notice to that effect to the presenter of the demand. The notice shall state:

d. 当担保人拒绝赔付时，应就此向索赔提交人发出一次性的拒付通知。该通知应说明：

i. that the guarantor is rejecting the demand, and

i. 担保人拒绝赔付，以及

ii. each discrepancy for which the guarantor rejects the demand.

ii. 担保人拒绝赔付的每个不符点。

e. The notice required by paragraph (d) of this article shall be sent without delay but not later than the close of the fifth business day following the day of presentation.

e. 本条 d 款所要求的通知应毫不延迟地发出，最晚不得迟于交单日翌日起第五个营业日结束之前。

f. A guarantor failing to act in accordance with paragraphs (d) or (e) of this article shall be precluded from claiming that the demand and any related documents do not constitute a complying demand.

f. 如果担保人未能按照本条 d 款或 e 款的规定行事，则其将无权宣称索赔书以及任何相关单据不构成相符索赔。

g. The guarantor may at any time, after providing the notice required in paragraph (d) of this article, return any documents presented in paper form to the presenter and dispose of the electronic records in any manner that it considers appropriate without incurring any responsibility.

g. 担保人在提交了本条 d 款中要求的通知之后，可以在任何时候将任何纸质的单据退还交单人，并以自认为适当的任何方式处置有关电子记录而不承担任何责任。

h. For the purpose of paragraphs (d), (f) and (g) of this article, guarantor includes counter-guarantor.

h. 就本条 d 款、f 款和 g 款而言，“担保人”包括“反担保人”。

Article 25 Reduction and termination

第 25 条 减额与终止

a. The amount payable under the guarantee shall be reduced by any amount:

a. 保函的可付金额应根据下列情况而相应减少：

i. paid under the guarantee,

i. 保函项下已经支付的金额，

ii. resulting from the application of article 13, or

ii. 根据第 13 条所减少的金额，或者

iii. indicated in the beneficiary's signed partial release from liability under the guarantee.

iii. 受益人签署的部分解除保函责任的文件所表明的金额。

b. Whether or not the guarantee document is returned to the guarantor, the guarantee shall terminate:

b. 无论保函文件是否退还担保人，在下列情况下保函均应终止：

i. on expiry,

i. 保函失效，

ii. when no amount remains payable under it, or

ii. 保函项下已没有可付金额，或者

iii. on presentation to the guarantor of the beneficiary's signed release from liability under the guarantee.

iii. 受益人签署的解除保函责任的文件提交给担保人。

c. If the guarantee or the counter-guarantee states neither an expiry date nor an expiry event, the guarantee shall terminate after the lapse of three years from the date of issue and the counter-guarantee shall terminate 30 calendar days after the guarantee terminates.

c. 如果保函或反担保函既没有规定失效日，也没有规定失效事件，则保函应自开立之日起三年之后终止，反担保函应自保函终止后三十个日历日之后终止。

d. If the expiry date of a guarantee falls on a day that is not a business day at the place for presentation of the demand, the expiry date is extended to the first following business day at that place.

d. 如果保函的失效日不是索赔提交地点的营业日，则失效日将顺延到该地点的下一个营业日。

e. Where, to the knowledge of the guarantor, the guarantee terminates as a result of any of the reasons indicated in paragraph (b) above, but other than because of the advent of the expiry date, the guarantor shall without delay so inform the instructing party or, where applicable, the counter-guarantor and, in that case, the counter-guarantor shall so inform the instructing party.

e. 如果担保人知悉保函由于上述 b 款规定的任一原因而终止，则除非因失效日届至，担保人应将该情况毫不延迟地通知指示方，或者适用情况下的反担保人，在后一种情况下，反担保人也应将该情况毫不延迟地通知指示方。

Article 26 Force majeure

第 26 条 不可抗力

a. In this article, “force majeure” means acts of God, riots, civil commotions, insurrections, wars, acts of terrorism or any causes beyond the control of the guarantor or counter-guarantor that interrupt its business as it relates to acts of a kind subject to these rules.

a. 在本条中，“不可抗力”指由于天灾、暴动、骚乱、叛乱、战争、恐怖主义行为或担保人或反担保人无法控制的任何原因而导致担保人或反担保人与本规则有关的营业中断的情况。

b. Should the guarantee expire at a time when presentation or payment under that guarantee is prevented by force majeure:

b. 如果由于不可抗力导致保函项下的交单或付款无法履行，在此期间保函失效，则：

i. each of the guarantee and any counter-guarantee shall be extended for a period of 30 calendar days from the date on which it would otherwise have expired, and the guarantor shall as soon as practicable inform the instructing party or, in the case of a counter-guarantee, the counter-guarantor, of the force majeure and the extension, and the counter-guarantor shall so inform the instructing party;

i. 保函及反担保函均应自其本应失效之日起展期三十个日历日，担保人在可行的情况下应立即通知指示方，或者反担保函情况下的反担保人，有关不可抗力及展期的情况，反担保人也应同样通知指示方；

ii. the running of the time for examination under article 20 of a presentation made but not yet examined before the force majeure shall be suspended until the resumption of the guarantor's business; and

ii. 不可抗力发生之前已经交单但尚未审核的，第 20 条规定的审核时间的计算应予中止，直至担保人恢复营业；以及

iii. a complying demand under the guarantee presented before the force majeure but not paid because of the force majeure shall be paid when the force majeure ceases even if that guarantee has expired, and in this situation the guarantor shall be entitled to present a demand under the counter-guarantee within 30 calendar days after cessation of the force majeure even if the counter-guarantee has expired.

iii. 保函项下的相符索赔在不可抗力发生之前已经提交但由于不可抗力尚未付款的，则不可抗力结束之后应予付款，即使该保函已经失效，在此情况下

担保人有权在不可抗力结束之后三十个日历日之内在反担保函项下提交索赔，即使该反担保函已经失效。

c. Should the counter-guarantee expire at a time when presentation or payment under that counter-guarantee is prevented by force majeure:

c. 如果由于不可抗力导致反担保函项下的交单或付款无法履行，在此期间反担保函失效，则：

i. the counter-guarantee shall be extended for a period of 30 calendar days from the date on which the counter-guarantor informs the guarantor of the cessation of the force majeure. The counter-guarantor shall then inform the instructing party of the force majeure and the extension;

i. 反担保函应自反担保人通知担保人不可抗力结束之日起展期三十个日历日。同时反担保人应将不可抗力及展期的情况通知指示方；

ii. the running of the time for examination under article 20 of a presentation made but not yet examined before the force majeure shall be suspended until the resumption of the counter-guarantor's business; and

ii. 不可抗力发生之前已经交单但尚未审核的，第 20 条规定的审核时间的计算应予中止，直至反担保人恢复营业；以及

iii. a complying demand under the counter-guarantee presented before the force majeure but not paid because of the force majeure shall be paid when the force majeure ceases even if that counter-guarantee has expired.

iii. 反担保函项下的相符索赔在不可抗力发生之前已经提交但由于不可抗力尚未付款的，则不可抗力结束之后应予付款，即使该反担保函已经失效。

d. The instructing party shall be bound by any extension, suspension or payment under this article.

d. 根据本条规定进行的任何展期、中止或付款均对指示方有约束力。

e. The guarantor and the counter-guarantor assume no further liability for the consequences of the force majeure.

e. 担保人和反担保人对于不可抗力的后果不承担进一步的责任。

Article 32 Liability for charges

第 32 条 费用的承担

a. A party instructing another party to perform services under these rules is liable to pay that party's charges for carrying out its instructions.

a. 指示其他方在本规则下提供服务的一方有责任负担被指示方因执行指示而产生的费用。

b. If a guarantee states that charges are for the account of the beneficiary and those charges cannot be collected, the instructing party is liable to pay those charges. If a counter-guarantee states that charges relating to the guarantee are for the account of the beneficiary and those charges cannot be collected, the counter-guarantor remains liable to the guarantor, and the instructing party to the counter-guarantor, to pay those charges.

b. 如果保函表明费用由受益人负担，但该费用未能收取，则指示方仍有责任支付该费用。如果反担保函表明保函有关的费用由受益人负担，但该费用未能收取，则反担保人仍有责任向担保人支付该费用，而指示方有责任向反担保人支付该费用。

c. Neither the guarantor nor any advising party should stipulate that the guarantee, or any advice or amendment of it, is conditional upon the receipt by the guarantor or any advising party of its charges.

c. 担保人或任何通知方都不得要求保函或对保函的任何通知或修改以担保人或通知方收到其费用为条件。

Article 34 Governing law

第 34 条 适用法律

a. Unless otherwise provided in the guarantee, its governing law shall be that of the location of the guarantor's branch or office that issued the guarantee.

a. 除非保函另有约定，保函的适用法律应为担保人开立保函的分支机构或营业场所所在地的法律。

b. Unless otherwise provided in the counter-guarantee, its governing law shall be that of the location of the counter-guarantor's branch or office that issued the counter-guarantee.

b. 除非反担保函另有约定，反担保函的适用法律应为反担保人开立反担保函的分支机构或营业场所所在地的法律。

Article 35 Jurisdiction

第 35 条 司法管辖

a. Unless otherwise provided in the guarantee, any dispute between the guarantor and the beneficiary relating to the guarantee shall be settled exclusively by the competent court of the country of the location of the guarantor's branch or office that issued the guarantee.

a. 除非保函另有约定，担保人与受益人之间有关保函的任何争议应由担保人开立保函的分支机构或营业场所所在地有管辖权的法院专属管辖。

b. Unless otherwise provided in the counter-guarantee, any dispute between the counter-guarantor and the guarantor relating to the counter-guarantee shall be settled exclusively by the competent court of the country of the location of the counter-guarantor' s branch or office that issued the counter-guarantee.

b. 除非反担保函另有约定，反担保人与担保人之间有关反担保函的任何争议应由反担保人开立反担保函的分支机构或营业场所所在地有管辖权的法院专属管辖。

（二）Uniform Customs and Practice for Documentary Credits (UCP600)

国际商会《跟单信用证统一惯例》

Article 1 Application of UCP

第 1 条 统一惯例的适用范围

The Uniform Customs and Practice for Documentary Credits, 2007 Revision, ICC Publication no. 600 (“UCP”) are rules that apply to any documentary credit (“credit”) (including, to the extent to which they may be applicable, any standby letter of credit) when the text of the credit expressly indicates that it is subject to these rules. They are binding on all parties thereto unless expressly modified or excluded by the credit.

跟单信用证统一惯例，2007 年修订本，国际商会第 600 号出版物（以下简称 UCP），适用于所有在正文中标明按本惯例办理的跟单信用证（包括本惯例适用范围内的备用信用证）。除非信用证中另有规定，本惯例对一切有关当事人均具有约束力。

Article 3 Interpretations

第 3 条 释义

For the purpose of these rules:

就本惯例而言：

Where applicable, words in the singular include the plural and in the plural include the singular.

在适用的条款中，词汇的单复数同义。

A credit is irrevocable even if there is no indication to that effect.

信用证是不可撤销的，即使信用证中对此未作指示也是如此。

A document may be signed by handwriting, facsimile signature, perforated signature, stamp, symbol or any other mechanical or electronic method of authentication.

单据可以通过手签、签样印制、穿孔签字、盖章、符号表示的方式签署，也可以通过其他任何机械或电子证实的方法签署。

A requirement for a document to be legalized, visaed, certified or similar will be satisfied by any signature, mark, stamp or label on the document which appears to satisfy that requirement.

当信用证含有要求使单据合法、签证、证实或对单据有类似要求的条件时，这些条件可由在单据上签字、标注、盖章或标签来满足，只要单据表面已满足上述条件即可。

Branches of a bank in different countries are considered to be separate banks.

一家银行在不同国家设立的分支机构均视为另一家银行。

Terms such as "first class", "well known", "qualified", "independent", “official”, “competent” or “local” used to describe the issuer of a document allow any issuer except the beneficiary to issue that document.

诸如“第一流”“著名”“合格”“独立”“正式”“有资格”“当地”等用语用于描述单据出单人的身份时，单据的出单人可以是除受益人以外的任何人。

Unless required to be used in a document, words such as “prompt”, “immediately” or “as soon as possible” will be disregarded.

除非确需在单据中使用，银行对诸如“迅速”“立即”“尽快”之类词语将不予置理。

The expression “on or about” or similar will be interpreted as a stipulation that an event is to occur during a period of five calendar days before until five calendar days after the specified date, both start and end dates included.

“于或约于”或类似措辞将被理解为一项约定，按此约定，某项事件将在所述日期前后各五天内发生，起迄日均包括在内。

The words “to”, “until”, “till”, “from” and “between” when used to determine a period of shipment include the date or dates mentioned, and the words “before” and “after” exclude the date mentioned.

词语“月 × 日止”(to)“至 × 月 × 日”(until)“直至 × 月 × 日”(till)“从 × 月 × 日”(from) 及“在 × 月 × 日至 × 月 × 日之间”(between) 用于确定装运期限时，包括所述日期。词语“× 月 × 日之前”(before) 及“× 月 × 日之后”(after) 不包括所述日期。

The words “from” and “after” when used to determine a maturity date exclude the date mentioned.

词语“从 × 月 × 日”(from) 以及“× 月 × 日之后”(after) 用于确定到期日时不包括所述日期。

The terms “first half” and “second half” of a month shall be construed respectively as the 1st to the 15th and the 16th to the last day of the month, all dates inclusive.

术语“上半月”和“下半月”应分别理解为自每月“1 日至 15 日”和“16 日至月末最后一天”，包括起迄日期。

The terms "beginning", "middle" and "end" of a month shall be construed respectively as the 1st to the 10th, the 11th to the 20th and the 21st to the last day of the month, all dates inclusive.

术语“月初”“月中”和“月末”应分别理解为每月1日至10日、11日至20日和21日至月末最后一天，包括起迄日期。

Article 4 Credits v. Contracts

第4条 信用证与合同

a. A credit by its nature is a separate transaction from the sale or other contract on which it may be based. Banks are in no way concerned with or bound by such contract, even if any reference whatsoever to it is included in the credit. Consequently, the undertaking of a bank to honour, to negotiate or to fulfil any other obligation under the credit is not subject to claims or defences by the applicant resulting from its relationships with the issuing bank or the beneficiary.

A beneficiary can in no case avail itself of the contractual relationships existing between banks or between the applicant and the issuing bank.

a. 就性质而言，信用证与可能作为其依据的销售合同或其他合同，是相互独立的交易。即使信用证中提及该合同，银行亦与该合同完全无关，且不受其约束。因此，一家银行作出兑付、议付或履行信用证项下其他义务的承诺，并不受申请人与开证行之间或与受益人之间在已有关系下产生的索偿或抗辩的制约。

受益人在任何情况下，不得利用银行之间或申请人与开证行之间的契约关系。

b. An issuing bank should discourage any attempt by the applicant to include, as an integral part of the credit, copies of the underlying contract, proforma invoice and the like.

b. 开证行应劝阻申请人将基础合同、形式发票或其他类似文件的副本作为信用证整体组成部分的做法。

Article 16 Discrepant Documents, Waiver and Notice

第16条 不符单据及不符点的放弃与通知

a. When a nominated bank acting on its nomination, a confirming bank, if any, or the issuing bank determines that a presentation does not comply, it may refuse to honour or negotiate.

a. 当按照指定行事的被指定银行、保兑行(如有)或开证行确定提示不符时，可以拒绝兑付或议付。

b. When an issuing bank determines that a presentation does not comply, it may in its sole judgement approach the applicant for a waiver of the discrepancies. This does not, however, extend the period mentioned in sub-article 14 (b).

b. 当开证行确定提示不符时，可以依据其独立的判断联系申请人放弃有关不符点。然而，这并不因此延长第 14 条 b 款中述及的期限。

c. When a nominated bank acting on its nomination, a confirming bank, if any, or the issuing bank decides to refuse to honour or negotiate, it must give a single notice to that effect to the presenter.

c. 当按照指定行事的被指定银行、保兑行（如有）或开证行决定拒绝兑付或议付时，必须一次性通知提示人。

The notice must state:

通知必须声明：

i. that the bank is refusing to honour or negotiate; and

i. 银行拒绝兑付或议付；及

ii. each discrepancy in respect of which the bank refuses to honour or negotiate; and

ii. 银行凭以拒绝兑付或议付的各个不符点；及

iii. a) that the bank is holding the documents pending further instructions from the presenter; or

iii. a) 银行持有单据等候提示人进一步指示；或

b) that the issuing bank is holding the documents until it receives a waiver from the applicant and agrees to accept it, or receives further instructions from the presenter prior to agreeing to accept a waiver; or

b) 开证行持有单据直至收到申请人通知弃权并同意接受该弃权，或在同

意接受弃权前从提示人处收到进一步指示；或

c) that the bank is returning the documents; or

c) 银行退回单据；或

d) that the bank is acting in accordance with instructions previously received from the presenter.

d) 银行按照先前从提示人处收到的指示行事。

d. The notice required in sub-article 16 (c) must be given by telecommunication or, if that is not possible, by other expeditious means no later than the close of the fifth banking day following the day of presentation.

d. 第 16 条 c 款中要求的通知必须以电讯方式发出，或者，如果不可能以电讯方式通知时，则以其他快捷方式通知，但不得迟于提示单据日期翌日起第五个银行工作日终了。

e. A nominated bank acting on its nomination, a confirming bank, if any, or the issuing bank may, after providing notice required by sub-article 16 (c) (iii) (a) or (b), return the documents to the presenter at any time.

e. 按照指定行事的被指定银行、保兑行（如有）或开证行可以在提供第 16 条 c 款 iii 项、a 款或 b 款要求提供的通知后，于任何时间将单据退还提示人。

f. If an issuing bank or a confirming bank fails to act in accordance with the provisions of this article, it shall be precluded from claiming that the documents do not constitute a complying presentation.

f. 如果开证行或保兑行未能按照本条款的规定行事，将无权宣称单据未能构成相符提示。

g. When an issuing bank refuses to honour or a confirming bank refuses to honour or negotiate and has given notice to that effect in accordance with this article, it shall then be entitled to claim a refund, with interest, of any reimbursement made.

g. 当开证行拒绝兑付或保兑行拒绝兑付或议付，并已经按照本条款发出通知时，该银行将有权就已经履行的偿付索取退款及其利息。

Article 36 Force Majeure

第 36 条 不可抗力

A bank assumes no liability or responsibility for the consequences arising out of the interruption of its business by Acts of God, riots, civil commotions, insurrections, wars, acts of terrorism, or by any strikes or lockouts or any other causes beyond its control.

银行对由于天灾、暴动、骚乱、叛乱、战争、恐怖主义行为或任何罢工、停工或其无法控制的任何其他原因导致的营业中断的后果，概不负责。

A bank will not, upon resumption of its business, honour or negotiate under a credit that expired during such interruption of its business.

银行恢复营业时，对于在营业中断期间已逾期的信用证，不再进行承付或议付。

（三）International Standby Practices (ISP98)

《国际备用证惯例》

1.07 Independence of the Issuer-Beneficiary Relationship

1.07 开证人—受益人关系的独立性

An issuer’s obligations toward the beneficiary are not affected by the issuer's rights and obligations toward the applicant under any applicable agreement, practice, or law.

开证人对受益人的义务，不受任何适用的协议、惯例和法律下开证人对申请人的权利和义务的影响。

3. 14 Closure on a Business Day and Authorization of Another Reasonable Place for Presentation

3.14 在营业日的停业及授权在另一个合理地点作出提示

a. If on the last business day for presentation the place for presentation stated in a standby is for any reason closed and presentation is not timely made because of the closure, then the last day for presentation is automatically extended to the day occurring thirty calendar days after the place for presentation re-opens for business, unless the standby otherwise provides.

a. 如果在允许提示的最后一个营业日，备用证中注明的提示地点由于任何原因停业，因此没有及时地作出提示，那么，除非备用证另有规定，允许提示的最后一天自动延期到提示地点重新开业后的第三十个日历日。

b. Upon or in anticipation of closure of the place of presentation, an issuer may authorise another reasonable place for presentation in the standby or in a communication received by the ben-eficiary. If it does so, then

b. 在提示地点停业或预计到停业时，开证人可以在备用证中或受益人收到的通知中授权在另一个合理地点提示。如果开证人如此行事，则：

i. presentation must be made at that reasonable place, and

i. 提示必须在该合理地点作出；以及

ii. if the communication is received fewer than thirty calendar days before the last day for presentation and for that reason presentation is not timely made, the last day for presentation is automatically extended to the day occurring thirty calendar days after the last day for presentation.

ii. 如果通知是在提示最后一天之前不足三十个日历日收到的，并且由于该原因而无法作出及时提示，那么提示的最后一天自动延展到原提示期限后的第三十个日历日。

五、国际公约

United Nations Convention on Independent Guarantees and Stand-by Letters of Credit

联合国《独立担保与备用信用证公约》

CHAPTER I　SCOPE OF APPLICATION

第一章　适用范围

Article 2　Undertaking

第 2 条　保证

(1) For the purposes of this Convention, an undertaking is an independent

commitment, known in international practice as an independent guarantee or as a stand-by letter of credit, given by a bank or other institution or person ("guarantor/issuer") to pay to the beneficiary a certain or determinable amount upon simple demand or upon demand accompanied by other documents, in conformity with the terms and any documentary conditions of the undertaking, indicating, or from which it is to be inferred, that payment is due because of a default in the performance of an obligation, or because of another contingency, or for money borrowed or advanced, or on account of any mature indebtedness undertaken by the principal/applicant or another person.

（1）为了适用本公约，保证系指一项独立的义务，国际惯例上称为：独立保证或备用信用证中的承诺或义务。银行或其他机构或个人（亦可称"保证人"）签发此类保函或备用信用证并承诺：一经请求或一经附其他单据的请求即行以符合保函的条款和任何单据条件、指示或可推知的条件的方式向受益人支付确定的或的有限期的款项。付款已到期，包括以下原因：不履行义务；另一随附义务；借款、预付款；任何由主债务人 / 申请人或另一人所保证的到期债务。

(2)The undertaking may be given:

(2) 保证可在下列情况作出：

(a) At the request or on the instruction of the customer ("principal/applicant") of the guarantor/issuer;

(a) 经保证人的客户（主债务人 / 申请人）的请求或指示而作出；

(b) On the instruction of another bank, institution or person ("instructing party") that acts at the request of the customer ("principal/applicant") of that instructing party; or

(b) 按照另一银行、机构或个人 (指示方) 的指示而作出——该指示方系依其客户的请求而行事；

(c) On behalf of the guarantor/issuer itself.

(c) 代表保证人本身而作出。

(3) Payment may be stipulated in the undertaking to be made in any form, including:

(3) 保证中之付款得以任何下列方式作出：

(a) Payment in a specified currency or unit of account;

(a) 以特定货币或记账单位付款；

(b) Acceptance of a bill of exchange (draft);

(b) 汇票之承兑；

(c) Payment on a deferred basis;

(c) 延期付款；

(d) Supply of a specified item of value.

(d) 特定的价值项目之提供。

(4) The undertaking may stipulate that the guarantor/issuer itself is the beneficiary when acting in favour of another person.

(4) 保函的规定：保证人为另一人行事时，保证人自身可以同时为受益人。

Article 3 Independence of undertaking

第 3 条 保证的独立性

For the purposes of this Convention, an undertaking is independent where the guarantor/issuer' s obligation to the beneficiary is not:

就本公约而言，保证是独立的。保证人向受益人所负之义务：

(a) Dependent upon the existence or validity of any underlying transaction, or upon any other undertaking (including stand-by letters of credit or independent guarantees to which confirmations or counter-guarantees relate); or

(a) 并不依赖于任何基础交易的有效性或存在，亦不依赖于任何其他保证，包括：备用信用证或独立保函以及与此相关的确认 书或反保函；或者

(b) Subject to any term or condition not appearing in the undertaking, or to any future, uncertain act or event except presentation of documents or another such act or event within a guarantor/issuer' s sphere of operations.

(b) 并不受本保证中未列之条件的拘束；亦不受任何未来的、不确定行为或事件的拘束；但是在保证人经营范围内提出此类文件、作出此类行为或发生此类事件者，不在此限。

CHAPTER II　INTERPRETATION

第二章　解释

Article 6　Definitions

第6条　定义

For the purposes of this Convention and unless otherwise indicated in a provision of this Convention or required by the context:

除本公约条款或其上下文另有明示者以外，为适用本公约：

(a) “Undertaking” includes “counter-guarantee” and “confirmation of an undertaking”;

(a)“保证”包括“反担保”和“保证之保兑”；

(b) “Guarantor/issuer” includes “counter-guarantor” and “confirmer”;

(b)“保证人”包括“反担保人”和“保兑人”；

(c) “Counter-guarantee” means an undertaking given to the guarantor/issuer of another undertaking by its instructing party and providing for payment upon simple demand or upon demand accompanied by other documents, in conformity with the terms and any documentary conditions of the undertaking, indicating, or from which it is to be inferred, that payment under that other undertaking has been demanded from, or made by, the person issuing that other undertaking;

(c)“反担保”意指：保证人的指示人向另一保证的保证人所作的保证，承诺：一经请求或一经附其他单据的请求，即行以符合保函的条款和任何单据条件、指示或可推知的条件的方式付款。其他保证项下的款项系由作出该其他保证的人支付或可向该人提出请求；

(d) “Counter-guarantor” means the person issuing a counter-guarantee;

(d)“反担保人”意指“作出反担保的人”；

(e) “Confirmation” of an undertaking means an undertaking added to that of the guarantor/issuer, and authorized by the guarantor/issuer, providing the beneficiary with the option of demanding payment from the confirmer instead of from the guarantor/issuer, upon simple demand or upon demand accompanied by other documents, in conformity with the terms and any documentary conditions of the confirmed undertaking, without prejudice to the beneficiary's right to demand payment from the guarantor/issuer;

(e)“保证的保兑”意指：经由保证人授权并添附于保证人之保证之上的一项保证；该“保兑”给予受益人以选择权即向保兑人而非保证人要求付款。该受益人只需提出付款请求或依 保兑了的保证中所附单据条件提出请求即可，但不得妨碍受益人要求保证人付款之权利；

(f) “Confirmer” means the person adding a confirmation to an undertaking;

(f)“保兑人”意指对保证作出保兑之人；

(g) “Document” means a communication made in a form that provides a complete record thereof.

(g)“单据”(document) 意指提供完全记录的一种文件。

CHAPTER VI CONFLICT OF LAWS

第六章 冲突法

Article 21 Choice of applicable law

第 21 条 准据法之选择

The undertaking is governed by the law the choice of which is:

保证应受依下列方法选择的法律调整：

(a) Stipulated in the undertaking or demonstrated by the terms and conditions of the undertaking; or

(a) 保函所规定者或者保函条款所昭示者；或者

(b) Agreed elsewhere by the guarantor/issuer and the beneficiary.

(b) 保证人和受益人另有协议者。

Article 22 Determination of applicable law

第 22 条 准据法之确定

Failing a choice of law in accordance with article 21, the undertaking is governed by the law of the State where the guarantor/issuer has that place of business at which the undertaking was issued.

依第 21 条未能选择法律者，保证应受保证人签发保函的营业地所在国之法律调整。

六、国外法律

Uniform Commercial Code

《美国统一商法典》

§ 5-116. Choice of Law and Forum

第 5-116 条：法律适用和管辖法院

(a) The liability of an issuer, nominated person, or adviser for action or omission is governed by the law of the jurisdiction chosen by an agreement in the form of a record signed or otherwise authenticated by the affected parties in the manner provided in Section 5-104 or by a provision in the person's letter of credit, confirmation, or other undertaking. The jurisdiction whose law is chosen need not bear any relation to the transaction.

(a) 开证人、指定人或通知人因其作为或不作为而产生的责任受相关当事人选择的法域的法律约束，选择的方式可以是符合第 5-104 条的经过当事各方签字或以其他方式证实的记录形式体现的协议，或者是开证人、指定人或通知人的信用证、保兑书或其他承诺中的一个条款。被选择的法域不需要与该项交易有任何联系。

(b) Unless subsection (a) applies, the liability of an issuer, nominated person, or adviser for action or omission is governed by the law of the jurisdiction in which the person is located. The person is considered to be located at the address indicated in the person's undertaking. If more than one address is indicated, the person is considered to be located at the address from which the person's undertaking was issued. For the purpose of jurisdiction, choice of law, and recognition of interbranch letters of credit, but not enforcement of a judgment, all branches of a bank are considered separate juridical entities and a bank is considered to be located at the place where its relevant branch is considered to be located under this subsection.

(b) 除非 a 款适用，否则开证人、指定人或通知人因其作为或不作为而产生的责任将适用上述人所在地的法律。该人的所在地以其承诺中表明的地址为准；如果表明了一个以上的地址，则认为该人出具承诺的地址为其所在地。为管辖权、法律选择和承认分行往来的信用证之目的，但非为判决执行之目的，一家银行的所有分行均被视为独立的法律实体。而一家银行的分行依照本款认为所在的地方即视为该行的所在地。

附录 2

ICC Banking Commission Opinions 和 ICC DOCDEX Decisions 中独立保函重要观点、案例梳理

一、ICC Banking Commission Opinions

1. R404 Significance of the statement "We confirm all terms are complied with" in a claim under a standby letter of credit

From Rule and Articles UCP 500. Sub-Article 13(a)

Query

We would like to obtain the opinion of the ICC Banking Commission about the significance of the sentence "We confirm all terms are complied with" in a claim under a standby letter of credit calling for evidence that a drawing has been made under another standby L/C.

Parties:

Bank A: Country S

Bank B: Country C

Bank C: Country C

Background

Subject standby credit, hereinafter referred to as "the standby L/C" was opened by Bank A in favour of Bank B as a security for another standby letter of credit, herenafter referred to as "the secured standby L/C", opened by Bank B.

The standby L/C, which was subject to UCP 500, was available with Bank B by payment, against a telex to Bank A evidencing that a drawing had been made under the secured standby L/C and that the applicant of the secured standby L/C had not fulfilled its obligations in connection with the same. Reimbursement instructions were to reimburse on a bank in which Bank A had an account in the standby L/C currency, three banking days from telex advice.

Some time later, Bank A was informed by Bank B about the purchase of Bank B by Bank C, and requested to amend the beneficiary of the standby L/C. The standby L/C was therefore amended to be payable with and in favour of, Bank C. As an account in the standby L/C currency was held with Bank C, the reimbursement instructions were also amended. Apart from this, all terms and conditions remained unchanged.

On the day before expiry, Bank A received a SWIFT message from Bank C in which Bank A was informed that Bank C was drawing under the standby L/C and would debit Bank A's account, and confirming all terms had been complied with.

However, as nothing in said drawing advice was "evidencing that a drawing had been made under the secured Standby L/C and that the applicant of the secured Standby L/C had not fulfilled their obligations in connection with the same", Bank A rejected the drawing.

In a renewed drawing, dated the day after expiry, Bank C referred to the amendment of the reimbursement instructions, which did not mention any conditions for the drawing advice, but, however, corrected their drawing by stating that a drawing had been made under the secured standby L/C and that the applicant had not fulfilled its obligations in connection with the same. However, dated after the expiry date of the standby L/C, Bank A again refused the drawing.

Question: is the rejection due to said discrepancy correct, or is the phrase "We confirm all terms are complied with" to be seen as a fulfillment of the terms of the Standby L/C, i.e. an evidence that a drawing has been made under the secured standby L/C and that the applicant under the secured standby L/C has not fulfilled his obligations towards Bank C?

Analysis

1. The obligation of an issuer to honour is conditioned on the presentation of documents that conform with the terms and conditions of the letter of credit as indicated in UCP 500 sub-Article 13(a). What constitutes the standard and degree of compliance is determined by the terms of the credit and standard practice as reflected in the UCP.

2. Because the question does not state the exact terms of the letter of credit and uses the phrase "calling for evidence", this answer assumes that the standby did not state a formula in quotation marks, blocked text, or

an exhibit that was required to be reproduced or require repetition of a statement exactly. In such a situation as was present here, the statement must appear to convey the same meaning, as that required.

3. A confirmation that all terms have been complied with does not convey the same meaning as a statement that a drawing has been made under a local standby and that the applicant has not fulfilled its obligations in connection with the local standby.

4. The statement made, that all terms have been complied with, is more appropriate in a claim for reimbursement rather than in a drawing under a standby containing the terms indicated. Unless the amendment to the reimbursement instructions relieved the beneficiary from telexing the issuer with a compliant drawing statement, a claim of reimbursement is not sufficient absent the required statement.

Conclusion

A rejection based on the non-compliance of the statement that all terms were complied with would be justified where the standby required a statement that a drawing has been made and that the applicant has not fulfilled its obligations under the local standby.

2. R426 Where a standby L/C was issued subject to UCP 500 but an unpaid invoice had the wrong credit number

From Rule and Articles UCP 500. Sub-Article 14(d)(i)

Query

The issuing bank (IB) has issued its standby L/C subject to UCP 500 which required presentation of three documents.

1. Statement of non-payment on due date (75 days after B/L date);

2. Signed copy of the unpaid invoice; and

3. Copy of consignment note/bill of lading.

—Concerning invoice no. xxx our credit number is not correct;

According to sub-Article 14(d)(i) we therefore keep documents unaccepted and unpaid at your disposal. We are contacting applicant and shall revert.

The AB opines that —

—The discrepancies are not justifiable since

b) similarly there is no L/C requirement that the L/C number must be indicated on invoices, so no discrepancy can be raised in this regard. Moreover, presentation was made and acknowledged under correct L/C number; and

Conclusion/Analysis

With regard to the discrepancies that were noted:

2. The unpaid invoice was not issued subject to UCP 500 in that the goods were not shipped with UCP 500 principles in mind. The presentation of an unpaid invoice is merely to provide additional supporting document(s) to the statement of non-payment, i.e. to show the value of goods shipped and not paid. The absence of or quoting of a wrong L/C reference would not be grounds for refusal in this case.

3. R426 Where the beneficiary's declaration had no issuing date

From Rule and Articles UCP 500. Sub-Article 14(d)(i)

Query

The issuing bank (IB) has issued its standby L/C subject to UCP 500 which required presentation of three documents.

1. Statement of non-payment on due date (75 days after B/L date);
2. Signed copy of the unpaid invoice; and
3. Copy of consignment note/bill of lading.

—Beneficiary declaration without issuing date;

Conclusion/Analysis

Ideally the document should have been dated to reflect the date on which the beneficiary has decided to make claim due to non-payment under the standby.

However, provided the content of the "Statement of non-payment" referred to the specific due date by which the beneficiary had not been paid or that payment had not been received by the due date, then the document should be accepted.

4. Subject: Document 470/TA.799rev

QUOTE

We would like to seek an official opinion from the Banking Commission on the following questions regarding a document presented under a Letter of Credit issued subject to UCP 600.

The Letter of Credit issued by an issuing bank located in country X on behalf of an applicant also located in country X and confirmed by a Bank located in country Y required in field 46a "documents required" amongst other the following document:

QUOTE

Bank guarantee from international first class bank payable in country X equivalent to EUR xxxxx [the guarantee indicates an amount] valid till xx.xx.xxxx [the guarantee indicates a fix date].

UNQUOTE

The bank guarantee presented to the confirming bank is issued by a bank located in country Y and states that it is subject to the laws of country Y. The wording of the presented guarantee shows the applicant of the Letter of Credit as beneficiary of the guarantee. The amount and expiry date of the guarantee are in compliance with the requirements stipulated in the Letter of Credit. The payment undertaking of the guarantee is worded as follows:

QUOTE

We, xxx [the guarantee indicates the guaranteeing bank], hereby irrevocably undertake to pay you [the guarantee is addressed and directed to the applicant of the Letter of Credit] without delay on your first written demand for payment an amount up to xxx [the guarantee indicates an amount] provided your demand for payment is simultaneously supported by (...)

UNQUOTE

The wording of the guarantee does neither contain an express indication that it is "payable in country X" nor any express reference to country X being the place of payment.

The confirming bank accepted the presented guarantee but the issuing bank raised the following discrepancy: "Bank Guarantee from international bank is not payable in country X." Please let us have your official opinion whether and if so why the issuing bank was entitled to raise the discrepancy by answering the following questions:

1. Is the guarantee only compliant if it either indicates expressly that it is "payable in country X" or contains an express reference to country X being the place of payment? Or can it be argued that the guarantee meets the requirement "payable in country X" because it is issued in favour of a beneficiary located in country X and as it provides that payment thereunder has to be made to this

beneficiary?

2. Would the requirement "payable in country X" be met if the guarantee is made out as described above but is not issued by a bank located in country Y but in country X?

3. Does the stipulated requirement "payable in country X" require the document checker to determine whether the presented guarantees place of payment is country X?

4. Could the confirming bank argue validly that the Letter of Credit does not stipulate that the requirement "payable in country X" must be met by an express reference or wording in the guarantee document [e.g. 46a: Bank guarantee from international first class bank indicating that it is "payable in country X" equivalent to (...)"] and that this requirement may therefore be deemed as non-documentary and not stated and thus be disregarded according to UCP 600 sub-article 14 (h).

5. Could the confirming bank argue validly that the checking of the document falls with respect to the requirement "payable in country X" under the auspices of UCP 600 sub-article 14 (f) because this requirement is worded in way that does not amount to a stipulation of the document's data content?

ANALYSIS

The credit included, in field 46a of the MT700, a requirement for a guarantee to be issued by an international first class bank payable in country X (the country of the credit issuing bank). Apart from amount and expiry date, no other requirements were provided. The credit was confirmed by a bank in country Y (the country of the credit beneficiary).

The actual guarantee that was presented to the confirming bank was issued by a bank in country Y, stating that it was subject to the laws of country Y.

The guarantee contained a statement from the guarantee issuing bank that they irrevocably undertook to pay the guarantee beneficiary (the applicant of the credit) without delay on first written demand for payment. It did not include an explicit statement or reference that the guarantee was payable in country X.

Whilst the confirming bank accepted the guarantee as a compliant document under the credit, the issuing bank refused on the basis that the guarantee was not payable in country X.

In view of the fact that the beneficiary of the credit was located in country Y, it is not unusual that they would use a bank in their own country to issue the guarantee, as was the case in this query. The guarantee had been issued directly in favour of the beneficiary (the credit applicant) in country X, and not via another bank in country X. It included a condition that payment would be made against first written demand. It does not state a place for presentation. Because the guarantee did not state a place for presentation, demands must be presented at the issuing bank. The issuing bank is located in country Y.

CONCLUSION

1. The guarantee needed to clearly state that it was payable in country X. In order to achieve this, it would have needed to be payable at the counters of a bank in country X, and not at the counters of the guarantee issuing bank in country Y. The fact that the guarantee was issued directly in favour of the beneficiary (credit applicant) in country X and was payable against first written demand, did not fulfil this requirement.

2. If the guarantee had been issued by a bank in country X, this would have met the requirements of the credit.

3. The place of payment of the guarantee was to be stated as in country X or determinable as being within country X.

4. The requirement for the guarantee clearly related to a requirement for an actual document. Consequently, UCP 600 sub-article 14 (h) is not applicable.

5. The condition in the credit payable in country X is a specific requirement that must be clearly reflected in the guarantee document if it is to fulfil its function.

The discrepancy raised by the issuing bank is valid.

5. Subject: Document 470/TA.802rev

QUOTE

Bank A (Issuing Bank) in country A issued a standby credit subject to UCP 600 which was advised to the beneficiary in country B by Bank B (Advising Bank).

The beneficiary presented a demand under the credit which arrived at the counters of the Bank A before the expiry date of the credit.

Bank A issued a notice of refusal on the third day following presentation stating one discrepancy: "Original Standby LC Not Presented."

There was no wording in the credit requiring presentation of the original Standby LC.

1) Is the discrepancy stated by the Bank A correct?

2) Can Bank A raise further discrepancies at a later date in respect of the one presentation made by the beneficiary under the credit?

ANALYSIS

1) The wording of the credit did not require the presentation of the original credit as part of the claim. Unless the credit was issued by mail or in paper format, it is doubtful how the originality of the document could be determined. Accordingly, unless otherwise specifically required within the terms and conditions of a credit, there is no requirement for the original credit to be included in the presentation.

2) UCP 600 sub-article 16 (c) states that when a bank decides to refuse or negotiate, it must give a single notice to that effect to the presenter. UCP 600 clearly does not allow for further discrepancies to be raised that were apparent at the time of the initial presentation, as is referred to within former ICC Opinions R196, R328, R271 and TA764rev.

CONCLUSION

1) The discrepancy is not valid.

2) Additional discrepancies are not to be considered, as banks only have one opportunity to raise discrepancies for each presentation.

6. TA.841rev2

QUOTE

We ask kindly the official opinion of the ICC Banking Commission as to the following

questions:

1. How should the issuing bank treat such "extend or pay" message from the confirming bank?

2. Upon expiry of the standby letter of credit, given that no extension is made, can the issuing bank remove the standby letter of credit from its books and release the applicant from their obligations, accordingly?

3. Can the issuing bank under any circumstances be obligated to pay on the basis of the "extend or pay" message, given that the applicant does not accept to extend the standby letter of credit? "Extend or pay" demands do not usually occur within normal trade-related credits issued in accordance with UCP 600 provisions.

UCP 600 sub-article 8 (a) states that a confirming bank must honour if stipulated documents are presented constituting a complying presentation. According to UCP 600 sub-article 7 (c) an issuing bank must reimburse a nominated bank that honoured a complying presentation. The credit stipulated that payment would be made by the confirming bank against receipt of beneficiarys first simple written demand and confirmation that: 1) the amount thereby claimed is due and payable due to the suppliers failure to fulfil his contractual obligations as well as specifications of the nature of his failure, and 2) the beneficiary has formally demanded payment of such amount from the supplier 30 days in advance. The credit provided that the confirming bank claim reimbursement from the issuing bank value 2 working days after their authenticated SWIFT message to the issuing bank confirming all credit terms complied with. The message sent by the confirming bank did not include the statement that all credit terms were complied with. The issuing bank rejected the confirming banks reimbursement claim reminding them of the reimbursement requirements for the claim to be made (pointing out to the 2 stipulations above).

CONCLUSION

1. Any presentation of a demand will need to fulfill the requirements of the credit as otherwise the claim will be discrepant. The extend or pay message sent by the confirming bank does not comply with the reimbursement instructions given in the credit; the issuing bank is not obliged to reimburse the confirming bank.

2. In the event that the presentation and reimbursement claim remain discrepant, the credit would have expired on 30 June 2015. Removal of the expired standby credit from the issuing banks books and releasing the applicant from their obligations under the credit will be subject to the internal banking practice, guidelines and local regulation at the issuing banks location and outside the purview of UCP 600. In any event, once the credit has expired, a demand cannot obligate the issuing bank.

3. The "extend or pay" message sent by the confirming bank does not meet the requirements of the credit. Hence the issuing bank is not obligated to reimburse the claim. Since the query relates to the reimbursement claim and not the presentation, and provided that a complying presentation has been made, it may be possible for the confirming bank to re-lodge a revised and appropriate claim complying with the credit terms. In case a standby L/C allows for an "extend or pay" option, an issuing bank would be bound by UCP 600 and the terms.

7. TA.761rev2

QUOTE

A counter-guarantee has been received which states in field 40C (Applicable Rules) "NONE". This means, according to the SWIFT handbook, that the guarantee/counter-guarantee is not subject to ANY RULES.

Field 77C (Details of the Guarantee) incorporates the guarantee wording within quotation marks and indicates therein that the guarantee is subject to URDG 758 with the exception of articles 16, 22 and 35.

The wording of the counter-guarantee that follows the wording of the guarantee in field 77C indicates, however, that it is subject to English law and the jurisdiction is English Courts.

We understand that on the grounds of the code-word “NONE”, in field 40C, and the governing law clause of the counter-guarantee in field 77C, that the counter-guarantee is only subject to English law, contrary to the content of URDG 758 sub-article 1 (b). Sub-article 1 (b) will apply unless the counter-guarantee excludes the URDG and it does not require “express” exclusion (contrary to sub-article 15 (c) for instance). The message for the case in hand states in field 40C “NONE”, which is a choice not to submit the counter-guarantee to any rules.

We believe that the guarantee is subject to URDG other than the excluded articles and the counter-guarantee is not subject to URDG, but is governed by English – 3 – Document 470/1214rev law and jurisdiction.

We further believe that the counter-guarantee would have been subject to URDG 758 under the auspices of sub-article 1 (c) and be governed by English law and jurisdiction had field 40C indicated the code-word OTHR in lieu of NONE, even in the absence of any set of rules or laws which, according to the SWIFT handbook, must be specified in narrative (2nd sub-field) when the code-word OTHR is used.

Please advise whether our opinion is correct or not.

ANALYSIS

URDG 758 sub-article 1 (a) states: The Uniform Rules for Demand Guarantees (“URDG”) apply to any demand guarantee or counter-guarantee that expressly indicates it is subject to them. They are binding on all parties to the demand guarantee or counter-guarantee except so far as the demand guarantee or counter-guarantee modifies or excludes them.

URDG 758 sub-article 1 (b) states: “Where, at the request of a counter-guarantor, a demand guarantee is issued subject to the URDG, the counter-guarantee shall also be subject to the URDG, unless the counter-guarantee excludes the URDG. However, a demand guarantee does not become subject to the URDG merely because the counter-guarantee is subject to the URDG."

Field 40C of an MT760 must contain one of the following codes: "URDG", "ISP", "OTHR" or "NONE".

If field 40C indicates "OTHR" this means that the guarantee is not subject to either URDG or ISP but to another set of rules, which should be specified in sub-field 2 of field 40C.

Where "OTHR" is indicated in field 40C and no other set of rules is specified in sub-field 2 of field 40C, the guarantee is considered as excluding URDG and ISP. Any indication of a choice of law within the text appearing in field 77C is not indicative of the opting in or out of URDG 758 or ISP98.

CONCLUSION

An indication in field 40C of either "OTHR" or "NONE" is an exclusion of URDG and ISP as allowed for in URDG 758 sub-article 1 (b) and ISP98 Rule 1.01 (b).

For the referenced question, the guarantee, by virtue of the wording in field 77C is subject to URDG 758 and will be governed by the law of the guarantor. The counter-guarantee – 4 – Document 470/1214rev is governed by English law but is not subject to URDG 758 as a result of the indication in field 40C of "NONE".

8. TA762rev 2012.11.28

QUOTE

A standby letter of credit (the "standby L/C") was issued containing an evergreen clause indicating that the standby L/C "expires on 30 May 2010 (expiry date) but shall be automatically extended, without the need for amendment, for one year from the said expiry date and annually thereafter unless at least 60 days prior to the then applicable expiry date we have notified you (.) that we will not renew the [standby L/C] for the following year".

The standby L/C was confirmed in a letter stating that "The enclosed [standby L/C] bears our confirmation, consequently we shall honour documents presented to us in compliance with the terms thereof".

The confirmation letter contained no language specifically entitling the confirming bank to terminate its confirmation.

The issuing bank did not give notice of termination pursuant to the evergreen clause, but the confirming bank wishes to terminate its confirmation by giving 60 days notice as per the terms of the standby L/C.

The confirming bank would like to obtain the opinion of the ICC Banking Commission about whether, on the basis of these facts, they are entitled to rely on the language of the standby L/C to terminate its confirmation, as the rights given to the issuing bank under the standby L/C to terminate should be regarded as also benefiting the confirming bank, in relation to its confirmation, on the basis of the principle that a confirming bank undertakes a commitment in the same terms as that of the issuing bank unless specifically indicated otherwise.

Alternatively, would the confirming bank only have this right if it specifically inserted language in its confirmation letter giving it the right to terminate its confirmation in a manner similar to that right given to the issuing bank in the standby L/C itself?

In which case, in the absence of such language, the confirming bank would therefore be bound by whatever decision the issuing bank takes relating to termination. This situation could lead the confirming bank to be bound for an undetermined period of time without the possibility of terminating its undertaking unilaterally. This may create a legal issue in some jurisdictions, where perpetual undertakings are prohibited.

As another alternative, would the confirming bank be entitled to consider the "automatic extension" as an amendment to the terms of the standby L/C as per

UCP 600 article 10 that does not bind it in the absence of its express approval?

ANALYSIS

Although not clearly stated, it is assumed from the final paragraph of the query that the LC was subject to UCP 600.

UCP 600 sub-article 7 (b) states: "An issuing bank is irrevocably bound to honour as of the time it issues the credit."

In this particular instance, the issuing bank qualified its obligation by stating that although extension of the standby LC was automatically extended each year, by one year, without the need for amendment, a notice period applied "... unless at least 60 days prior to the then applicable expiry date we have notified you (.) that we will not renew the [standby LC] for the following year."

UCP 600 sub-article 8 (b) states: "A confirming bank is irrevocably bound to honour or negotiate as of the time it adds its confirmation to the credit."

The confirming bank did not include a notice period when adding confirmation to the standby LC. Accordingly, such confirmation is open-ended and subject to automatic renewal as defined in the standby LC. Unless specifically stated in the wording of the confirmation letter, the ability to give a notice period does not automatically apply to the confirming banks obligation. Should the confirming bank subsequently wish to include a notice period, they will require the agreement of the beneficiary of the standby LC. Until any such agreement is given by the beneficiary, confirmation will be automatically renewed each year, or be valid until settlement or cancellation of the standby LC, or until expiry date of the notice period, if any, provided by the issuing bank.

If a legal issue exists in certain jurisdictions whereby open-ended undertakings are prohibited, then the confirming bank should take note of this requirement when adding confirmation and include appropriate wording that takes this into account.

UCP 600 sub-article 10 (a) states: "Except as otherwise provided by article 38, a credit can neither be amended nor cancelled without the agreement of the issuing bank, the confirming bank, if any, and the beneficiary."

UCP 600 article 1 states: "They (UCP 600) are binding on all parties thereto unless expressly modified or excluded by the credit."

The issuing bank states in the evergreen clause included within the standby LC that an amendment is not required for automatic extension, i.e., an express modification of UCP 600. Furthermore, an amendment is not required in order to bring into effect the non-renewal clause.

There is no requirement for the standby LC to be amended in order for extended expiry dates, relating to the issuing banks commitment, to be effective.

CONCLUSION

A confirming bank that adds its confirmation to a credit without expressing any conditions related to that confirmation, do so on the same terms and conditions as indicated in the credit. If the issuing bank sends a notice of non-renewal and the credit therefore expires, then the obligation of the confirming bank also expires.

9. TA.763 Final

QUOTE

We would like to ask the ICC Banking Commission whether a presentation of documents was complying with the following standby L/C.

The standby credit was issued on 30 January 2008, subject to UCP600 and available by sight payment at the counters of the advising bank until 22 October 2011. The amount was stated to represent "the value of beneficiarys deliveries of airfield ground lighting to be dispatched from 25 July 2007 until 31 October 2008 and services rendered".

Required documents:

1) Draft at sight drawn on the issuing bank with the clause "drawn under standby letter of credit no. ... dated ... .

2) Written declaration from the beneficiary stating that the goods and services

mentioned in their invoice(s) have been ordered by applicant and delivered by beneficiary and remain unpaid by the applicant.

3) Copy of beneficiarys unpaid invoice representing value of goods delivered and/or value of services rendered.

4) Copy of transport document showing shipment to <country X> and representing value of goods only.

The credit allows partial drawings and does not state anywhere that it is mandatory that one and the same drawing must contain invoices for goods as well as for services. The advising bank was requested to add its confirmation to the standby and in such case the drafts required under item 1 above may be drawn on them.

On 11 February 2008, when adding its confirmation to the SBLC, the advising bank sent a message to the issuing bank, informing them that they understood from the terms of the credit that in case of presentation of documents containing invoices which only cover services, the presentation of document no.4 (copy of transport document) would consequently not be applicable. No reaction at all was received on this message.

On 21 October 2011 documents were presented to the confirming bank for an amount within the SBLC limit and consisting of a sight draft drawn on the confirming bank as per L/C terms, a written declaration and a copy of an unpaid invoice. The written declaration was signed, dated, made reference to the SBLC and the general description of the goods/services as indicated in the credit. It also mentioned the following declaration "We <beneficiary name> herewith declare that the services mentioned in invoice no. <123> dated <../../2011> have been ordered by applicant <applicant name> and delivered by beneficiary <beneficiary name> and remain unpaid by the latter."

The copy of the unpaid invoice was made out by the beneficiary to the applicant, referred to the SBLC, showed a general description of goods/services as stipulated in the SBLC and furthermore specified the following "services rendered as claimed in progress report no. 43 dated 13/10/2011 and preceding progress reports". The invoice furthermore showed an enumeration of engineering services, day works, installation services etc. but no goods at all. It also clearly shows in a separate place: value of goods = 0,00.

The beneficiary did not present a copy of a transport document.

On 21 October 2011, the confirming bank accepted the documents as complying, informed the beneficiary accordingly and claimed reimbursement as per L/C terms. On 28 October 2011 [still within the period as allowed per UCP 600 sub-article 14 (b)] the issuing bank refused the presentation stating the following discrepancy "copy of transport document not presented".

The confirming bank did not agree with this discrepancy stating that it was obvious from the content of the SBLC that presentation of a copy of a transport document was only required in case goods were invoiced (while this presentation clearly related to services only). They also referred to their message of 11 February 2008 that they had sent in this respect.

When exchanging several messages, the issuing bank maintained their refusal for the reason as indicated above. As an argument for this refusal, the issuing bank stated that the SWIFT message of 11 February 2008 was never followed by an – 13 – Document 470/1207 Final amendment from their side allowing presentation of documents without a copy of a transport document. Furthermore, they stated that their refusal was made on the basis of UCP 600 articles and sub-articles 5, 7, 14 (a) and 16 (a) and that their SBLC specifically requests that a copy of a transport document be presented.

The confirming bank refers to the full wording of the clause under item 4 of documents required which reads "a copy of transport document showing shipment to <country X> and representing value of goods only". According to them, when establishing a requirement for presentation of a transport document in this way, the issuing bank recognized that it would not be possible or needed to present a transport document when only services would be invoiced (making otherwise any drawing under the SBLC impossible for services only). The SBLC allowed partial drawings.

The confirming bank agrees that the issuing bank did not formally amend their credit after receiving the message of 11 February 2011 but considers this as not needed or relevant in this case. For the confirming bank it was not necessary to amend the credit as careful reading of the credit itself implies that no copy of a transport document was required in case only services were invoiced. Furthermore, if there would have been any ambiguity, the confirming bank refers to paragraph 2 of ISBP.

The confirming bank considers the reference, by the issuing bank, to articles and sub-articles 5, 7, 14 (a) and 16 (a) as not relevant, as the discussion is based on the credit and documents only.

ANALYSIS

The standby letter of credit was subject to UCP 600 and article 1 states, inter alia: “The Uniform Customs and Practice for Documentary Credits, 2007 Revision, ICC Publication no. 600 (‘UCP’) are rules that apply to any documentary credit (‘credit’) (including, to the extent to which they may be applicable, any standby letter of credit) when the text of the credit expressly indicates that it is subject to these rules.” [emphasis added]

The credit amount was stated to cover the value of deliveries and services rendered. However, it should be noted that any copy of an unpaid invoice was to represent the value of goods delivered and/or value of services rendered. [emphasis added]

The beneficiary made a presentation to the confirming bank that included only a draft, written declaration and a copy of the unpaid invoice but not a copy of the transport document.

The invoice indicated the description as required by the credit, a list of the services that had been rendered and also indicated “value of goods = 0,00” . The written declaration indicated that the services rendered, as mentioned in the invoice, had not been paid.

Collectively, the wording of the documentary requirements for the copy of the unpaid invoice and the copy of the transport document, lead to the conclusion that a copy of the transport document was only required in the event of any non-payment for deliveries made. In cases where only services have been rendered, a copy of the transport document would not be required as no transport document would have been issued.

The issuing bank refused the presentation by stating the discrepancy copy of transport document not presented. Their references to various UCP 600 articles and sub-articles as justification for the refusal holds no ground for the following reasons:

article 5 — the documents referred to services and the copy transport document was only required for a presentation that included an element of goods that had been delivered;

article 7 — is irrelevant as a complying presentation was made and therefore, the issuing bank is bound to honour;

sub-article 14 (a) — is incorrect as it refers to the duty of the issuing bank in the examination of documents; and

sub-article 16 (a) — as a reason for refusal to honour is only valid if the presentation is a non-complying one, which is not the case here.

Although the confirming bank drew the issuing banks attention to the anomaly in the text at the time it added its confirmation this message has no effect and would not amend the credit. However, and for the reasons stated above, although the wording of the standby could have been more precise it does not detract from the fact that a copy of a transport document was not required by the wording expressed for documents 3 and 4 where only services are rendered.

CONCLUSION

The refusal was not valid and the issuing bank is bound to reimburse the confirming bank.

10. Document 470/TA.850

QUOTE

We kindly ask your official opinion to the following query received from one of our member banks. The query is related to the handling of demands under counter guarantees issued subject to URDG 758 and standby letters of credit issued subject to UCP 600 and ISP98.

The role of our member bank is either:

• To act as counter guarantor (for guarantees), i.e. requesting the guarantor to issue their local guarantee in favour of the beneficiary. The counter guarantee is issued subject to URDG 758.

• To act as issuer/issuing bank (for standby letters of credit), i.e. requesting another bank to confirm the standby letter of credit. The standby letter of credit is issued subject to either UCP 600 or ISP98.

The applicant has experienced that the time elapsed between a demand being made under the local guarantee or standby letter of credit until a counter-demand is made under the counter guarantee or /standby letter of credit can be fairly lengthy.

On that basis we kindly request the view of the ICC Banking Commission as to which rules and international standard practice apply to:

a) The appropriate time for the guarantor to make a demand under a counter guarantee from the time a complying demand is made under the local guarantee.

8 February 2016/EOC/wj Document 470/1255 Page 34

b) The appropriate time for a confirmer/confirming bank to make a demand under a standby letter of credit against the issuer/issuing bank from the time a complying demand is made to the confirmer/confirming bank.

UNQUOTE

ANALYSIS

The query refers to the time lapse between the time of the lodging of a demand with the local guarantor/confirming bank and the time when the local guarantor/confirming banks demand is made under the counter guarantee/standby letter of credit.

As per standard banking practice, the bank instructing another bank to issue a guarantee against their counter-guarantee would normally specify the claim/demand handling procedure within the instrument. Similarly a bank issuing a standby credit and instructing another bank to add their confirmation would also specify reimbursement instructions for the confirming bank. In most cases, the counter-guarantor or issuing bank would specify a time period for them to honour a demand or reimburse a claim made by the guarantor or confirming bank but not always a time period for the demand or reimbursement claim to be made by the guarantor or confirming bank. It would be in the interest of a guarantor or confirming bank to receive compensation from the issuing bank as soon as possible.

Under URDG 758 article 22, the guarantor shall without delay transmit a copy of any complying demand to the counter-guarantor for transmission to the instructing party.

Under UCP 600 sub-article 15 (b), when a confirming bank determines that a presentation is complying, it must forward the documents to the issuing bank.

Under ISP98 sub-article 3.04 (a), in order to comply, a presentation must be made at the place indicated in the standby. In addition, sub-article 3.05 (a) states that a presentation is timely if made at any time after issuance and before expiry on the expiration date, which is applicable to both the presentation to be made to the local guarantor/confirming bank and also to their demand/claim on the instructing guarantor/standby issuing bank.

There is nothing in existing ICC rules that specifies an exact time period by which complying demands must be made in the circumstances described above.

CONCLUSION

In accordance with international standard banking practice, it is considered usual practice for a complying demand to be made without delay.

This is not a phrase that is defined within ICC rules but, under international standard banking practice, is understood to mean promptly.

In the majority of circumstances, an action that is performed after a period of later than three business days would not be considered to be without delay.

二、ICC DOCDEX Decisions

DOCDEX Decision No. 301

URDG 458 articles 20 and 10

Since the wording of the claim did not specify the requested amount and did not state that the main debtor had not fulfiled its obligations under the agreement, was the demand under the guarantee compliant? Was the refusal of the claim within a certain number of days in accordance with the requirements of URDG?

Parties

Initiator: Company s

Respondent: Bank M

Background and transaction

On 14 July 2009, the Respondent issued a guarantee for PLN 110,000 in favour of Initiator valid until 6 October 2009. The guarantee was issued subject to URDG 458. Having not received payment from the applicant, the beneficiary (Initiator) made a claim under the guarantee using the option to do so through its bankers. The claim was made by SWIFT on 30 September 2009. The documents in respect of the claim were delivered by DHL to the Respondent on 1 October 2009. The claim was rejected on 2 October 2009.

Issues

Was the demand under the guarantee compliant?

Was the refusal of the claim in accordance with the requirements of URDG?

Initiator's claim

The Initiator contests that its claim under the guarantee was compliant. It claims that the Respondent had incorrectly rejected the claim on 2 October 2009 because the title of the beneficiary differed from the guarantee.Initiator's contention was that SAM = Societe Anonyme [Country M].

The Initiator contended that on 9 October 2009 the Respondent then claimed not to have received all the required documents before the expiry of the guarantee.

Respondent's reply

Respondent's contention is that it had not received a valid claim within the validity of the guarantee.

Documents submitted by the parties

Documents submitted by the Initiator:

(i) Copy of guarantee issued by the Respondent;

(ii) Copy of email correspondence purporting to refer to encashment of bank guarantee;

(iii) Copy of DHI tracking information;

(iv) Copy of banker's letter dated 27 October 2009 to XX Company enclosing copy documents;

(v) Copy of banker's attestation of beneficiary's signature on claim;

(vi) Copy of MT 199 dated 30 September 2009 to Respondent advising claim received;

(vii) File copy of MT799 dated 2 October 2009 from Respondent rejecting claim;*

(viii) File copy of MT799 dated 6 October 2009 regarding beneficiary's title;

(ix) File copy of MT799 dated 9 October 2009 advising file closed due to non-receipt of all documents under guarantee;

(x) File copy of MT799 to Respondent advising documents delivered by DHL;

(xi) File copy of MT799 dated 12 October 2009 sent by Respondent repeating that claim was not in compliance with the guarantee;

(xii) Copy of letter sent by Initiator to Chambre de Developpement Economique de Country M.

Documents submitted by the Respondent:

(i) Copy of guarantee issued by the Respondent;

(ii) Copy of MT 199 sent by Initiator's bankers to Respondent on 30 September 2009 advising claim received;

(iii) Copy of beneficiary's claim under guarantee;

(iv) Copy of banker's attestation of beneficiary's signature on claim;

(v) Copy of unpaid invoice for EUR 34,585.88;

(vi) Copy of transmitted copy of MT799 dated 2 October 2009 from Respondent advising rejection of claim;*

(vii) Copy of MT799 dated 6 October 2009 sent by Initiator's bankers refuting rejection of claim;

(viii) Copy of transmitted copy of MT799 dated 8 October 2009 from Respondent repeating that all documents required under the guarantee had not been received;

(ix) Copy of MT799 to Respondent advising all documents delivered by DHL on 1 October 2009;

(x) Copy of transmitted copy of MT799 dated 9 October 2009 from Respondent reiterating that all necessary documentation not received.

Note : these two documents differ in content.*

Analysis

The terms of the guarantee required presentation of the following documents in the event of a claim:

· Payment demand;

· Statement of the beneficiary.

The guarantee allowed for presentation of the above documents as a single document or two separate documents.

The guarantee also allowed presentation of claims directly to the guarantor or via the beneficiary's bank by authenticated SWIFT, in which case the beneficiary's bank was to confirm that it was in possession of the original claim documents quoting the exact wording in its SWIFT message and confirming that documents had been sent to the guarantor.

The wording of the claim did not specify the requested amount and did not state that the main debtor had not fulfilled its obligations under the agreement and payment, and the respect in which the main debtor was in breach as required by the guarantee. In any event, the guarantee was issued subject to URDG 458, and article 20 would therefore have applied.

The Panel of Experts did not have an issue with the title of the beneficiary and considered this point, the addition of the legal form of the company, irrelevant.

Article 10 of URDG 458 deals with the time available to the guarantor for examination of a demand under a guarantee and sets out the duty of the guarantor when a demand is refused. The guarantor has to decide within a reasonable time whether to pay or refuse the demand. A reasonable time has been determined by the ICO Banking Commission in Opinion R 624 that this should not exceed three banking days. Opinion R 624 includes within its conclusion: "On the basis that a guarantee under URDG 458 would consist of a demand and possibly a statement as required by article 20, a reasonable time for the processing thereof would be within three banking days of receipt." The notice of refusal in this case was sent in line with the requirements of the URDG. The content of a notice of refusal is not defined in the URDG. In this case, the rejection notice stated that the presentation was incomplete and, although not specifying exactly in which way the presentation was incomplete, the notice met the requirements of the URDG.

Conclusion

The demand under the guarantee was not compliant with the requirements of the guarantee for the following reasons:

· A specific claim for payment was not contained in the beneficiary' s demand, nor did it specify requested amount claimed ;

· The statement that the invoice had not been paid was not sufficient to meet the requirements of he guarantee as to stating non-fulfilment of its obligation under the agreement and in which respect the breach applied.

The issue regarding the titlc of the beneficiary was considered irrelevant.

The notification of the refusal of the claim was in accordance with the requirements of URDG 458.

The Panel of Experts was unanimous in its Decision in this case.

Additional comment

The Decision of the Experts is based on taking into consideration the full transmitted text of the MT799 dated 2 October 2009 submitted by the Respondent. This message includes reference to the rejection of the claim due to incomplete receipt of the required documents.

DOCDEX Decision No. 336

URDG 758 sub-articles 14(a) and 25(b)(i), article 2

Whether it was correct for an issuing bank to refuse a claim under a demand guarantee issued subject to URDGT53 on the basis that the demand was not presented within the time for presentation as provided by the guarantee?

Parties

Initiator: Company W(Applicant)

Respondent 1: Bank C(Issuing Bank)

Respondent 2: Company M(Beneficiary)

Background and transaction

The Initiator was the applicant for a guarantee that was issued by Respondent 1 in favour of Respondent 2. The guarantee was issued by SWIFT, subject to URDG 758. It was advised to Respondent 2 through another bank.

As there was no response from Respondents 1 and 2, the summary of the background was based solely on the documents provided by the Initiator.

On 21 January 2013 a guarantee was issued by Respondent 1 in favour of Respondent 2 covering the supply of *"power plant (new conditions) including but not limited to boilers"*.

Demand for payment under the guarantee required:

For the purpose of identification your written demand must be duly signed and presented through your local bank and your signature(s) on the demand in writing must be verified and authenticated by the presenting bank which must confirm to this effect through authenticated swift(or tested) message to us.

The role of the advising bank was to advise the guarantee to Respondent 2 and to verify and authenticate the signatures on any claim that was made. The guarantee did not expire at the counters of the advising bank. The guarantee stated: *"This guarantee shall expire on Nov. 20, 2013. Any demand for payment and documents required under this guarantee must be received by us within 14(fourteen) working days after its expiry at our address stated above."*

On 5 December 2013, the advising bank advised Respondent 1 that it had authenticated a claim made by Respondent 2 under the guarantee and that it had sent the original claim document via DHL courier to Respondent 1.

Respondent 1 sent a SWIFT message to the advising bank on 12 December 2013 stating that it had received the claim documents on 11 December 2013: *"which exceed the period of presenting documents according to our guarantee. Based on the above, you're kindly notified that the claim is refused."*

The key issue was whether or not the demand was presented within the time for presentation as provided by the guarantee. The guarantee was issued subject to URDG 758.

URDG 758 sub-article 14(a) states that:

A presentation shall be made to the guarantor:

i.at the place of issue, or such other place as is specified in the guarantee and,

ii. on or before expiry.

URDG 758 article. 2 defines *"Expiry" as "the expiry date or the expiry event or, if both are specified, the earlier of the two."*

In the context of the guarantee there was no "expiry event" as defined by URDG 758, hencc only the *"expiry date"* was applicable, which is defined in article 2 as: *"the date specified in the guarantee on or before which a presentation may be made."*

URDG 758 article 25(b)(i) provides that, *"Whether or not the guarantee is returned to the guarantor, the guarantee shall terminate...on expiry"*.

Documents submitted

Documents submitted by the Initiator:

- The formal request for a DOCDEX decision
- Attachment list
- Copy of Respondent 1 performance guarantee
- Copy of Respondent 2 claim under the guarantee
- Copy of advice of claim from the advising bank
- Copy of DHL courier receipts
- Copy of Notice of Refusal from Respondent 1
- Copy of Message sent by the advising bank
- Copy of message sent by Respondent 1

Documents submitted by Respondent 1

Respondent 1 did not submit any documents

Documents submitted by Respondent 2

Respondent 2 did not submit any documents

Issues

1. The Respondent 2 raised the claim under the Guarantee after the expiry date thereof.

2. Respondent 1' s guarantee liability under the Guarantee had been completely released.

Analysis

The guarantee stated: *"This Guarantee shall expire on Nov 20, 2013"*.

This would usually mean that presentation of a demand for payment under the Guarantee must be presented to Respondent 1 before 20 November 2013. The guarantee however contained the following additional provision in respect of presentation of claims: *"Any demand for payment and documents required under this guarantee must be received by us within 14 (fourteen) working days after its expiry at our address stated above."*

The guarantee therefore was ambiguous in defining the expiry date. Such ambiguity is the responsibility of the guarantor. This provision had the effect of making the practical expiry date of the guarantee the 14 working day after 20 November 2013.

URDG 758 makes no distinction between the terms "*presented to (guarantor)*" and "*received by (guarantor)*" . The fact that the beneficiary ("Respondent 2") may have "*presented*" the demand after 20 November 2013 would have no bearing if it succeeded in having it delivered to the guarantor no later than 14 working day after 20 November 2013. The demand was only "presented" under URDG 758 (and in respect of the guarantee in question) if it was delivered to the guarantor.

In this context, we considered that the expiry date, in accordance with the definition in URDG 758 article 2, "the date specified in the guarantee on or before which a presentation may be made", fell not on 20 November 2013 but on the 14 working day following 20 November 2013.

There appears to have been no relevant holidays between 20 November 2013 (Wednesday) and 11 December 2013 (the day of receipt of the demand, again a Wednesday).

On the basis that there were no holidays between the two dates, then the 14 working day after 20 November 2013 fell on 10 December 2013. Hence in accordance with the URDG definition of "expiry date", the guarantee expired for presentation of any claims on 10 December 2013.

The fact that late delivery of the claim might have been caused by a courier's inability to timely deliver the demand due to a missing postcode in the guarantor's instructions for delivery of the documents had no bearing on the requirement for the demand being delivered on time. It was the responsibility of the beneficiary to make such arrangements so that the claim arrived in time.

Conclusion

The wording of the guarantee in respect of its expiry provisions was badly expressed, with the effect that the "presentation period" over ruled the stated expiry date.

Under the guarantee, the "period demand" was 20 November 2013 plus 14 working days. There appeared not to be relevant holidays in the period in question, so in consequence the issuer received the claim under the guarantee too late. Accordingly we consider that:

• Respondent 2 raised the claim under the Guarantee after the expiry thereof.

• Respondent 1's guarantee liability under the Guarantee had been completely released.

This was a unanimous decision.

Summary

An issuing bank refused a claim under a demand guarantee on the basis that the claim documents exceeded the period of presentation. It was determined that the wording of the guarantee in respect of the expiry provisions was badly expressed. This resulted in the impact that the stated "presentation period" over ruled the stated expiry date, producing an ambiguity in defining the actual expiry date. In conclusion, the issuing bank received the claim under the guarantee too late and their liability under the guarantee had been completely released. A separate issue that late delivery of the claim may have been caused by courier's inability to timely deliver the demand due to a missing post code was considered as having no bearing as it was the responsibility of the beneficiary to make such arrangements so that the claim arrived in time.

DOCDEX Decision No. 338

URDG 758 sub-article 15 (b) and article 22; URDG 758 sub-article 20 (b); URDG sub-articles 24 (d), 24 (h)and 5 (b); URDG articles 34 and 35

Was there a requirement for the Initiator to present a copy of beneficiary's claim? Was the alleged discrepancy made by the Respondent a valid discrepancy? Could the Respondent raise further discrepancies at a future date in respect of the copy of the beneficiary's claim? Could the counter-guarantor with hold payment from or reimbursement to the Initiator pending receipt of presentation documents under the local guarantee of the Initiator? What was the governing law of the local guarantee, which was issued by the Initiator subject to URDG 758 as, requested and authorised by the Respondent?

Parties

Initiator: Bank R (Guarantor)

Respondent: Bank I (Counter-Guarantor)

Note

Only the Initiator had submitted documents related to this decision.

This decision was rendered without the participation of the Respondent.

Background and transaction

On 1 April 2011, the Respondent issued a counter-guarantee (SWIFT MT760) subject to URDG 758 covering an Advance Payment Guarantee, which the Initiator was instructed to issue in favour of a local beneficiary, also subject to URDG 758.

• Amount: US$16, 400,000.

• The SWIFT message contained the text of the counter-guarantee and included the wording of the guarantee, which was issued by the Initiator accordingly.

• The counter-guarantee obligation was undertaken by the Respondent as follows:

In consideration of your issuing your guarantee as requested above, we, [respondent], hereby give you our irrevocable and unconditional counter-guarantee n. ... and undertake to pay to you without reservation and notwithstanding any contestation from our principal or any third party any sum or sums not exceeding in total the amount of US$16,400,000.00 (say US dollars sixteen million four hundred thous and only) upon receipt by us of your first demand quoting our counter guarantee n. ... in writing or by authenticated SWIFT message wherein you state that you had received a claim from the beneficiary which is within the validity and is in compliance with the terms and conditions of your a/m advance payment guarantee and a copy of the beneficiary' s claim has been mailed to us.

On 31 January 2012, the expiration dates of the original guarantee and counter-guarantee were extended to 20 September 2012 and 5 October 2012 respectively.

On 20 September 2012, the Initiator sent an authenticated SWIFT message to the Respondent demanding payment of US$9,262,843.77 under the counter-guarantee and notified that a copy of the beneficiary' s claim had been mailed to the Respondent.

On 26 September 2012, the Respondent sent a rejection notice by SWIFT MT 799 to the Initiator before the close of the fifth business day following the day of presentation, stating the sole discrepancy: "*copy of bene' s claim was not presented*" .

On 26 September 2012, the Initiator refuted the discrepancy raised by the Respondent by sending a SWIFT MT 799 message to the Respondent and requested payment of the amount demanded.

On 27 September 2012, the Respondent advised the Initiator that they had received the copy beneficiary' s claim and would examine that document within the following five business days.

On 3 October 2012, the Initiator again requested payment from the Respondent under their counter-guarantee and pointed out that counting five business days from the date of receiving the copy of the beneficiary' s claim was incorrect. The correct starting day should be the day after the date of receipt of the demand message.

On 10 October 2012, (which was the fifth working day after 27 September due to national holidays) the Respondent advised the initiator, by SWIFT MT 799, that some discrepancies were found in the copy of the beneficiary' s claim presented to the Initiator, as follows:

...we found that the presentation made by the beneficiary was not in compliance with the terms and conditions of the a/m advance payment guarantee, which is contrary to yr statement of yr demand in the following respects:

1. The number of the advance payment guarantee stated in the copy of the beneficiary' s claim n. ... is different from the number of the a/m advance payment guarantee that is covered by the Counter-guarantee. [Note from the Panel of Experts: it appears that one number out of fourteen numbers of which the guarantee number consisted was wrong]

2. The date of the underlying contract stated in the beneficiary' s claim February 3, 2012 is different from the date stated in the a/m payment guarantee, which should read February 3, 2011.

3. The beneficiary failed to state in the claim that the obligation(s) in respect of which the principal is in breach is/are covered by the advanced payment guarantee

and that they are therefore entitled to demand repayment of the advance payment up to the amount as requested by the a/m advance payment guarantee.

In addition to the discrepancies stated above, the respect in which the principal is in breach are not covered by the advance payment guarantee, and that the beneficiary is therefore not entitled to demand repayment of the advance payment up to the amount, therefore, the beneficiary abused the right of claim.

In consideration of the discrepancies stated above and abuse of right of claim by the beneficiary, you are obliged not to effect the payment under the a/m advanced payment guarantee, and your demand for payment has been rejected by us.

Issues

1. Based on the wording of the counter-guarantee issued by the Respondent, was there a requirement for the Initiator to present a copy of beneficiary' s claim, which it had received under its local guarantee to the Respondent, when making its demand under the counter-guarantee issued by the Respondent?

2. Was the alleged discrepancy made by the Respondent on 26 September 2012, "Copy of bene' s claim was not presented" a valid discrepancy?

3. With the Respondent having stated what it considered to be one single discrepancy in its SWIFT message of 26 September2012, can the Respondent raise further discrepancies at a future date in respect of the copy of the beneficiary' s claim?

4. Can the counter-guarantor, the Respondent, withhold payment from or reimbursement to the Initiator pending receipt of presentation documents under the local guarantee of the Initiator?

5. What is the governing law of the local guarantee, which was issued by the Initiator subject to URDG 758 as, requested and authorised by the Respondent?

Analysis

Issue 1

According to the wording of the counter guarantee, the obligation undertaken by the Respondent is effective under two alternative conditions to be respected by the Initiator:

a. upon receipt by us of your first demand quoting our counter guarantee n. ... in writing

or

b. by authenticated SWIFT message wherein you state that you had received a claim from the beneficiary which is within the validity and is in compliance with the terms and conditions of your a/m advance payment guarantee and a copy of the beneficiary' s claim has been mailed to us.(here in after called the "statement of claim").

The Initiator chose option b), which was in line with URDG 758 sub-article 15 (b) which states:

A demand under a counter-guarantee shall in any event be supported by a statement, by the party to whom the counter-guarantee was issued, indicating that such party has received a complying demand under the guarantee or counter-guarantee issued by that party. The statement may be in the demand or in a separate signed document accompanying or identifying the demand.

A copy of the beneficiary' s claim was not required to be presented with the statement of claim sent by authenticated SWIFT message by the Initiator. The statement of claim was merely required to state that a copy of the beneficiary' s claim had been mailed to the Respondent. The statement of claim complied with this requirement.

It is to be noted that the Initiator' s duty to send to the Respondent a copy of the beneficiary' s complying presentation was covered by URDG 758 article 22 which states:

The guarantor shall without delay transmit a copy of the complying demand and of any related documents to the instructing party or, where applicable, to the counter-guarantor for transmission to the instructing party. However, neither the counter-guarantor nor the instructing party, as the case may be, may withhold payment or reimbursement pending such transmission.

It is also to be noted that URDG 758 is silent in respect of, a) the time frame within which a counter-guarantor is to examine the copy of the demand under the guarantee subsequently received and, b) the action to be undertaken if the counter-guarantor believes that the guarantor has honoured a non-complying demand.

As the Initiator had complied with the terms and conditions of the counter-guarantee by sending the statement of claim within the validity of the counter-guarantee the Respondent should not withhold payment pending receipt of the copy of beneficiary' s claim. This is clearly stated in URDG 758 article 22.

Issue 2

A physical copy of the beneficiary's claim was not requested as a condition of a complying presentation under a claim by SWIFT. It merely required a declaration of its transmission, and this was so stated in the Initiator' s statement of claim.

Accordingly, the discrepancy *"Copy of bene' s claim was not presented"* was not valid. The Respondent was obliged to honour its counter-guarantee pursuant to URDG 758 sub-article 20 (b).

Issue 3

URDG 758 sub-article 24 (d) states that: *"When a guarantor rejects a demand, it shall give a single [emphasis added] notice to that effect to the presenter of the demand"*.

Furthermore, URDG 758 sub-article 24 (h) states that: *"For the purpose of paragraphs (d), (f)and (g) of this article, guarantor includes counter-guarantor"*.

Accordingly, subsequent discrepancy messages are not allowed. The demand under the counter-guarantee was still compliant.

In this case, the Respondent sent a single rejection notice, which however, was incorrect in that the copy of the beneficiary' s demand under the guarantee was not required by the counter-guarantee for the demand by SWIFT.

The subsequent notice that was sent by the Respondent to the Initiator on 10 October 2012 in relation to the incorrectness of the copy of the beneficiary' s claim under the guarantee did not constitute a second rejection notice. The notice mentioned the reasons why the Initiator should not have honoured the demand.

URDG 758 sub-article 5 (b) states that:

A counter-guarantee is by its nature independent of the guarantee, the underlying relationship, the application and any other counter-guarantee to which it relates, and the counter-guarantor is in no way concerned with or bound by such relationship.

Owing to the independence between the guarantee and the counter-guarantee, each payment is made under separate undertakings and depends only on compliance to the terms and conditions of each related presentation. Under a compliant presentation, the Respondent must honour.

The Respondent, upon receipt of the copy of the beneficiary' s claim, was entitled to examine it. However, any issues concerning the incorrectness of the copy of the beneficiary' s claim and any ensuing actions and liabilities, were outside of the scope of URDG 758 and, therefore, also outside the scope of the ICC DOCDEX procedure. These issues are within the competence of the governing law and competent jurisdiction.

It should be noted that a copy of the beneficiary' s claim presented to the Initiator under the guarantee had not been submitted in this DOCDEX case.

Issue 4

URDG 758 article 22 (cited above under issue 1) prevents the counter-guarantor or the instructing party from withholding payment or reimbursement, pending the transmission of the complying demand and any related documents.

The Respondent should have immediately honoured the demand under the counter-guarantee without waiting for the receipt of the copy of the beneficiary' s claim.

Issue 5

If not other wise agreed in the guarantee or counter-guarantee, or provided for under local law, URDG 758 articles 34 and 35 provide that the governing law and the jurisdiction of a guarantee or counter-guarantee are those of the place/country of the location of the branch or office that issued the guarantee or the counter-guarantee.

Therefore the guarantee as issued by the Initiator would be subject to the law in the Initiator' s country, unless that law provides otherwise.

Conclusion

According to the wording of the counter-guarantee, the Initiator presented a complying demand that the Respondent was obliged to honour.

Any dispute between the Initiator and the Respondent in respect of the presentation of a non-complying beneficiary' s claim under the guarantee should not be a reason for dishonouring the complying presentation under the counter-guarantee, and is outside the scope of URDG and ICC DOCDEX.

This decision was rendered unanimously.

Summary

A counter-guarantor refused a demand from the guarantor under a counter-guarantee on the basis that a copy of the beneficiary' s claim was not presented. The counter-guarantor subsequently advised that the copy of the beneficiary' s claim had been received. Once this had been examined the counter-guarantor then advised that the demand had been rejected due to three discrepancies: incorrect guarantee number; incorrect date of underlying contract; and failure to state the obligations that the principal was considered to have breached. It was concluded that according to the wording of the counter-guarantee, the guarantor had presented a complying presentation, which the counter-guarantor was obliged to honour. Any dispute between the parties in respect of the presentation of a non-complying beneficiary' s claim under the guarantee should not have been a reason for dishonouring a complying presentation under the counter-guarantee, and was considered to be outside the scope of DOCDEX.

后记

最高人民法院《关于审理独立保函纠纷案件若干问题的规定》（以下简称《独立保函司法解释》）于 2016 年 12 月 1 日起施行。该司法解释中的“独立保函”同国际商会《见索即付保函统一规则》中的“见索即付保函”和联合国《独立担保与备用信用证公约》中的“独立担保”“备用信用证”具有相同的功能，承担独立担保的角色。虽然就各国国内法而言，独立保函在大陆法系的德国和法国及英美法系的英国和美国最具代表性，但同上述这些国家的国内法相比，我国的《独立保函司法解释》博采《见索即付保函统一规则》《独立担保与备用信用证公约》之长，内容更加丰富和前沿，形成了具有中国特色的《独立保函司法解释》。然而，美中不足的是，除了我国《担保法》第 5 条第 1 款“担保合同是主合同的从合同，主合同无效，担保合同无效。担保合同另有约定的，按照约定”对独立保函留有余地之外，我国目前在立法层面还没有针对独立保函的法律规定。期待我国将来在立法层面针对独立保函作出具体的规定。

自《独立保函司法解释》实施之日起，在国际商会中国国家委员会（ICC CHINA）银行委员会保函组专家、德衡律师集团总裁蒋琪律师的带领下，团队对独立保函一直在进行研究，期间也针对独立保函在司法实务中存在的法律问题和风险点陆续发表过一些观点，但比较零散，不成体系。值此《独立保函司法解释》实施三周年之际，蒋琪律师一直策划针对独立保函在中国司法实践中的经典案例从律师的角度进行分析和总结，并结合其中存在的法律问题和风险点形成一本保函专著，为中国的独立保函从业者提供一份实务指南，为国际社会了解中国的独立保函司法实践提供一个视角。因此，从 2019 年 10 月开始，本着精益求精和打造精品为原则，在蒋琪律师和招商银行总行资深结算师、ICC CHINA 信用证与保函专家、ICC DOCDEX 专家阎之大先生的带领和指导下，团队从选题、设计每章节的标题、挑选经典案例，到内容设计、写作和编辑，从初稿到终稿，历经数月，数次修改，几易其稿，终于付梓。

全体成员所有的汗水与努力，点点滴滴都渗透在本书的字里行间。希冀本书面世后能得到保函从业者的认同，不负读者付出的金钱和时间。囿于能力有限，本书难免存在不足与疏漏之处，敬请广大读者批评指正。笔者亦将把大家的支持、鼓励和批评化为工作的动力，继续在保函领域深耕细作，继续研究保函在中国司法实践中存在的法律问题和风险点，并结合笔者的实务经验形成文章传播于世，以期让更多对保函感兴趣的人士从中得到些许收益与启示。

感谢沈四宝先生在百忙之中为本书作序，感谢法律出版社程岳、朱铁佳两位编辑对本书最终付梓的所有辛勤付出。

最后也是最重要的，感谢这场疫情战役中“最美逆行者”——医生、护士、军人、警察、一线记者、所有奋战在“抗疫”一线的英雄们以及那些伸出援手的可爱的人们，是你们的守护，让笔者能够安心在家写作此书。谢谢你们，向你们致敬！

编　者

图书在版编目(CIP)数据

中国独立保函法律实务精要与判例详解 / 蒋琪主编
. -- 北京：法律出版社，2020
(德衡律师集团业务团队系列丛书)
ISBN 978 - 7 - 5197 - 4590 - 5

Ⅰ. ①中… Ⅱ. ①蒋… Ⅲ. ①担保法-研究-中国
Ⅳ. ①D923.24

中国版本图书馆 CIP 数据核字(2020)第 093705 号

中国独立保函法律实务精要与判例详解
ZHONGGUO DULI BAOHAN FALÜ SHIWU
JINGYAO YU PANLI XIANGJIE

蒋 琪 主编

策划编辑 程 岳
责任编辑 程 岳 朱轶佳
装帧设计 汪奇峰

出版 法律出版社
总发行 中国法律图书有限公司
经销 新华书店
印刷 中煤(北京)印务有限公司
责任印制 胡晓雅

编辑统筹 司法实务出版分社
开本 710 毫米×1000 毫米 1/16
印张 31.25
字数 470 千
版本 2020 年 9 月第 1 版
印次 2020 年 9 月第 1 次印刷

法律出版社/北京市丰台区莲花池西里 7 号(100073)
网址/www.lawpress.com.cn
投稿邮箱/info@lawpress.com.cn
举报维权邮箱/jbwq@lawpress.com.cn
销售热线/400-660-8393
咨询电话/010-63939796

中国法律图书有限公司/北京市丰台区莲花池西里 7 号(100073)
全国各地中法图分、子公司销售电话：
统一销售客服/400-660-8393/6393
第一法律书店/010-83938432/8433
西安分公司/029-85330678
重庆分公司/023-67453036
上海分公司/021-62071639/1636
深圳分公司/0755-83072995

书号:ISBN 978-7-5197-4590-5
定价:98.00 元
(如有缺页或倒装，中国法律图书有限公司负责退换)